HEYNE GESCHICHTE

In der Reihe »Heyne Geschichte« sind bereits erschienen:

1	*Paul Sethe*	Deutsche Geschichte im letzten Jahrhundert
2	*Alistaire Cooke*	Amerika
3	*Peter Norden*	Prag 21. August
4	*Friedrich Heer*	Das Heilige Römische Reich
5	*Karl Buchheim*	Die Weimarer Republik
6	*Herbert Rosinski*	Die deutsche Armee
7	*Werner Scheck*	Geschichte Rußlands
8	*Alfred Mühr*	Herrscher in Purpur
9	*Germán Arciniegas*	Geschichte und Kultur Lateinamerikas
10	*Marlis G. Steinert*	Die 23 Tage der Regierung Dönitz
11	*Fritz Schachermeyr*	Griechische Geschichte
12	*William L. Shirer*	Der Zusammenbruch Frankreichs
13	*Wilhelm v. Schramm*	Aufstand der Generale
14	*Paul Sethe*	Morgenröte der Gegenwart
15	*Dick Wilson*	Mao Tse-tungs langer Marsch
16	*Matthias Pusch*	Der Dreißigjährige Krieg
17	*Maurice Ashley*	Das Zeitalter des Absolutismus
18	*Alfred Mühr*	Die deutschen Kaiser
19	*E. J. Feuchtwanger*	Preußen
20	*Waldemar Erfurth*	Der finnische Krieg
21	*Kurt Frischler*	Das Abenteuer der Kreuzzüge
22	*Paul Dreyfus*	Die Resistance
23	*Reinhard Raffalt*	Große Kaiser Roms
24	*Donald Bullough*	Karl der Große und seine Zeit

Ernst Walter Zeeden

DAS ZEITALTER DER GEGEN-REFORMATION

von 1555 bis 1648

Wilhelm Heyne Verlag
München

Das Titelbild stellt den Friedensschluß von Münster
am 24. 10. 1648 im Friedenssaal des Rathauses von Münster dar.
(Gemälde von Gerhard Terborch, 1617–1681)

Die Originalausgabe erschien 1967 im Verlag Herder KG, Freiburg
Printed in Germany 1979
Zeittafel und Ergänzungsbibliographie wurden
erarbeitet von Dr. Wolfgang Ruppert, München
Umschlagbild: Archiv für Kunst und Geschichte, Berlin
Bildnachweis: Archiv für Kunst und Geschichte, Berlin
Umschlaggestaltung: Atelier Heinrichs, München
Gesamtherstellung: Presse-Druck Augsburg

ISBN 3-453-48053-8

INHALT

Vorwort 15

Was ist Gegenreformation? 17

ERSTER ABSCHNITT:
BLICK AUF DAS ZEITALTER 21

Erstes Kapitel: Europa im 16. und 17. Jahrhundert. Grundzüge der politischen und kirchlichen Entwicklung 21

1. Stände und Monarchie. 21
2. Von der Reformation zur Gegenreformation 24
   Die evangelische Bewegung 24 Wie verhalten sich die katholischen Regierungen? 26 Umschwung in der katholischen Kirche 28 Die zweite Reformationswelle: der Calvinismus 29

ZWEITER ABSCHNITT:
CALVIN UND DIE ANFÄNGE DES CALVINISMUS 33

Die konfessionellen Kräfte 33

Zweites Kapitel: Johannes Calvin. Sein Leben und seine Wirksamkeit in Genf 35

1. Calvins Anfänge. Erste Berufung nach Genf und Verbannung in Straßburg 35
   Studium und Umkehr 35 Die Bekehrung 36 Des jungen Schriftstellers Weg nach Genf und Straßburg 37
2. Rückberufung nach Genf und Einrichtung eines reformierten Kirchenwesens 39
   Katechismus. Gottesdienst und Organisation der Gemeinde 39 Pastorenkonferenz und Konsistorium 40
3. Kämpfe um die Durchführung der Kirchenordnung und Kirchenzucht 42
   Beispiele des sittlichen Rigorismus 42 Opposition gegen Calvins Sittenregiment 43 Kein Pardon den Andersgläubigen 44 Die Bestrafung der Laster: eine Pflicht der Kirche 45 Kampf um die Macht zwischen Rat und Konsistorium 45 Das Konsistorium siegt 46

4. Eigentümlichkeiten der Lehre Calvins 48
Sakramentenlehre und Prädestination 48 Streit um die Prädestination 49
5. Grundlegung einer protestantischen Weltkirche in Genf 50
Umschichtung der Stadtbevölkerung 50 Gründung einer theologischen Hochschule 51 Ausbildung und Aussendung von Glaubensboten der reformierten Lehre 52
6. Persönliche Züge. Calvins Tod 53
Calvins Arbeitskraft. Wegen Überlastung früh gealtert 53 Sein Tod 54 Sein reformatorisches Werk. Calvins Bedeutung für den Protestantismus im späteren 16. Jahrhundert 54

Drittes Kapitel: Der Prophet und Erzieher 56

1. Sendungsbewußtsein und Intoleranz 56
Calvins Selbsteinschätzung. Seine Gewißheit, berufen zu sein 56 Calvin weiß sich als Künder von Gottes Willen und Wahrheit 57 Calvins Selbstinterpretation: Gottes Sprachrohr 57 Zweierlei Maß 59
2. Reformierte Glaubenserziehung und Gesinnungsbildung 60
„Konföderation der Seelen" 60 Tätiger Dienst am Reich Christi: Erziehung zur religiösen Aktivität 61 Der einzelne muß wirken nach dem Maß seiner Kräfte und Gaben 63 Unermüdlicher Kampf als Bewährung des Christen 64 Calvin verlangt Bewährung auch notfalls durch Tod und Martyrium 66 Hoffnung in der Bedrängnis: Christus unser unbesieglicher Feldherr 66

Viertes Kapitel: Glaubenswahrheit und Gottesverehrung. Calvins kämpferische Auseinandersetzung mit Häretikern, Katholiken und Lutheranern 69

1. Bekenntnistreue und Einheit der Kirche 69
2. Die evangelischen Sonderbewegungen und Häretiker 71
3. Calvin und die katholische Kirche 74
Rechtfertigung der Abkehr 74 Die reformatorische Kirche ist die wahre Kirche — die katholische Kirche ist von der Gottesverehrung zum Götzendienst abgeirrt 76 Reformation als Wiederaufbau: Wiederherstellung der Kirche aus der Verderbnis des Papsttums 79 Verschiedene Ausgangspunkte 80 Calvin über das Konzil von Trient 82

4. Calvins Verhältnis zum Luthertum 83
Die allgemeine evangelische Erneuerung der Kirche 83 Luther im Urteil Calvins: Verehrung und Kritik 84 Persönliche und sachliche Vorbehalte 86 Abgrenzung gegen das Luthertum 89 Gemeinsamkeiten in der Glaubenslehre 90 Katholischer Bodensatz im Luthertum 92 Calvin im Streit mit lutherischen Theologen 93 Abwendung vom Luthertum 95 Calvins Reaktion: Polemik und Verlästerung 96 Calvins Verhalten im Alter: Abwehr und Distanzierung 97 Das Problem: die Wahrheit der Schrift und die Autorität der Schriftauslegung 100

Fünftes Kapitel: Die Staatsgewalt im Dienste der Religion. Politische Bemühungen Calvins um die Ausbreitung des Protestantismus 103

1. Die Aktivierung der Könige und der Obrigkeiten 103
Calvin als Meister der Politik 103 Umkreis der politischen Beziehungen und Bemühungen 105 Christenpflichten des Fürstenamts 106
2. Formen und Probleme der staatlichen Reformationspflicht 108
Vom Werben für die Reformation 108 Staatliche Eingriffe im kirchlichen Raum 109 Behandlung der Andersgläubigen. Glaubenszwang und Toleranz 111
3. Einflüsse und Wirkungen auf die politische Geschichte Europas . . 114
Einwirkungen auf den Stil der konfessionellen Politik 114 Wirkungen auf das innere Staatsleben 115 Resultate und Thesen 116

DRITTER ABSCHNITT:
IGNATIUS VON LOYOLA UND DIE GESELLSCHAFT JESU 119

Sechstes Kapitel: Ignatius von Loyola. Sein Lebensgang. Gründung des Jesuitenordens 120

1. Ignatius' Leben bis zur Gründung des Ordens 1540 120
Herkunft und Jugend 120 Verwundung und Bekehrung 121 Die religiöse Formung. Entstehung des Exerzitienbuchs 122 Studium und Ordensgründung 123

2. Grundzüge der Ordensverfassung 125
3. Anfangsschwierigkeiten und Wachstum des Ordens 127
Rasch mit weltweiten Aufgaben betraut 127 Innerkatholische Widerstände 127 Die Gesellschaft wird bekämpft und wächst 128
4. Ignatius als Persönlichkeit und Ordenslenker 129
Verhältnis zur Kirche 129 Briefe der seelsorglichen Unterweisung 130 Merkmale der Persönlichkeit 131 Disziplinierung des Lebens 132 Weltgewandtheit, Klugheit, Diskretion. — Sein Tod 132

Siebtes Kapitel: Innere Gestaltung der Societas Jesu 135

1. Geist und Grundsätze der inneren Ordensgestaltung 135
Der Auftrag des Ordens: Dienst am Heil der Nächsten 135 Ignatius auf der Suche nach der rechten Form seines Dienstes 136 Erst Nachfolge Christi — dann Dienst am Nächsten 137 Abwendung von der Welt — Hinwendung zu der Welt 138 Der Gehorsam 138
2. Erziehung des Ordens durch Ignatius 140
Richtlinien für die Aufnahme von Novizen. Erziehung des Ordensnachwuchses 140 Reform der Aszese 141 Gnade und Werk 142 Menschliches Wirken im Dienste des Heils 143 Menschliche Mittel und göttliche Vorsehung: mißtraue und traue der eigenen Kraft! 144 Kirchliche Würden, ein Hindernis für den Jesuiten 145
3. Konkrete Beispiele der Ordenserziehung 146
Die Pflicht zur Berichterstattung. System des brieflichen Verkehrs 146 Gegenseitige Kontrollen 147 Umgang mit Menschen 148
4. Widerstand und Verfolgung als Erziehungsfaktoren 150

Achtes Kapitel: Geschichtliche Wirksamkeit des Ignatius und des Jesuitenordens 152

1. Voraussetzungen 152
Beginn einer allgemeinen katholischen Reform 152 Wiederaufstieg des Papsttums 152 Moderne Methoden 153 Wachstum des Ordens 153 Der Orden ist zeitgemäß und handelt entschlossen 153
2. Mission in Übersee 154
Erkenntnis der Mission als kirchliche Aufgabe 154 Franz Xaver und die Mission im Fernen Osten 155 Im spanischen und portu-

giesischen Amerika 156 Missionsprobleme: Eingeborenenklerus und Akkomodation 157
3. Restitution der katholischen Kirche 158
Die Existenz des Ordens — eine Tatsache der Reform 159 Der Orden — eine Triebkraft weiterer Reform 159 Umfang der Aufgaben. Neue Formen der Seelsorge 160 Zusammenarbeit mit weltlichen Regierungsstellen 161 Weshalb und wozu Schul- und Erziehungstätigkeit? Aufbau des jesuitischen Schulsystems 161 Jesuiten an den Universitäten; einzelne bedeutende Gelehrte 163
4. Abwehr des Protestantismus 165

VIERTER ABSCHNITT:
DAS KONZIL VON TRIENT UND DAS NACHTRIDENTINISCHE PAPSTTUM 169

Neuntes Kapitel: Das Konzil von Trient 1545–63 170

1. Die erste Sitzungsperiode 1545–48 171
Die Geschäftsordnung des Konzils 171 Die Auseinandersetzung mit der evangelischen Glaubenslehre 172 Zur Beurteilung der ersten Sitzungsperiode: die dogmatischen Dekrete 173
2. Die Suspension und die zweite Sitzungsperiode 1551–52 175
3. Die Päpste im Jahrzehnt der Konzilspause 1552–62 177
Veränderungen in der politischen Welt 177 Julius III. Die beiden Papstwahlen von 1555 177 Das Regiment Pauls IV. 1555–59 178 Wandlungen im Papsttum unter Paul IV. Wahl Pius' IV. 180
4. Letzte Berufung und Abschluß des Konzils durch Pius IV. . . . 181
Die dritte Tagungsperiode 1562–63 181 Wiederberufung 181 Aus der Konzilsarbeit. Episkopal- und Primatfragen 182 Resultate der dritten Sessionsperiode 183
5. Zur geschichtlichen Beurteilung des Konzils 184
Allgemeine Auswirkungen des Konzils auf den neuzeitlichen Katholizismus 184 Gesichtspunkte zur weiteren Beurteilung des Konzils 185 Eigenart der Trienter Reformen gegenüber der Reformation 185 Das Resultat: innere und äußere Festigung des neuzeitlichen Katholizismus. Seine Ergänzungsbedürftigkeit 186

Zehntes Kapitel: Das nachtridentinische Papsttum. Seine Stellung zu den großen Mächten und seine reformerischen Bemühungen 188

1. Die Päpste der tridentinischen Reform 188
2. Die politische Rolle des Papsttums im Zeitalter der Gegenreformation 189
   Die Politik wird wieder kirchliche Politik 189 Diplomatische Kontakte mit den europäischen Mächten. Verhältnis zu Spanien, England und Frankreich 191 Das Papsttum entzieht sich dem spanischen Druck durch Annäherung an Frankreich 193
3. Innerkirchliche Wirksamkeit 195
   Reformen Pius' V. und Gregors XIII. 195 Kirchenstaat und Kurienreform unter Sixtus V. 196 Der Pontifikat Clemens' VIII: Frankreich; die Ostkirche; der Gnadenstreit 198 Frankreich nimmt die Trienter Reformdekrete an unter dem Pontifikat Pauls V. 199
4. Die Situation des Papsttums am Ende der Gegenreformation . . 200
   Die nachtridentinischen Päpste im Kreis der politischen Mächte 201 Der Zusammenstoß Pauls V. mit der Republik Venedig. Prinzipienstreit über die Grenzen der geistlichen und staatlichen Gewalt 202 Das Papsttum weicht dem Anspruch der Staatsräson 203

FÜNFTER ABSCHNITT:
GLAUBENSKÄMPFE UND KONFESSIONELLE BEWEGUNG. AUSBREITUNG UND ENTFALTUNG DER KONFESSIONEN IM ZEICHEN DES STAATSKIRCHENTUMS UND DER RELIGIONSKRIEGE 205

Elftes Kapitel: Konfessionelle Konsolidierung seit der Mitte des 16. Jahrhunderts 205

Kirchenspaltung, Glaubensspaltung, Konfessionskämpfe 205 Anfänge der Konfessionsbildung 206

Zwölftes Kapitel: Stil und Formen staatlicher Machtpolitik im Zeitalter der Glaubenskämpfe 209

Vielfalt der Interessen und Bindungen 209 Politische Leitgedanken und Zielsetzungen. Kirchenregiment und Dienst an der Konfession 210 Der konfessionelle Gedanke als Begleitmotiv bei den Kämpfen um die Macht im Staate 212 Die Konfession als treibende Kraft, Begleitmotiv oder Vorwand in auswärtigen Auseinandersetzungen 213 Summe der Leitgedanken. Staatliche Lebensregungen und Konfessionsbildung 215

Dreizehntes Kapitel: Die anglikanische Kirche und das Luthertum 217

1. Die anglikanische Kirche 217
2. Das Luthertum: seine Verbreitungsgebiete seit dem Augsburger Religionsfrieden (1555) 219
3. Lutherische Bekenntnisbildung und Orthodoxie im 16. und 17. Jahrhundert 220
4. Das Luthertum: sein Erscheinungsbild in Kult, Recht und Verfassung 223

Vierzehntes Kapitel: Der Calvinismus 227

I. Überblick über seine Eigenart und seine Verbreitung 227
Wesenszüge und Gesamterscheinung 227 System seiner Ausbreitung unter der Anleitung Calvins 228 Das reformierte Christentum in den Ländern Europas 229

II. Verbreitung und Eigenart des Calvinismus in Deutschland 231
Melanchthon und der Kryptocalvinismus 231 Reformierte Territorien 232 Fürstliches Staatskirchentum und reformiertes Gemeindechristentum 234 Reformierte Hochschulen 235 Calvinismus und Luthertum im Reich 236

III. Der Calvinismus im Osten 238
1. Zur Lage des Calvinismus in Osteuropa 238
2. Der Calvinismus in Polen 239
3. Der Calvinismus in Ungarn 242

IV. Der Calvinismus im Westen 244
1. Seine geschichtliche Bedeutung für Westeuropa 244
2. Der Calvinismus in Frankreich 246
3. Der Calvinismus in Schottland 248
Königtum, Kirche, Adel und Parlament 248 Die Anfänge der Reformation. John Knox 249 Der Covenant von 1557, der religiöse Bürgerkrieg und der Sieg der Reformierten 1560 251 Auch unter Maria Stuart bleibt der Calvinismus Staatsreligion 253

4. Der Calvinismus in England 253
5. Der Calvinismus in den Niederlanden 256
Evangelische Regungen. Calvins Lehre auf fruchtbarem Boden 256 Der niederländische Aufstand ein Religionskrieg? 258 Die niederländische Republik wird gegründet — Probleme der reformierten Kirchenorganisation 259 Holland: ein geistiges Zentrum des Calvinismus. Theologische Meinungskämpfe über Prädestination und Toleranz 261 Hollands Bedeutung für den Calvinismus 262

Fünfzehntes Kapitel: Der Katholizismus 264

1. Die Gegenreformation in der europäischen Politik und Kriegführung 265
Konfessionelle Politik als Zeiterscheinung 265 Konfessionelle Färbung der auswärtigen Politik 266 Begleiterscheinungen und Schikanen der Rekatholisierung 267
2. Verbreitung und äußere Wiederherstellung des Katholizismus seit der Reformation 268
Konfessionell einheitliche Länder. Diaspora und Gebiete mit kleinen Minderheiten 268 Umkämpfte Gebiete in Deutschland und Europa 269 Ergebnisse der konfessionellen Sonderung in Deutschland, seinen Nachbarländern und in England und Irland 271
3. Die Katholiken in Verteidigung und Abwehr: England 272
Wo leben die Katholiken überhaupt in der Verteidigung? 272 Duldung; Verfolgung; Sondergesetze: die Katholiken in England 273
4. Die Gegenreformation in der auswärtigen Politik: Polen und Schweden 275
5. Die Gegenreformation in der inneren Politik I. Adelsherrschaft und Rekatholisierung: Polen und Ungarn 277
6. Die Gegenreformation in der inneren Politik II. Rekatholisierung durch das Landesfürstentum: Österreich und Böhmen 279
7. Gegenreformation und katholische Reform 281
Zum Inhalt der Begriffe 281 Ansätze, Grundlagen und Durchführung der Reform. Rolle der romanischen Länder 282 Die Kirche verwandelt sich durch die Reform 284 Zur Bewertung der Gegenreformation 286

Schluß. Das konfessionelle Zeitalter und wir 288

ANHANG

Zeittafel 295

Literaturverzeichnis 303

Ergänzende neuere Literatur 309

Namen- und Ortsregister 311

VORWORT

Das Zeitalter, mit dem sich dieses Buch befaßt, hat seinen Namen von der Gegenreformation erhalten. Sie war ein Hauptvorgang, der in dem Jahrhundert von 1550 bis 1650 eine wichtige Rolle spielte. Aber sie war nicht der einzige Hauptvorgang. Im Raum des Katholizismus war der innerkirchliche Umwandlungsvorgang, den wir die katholische Reform nennen, mindestens genauso wichtig. Im Raum der damaligen Christenheit hielten sich der wiedererwachte Katholizismus und der Calvinismus in etwa die Waage. Beide gehörten zu den treibenden Kräften im Zeitalter der konfessionellen Kämpfe. In den auswärtigen und innerstaatlichen Kämpfen, welche dieses Jahrhundert durchziehen, mischten sich die Konfessionen in den Streit der weltlichen Machthaber ein, aber auch die weltlichen Machthaber in den Streit der Konfessionen. Es ist also, weit entfernt, nur ein Zeitalter der Gegenreformation zu sein, eine Epoche der konfessionellen Politik und der Religionskriege gewesen. Aus den Kriegen und Bürgerkriegen dieser Zeit ist in den meisten europäischen Ländern die Staatsgewalt mit unermeßlich gesteigerter Machtfülle hervorgegangen, während sich gleichzeitig die Kirchenspaltung institutionell, emotional und dogmatisch auf Jahrhunderte hinaus verfestigte.

Über den Aufbau und Inhalt dieses Buchs informiert das spezifizierte Inhaltsverzeichnis. Der Verfasser konnte im Hinblick auf den zur Verfügung stehenden Raum weder eine umfassende politische Geschichte der europäischen Staatenwelt noch eine ausgesprochene Kirchen- und Theologiegeschichte des konfessionellen Jahrhunderts ins Auge fassen und hielt es auch nicht unbedingt für erforderlich. Denn wir haben genug gute und auch gut geschriebene Kirchengeschichten und politische Geschichten für diesen Zeitraum. Dem Verfasser kam es mehr darauf an, den Blick auf die treibenden Kräfte zu lenken, die aus der Kirche in die Welt hineinwirkten, religiös und konfessionell zugleich, und im großen Stil Geschichte machten. Dieser Absicht dienen die Ausführungen über Calvin und den Calvinismus, über Ignatius und den Jesuitenorden und über die nachtridentinischen Päpste. Der Verfasser hat sich bemüht, die kirchlichen Vorgänge nicht isoliert zu betrachten, sondern ihren Zusammenhang mit der allgemeineren politischen und sozialen Geschichte nach Möglichkeit anzudeuten. Er hat sich vor allem bemüht, den Protestantismus und den Katholizismus im Zeitalter der Konfessionskämpfe parallel zu behandeln — sowohl der Sache als auch der Bewertung nach.

Bei der technischen Herstellung des Manuskripts, bei der Reinschrift und Durchsicht, haben mir meine Assistenten und wissenschaftlichen Mitarbeiter in Tübingen sehr geholfen. Ich danke ihnen auch an dieser Stelle dafür.

E. W. Z.

WAS IST GEGENREFORMATION?

Unser Verhältnis zu den Anfängen der europäischen Neuzeit ändert sich, je weiter wir uns von ihr zeitlich entfernen und je größer unser Abstand dazu wird. Diese natürliche Blickverschiebung, wie sie auch dem physischen Auge eigentümlich ist, das sich von dem Gegenstande seiner Betrachtung weiter entfernt und dadurch einen größeren Umkreis in den Blick bekommt — diese Blickverschiebung also läßt uns auch die Historie der anhebenden Neuzeit eingebettet sehen in allerlei Zusammenhänge, die man früher, als man zeitlich Columbus und Luther noch näherstand, nicht so sehr als Zusammenhänge, sondern viel eher als Gegensätze und schroffe Brüche zu verstehen gewohnt war.

Durch Gewohnheit hat sich die Vorstellung eingebürgert, daß die mit der zweiten Hälfte des 16. Jahrhunderts beginnende Epoche europäischer Geschichte ein Zeitalter der Gegenreformation sei. Obwohl diese Bezeichnung manches für sich hat, führt sie dennoch ein wenig in die Irre, weil sie zu viel unterschlägt. Denn was mit der zweiten Hälfte des 16. Jahrhunderts beginnt, ist genausogut ein Zeitalter des Calvinismus und ein Zeitalter des konfessionell orientierten Fürstentums gewesen.

Ganz zu schweigen davon, daß es das Zeitalter Shakespeares und El Grecos war; für England als elisabethanisches Zeitalter der Inbegriff kulturellen Höchststandes und einer wirtschaftlich-maritimen Expansion sondergleichen; — für Spanien als Siglo de Oro, als das „goldene Zeitalter", der Zenit, den die Nation in ihrer langen Geschichte für einige Menschenalter erreichte und in welchem der Glanz ihrer unvorstellbar reichen und fruchtbaren Kultur hell erstrahlte. Aber auch für das übrige Europa waren die hundert Jahre zwischen dem Augsburgischen (1555) und dem Westfälischen Frieden (1648) im Hinblick auf die Höhe der Kultur und des geistigen Lebens eine der ganz großen Zeiten: es war die Epoche der Wirksamkeit Keplers und Galileis; in der Musik das Zeitalter Orlando di Lassos und Monteverdis. In Summa eine Epoche von staunenerregender Fruchtbarkeit in der Hervorbringung unvergänglicher und unvergeßlicher Werke des Geistes und der Kunst in sämtlichen Spielarten und Gattungen.

Von hier aus gesehen, nimmt sich der Begriff „Gegenreformation" eng und spröde aus; um dies strotzende Saeculum adäquat einzufangen, fehlt es ihm einfach an dem nötigen Fassungsvermögen.

Man muß ihm zugute halten, daß er ein wichtiges Leitmotiv festhält und von ihm her an einen Nerv des Zeitalters heranzukommen sucht. Aber es ist nicht der einzige Nerv. Und selbst ob dieser *eine* vollkommen richtig erkannt, das heißt vom Begriff „Gegenreformation" im Wesen getroffen wird, bleibt fraglich.

In der Tat beginnen sich unsre überkommenen Vorstellungen von der Gegenreformation allmählich etwas zu verschieben und aufzuhellen — dank einer Reihe neuer Perspektiven sozialgeschichtlichen und universalgeschichtlichen Charakters; nicht zuletzt aber auch deshalb, weil wir sukzessiv gelernt haben, von konfessionell gefärbten Vorurteilen abzusehen, mit denen auch die wissenschaftlichen Darstellungen älteren Datums reich gespickt zu sein pflegten.

Vom Geschehen des 16. und 17. Jahrhunderts her gesehen, bezeichnet „Gegenreformation" nur *einen*, allerdings einen charakteristischen Zug des Zeitalters, dem sie den Namen gegeben hat; der Begriff klammert sich an *einen* Vorgang (neben dem es andere von ähnlicher Wichtigkeit und Durchgängigkeit gegeben hat). Er bietet m. a. W. nur einen *Teil*aspekt. Der in der Tat charakteristische Vorgang war das Phänomen der physischen und geistigen Glaubenskämpfe; eine wirklich typische Erscheinung. Aus dieser Perspektive war das Zeitalter jedoch genauso ein Zeitalter des Calvinismus und des militanten Protestantismus, wie es ein Zeitalter der Gegenreformation war. Man braucht nur an Holland, England, Frankreich, Schottland oder Schweden zu erinnern (s. unten Kapitel 13 und 14). Die Konfessionen gingen ganz außerordentlich kämpferisch miteinander um und kultivierten nahezu ihren Gegensatz.

Die Antithesen, durch die sie sich selbst charakterisierten und gegenseitig voneinander abhoben, gingen im Zeitalter der Unterscheidungslehren und der polemischen Kontroverstheologie konkret bis ins Lächerliche. Doch war das Lächerliche nur ein Ausfluß eines hochgespannten, hochgemuten konfessionellen Bewußtseins. Die Angehörigen der verschiedenen Konfessionen klammerten sich betont an verschiedene Dinge, die an sich oft peripher, aber sinnfällig waren, um zu unterstreichen, daß sie mit der anderen Konfession nichts zu tun haben wollten: die Katholiken lasen nicht in der Heiligen Schrift, um nicht für Protestanten gehalten zu werden; die Lutheraner in Coburg durften ab 1550 zur Avezeit nicht mehr die Glocken läuten, damit die Nachbarschaft sie nicht für „päpstisch" halte. Der Landgraf von Hessen verbot den Männern, vor den Kuzifixen am Feld- und Straßenrand den Hut abzunehmen, weil das eine katholische Unart sei.

Bei allen Vorbehalten gegen eine Verwendung des Begriffs Gegenreformation als exklusiver Bezeichnung für die 100 Jahre europäischer Geschichte zwischen 1550 und 1650 muß nun freilich gesagt werden, daß die Gegenreformation in diesem Jahrhundert eine große Rolle gespielt hat. Sie war ein historischer Vorgang, der sich in das Gesamtbild des Zeitalters tief eingezeichnet hat.

Gemeinhin verstand man unter Gegenreformation die Wiederherstellung der katholischen Kirche in protestantisch gewordenen Ländern, Städten oder Landesteilen. Und zwar eine Wiederherstellung auf Befehl von oben, verlangt von der Staatsgewalt, unterstützt von Gesetz, Polizei, Gericht und Militär. Diese Art Gegenreformation hat es durchaus gegeben. Nur ist hinzuzufügen, daß die militantpolitische Gegenreformation nur die eine Seite eines sehr viel umfassenderen Vorgangs darstellte, den wir als katholische *Reform* oder Regeneration zu bezeichnen pflegen.

Diese Erscheinung selber stellt aber nur einen Teilvorgang innerhalb der konfessionell aufgespaltenen und aufgefächerten großen kirchlichen Reformbewegung dar, die nach jahrelanger Vorbereitung mit dem Auftreten Luthers in das Stadium des Durchbruchs und der Verwirklichung trat. Damit erhielt das 16. Jahrhundert seinen einzigartigen Charakter als eines Schicksalsjahrhunderts der deutschen und der europäischen Geschichte.

ERSTER ABSCHNITT
BLICK AUF DAS ZEITALTER

Erstes Kapitel
Europa im 16. und 17. Jahrhundert. Grundzüge der politischen und kirchlichen Entwicklung

1. Stände und Monarchie

Im Staatswesen erhob, beginnend mit Westeuropa, seit dem Ende des Mittelalters die monarchische Gewalt ihr Haupt. Die Könige und regierenden Fürsten zogen die Zügel schärfer an. Sie bauten einen rationellen Verwaltungsapparat auf, modernisierten das Steuerwesen, schufen sich einen Stab von qualifizierten Spitzenbeamten und befestigten mit alledem ihre monarchische Position. Sie erweiterten den Umfang ihrer Aufgaben auf allen Sektoren des staatlichen Lebens und kümmerten sich intensiv und mit System um Polizei und Heerwesen, um Erziehung, Wirtschaft, Verkehr, Bergwerke, Straßenbau, Forsten, Landwirtschaft und Gerichtsorganisation. Sie wurden Mäzene, vergaben Bauaufträge, hielten sich Musiker, Maler und Spaßmacher und vergrößerten, jedermann sichtbar, ihren Hofstaat, der ihre ständige Umgebung bildete. Mit alledem sahen sie darauf, daß sie sich gegen alle übrigen hohen Adelsränge deutlich nach oben hin abhoben.

Politisch suchten die Fürsten die allenthalben vorhandenen Zwischengewalten und Unterherrschaften, Barone, Standesherren und sonstige Magnaten, in erster Linie also die Hocharistokratie, zurückzudrängen und unter ihre Botmäßigkeit zu bringen. Unter Umständen fanden sie aber auch Anlaß, gegen Städte, Stiftskapitel, Klöster, Landadel und Ritterschaft vorzugehen. Es gelang zwar den Monarchen oft, sich diese Schichten zu unterwerfen. Jedoch nicht überall und immer.

Ihr Herkommen befugte die Stände ehedem, tief in die Geschicke ihrer Landschaft und ihres Landes hineinzugreifen, und zwar kraft eigenen Rechtes. Politisch war ihre Stellung und ihre Kompetenz nicht selten weiter als die des Landesfürsten gewesen. In Kastilien gab es Granden, die über die Bauern und Knechte ihres Großgrundbesitzes die Blutgerichtsbarkeit ausübten und an ihnen unter Umständen Todesurteile vollstreckten. Die böhmischen Stände begrüßten ihren König aus dem Haus der Jagellonen mit dem Zuruf: „Du bist unser König, wir sind deine Herren!“[1] In landschaftlichen Verbänden zusammengefaßt, setzten dieser Art Stände, Ritter und Barone sich schon erheblich zur Wehr, wenn ihr Landesfürst Miene machte, ihnen ihre Freiheiten und Rechte zu dezimieren und ihnen das Gehorchen beizubringen.

Die Reaktionen waren im einzelnen von verschiedener Art und Dauer. Vielfach kam es zu Aufständen und furchtbaren Zusammenstößen, so in Frankreich, Österreich, Holland, Böhmen, England. Denn nicht immer waren die Könige stark genug, sich ohne Krieg und allzu große Mühe über ihre Stände hinwegzusetzen. Ein Adel, der gewohnt war, mitzuregieren, auf den König Einfluß auszuüben und im eigenen Lebenskreis auch politisch sein eigener Herr zu sein, ließ sich nicht ohne weiteres in einen Zustand der Abhängigkeit hinabdrücken. Auch genossen Städte und Ritterschaft eine politische Freiheit, die ihnen lieb war und auf die sie nicht gern verzichteten. Es kam also zu Zusammenstößen. Nach dem Maß ihrer Kräfte stritten die Stände gegen den Fürsten, oft hart und leidenschaftlich. Auch wo die Monarchen als Sieger aus diesen Kämpfen hervorgingen, hatten sie oft mit letztem Einsatz um den Sieg ringen müssen. Er war ihnen meistens nicht in den Schoß gefallen. Ja sie hatten an einigen Stellen auch den Kampf verloren.

In England zum Beispiel mußten die Stuarts vor den Mittelklassen, dem Landadel und dem vermögenden Bürgertum zurückweichen und zeitweilig den Thron räumen. In Polen und Ungarn ließen es die Könige gar nicht auf einen Machtkampf ankommen, sondern beließen dem Adel seine starke Position und seine Rechte.

Aber trotz diesen und anderen Tatsachen, die dagegen sprachen: die Steigerung der fürstlichen Macht zur Allgewalt lag offensichtlich im Zug der Zeit. Der *Monarch* beherrschte in Europa die politische Szene. Auch die Ausnahmen verwischten diesen durchgehenden Eindruck nicht.

Denn anders als in England, Ungarn und Polen setzten sich in den meisten europäischen Ländern und Staaten eben *doch* die *Fürsten* durch. Zwar vermochten sich die Habsburger der frondierenden Stände in ihren Erb- und Kronländern nur mit Mühe zu erwehren. Noch größere Mühe hatten die französischen Könige, sich zu behaupten, nachdem sie in den dreißigjährigen Hugenottenkriegen zum Spielball der streitenden Adelsparteien geworden waren. Am Ende aber blieben in Frankreich, Österreich, Aragón, Bayern, Brandenburg und anderwärts die Fürsten und Könige die Sieger. Und gleich danach hielt der fürstliche Absolutismus seinen Einzug und nahm von der Macht allumfassend Besitz. Er etablierte sich allerdings im *ganzen* Umfang seiner Machtvollkommenheit nicht von heute auf morgen; sondern das geschah in dem Auf und Ab eines großen historischen

[1] Vgl. G. Loesche, Geschichte des Protestantismus in Österreich usw. (1902) S. 153.

Prozesses, der viele Generationen umspannte und sich in seinen letzten Ausläufern etwa bis 1700 hinzog oder noch darüber hinaus.

Mitten in diese Auseinandersetzung zwischen Königtum und Ständen brachen nun die Reformation und die Gegenreformation hinein und nahmen an ihr teil. Glaubenskämpfe und Ständekämpfe, konfessionelle Propaganda und politisch-ideologische Publizistik fielen zeitlich zusammen und gingen zeitweilig ineinander über. Sie vermischten und vermengten sich sachlich so kräftig miteinander, daß sich lange Zeit hindurch in vielen Fällen das eine vom andern nicht mehr sauber scheiden ließ. Die bedenkenlose und problemreiche Kombination politischer und sozialer Zwecke mit konfessionellen Absichten und umgekehrt gehörte schlechthin zur Signatur des Zeitalters.

Ein junger Absolutismus, ein oft althergebrachtes Ständetum verbündeten sich je nach dem mit dem Katholizismus oder Calvinismus oder stützten sich religiös auf das Luthertum. Fürsten und Stände setzten sich gern für eine bestimmte Konfession ein. Sie zeigten sich willens, sie zu schützen, und suchten sie, im Grunde genommen, so stark wie möglich zu beherrschen und sich dienstbar zu machen. So mußte die Religion auch für andere Zwecke herhalten. Aber umgekehrt mochte kaum je eine Konfession darauf verzichten, sich der Hilfsmittel der Staatsgewalt oder starker Ständeparteien zu bedienen und dieselben für sich in Anspruch zu nehmen.

Der politische Entwicklungsprozeß, der entweder die Monarchie zur absoluten Regierungsgewalt führte oder die Mitregierungsrechte von Adel und Ständen legitimierte, hatte sich also in der Regel nicht isoliert abgespielt, sondern hatte sich mit der Konfessionsbildung und den Glaubenskämpfen außerordentlich vermengt. Der Absolutismus wurde konfessionell, und politische Ständeherrschaft fühlte sich *auch* der einen oder anderen Konfession bevorzugt verbunden.

Keine Staatsgewalt konnte es sich leisten, das zu ignorieren. Mit konfessionellem Vorzeichen versehen und zu neuer Leidenschaft erwacht, mußte die Religion notwendig auf das Staatswesen zurückwirken. Dieses identifizierte sich bis zu einem gewissen Grade mit den wirklichen oder scheinbaren Interessen der einen oder andern Konfession. Auf der andern Seite hatten die Inhaber der Staatsgewalt aber auch nicht die leisesten Bedenken, sich der kirchlichen Apparatur und ihres Personals eigenmächtig zu bedienen und sie gegebenenfalls auch für solche Zwecke einzuspannen, die mit der Religion direkt wenig zu tun hatten. Auch um für die eigenen Interessen etwas herauszuschlagen, machten sich Könige und Regenten die Dienste von Kircne und Konfession zunutze.

In den meisten Fürstenstaaten hatten infolge der zum Absolutismus drängenden Entwicklung die Spitzen der alten Gesellschaft ihre politische Position eingebüßt. Sie wurden von ihrem uralten Geschäft des Mitregierens zwangsweise dispensiert und an den Rand der Politik gedrückt. Sie durften sich dort als Handlanger des Fürsten und als seine Beauftragten betätigen.

Es ist dabei aber noch an eine andere Perspektive zu erinnern: Die politische Rolle der Städte und Stände ging zwar laufend zurück, das *alte Gesellschaftsgefüge* blieb aber *erhalten*. Es erhielt durch die Entwicklung der Zeit sogar wichtige *neue* Funktionen: die Staaten sonderten sich schärfer gegeneinander ab; die Kirche zersplitterte sich in Konfessionen. Die alte Gesellschaftsordnung hielt beides bis zu einem gewisse Grade zusammen, nämlich die Oberschicht aller Konfessionen und aller Länder. Für sie rangierte gegebenenfalls der *Stand* vor Staat und Religion. Die Rivalitätskämpfe der großen Mächte, die Religionskriege in Ost und West, die Kirchen- und Glaubensspaltung hinterließen gewaltige Risse und Sprünge. Aber darüber blieb die traditionelle ständisch-soziale und bildungsmäßige Gemeinschaft der abendländischen Völker dennoch erhalten. Die Gesellschaftsstruktur erlitt keinen nennenswerten Bruch; sie blieb grundsätzlich übernational und überkonfessionell gültig. Sie überbrückte sogar unter Umständen den konfessionellen Gegensatz zwischen Standesgenossen. Besonders innerhalb der oberen adligen Schichten bildete die Standeszugehörigkeit ein wichtiges Band quer durch die staatlichen, nationalen und religiösen Absonderungen hindurch. Standeskultur und adlige Lebensformen, Standesethik und Standeserziehung bildeten über die Grenzen von Sprache, Land und Religion eine einheitliche Größe.

Dies waren nun alles Dinge, die mit Gegenreformation im engeren Sinne nicht immer sehr viel zu tun hatten, für das Zeitalter der europäischen Geschichte, das wir herkömmlich nach der Gegenreformation oder nach den Konfessionskämpfen benennen, aber ebenso charakteristisch waren wie der Aufstieg der Monarchie, die Ständekämpfe und die Konfessionsbildung.

2. Von der Reformation zur Gegenreformation

Die evangelische Bewegung

Die Reformation rief, kaum ins Leben getreten, in Deutschland und sehr rasch auch außerhalb Deutschlands lebhafte religiöse Bewegungen von verschiedenen Stärkegraden hervor. In der evangelischen Bewegung liefen verschiedene anderweitige zeitgenössische Strömungen zusammen. Sozialrevolutionäre und Spiritualisten hielten ihre Stunde für gekommen; die Humanisten schwammen eine Weile mit; nationale Gefühle und antiklerikale Affekte verschafften sich im großen allgemeinen reformatorischen Aufbruch Luft und Ausdruck.

In Deutschland und Skandinavien, in England und Ostmitteleuropa waren die *nationalen* Töne unüberhörbar. Freilich war es das naive, politisch ungefährliche Nationalgefühl der frühen Neuzeit, das sich in erster Linie am Gegensatz gegen Rom orientierte, stärkte und erbaute. An vielen Orten und in bestimmten Schichten nahm die evangelische Bewegung aber auch einen irgendwie *sozial* gearteten Charakter an. Denn häufig kam es vor, daß sich in Bewegung oder Opposition geratene soziale Schichten mit ihr identifizierten. Das konnten ebensogut Bauern und Ritter sein wie Stadtbürger oder Hochadlige. Weil im ersten Jahrzehnt nach Luthers Thesenanschlag fast überall der *Humanismus* positiv auf die Reformation ansprach, erhielt diese dadurch von Anfang an den Zuzug bester Kräfte aus den oberen Bildungsschichten. Andererseits entstanden ihr, wie gar nicht anders möglich, auch allerlei Gegner — weil noch nie in der Weltgeschichte eine junge Bewegung den ungeteilten Beifall ihrer Umwelt gewonnen hat.

Die Gegnerschaft gegen die Reformation rekrutierte sich in den zwanziger Jahren des 16. Jahrhunderts hauptsächlich aus Verfechtern des bisherigen Zustands. Sie setzten sich ein für das Bisherige in der Theologie, in der Kirche und in der Staats- und Rechtsordnung. Bei denen, die sich für den alten Zustand stark machten, handelte es sich vielfach um reine Reaktionäre, wie serienweise die Mitglieder der höheren Prälatur, teils aber auch um besonnene und kritische Traditionalisten, die abzuwägen verstanden und sich ihre Gedanken machten. Alle zusammen kamen gegen die Vehemenz der evangelischen Bewegung aber nicht entfernt an. Denn sie hatten ihr nichts von dem entgegenzusetzen, was gerade *ihre* Stärke ausmachte: Schwung, revolutionärer Angriffsgeist, das Bewußtsein, in die Freiheit vorzustoßen und dabei obendrein noch Gott zur Seite zu haben. Daß sie unzählige Einrichtungen schneidig ausräumte, die man weithin als Übelstand und Ärgernis ansah, schuf der Reformation gleich im Anfang viele Freunde.

Diejenigen, die sich auf die Seite der Neuerung schlugen, lebten der Überzeugung, das Wort Gottes für sich zu haben und mit eben diesem Worte Gottes eine bessere Ordnung in Kirche und Welt herbeizuführen; sie entfalteten eine aus diesem Bewußtsein herausspringende schöpferische Aktivität, mit der sie, oft in kürzester Frist, das Kirchenwesen in ganzen Regionen umformten. Es machte die Stärke der Reformation aus, daß sie für eine ganze Reihe von brennenden Problemen der Zeit einige Patentlösungen immer gleich griffbereit zur Hand hatte. Das Zölibatsproblem löste sie durch die Einführung der Priesterehe, die problematisch gewordene Gottesdienstpraxis durch Abschaffung der Winkelmessen, Einführung der Volkssprache in den Gottesdienst und vermehrte Predigttätigkeit.

Es kam noch manches hinzu — der Katechismus, deutsche Kirchenlieder, die deutsche Bibel. Mit alledem fand die Reformation großen Anklang. In Deutschland und in den Schweizer Stadtkantonen; in Österreich, in Ungarn, in den Niederlanden, in Ostpreußen und im Baltikum, in den skandinavischen Königreichen und ihren Nebenländern.

Hinzu kam ferner, daß im Zentrum eine so überragende und unvergleichliche Persönlichkeit wie Martin Luther stand, von der Impuls auf Impuls ausging. Hinzu kam weiter, daß in der Schweiz mit Ulrich Zwingli desgleichen ein Reformator von größtem Zuschnitt die evangelische Bewegung mit aller Kraft vorantrieb. Von allen Seiten wuchsen der evangelischen Bewegung Kräfte von Rang in einer solchen Fülle zu, daß es fast so aussieht, als ob sie nur darauf gewartet hätten, von ihr gerufen zu werden. Nördlich der Alpen und östlich des Rheins hatte fast jede Stadt ihren Reformator oder deren zwei, und beinahe jede Grafschaft und jedes Fürstentum auch. Die Zahl der örtlichen und regionalen Reformatoren war Legion — und sie gehörten wunderbarerweise alle derselben Generation der um 1500 Geborenen an. Der Abfall von der alten Kirche nahm die Form einer Massenerscheinung an, jedenfalls in vielen Strichen Deutschlands und seiner angrenzenden Gebiete. Die evangelische Bewegung hatte Oberwasser, und wer sich ihr entziehen wollte, geriet rasch in eine schwierige Situation, zumal wenn er die alte Kirche gegen sie verteidigen wollte.

Dieser Elan hat, wie es scheint, zwar einige Jahrzehnte vorgehalten, in den dreißiger und vierziger Jahren jedoch sein Tempo verringert. Dafür, daß die ungestüme Wucht des Anfangs nachließ, gab es verschiedene Ursachen. Den populären Schwung brach entscheidend der Bauernkrieg 1525. Seit ihm nahmen sich die politischen Obrigkeiten der Sache Luthers an, und er legte sie auch betont in ihre Hände. Aus der evangelischen Bewegung wurde kirchenpolitische Reformation. Täufer, Spiritualisten und andere Sonderbewegungen trennten sich von Luther. Es begann zwischen ihnen ein innerevangelischer Kampf. Auch zwischen der schweizerischen und der deutschen Reformation stellte sich kein rechtes Einvernehmen ein. Die evangelischen Kräfte zersplitterten sich.

Wie verhalten sich die katholischen Regierungen?

Weil die Evangelischen untereinander zu streiten anfingen, ließ die Wucht ihres Angriffs auf die Katholiken nach. Nachdem sich der Sturm der ersten sieben Jahre der Reformation gelegt hatte, fingen die verbliebenen katholischen Kräfte in Deutschland an, sich notdürftig zu sammeln. Ihre Überlebenschancen nahmen angesichts der innerevangelischen Differenzen etwas zu, wenn auch nur äußerlich — und auch äußerlich nur wenig. Dort wo der Katholizismus bodenständig verankert war, wie in den bäuerlichen Kantonen der inneren Schweiz, setzte er sich sogar energisch zur Wehr. Das Ergebnis waren die beiden Kappelkriege und die Schlacht bei Kappel 1531, in der das Aufgebot von Zürich geschlagen wurde und Zwingli den Tod fand — worauf die Eidgenossenschaft das Nebeneinander beider Konfessionen staatsrechtlich fixierte. Während es hier zu den ersten sichtbaren blutigen Zusammenstößen um der Religion willen gekommen war und sich zum erstenmal eine bewußte und konsequente Gegenwehr der Anhänger der alten Kirche in von der Reformation ergriffenen Gebieten zeigte, begann sich etwa seit 1530 der Protestantismus mit Hilfe der Obrigkeit, wo diese evangelisch war oder wurde, allmählich institutionell zu festigen. Um die gleiche Zeit mühte man sich in Deutschland, einen religiösen Ausgleich zwischen Protestanten und Katholiken zustande zu bringen. Diesem Ziel diente der Augsburger Reichstag von 1530 und die Confessio Augustana (Augsburgische Konfession). Inzwischen nahmen die skandinavischen Königreiche das Luthertum an und trennte sich England durch die Initiative seines Königs von Rom.

Im übrigen West- und Südeuropa, dazu in Bayern und Österreich blieben die Regierungen katholisch und schritten mit Polizeimaßnahmen gegen die wirklichen oder mutmaßlichen Anhänger der evangelischen Bewegung ein. Was also die Gegenreformation betrifft, so lag ihr zeitlicher Beginn, wenn man sie als politischen Kampf um die Aufrechterhaltung des Katholizismus betrachtet, dicht bei den Anfängen der Reformation. Sie war in Deutschland bereits ab 1521 mit dem Wormser Edikt im Gange. Kaiser und katholische Reichsstände trieben sie, so gut es sich machen ließ, voran — zum Beispiel durch die Reichsabschiede von 1529 und 1530 oder durch den Schmalkaldischen Krieg —, stoppten sie aber dazwischen immer wieder durch Stillhalteabkommen aus anderen politischen Gründen ab. Den Protestantismus militärisch oder sonst gewaltsam zu bekämpfen galt dem Kaiser übrigens nicht als die einzig wünschenswerte Behandlungsart, sondern als letzter Ausweg. Dazwischen tastete er immer wieder, in unzähligen Verhandlungen, die Möglichkeiten einer Verständigung ab; er veranstaltete eine Reihe von Religionsgesprächen und betrieb die Einberufung eines Reformkonzils, weil ihm alles daran lag, die mit dem Protestantismus akut gewordene Gefahr einer Kirchenspaltung zu bannen. Eine friedliche Bereinigung des Kirchenstreits herbeizuführen ließ man sich auf allen Seiten einiges kosten.

Dennoch kam es anders. Und gerade das war es, was den genuinen Reaktionären und Scharfmachern scheinbar recht gab: Mit Polizeimethoden vorzugehen und das harte Ketzerstrafrecht der Zeit gegen Andersdenkende anzuwenden hielten nicht wenige Anhänger der alten Kirche für das geeignete Mittel, um größeres Unheil zu verhüten. Diese *eine* Richtung gehörte durchaus zur Gesamterscheinung der Gegenreformation. Dieser Zug, der ihr innewohnte, verdüsterte ihr Bild und belastete sie nicht ganz zu Unrecht. Exzesse wie die Pariser Bartholomäusnacht oder die Schreckensherrschaft Albas in den Niederlanden gingen auf das Konto dieser Überzeugung, daß man Ketzer *bestrafen* müsse und notfalls auch umbringen dürfe.

Bis zur Jahrhundertmitte ereignete sich aber noch manches andere, was der mittlerweile weltweit gewordenen Auseinandersetzung von

Protestantismus und Katholizismus größere Tiefe gab und sie in neue Dimensionen rückte.

In der Eidgenossenschaft hatten sich die Kantone und im Deutschen Reich die Reichsstände einigermaßen geeinigt: sie vereinbarten untereinander, sich konfessionell gegenseitig in Ruhe zu lassen. Dies war eine politische Abmachung mit staatsrechtlichem Charakter. Sie besagte, daß, von Sonderabmachungen abgesehen, die *kantonale* oder *territoriale* Obrigkeit das Bekenntnis ihrer Untertanen bestimmte. Aus praktischen Gründen hatten Deutschland und die Schweiz sich entschlossen, ein Provisorium zu verewigen. Sie hatten damit, obwohl diese Regelung einige ungute Gefühle auf beiden Seiten zurückließ, dennoch den Zustand einer gewissen politisch-konfessionellen Befriedung erreicht. Gewiß: es ging noch unruhig genug zu und kriselte an allen Ecken und Enden. Einem Kampf aller gegen alle waren aber doch nunmehr sehr entschiedene Grenzen gesetzt.

Umschwung in der katholischen Kirche

Von ganz wesentlicher Bedeutung wurden für Katholizismus und Protestantismus die Dinge, die sich seit den vierziger Jahren in Italien und in Genf abspielten. Ein baskischer Edelmann und ehemaliger Offizier der spanischen Armee, Ignatius von Loyola, hatte in Paris eine kleine religiöse Genossenschaft gegründet, eine Compañía de Jesús, war mit ihr nach Italien gezogen und hatte sich in Rom niedergelassen. Von ihm ging eine höchst staunenswerte Sammlung und Disziplinierung der substantiellen Kräfte der alten Kirche aus. Religiöse Intensität und eine bis zum Martyrium gehende Bereitschaft, sich der katholischen Kirche aktiv zur Verfügung zu stellen, zeichneten bald in aller Augen die Mitglieder der Gesellschaft Jesu aus. Was man an den Jesuiten wahrnahm, war aber beispielhaft für einen umfassenderen Vorgang: in den Tiefen der katholischen Kirche selber und gelegentlich auch schon in ihren sichtbaren Spitzen hatte sich der Umschwung zu einer inneren Reform vollzogen.

Das war ganz stark unter dem Eindruck der Reformation Luthers geschehen. *Mittelbar:* weil man sich sehr anstrengen mußte, um mit Luther mitzuhalten. *Unmittelbar:* weil man katholischerseits manches direkt von Luther übernehmen konnte; zum Beispiel die Bibel als Grundlage für die Predigt oder das Kirchenlied.

Hier deutete sich etwas von der *inneren* Seite der Gegenreformation an. Von innen betrachtet, hatte sie durchaus einen religiösen Habitus. Unter *diesem* Aspekt sprechen wir gewöhnlich von katholischer Reform. Diese innere Reform der katholischen Kirche entsprang historisch der gleichen Wurzel wie die evangelische Reformation — nämlich dem spätmittelalterlichen Reformverlangen und der allgemeinen Kirchenkritik des 15. Jahrhunderts. Die frühesten greifbaren Ansätze dieser katholischen Reform lagen bereits vor der Reformation. Sie trieb ihre ersten größeren Bildungen zur selben Zeit in

Italien hervor, zu der in Deutschland und Skandinavien, allerdings mit unvergleichlich stärkerer Vehemenz, die evangelische Reformation um sich griff. Seit dem Sacco di Roma (1527) kann man die katholische Selbstbesinnung quellenmäßig klar erfassen. In der Umbildung des Kardinalkollegs durch Papst Paul III. seit 1535, in der Gründung des Jesuitenordens und in der Einberufung eines Konzils nach Trient 1545 machte sich ein neuer Wind bemerkbar. Ein kräftigerer Wille zur Reform der katholischen Kirche regte sich. Die katholische Reformbewegung war, ob sie sich dessen nun bewußt wurde oder nicht, in nicht geringem Maße Luther verpflichtet. Vor allem weil Luther den längst in der katholischen Kirche vorhandenen, aber äußerlich gehemmten echten religiösen Potenzen den Weg freigebrochen und sie dadurch zur Wirksamkeit hatte gelangen lassen. Man könnte Hunderte von Namen nennen: ein einziger mag hier genügen: *Contarini.*

Fundamentale Bedeutung erlangte sodann die Generalsynode von Trient. Denn endlich hatte in den vierziger Jahren das seit Jahrzehnten fällige Konzil berufen werden können. Zweimal unterbrochen, kam es nach 18 Jahren 1563 zum Abschluß. Seine Glaubensdekrete griffen die von Luther und anderen Reformatoren aufgeworfenen dogmatischen Probleme auf und definierten die katholische Auffassung in den strittigen Punkten. Die gleichfalls 1563 verabschiedeten Reformdekrete, um deren offizielle Annahme sich die Päpste bei den weltlichen Mächten durch ihre Nuntien bemühten, enthielten auf Hunderten von Seiten ein umfassendes, bis an den Kern der Dinge herangehendes kirchliches Reformprogramm. Es kritisierte mit wünschenswerter Deutlichkeit die seit Jahrhunderten eingerissenen Mißstände, stellte sie unter Strafe und bezeichnete positiv die Ziele, auf die hin die Kirche in ihrer inneren Struktur und in ihrer religiösen Praxis umzugestalten sei. Die Trienter Dekrete ließen sich zum Teil nur gegen schwerste Widerstände in die Praxis des kirchlichen Lebens umsetzen. Ihre Durchführung ist im engeren Sinn das, was wir unter katholischer oder tridentinischer Reform verstehen. Sie war etwas anderes als die politisch-militante Gegenreformation, trat historisch aber nicht selten gleichzeitig mit ihr in Erscheinung und verband sich mit ihr auch gelegentlich zu einem höchst komplexen Vorgang. In dieser Verbindung geriet sie in das Zwielicht der Glaubenskämpfe.

Die zweite Reformationswelle: der Calvinismus

Um die Jahrhundertmitte hatte sich die katholische Kirche also grundsätzlich auf Reform umgestellt — es war dies die Frucht der Erfahrung mit der evangelischen Reformation und zugleich die Frucht einer ernsten Besinnung und kritischen Selbstprüfung, die anzustellen gerade die tieferen Geister auf katholischer Seite für nötig befunden hatten. Um die gleiche Zeit machte aber auch der Protestantismus einen enormen Ruck nach vorn. Luther war wesentlich auf Deutschland und Skandinavien beschränkt geblieben. Nur hier und in einzelnen Landstrichen Osteuropas bildeten sich lutherische Kirchen. Luthers Wirkung als Anreger und Erwecker reichte dagegen weiter über Deutschland und den Norden hinaus.

In ganz Europa ging seit den zwanziger Jahren, wie man damals sagte, die Lutherei herum. Was darunter zu verstehen ist, kann man am ehesten ein Verhalten nennen, das die Leute ergriff, nachdem sie von Luther gehört und seine massenhaft auf den Markt geworfenen Schriften gelesen hatten. Ein Verhalten, das nunmehr veranlaßte, zur Bibel zu greifen und sich von ihr über die in der Luft liegenden religiösen Zeitfragen belehren zu lassen. Vielfach waren es Kaufleute, Handwerker und fahrende Schüler, sehr oft Lehrer und humanistisch erzogene Gelehrte, die, von Luther inspiriert, sich innerlich einem evangelischen Christentum öffneten; vielleicht kamen sie auch in kleinen Zirkeln mit Gesinnungsfreunden zusammen, mit denen sie die Bibel lasen und sich darüber besprachen, mit denen sie wohl auch beteten und sangen. Zellen evangelistischen Charakters in altkirchlicher Umwelt bildeten sich über Europa hin verstreut. Dicht oder verhältnismäßig dicht gab es sie wohl in den Niederlanden, in denen sich die Tendenz zum Protestantismus von Anfang an besonders stark zeigte. Das Täufertum und die zahllosen Ketzermandate Karls V. bewiesen es je auf ihre Weise. Verhältnismäßig dicht existierten diese evangelischen Zellen auch in Frankreich. *Sie* bildeten den Boden, auf dem sich der *Calvinismus* entfaltete.

Damit ist nun die andere europäische Bewegung genannt, die in den gleichen Jahren wie die Gegenreformation als eine zweite evangelische Reformation zu geschichtlicher Wirkung gelangte. Der Calvinismus entwickelte sich rasch zu einer Strömung von mitreißender Gewalt. Er eroberte große Teile Westeuropas für den Protestantismus — von den Pyrenäen bis nach Ostfriesland; vom Genfer See bis Schottland. Calvin und Calvinismus setzten mit leicht veränderten Vorzeichen das Werk von Luther fort, führten aber auch in einzelnen Dingen über Luther hinaus: Sie machten den Protestantismus stärker unabhängig von der Obrigkeit und machten ihn dadurch eminent politisch. Sie bauten die Kirche von der Gemeinde her auf und verliehen dadurch der Gemeinde und ihren sich selbst verwaltenden Gliedern eine verantwortliche Selbständigkeit und riefen ein reguläres synodales Leben hervor, wie es beides das Luthertum nicht kannte. Politisch, selbständig und aktiv, notfalls auch rücksichtslos und willens, gegebenenfalls das Martyrium auf sich zu nehmen — so machten die Calvinisten bald von sich reden. Es war ein unverkennbar neuer Zug, der durch Calvin in den Protestantismus hineinkam. „Alles ist in Bewegung geraten, die ganze Kirche kämpft", hat Jedin von der Gegenreformation gesagt. Dasselbe gilt vom Calvinismus. Er kämpfte für die Ehre Gottes gegen die katholische Kirche, gegen Sekten und Häretiker. Er kämpfte notfalls auch gegen das Luthertum — die Reformierten respektierten zwar Luthers Person und

Werk, gemessen an Calvin hielten sie das Luthertum jedoch für eine unvollkommene und verbesserungswürdige Form evangelischen Christentums. Wo sie es vermochten, verdrängten sie es und bekämpften sie es. Das betraf besonders Westdeutschland von Basel bis zum Niederrhein. Hier zog mit dem Calvinismus eine zweite Reformation ein, die manchmal nicht ohne Härte über die erste Reformation Martin Luthers hinwegging und, wo sie sich durchsetzte, das Luthertum beseitigte.

Es läßt sich also gar nicht leugnen: Die kämpferischen Konfessionen hatten eine große Zeit. Sie besaßen nicht die geringste Scheu, sich mit der Politik einzulassen. Das deutsche Luthertum, das diese Scheu stets besessen hatte, geriet dadurch ins Hintertreffen. Überhaupt verlagerte sich der Akzent des Weltgeschehens von Deutschland auf den Westen.

Deutschland, zu Luthers Zeit das Land, von dem eine Weltbewegung ausging, hatte diese Bewegung in die Welt entlassen und war danach sehr rasch wieder Provinz geworden. Auch die Geschichte Deutschlands, verglichen mit derjenigen der westlichen und selbst einiger östlicher Völker, zeigt dieses Bild. Während man sich im Calvinismus und im Jesuitenorden, im Papsttum und in Holland, in England und Spanien für die ganze zivilisierte Welt interessierte, interessierte man sich in Deutschland politisch vornehmlich für die eigenen Angelegenheiten, religiös für das Weltgeschehen dagegen nur, wo man sich dem Calvinismus oder einem aktiven Katholizismus verschrieben hatte. Freilich ist gerechterweise hinzuzufügen, daß die innerdeutschen Angelegenheiten nicht immer ganz belanglos und ohne Gewicht waren.

ZWEITER ABSCHNITT
CALVIN
UND DIE ANFÄNGE DES CALVINISMUS

Die konfessionellen Kräfte

Die religiösen Auseinandersetzungen des 16. Jahrhunderts waren *universale* Vorgänge; sie zogen sämtliche Lebensbereiche in Mitleidenschaft, formten sie und wurden von ihnen geformt. Die Glaubenskämpfe waren ferner *gemeineuropäische* Vorgänge: Von Litauen bis Navarra, von Skandinavien bis zum Balkan griffen protestantische Reformation und katholische Reform um sich.

Das Ringen um die kirchliche Erneuerung war also der Sache nach universal; der geographischen Ausdehnung nach allgemeineuropäisch. Dennoch erhielt es in den einzelnen Landstrichen verschiedenen Charakter. Deutschland, die deutsche Schweiz und Skandinavien gingen zeitlich mit der Reformation voraus, erschöpften sich aber am ehesten. England ging seine völlig eignen Wege. Die romanischen Nationen Westeuropas kamen später zum Zuge. Die Bewegungen, die aus ihrem Schoße entsprangen, führten aber die endgültige Entscheidung über das Schicksal von Katholizismus und Protestantismus in Europa herbei. *Calvin und der Calvinismus* retteten den europäischen Protestantismus durch ihre kämpferische Aktivität und durch ihren religiösen Einsatz in Krieg und Politik. *Spanien* und *Italien* entbanden diejenigen geistigen Kräfte, welche die schadhaft gewordene katholische Kirche des Spätmittelalters wiederherstellten und erneuerten. Die politische Vormacht des europäischen Festlandes, Spanien, stellte ihre gesamten politischen, diplomatischen und kriegerischen Kräfte der katholischen Restauration zur Verfügung. Holland, England, Schottland, Irland erlebten politisch-militärische Kämpfe um den Glauben. Keines von diesen Ländern erlebte aber solch intensive und blutige Auseinandersetzungen wie *Frankreich* in den dreißig Jahren Hugenottenkriegen. Frankreich war zweierlei in einem: geistige Heimat des Calvinismus und, seit Ende des 16. Jahrhunderts: das klassische Land der religiösen Wiedergeburt des Katholizismus, wie sie repräsentiert wird durch Namen wie: Franz von Sales, Bérulle, Vinzenz von Paul.

Als Hauptkräfte, die auf beiden Seiten, vornehmlich in Frankreich, aber auch in der Schweiz, in Westdeutschland und den Niederlanden, die Glaubenskämpfe trugen, treten uns entgegen der Jesuitenorden und der Calvinismus. Beide kämpferisch, beide blendend organisiert und beide theologisch klar geformt, vor allem religiös straff diszipliniert. Beide Kräfte wollen wir nach ihrer Beschaffenheit und ihren Wesenseigentümlichkeiten zu erfassen suchen. Wir wollen sie daher jeweils zunächst an ihrer persönlichen Quelle aufzuspüren versuchen: in den Gestalten des Johannes Calvin und des Ignatius von Loyola. Wir beginnen unsre Darstellung mit dem Reformator von Genf, mit Johannes Calvin.

Zweites Kapitel

Johannes Calvin. Sein Leben und seine Wirksamkeit in Genf

1. Calvins Anfänge. *Erste Berufung nach Genf und Verbannung in Straßburg*

Am 9. Dezember des Jahres 1556 schrieb aus Genf, wo er als Glaubensflüchtling lebte, der spätere Reformator von Schottland, John Knox, an eine Dame in seiner Heimat:

„Ich höre nicht auf zu wünschen, es möge Gott gefallen, auch Sie in diese Stadt zu führen. Denn hier besteht, wie ich ohne Übertreibung zu behaupten wage, die vollkommenste Schule Christi, die es je auf Erden seit der Apostel Zeit gab. Noch nirgends habe ich gesehen, daß der Glaube und die Sitten in so lauterer Kraft existieren wie hier."

Es war eine Stadt, welche damals Tausenden von Emigranten aus aller Herren Ländern zur Zuflucht geworden war. Eine Stadt, welche in den fünfziger Jahren des 16. Jahrhunderts zu einer geistigen Großmacht in Europa aufstieg. Was ein Menschenalter zuvor Wittenberg für Deutschland und Skandinavien bedeutet hatte, das wurde, bald nach Luthers Tod, für den Protestantismus in den übrigen Ländern *Genf:* Zentrum und Kraftquelle der Reformation.

Wodurch war es zu solcher Höhe und Macht des Einflusses gelangt? Ein einziges Wort, *ein* Name genügt als Antwort: *Calvin.*

Studium und Umkehr

Johannes Calvin wurde am 10. Juli 1509 zu Noyon in Nordfrankreich geboren. Sein Vater war ebendort juristischer Beamter im kirchlichen Dienst: Generalprokurator des Domkapitels von Noyon. Der ursprüngliche französische Familienname hieß: Cauvain. Calvin (Calvinus) ist erst die latinisierte Form davon. Johannes Calvin, dessen hohe Begabung sich schon in jungen Jahren zeigte, begann mit 14 Jahren 1523 das philosophisch-theologische Studium zu Paris; mit 20 Jahren wandte er sich an den Universitäten Orléans und Bourges der Jurisprudenz zu; seit 1531 war er wieder in Paris und widmete sich dort vornehmlich humanistischen Fächern. Er war bereits als Student ein glänzender lateinischer Stilist, verfügte aber auch über eine ausgezeichnete juristische und formallogische Schulung. 1532 veröffentlichte er als erstes größeres Werk einen Kommentar zu Seneca: De Clementia. Allem Anschein nach kam Calvin schon früh an der Universität mit dem Protestantismus und mit dem Schrifttum Luthers in Berührung. Nach seiner eigenen Aussage, die freilich erst sehr viel später liegt und in das Jahr 1557 fällt, erlebte er als junger Mann eine plötzliche Bekehrung, eine subita conversio; sie ist genau wie Luthers Turmerlebnis nicht exakt datierbar, vermutlich lag sie um das Jahr 1530 herum. In dieser Zeit vollzog sich in dem etwa 20-jährigen Studenten auch jene religiöse Entscheidung, die ihn später zum Reformator werden ließ: die Abkehr von den gottesdienstlichen Formen und der Glaubenslehre der katholischen Kirche und die Hinwendung zur Heiligen Schrift. Wie Martin Luther sah er fortan in der Bibel die *einzige* Autorität, an die sich der Mensch in religiösen Dingen zu halten habe. Sie wurde ihm zum Maßstab für die Beurteilung der kirchlichen Verhältnisse, die damals, wie man weiß, sehr im argen lagen. Und indem er intensiv die Heilige Schrift studierte, gelangte er bald zu jenen Glaubensauffassungen, die durch ihn zum allgemeinen Besitz des reformierten Christentums oder, wie man es auch nennt, des Calvinismus, werden sollten.

Die Bekehrung

Calvin berichtete von seiner Bekehrung knapp 30 Jahre danach in der Vorrede zu seinem Psalmenkommentar. Es war fast das einzige Mal, daß er sich über seinen Lebensgang ein wenig ausließ, über den er sonst strengste Zurückhaltung wahrte. In dieser Vorrede, datiert vom 22. Juli 1557, handelte er von König David und wurde im Nachsinnen über Davids Werdegang vom unbekannten Hirtenknaben zum religiösen Führer des alttestamentlichen Gottesvolks an seinen eigenen Lebensgang erinnert. Über diesen schrieb er im Rückblick:

„Wie David von den Schafhürden weg zur höchsten Stelle im Reich erhoben worden ist, so hat Gott mich aus meinen dunklen und geringen ersten Verhältnissen emporgezogen und mich des ehrenvollen Amts gewürdigt, ein Verkünder seines Evangeliums zu sein. Zur Theologie hatte mich mein Vater zwar schon als kleinen Knaben bestimmt. Als er aber später sah, daß die Rechtswissenschaft ihre Jünger gewöhnlich reicher macht, so brachte ihn diese Hoffnung auf einmal zu einer Änderung seines Planes. So kam's, daß ich vom Studium der Philosophie weggenommen und angewiesen wurde, die Gesetzeskunde zu treiben. Sosehr ich mich nun aber auch aus Gehorsam gegen meinen Vater bemühte, dies getreulich zu tun, so hat doch Gott schließlich durch seine geheimnisvolle Vorsehung meinem Leben eine ganz andere Bahn gewiesen. Zuerst freilich war ich dem Aberglauben des Papsttums so hartnäckig zugetan, daß es nicht leicht war, mich aus diesem Abgrund herauszureißen."

Und nun folgt das einzige Selbstbekenntnis Johannes Calvins über den Vorgang seiner inneren Umwandlung, das uns überliefert ist. Es sind nur wenige Sätze. Aber inhaltsschwer deshalb, weil sie über das religiöse Werden des Reformators, über das wir sonst ganz im dunkeln tappen würden, wenigstens ein schwaches Licht verbreiten. Sie lauten:

„Gott aber hat mein Herz, das für sein Alter schon recht verstockt war, durch eine plötzliche Bekehrung gefügig und gelehrig gemacht. Sobald ich einen gewissen Geschmack an der wahren evangelischen Frömmigkeit gewonnen hatte, entflammte mich ein solcher Eifer, darin vorwärtszukommen, daß alle andern Studien, obwohl ich sie keineswegs aufgab, völlig zurücktraten. Es war noch kein Jahr vergangen, als bereits alle, die nach der reinen Glaubenslehre Verlangen trugen, zu mir, dem Neuling und Anfänger, kamen, um bei mir zu lernen. Ich war von Natur etwas menschenscheu und schüchtern, hätte stets gern ein ruhiges Leben fern vom Treiben der Welt geführt und suchte mich in die Verborgenheit zurückzuziehen. Gott aber war nicht gewillt, mir das zu gewähren. Alle Orte, in die ich mich zurückzog, wurden bald zu öffentlichen Schulen. Und während ich nur im Sinne hatte, irgendwo unbekannt in Muße zu leben, führte mich Gott auf allerlei Umwegen solchergestalt, daß er mich nirgends Ruhe finden ließ, bis er mich, ganz entgegen meiner natürlichen Veranlagung, schließlich ans helle Licht zog."

Des jungen Schriftstellers Weg nach Genf und Straßburg

Der Besitz einer kirchlichen Pfründe hatte Calvin in die Lage versetzt, sein Studium wirtschaftlich zu fundieren. 1534 verzichtete er auf diese Pfründe, vielleicht aus Gewissensgründen. Im gleichen Jahr verließ er Paris, weil es dort zu einer Protestantenverfolgung gekommen war und er selbst als geistiger Urheber protestantischer Meinungen, die an der Universität laut geworden waren, sich dort nicht mehr ganz sicher fühlte. Er begab sich vorerst nach Basel. In den Monaten seines dortigen Aufenthalts verfaßte er einen Abriß des christlichen Glaubens, der sich im Aufbau an Luthers Katechismen anlehnte. Er betitelte ihn *Institutio Religionis Christianae* („Unterweisung in der christlichen Religion"), widmete ihn dem französischen König Franz I. und versah ihn mit einer umfangreichen Widmungsvorrede, die zu dem Berühmtesten gehört, was er je geschrieben hat. Der Zweck, der ihn dabei leitete, war, dem König den Nachweis von der Rechtgläubigkeit der französischen Protestanten zu erbringen und ihn damit zu veranlassen, die Verfolgungen einzustellen. Darüber hinaus hoffte er, den König selbst für die evangelische Sache zu gewinnen, und sprach diese Hoffnung in bescheidener Eindringlichkeit in seinem Widmungsbrief aus. Durch seine *Institutio* wurde der damals 26jährige Calvin mit einem Schlag ein bekannter Mann; dies Buch, das er noch dreimal umarbeitete und in lateinischen und französischen Ausgaben erscheinen ließ, begründete bei Zeitgenossen und Nachwelt seinen Ruhm als Schriftsteller und Theologe. Es erlebte Übersetzungen in alle damaligen Kultursprachen und gehörte für einige Jahrzehnte zu den am meisten gelesenen Büchern überhaupt.

Nach seinem eigenen Zeugnis zu schließen, sah Calvin damals eine Laufbahn als Gelehrter vor sich und fand sich auch eigentlich zu wissenschaftlich-literarischer Tätigkeit berufen. „Gott aber wollte es anders" — wie es lapidar in seiner autobiographischen Lebensskizze hieß.

Über die *äußeren* Umstände, durch die es „anders" kam, sind wir verhältnismäßig gut unterrichtet. Calvin wollte 1536 von Basel nach Straßburg reisen und mußte infolge des habsburgisch-französischen Krieges, der den Oberrhein bedrohte, statt der direkten Route den Rhein hinab einen erheblichen Umweg wählen. Dieser führte ihn über Genf. „Da mir der Krieg den direkten Weg versperrt hatte, hatte ich vorgehabt, rasch durch Genf durchzureisen und, um keine Zeit zu verlieren, mich *nicht länger als eine Nacht* in der Stadt aufzuhalten. Hier war durch die reformatorische Tätigkeit Wilhelm *Farels* und Peter *Virets* der Katholizismus ausgerottet worden. Doch waren die Verhältnisse noch ungeordnet und die Stadt durch politischen Pateihader zerrissen. Jemand, der mich kannte, verriet, wer ich sei. Daraufhin bemühte sich *Farel*, vor Eifer für das Evangelium glühend, mich festzuhalten. Als er merkte, daß ich nichts davon wissen wollte, weil mich ganz andere wissenschaftliche Pläne beschäftigten, und als er sah, daß mit Bitten nichts auszurichten war, da ließ er sich zu der Verwünschung hinreißen, Gott möge seinen Fluch auf meine ruhigen Studien senden, wenn ich ihm, Farel, in solcher Not nicht beistehen wolle. Da erschrak ich und gab die begonnene Reise auf."

Calvin also blieb daraufhin in Genf. Seines Bleibens war nicht sehr lange. Er wartete der Stadt und der politisch führenden Patrizierschicht mit so harten kirchlichen und z. T. auch politischen Forderungen auf, daß die Stadtregierung ihn 1538 kurzerhand auswies. Daraufhin begab sich Calvin nach *Straßburg*. Er verbrachte dort drei Jahre, 1538–41, die für ihn zu ganz außerordentlich wertvollen Lehrjahren wurden. Und das aus mancherlei Gründen:

In Straßburg lernte er das geistig vielleicht lebendigste Zentrum des deutschen Protestantismus kennen und wurde überhaupt mit der evangelischen Bewegung in Deutschland näher vertraut. Zugleich begegnete er dort einigen führenden Köpfen ebendieser Bewegung, vor allem begegnete er Martin *Buzer*, mit dem ihn fortan eine lebenslange Freundschaft und geistige Gemeinschaft verband. Von Buzer erhielt er wichtigste Anregungen für sein eigenes späteres Lebenswerk: die calvinistische Kirchenverfassung und die Kirchendisziplin geht z. T. auf Gedanken Buzers zurück.

Von Straßburg aus erhielt Calvin auch Gelegenheit, an den Religionsgesprächen zu Hagenau (1540), Worms (1540–41) und Regensburg (1541) teilzunehmen. Er gewann dadurch nicht nur einen genaueren Einblick in die Lage des Protestantismus im Reich, sondern lernte auch dessen führende Sprecher kennen, darunter besonders *Melanchthon*. Er gewann dessen Freundschaft und pflegte fortan den Kontakt mit ihm in einem bis zu Melanchthons Tode anhaltenden

Briefwechsel, der trotz manchmal harter Diskussion von Sachfragen doch nie eines menschlich warmen Tons entbehrte.

2. Rückberufung nach Genf und Einrichtung eines reformierten Kirchenwesens

Katechismus. Gottesdienst und Organisation der Gemeinde

Inzwischen erreichte ihn — 1541 — abermals ein Ruf nach *Genf.* Die dortigen Verhältnisse hatten sich in seiner Abwesenheit nicht geklärt, sondern noch stärker verwirrt; und man begriff, was für eine Potenz man mit Calvin verloren hatte. Er selber zeigte sich gewillt, zurückzugehen, wenn man auf seine Bedingungen einging. Dies geschah. Und so begann er zum zweitenmal, an die Reformation der Kirche in Genf heranzugehen, das heißt: ihr die nach seiner Überzeugung dem Gebot Gottes in der Heiligen Schrift gemäße Form und Ordnung zu geben, in Lehre, Zucht und Gottesdienst. Er schrieb in dieser Zeit (1542 lateinisch, 1545 französisch) auch ein Handbuch der Unterweisung in der reformierten Lehre: den Genfer *Katechismus* (aufgegliedert in 373 Fragen und Antworten). Er wurde neben dem etwas jüngeren Heidelberger Katechismus (1563) auf Jahrhunderte das wichtigste elementare religiöse Unterrichtsbuch in der reformierten Welt.

Die *Gottesdienstordnung*, die Calvin seiner Kirche gab, hing ab von der Straßburger Liturgie. Sie bedeutete nicht nur gegenüber dem Katholizismus, sondern auch gegenüber dem Luthertum eine starke Vereinfachung, indem sie die Predigt in den Mittelpunkt stellte und sie lediglich durch Psalmengesang und Gebete einrahmte. Altäre, Bilder, Kerzen, Beichte schaffte er ab. Eine Abendmahlsfeier war nicht regelmäßig, sondern nur mehrmals im Jahr mit dem Gottesdienst verbunden.

Größten Wert legte er auf die *Sittenzucht.* Denn seiner Überzeugung nach waren, wo durch Gottlosigkeit, Irrlehre oder Sittenlosigkeit Gottes Ehre verletzt wurde, die Obrigkeit und die Kirche verpflichtet, derartige Beleidigungen durch harte Strafen zu rächen. Dies scheint ein durchaus alttestamentlicher Zug im calvinischen Kirchenwesen zu sein. Den Grund dazu legten seine ordonnances ecclésiastiques (Kirchlichen Anweisungen) vom Herbste 1541, kurz Genfer Kirchenordnung genannt. In ihr waren viele Erfahrungen aus dem Vorbild der reformierten Kirchenordnungen von Straßburg und Zürich verwertet worden. Den von diesen Kirchenordnungen vorgesehenen und konzipierten Kirchentyp verstand Calvin in Genf tatsächlich weitgehend zu verwirklichen. Eben dadurch aber gewann er Weltgeltung.

Calvin ging bei seinem kirchlichen Neubau oder bei seiner Reformation von der *Gemeinde* aus. *Sie* war für ihn die von Gott selbst gestiftete Institution, welche die Kirche und alles, was mit ihr zusammenhing, trug. Nicht das *Amt*, wie bei Luther, nicht die *Hierarchie*, wie in der katholischen Kirche und in der Ostkirche, sondern die *Gemeinde* bildete für ihn den Ort und das Instrument, durch das Gottes Herrschaft, sein Wille und seine Wahrheit in die Welt hineingesprochen und hineingetragen wurden. Die Gemeinde wirkte freilich nicht anonym, sondern durch ihre z. T. gewählten, z. T. anderweit bestallten Organe: durch sie sollte die Kirche zusammengehalten und regiert werden. Die Gemeinde sollte ihre *Organe* selbst *wählen*. Ihre Organe bestanden in vier *Ämtern* oder *Ständen*, die nach Calvins Überzeugung vom Herrn selber seinerzeit eingesetzt und durch die Apostel legitimiert worden waren. Den ersten Stand bildeten die *Pastoren* oder ministri verbi: sie hatten das Predigtamt, die Sakramentenverwaltung und die Kirchenzucht zu versehen. Als zweiter Stand fungierten die *Doktoren* oder Lehrer. Ihnen oblag der Unterricht in allen Stufen, insbesondere die religiöse Unterweisung in Schule und Hochschule. Auch hatten sie für die Ausbildung und Erziehung des Pastorennachwuchses zu sorgen. Dem dritten Stand der *Ältesten* fiel die Aufgabe zu, zusammen mit den Pastoren die Kirchen- und Sittenzucht zu üben, während der vierte Stand der *Diakone* die Aufgabe der Caritas anvertraut erhielt und das kirchliche Armengut verwaltete sowie die Kranken pflegte und besuchte.

Pastorenkonferenz und Konsistorium

Außerdem schuf Calvin noch zwei Institutionen, denen er zum Zweck setzte, die Ordnung in der Kirche und die Reinheit der Lehre ständig zu überwachen. Das eine hatte die *Pastorenkonferenz*, das andere das *Konsistorium* zu besorgen. Beide Einrichtungen wurden unter seiner Hand zu den eigentlichen Machtinstrumenten, durch die er die Genfer Kirche belebte, regierte und bis zu einem gewissen Grade vom Staat unabhängig machte.

Die Pastorenkonferenz oder vénérable compagnie umfaßte etwa 5–20 Pastoren, tagte einmal wöchentlich und nahm praktisch das Vorrecht der Gemeinde wahr, ihre Prediger und Lehrer zu wählen. Bei ihr lag die Initiative der Wahl — auch prüfte sie die Kandidaten, während beim städtischen Rat nur das Bestätigungs- und Vetorecht lag.

Die Genfer Kirchenverfassung und die mit ihr verbundene Zuchtordnung wurde seit den fünfziger Jahren des 16. Jahrhunderts weit über Genf hinaus zum Muster und Vorbild der meisten, jedenfalls der wichtigsten reformierten Kirchenordnungen in Europa. Calvin selbst empfahl sie in Briefen, Lehr- und Sendschreiben den Kirchen seines Glaubens. Ein wichtiges und berühmtes Schriftstück dieser Art ist sein Schreiben an den Organisator der reformierten Kirche in der Pfalz, seinen ehemaligen Schüler Caspar Olevianus, vom 25.

November 1560. Um ihn zu informieren, legte er ihm, in ein paar Abschnitte zusammengedrängt, das System der Genfer Kirchenordnung dar. In dieser authentischen Interpretation lesen wir unter anderem:

„Die Pfarrer werden von unserm Pastorenkollegium gewählt. Es wird den Kandidaten eine Schriftstelle gegeben, an deren Auslegung sie eine Probe ihrer Geschicklichkeit geben können. Dann werden sie über die Hauptpunkte der Lehre geprüft. Schließlich haben sie sowohl vor uns, den Pastoren, als auch vor der Gemeinde zu predigen. Dabei sind auch zwei Ratsmitglieder anwesend. Wird ihre Ausbildung als genügend befunden, dann schlagen wir sie dem Rate vor, und es steht in seiner Macht, sie abzulehnen, wenn er sie für untauglich hält . . . Danach werden ihre Namen veröffentlicht."

Einen weiteren charakteristischen Zug offenbarte die Abendmahlsdisziplin. Die Gemeinde stellte eine Glaubensprüfung, im damaligen lateinischen Wortgebrauch eine „Inquisition", über das rechte Bekenntnis ihrer Glieder an, ohne welches sie niemanden zum Mahle Christi glaubte zulassen zu dürfen: „Zum heiligen Abendmahl Christi darf niemand kommen, er habe denn seinen Glauben bekannt. Deshalb werden jährlich vier Prüfungen abgehalten, an denen die Kinder befragt und eines jeden Fortschritte festgestellt werden . . . Was die Erwachsenen angeht, so wird jährlich eine Inspektion *jeder* Familie abgehalten. Wir verteilen die Quartiere untereinander so, daß die einzelnen Bezirke der Reihe nach besucht werden können. Dabei werden die neu Zugezogenen auch *geprüft*. Den schon Aufgenommenen wird das erlassen und nur untersucht, ob es im Hause ruhig und friedlich zugeht, ob Streit mit den Nachbarn oder etwa Trunkenheit vorkommt, ob sie faul und träge im Predigtbesuch sind." Die vénérable compagnie beaufsichtigte ferner die Pastoren und Lehrer und übte die geistliche Strafgewalt über sie aus. Auch hatte sie in Lehrstreitigkeiten und Fragen des Dogmas das letzte Wort. Das heißt, sie besaß so etwas wie ein verbindliches Lehramt. Außerdem übte sie *praktisch*, obwohl theoretisch nicht ausschließlich dazu bestimmt, die Gemeindezucht.

Das aus Pastoren und Ältesten zusammengesetzte Konsistorium fungierte als Inquisitionsbehörde und kirchliches Sittengericht. Die zwölf Ältesten wählte der sogenannte Kleine Rat der Stadt Genf aus seinen Mitgliedern, doch war er nicht ganz frei in der Auswahl, denn zuvor mußten sich die Pastoren über die Kandidaten äußern. Innerhalb des Konsistoriums gaben die Pastoren den Ausschlag — auch wenn sie in der Minderheit waren; unter den Pastoren aber dominierte Calvin. So übte er über das Konsistorium eine weitreichende nicht nur geistliche, sondern auch politische Macht aus. Über die Praxis des Genfer Konsistoriums unterrichtete er seinen Schüler Olevian bei der oben genannten Gelegenheit wie folgt:

„Es wird niemand vorgeladen, als wer sich einer persönlichen Mahnung ungehorsam erwiesen hat und der Gemeinde durch böses

Beispiel Ärgernis gibt. So werden Flucher, Trunkenbolde, Hurer, Raufbolde, Streitsüchtige, Tänzer, Reigenführer und dergleichen Leute vorgeladen. Wer nur leicht gefehlt hat, wird mit freundlichen Worten zurechtgewiesen und entlassen. Bei schwereren Sünden ist die Rüge strenger: Der Pfarrer tut sie dann nämlich in den Bann, wenn auch nur für kurze Zeit. Dadurch werden sie vom Abendmahl ausgeschlossen, bis sie um Verzeihung bitten und vom selben Pfarrer wieder mit der Gemeinde ausgesöhnt worden sind. Verachtet jemand verstockt die kirchliche Macht und läßt nicht binnen Jahresfrist von seinem Trotz, so wird er vom Rat auf ein Jahr ausgewiesen. Benimmt sich jemand besonders frech, so nimmt die politische Obrigkeit — der Rat — die Sache auf und erteilt die Strafe . . . Damit das Volk nicht über maßlose Strenge klagen kann, sind die Pfarrer nicht nur denselben Strafen unterstellt, sondern werden bei einem Vergehen, das den Bann nach sich zieht, abgesetzt. Diese Zusammenfassung halte ich für genügend. Du kannst daraus die Gestaltung der Kirchenzucht erkennen."

Das Konsistorium hatte also u. a. die Aufgabe, die Lebensführung der Stadtgemeinde sehr genau zu überwachen. Calvin drang mit großer Schärfe darauf, daß dieses Sittengericht auch tatsächlich praktiziert wurde. Harte Strafen, Verbannung, selbst Todesurteile mußten helfen, den Ernst dieser Dinge zu unterstreichen.

3. Kämpfe um die Durchführung der Kirchenordnung und Kirchenzucht

Beispiele des sittlichen Rigorismus

Calvin sah das sittliche Leben im Lichte einer strengen Religion. Sein Leitgedanke lautete: Wer das biblische Sittengebot übertritt, beleidigt Gott. Solche Beleidigungen zu rächen ist aber Aufgabe und Pflicht der Kirche. Er zog recht enge Grenzen des Erlaubten und war hart in dem Strafmaß, das er bei Übertretungen forderte. Er wußte das selbst, und es wurde ihm auch ständig vorgeworfen. Doch entgegnete er beharrlich: Es muß sein. Denn so ist es Gottes Wille. „Ich weiß gar wohl, wie schwer es für euch sein mag, solche Reinheit zu pflegen. Aber es steht nicht in meiner Macht, von den Geboten Gottes auch nur das Geringste abzulassen." Ein sonst unbekannter Genfer wurde 1554 wegen Sittlichkeitsverbrechens verbrannt. Zu amtlicher gutachtlicher Äußerung aufgefordert, verlangte Calvin für drei Jugendliche, die in das Vergehen mit hineingezogen waren, die Todesstrafe durch Ertränken. Er ließ ein andermal alle Beziehungen spielen, um eine aus Genf entwichene schwangere Magd und ihren mutmaßlichen Kavalier einzufangen und letzteren zu überführen. Daß ein derart auf Heiligung des öffentlichen Lebens versessenes Regiment Würfel und Kartenspiele nicht zuließ, verstand sich von selbst. Aber auch das Theater zu spielen war bei Strafe untersagt.

Würfeln, Kartenspiel und Tanzen wurde unter Verbot gestellt. Die Wirtshäuser wurden zeitweilig überhaupt abgeschafft und durch Erbauungslokale ersetzt, in denen der Wirt für fromme Gespräche zu sorgen hatte und, wer fluchte, zur Strafe den Fußboden küssen mußte.

Calvin nahm es genau mit diesen Dingen: „Ich übe mich in meiner Strenge bei der Behandlung der allgemeinen Laster und besonders der Verderbnis der Jugend." Eine Patriziergesellschaft warf man ins Gefängnis, weil sie in einem ihrer eignen Häuser getanzt hatte. Ein durch das Sittenregiment brotlos gewordener Kartenfabrikant, der zu Haus vertraulich über Calvin geschimpft hatte, mußte öffentliche Sühne leisten: barhaupt, im Hemd, mit einer brennenden Fackel in der Hand einen Armesündergang durch die Stadt machen und bekennen, daß er gegen Gott, Wahrheit und Vernunft Calvin beleidigt habe.

Opposition gegen Calvins Sittenregiment

Genf hatte eine lebenslustige Bevölkerung, dazu ein eingesessenes Patriziat, das gewohnt war, die städtischen Geschäfte zu führen. Beide waren nicht gesonnen, sich für den neuen Reformator in ihrer gewohnten Bewegungsfreiheit Vorschriften machen zu lassen. Das war der Grund für die unendlichen Kämpfe, die Calvin innerhalb der Stadt auszufechten hatte. Auf der Höhe der Kämpfe äußerte er wohl in Momenten der Verzweiflung: „Ich kann kaum mehr hoffen, daß ein einigermaßen geordneter Zustand der Kirche noch länger durch meinen Dienst erhalten werden kann. Ich bin ein gebrochener Mann, glaub es mir, wenn mir Gott nicht die Hand reicht. Ich habe mich noch nicht entschlossen, was ich weiter tun soll — nur das eine weiß ich, daß ich die Art dieses Volkes nicht weiter ertragen kann, auch wenn sie meine Art ertragen." Gleichzeitig aber gab er einem der Prominentesten unter seinen politischen Gegnern, dem Stadthauptmann Ami Perrin, aus führender Genfer Familie, zu verstehen: „Wer ich bin, wissen Sie oder sollten es wenigstens wissen: ein Mann, dem das Recht seines himmlischen Herrn so am Herzen liegt, daß ich um keines einzigen Menschen willen mich von der gewissenhaften Wahrung dieses Rechtes abbringen lasse. Aller Haß und Undank meiner Gegner wird nicht bewirken, daß ich nicht meine *Pflicht* tue und meinen Eifer für diese Stadt aufgebe bis zu meinem letzten Atemzuge, wofür Gott mein Zeuge ist. Auch werde ich keines Menschen Leidenschaft soviel Einfluß gestatten, daß es gelinge, mich von hier zu entfernen."

Er brauchte weit über ein Jahrzehnt, bis er sich voll durchgesetzt hatte — aber er setzte sich durch. Und vermochte allmählich die Genfer nach seinem Ideal zu formen: eine der erstaunlichen Leistungen, die von der zwingenden Macht seiner Persönlichkeit ausgingen.

Wenn Calvin hart und lange kämpfen mußte, um seine Kirchenverfassung in Genf durchzusetzen, so lag das also hauptsächlich an den Widerständen, die von der patrizischen alteingesessenen Gesellschaft ausgingen. Wenn Calvin aber in diesem Kampfe nicht müde wurde, so hatte das *auch* seine Ursache: Sie lag ebenso in der unglaublichen Willenshärte wie in der Kraft der theologischen Überzeugung Calvins. Im persönlichen Bereich konnte er zwar mild, liebevoll, den Freunden ein Freund sein. Sobald es um die Sache ging, der er sein Leben verschrieben hatte, um die reine Lehre, gab es für ihn keine Kompromisse und kein Pardon. Hier kannte er keine Rücksicht auf persönliche Bindungen, hier brach er mit Freunden, jagte in die Verbannung und schreckte in solchen Fällen, die er für glaubensbedrohend hielt, „um der Ehre Gottes willen" auch nicht vor noch schärferen Strafen zurück. Einer protestantischen Dame in Frankreich, die jemanden, der über Genf reiste, finanziell unterstützt hatte, allem Anschein nach einen freisinnigen Protestanten, der einer Calvin mißliebigen Richtung angehörte, schrieb er einen bitterbösen Brief über fehlgeleitete Wohltätigkeit, worin er u. a. sagte: „Seine Ankunft in Genf freute mich wie ein Dolchstoß ins Herz. Ich versichere Sie, Madame, hätte er sich nicht so bald davongemacht, so hätte es nicht an mir gelegen, wenn er nicht durchs Feuer gemußt hätte."

Im Jahre 1546 las er eine theologische Schrift des berühmten spanischen Arztes Servet. Ihn schauderte vor den Ketzereien darin. Er berichtete darüber Farel: „Kommt er hierher, so lasse ich ihn, wenn ich irgend etwas vermag, nicht mehr lebendig fort." Sechs Jahre später machte er seine Drohung wahr. Servet wurde auf der Durchreise durch Genf ergriffen und als Ketzer verbrannt. Calvin fühlte sich durch Amt und Gewissen verpflichtet, die Reinheit der Lehre auch mit drastischen Mitteln zu schützen. „Ich will nicht verhehlen, daß ich es für meine Pflicht hielt, diesen Menschen, soviel an mir lag, unschädlich zu machen. Wir sehen, wie überall die Gottlosigkeit herrscht und neue Irrlehren hervorquellen. Wenn sogar die Katholiken so fanatisch über ihren Aberglauben wachen, daß sie das Blut Unschuldiger vergießen, dann sollten christliche, evangelische Obrigkeiten, denen Gott das Schwert gegeben hat, seines Namens Ehre zu rächen, sich schämen, wenn sie nicht den Mut hätten, die sichere Wahrheit zu schützen." Obwohl von manchen Seiten gegen ihn gemurrt wurde, stand er mit solcher Auffassung durchaus nicht allein. Philipp Melanchthon, der durch seine Milde ausgezeichnete Freund und Mitarbeiter Martin Luthers, drückte ihm seine Zustimmung mit den folgenden Worten aus: „Ich danke dem Sohne Gottes, der in diesem Deinem Kampfe entschieden hat. Auch ist die Kirche Dir Dank schuldig und wird ihn Dir in alle Zukunft schulden. Ich sage auch, daß Eure Obrigkeit recht gehandelt hat, als sie diesen Lästerer nach ordentlichem Richterspruch töten ließ."

Die Bestrafung der Laster: eine Pflicht der Kirche

Es war der Pflichtgedanke, welcher Calvin im Grenzfall zu solch harten Maßnahmen greifen ließ. Die christliche Gemeinde und ihre verantwortlichen Leiter sind nach Calvin durch die Gebote der Heiligen Schrift Alten und Neuen Testaments gewissensmäßig verpflichtet, mit allen Mitteln, geistlich-disziplinären und politischen, dafür zu sorgen, daß alle Glieder der Gemeinde den rechten Glauben bekennen, den richtigen Gottesdienst begehen und in Haus und Beruf einen unsträflichen Wandel führen: Das waren die Grundgedanken, aus denen das System der calvinischen Kirchenzucht erwuchs. Er legte den allergrößten Wert darauf. Und eben hierin lagen einige theologische Grundüberzeugungen, durch die er sich bemerkenswert von Luther unterschied. Zwar ließ auch Luther in Dingen der Lehre nicht mit sich handeln. Im Unterschied zu Luther aber, der in Sachen der kirchlichen Organisation recht großzügig dachte, sah Calvin auch die Form und Ordnung der Kirche als von Gott vorgezeichnet an. Dieser Art Dinge gehörten für ihn nicht in den Bereich des Zweckmäßigen, des Angemessenen, des geschichtlich Gewordenen, sondern auch hier galt für ihn ein zwingendes göttliches Gebot. Die Kirchenverfassung war für ihn in erster Linie nicht eine Frage der Organisation, sondern des Glaubens. Auch die *Gestalt* der Kirche und die Funktionen ihrer Glieder mußten so aussehen, wie es das Wort Gottes verlangte. Das Wort Gottes verlangte seiner unerschütterlichen Überzeugung nach aber genau seine — Calvins — Kirchenverfassung: die Gemeindeämter, das Konsistorium, die Exkommunikation. Es gibt ein einwandfrei überliefertes Wort Calvins, welches lautet: „Mir ist der Bann ein Gebot Christi." „Eine Kirche", sagte er an anderer Stelle, „kann nicht existieren, wenn nicht eine bestimmte Zucht eingeführt wird, wie sie aus Gottes Wort vorgeschrieben ist. — Denn wie die Lehre gleichsam die Seele der Kirche ist, die ihr das Leben gibt, so sind die Kirchenzucht und die Bestrafung der Laster wie die Muskeln, die ihrem Körper Halt und Kraft geben. — Nicht umsonst pflege ich die Kirchenzucht die Muskulatur der Kirche zu nennen. Denn da der menschliche Charakter nur allzusehr zu Leichtsinn, Wollust und Frechheit neigt, so wird die Menge, wenn sie nicht im Zaum gehalten wird, üppig und unbändig."

Kampf um die Macht zwischen Rat und Konsistorium

Mit der politischen Seite dieser Kämpfe, in die sich Calvin eingelassen hatte, hatte es folgende Bewandtnis: Von 1541 bis etwa 1545 verlief alles noch in ziemlich ruhigen Bahnen. Innerhalb der politischen Führung der Stadt besaß Calvin eine Reihe von Anhängern, desgleichen unter den Mitgliedern des Kleinen Rates. Diese holten öfters seinen Rat auch in politischen Dingen ein. Freilich legten sie auch Wert darauf, ihre Unabhängigkeit zu wahren. Calvin andererseits suchte zunächst seine persönliche Herrschaft über das Konsistorium und auch über die Pastoren so zu festigen, daß er sie vollständig in die Hand bekam. Als ihm dies bis etwa 1545 gelungen war, ging er dazu über, ganz augenscheinlich um die Macht in der Stadt zu kämpfen; das heißt, ihm ging es darum, einen möglichst unbeschränkten Einfluß auf deren kirchliche und politische Entscheidungen zu gewinnen. Damit stieß er aber auf den entschiedenen Widerstand der politischen, bis dahin tonangebenden Gesellschaftsschicht. Sie sagte ihm den Kampf an und er umgekehrt ihr auch.

Dieser Kampf wogte etwa zehn Jahre hin und her. Calvins erhabenes Fernziel blieb sich unverrückbar gleich; es lautete: Aufrichtung der Herrschaft Christi. Aber um dieses Fernziel zu erreichen, bedurfte er zunächst des Fundaments einer gesicherten Herrschaft über seine Stadt. Diese zu gewinnen bildete gewissermaßen ein Nahziel. Das wirksamste Instrument aber, um an dieses Ziel heranzukommen, lieferten ihm die Einrichtungen der Kirchenverfassung. Er schreckte nicht davor zurück, politische Gegner durch das Konsistorium zu erledigen. Denn er definierte jegliche Art Auflehnung gegen seine Lehre und Kirchenverfassung als einen religiös verwerflichen Akt — in seiner Sprache: als einen Versuch, Freiheit für die Sünde zu gewinnen. Mit anderen Worten: als ein Verhalten, über welches das Konsistorium zu Gericht zu sitzen und sein Urteil zu sprechen hatte. Die Kirchenzucht diente ihm also als Mittel, politische Gegner zur Strecke zu bringen. Erscheint dies aus der historischen Distanz einiger Jahrhunderte, die uns von Calvin trennen, als ein Paradox, wenn nicht gar als zweifelhafte Anwendung der geistlichen Gewalt, so sah es in den Augen Calvins und seiner zeitgenössischen Glaubensanhänger wesentlich anders aus: die politische Herrschaft bildete nur die Voraussetzung und das Mittel, um die religiöse Wahrheit und die ihr entsprechende öffentliche Ordnung restlos durchzusetzen. „Genf selbst bedeutet ihm“, wie ein großer Kirchenhistoriker — Karl Müller — gesagt hat, „nichts als den Platz, wo das Evangelium seine mustergültige Daseinsform gewinnen und von wo aus der evangelische Glaube über die ganze Welt verbreitet werden soll. Genfs innere und äußere Politik steht daher von nun an im Dienst dieser Aufgabe. Er selbst macht es zum Bollwerk der evangelischen Reformation.“

Das Konsistorium siegt

Lange und heftige Kämpfe entbrannten in Genf gerade über Fragen der Kirchenzucht und der Kirchenverfassung. Den fundamentalen Streitpunkt bildete die Frage, ob das Recht, den Bann — das heißt den Abendmahlsausschluß — auszusprechen, beim städtischen Rat oder beim Konsistorium läge. Diese Kernfrage fand 1555 ihre Lösung, und zwar zugunsten des Konsistoriums, nachdem die dezidierten Anhänger Calvins, infolge einer Bevölkerungsverschiebung, die Mehrheit in den entscheidenden städtischen Gremien erlangt hatten. Denn durch die Unterwanderung Genfs durch ausländische Glaubensflüchtlinge veränderte sich allmählich die Bevölkerung der Stadt zuungunsten der Einheimischen.

Eben diese Immigranten vermehrten aber die Zahl der Anhänger Calvins. 1555 waren sie so stark angewachsen, daß bei den Ratswahlen eine Mehrheit aus den betonten Anhängern Calvins hervorging. Damit hatte Calvin sich endgültig durchgesezt. Er strengte gegen seine bisherigen politischen Gegner einen Prozeß an, die Anführer flüchteten ins Ausland oder wurden hingerichtet. Niemand hinderte Calvin mehr daran, aus Genf das Muster einer nach biblischen Richtlinien durchgestalteten reformierten Gemeinde zu machen. Harte Sitten- und Luxusgesetze regulierten nicht nur das öffentliche, sondern auch das private Leben; das Konsistorium kontrollierte deren Befolgung durch ein bis in die Intimsphäre eindringendes Überwachungssystem.

Die Glaubensinquisition erhob sich zu herber Strenge. „Das Gefängnis öffnet seine Türen allen, die an der strengen Lehre des Reformators eine Kritik üben“ (Imbart de la Tour). Seit 1551 hatte sich Calvin mit einem französischen Arzt und reformierten Theologen, Jérome Bolsec, überworfen, weil dieser an seiner Prädestinationslehre Anstoß nahm. Jetzt wurde verboten, Bolsec einen anständigen Menschen zu nennen. Wie die verlästerte Sorbonne richtete Genf eine Bücherzensur ein. Kein Buch durfte gedruckt werden ohne Lizenz des Rates — es gab aber keine Lizenz des Rates ohne Lizenz der Pastoren, auch keine Übersetzung oder Kommentierung der Heiligen Schrift ohne Imprimatur der Geistlichen. Calvins engster Mitarbeiter, Theodor Beza — Théodore de Bèze —, stellte sogar den Antrag, daß wer den Wortlaut von lizenzierten Büchern ändere, mit dem Tode bestraft werden sollte.

„Niemals auch hat in der Geschichte eine Lehre einen vollständigeren Triumph erlebt. Es ist nicht sicher, ob ein solches Regime die Herzen von Grund auf ändert. Zumindest aber wirkt es auf das Verhalten und die Gewohnheiten ein. — Genf ist verändert. Bèze konnte der Stadt dieses Zeugnis ausstellen. Es ist nicht mehr die Stadt des Luxus, der sorglosen Heiterkeit, des spöttischen Skeptizismus, die Feindin jeglichen Zwanges, deren Lebenslust aufblitzte wie das Lächeln ihres Sees. Eine andere Stadt ist entstanden, von strengem Aussehen, düsterer Gestalt, von feierlichem Benehmen, einzig erhellt von der Exaltation ihres puritanischen Glaubens und ihres Rigorismus. Unter der rauhen Hand, die seine kosmopolitischen Elemente eingeschmolzen und seine Seele aufs neue geschmiedet hat, opferte Genf seine Nationalität einer universalen Sendung. Um diesen Preis trat es ein in die Menschheitsgeschichte und wurde eines ihrer Zentren. Von allen Seiten strömten unzählige Seelen herbei, die hier, mitten in der Verderbtheit und Finsternis des Jahrhunderts, einen

Herd der Heiligkeit und des Lichtes suchten. Und gegen das Rom der Geschichte, gegen das von Christus verworfene ‚Babylon', erhob sich auf einem heiligen Hügel, im Schatten eines anderen Sankt Peter, ein neues Rom, das der Auserwähltheit, das der Gnade, die Pflanzschule der Gläubigen, der Apostel und Märtyrer, berufen, die Welt zu erneuern, da sie von ihrem Propheten das reine Wort Gottes erhalten hatten" (Imbart de la Tour).

4. Eigentümlichkeiten der Lehre Calvins

Diese gewaltige Bewegung, die Calvin hervorgerufen hatte und nach Kräften weiter in Gang hielt, gewann ihr Pathos und ihre Beseelung aus der Überzeugung, daß sie Gott verherrliche und ihm die Ehre gebe, wenn sie die Genfer Lehre ausbreite, verteidige und bekenne. Wie sehr im übrigen die Lehre im Zentrum stand, läßt sich an der Erbitterung, an dem Zorn und an der Leidenschaft erkennen, womit Calvin auch nur die leiseste Abweichung bekämpfte und verfolgte.

Das Pathos dieser Lehre ging nicht zuletzt zurück auf das prophetenähnliche Bewußtsein Calvins: Dieses trug sie und machte sie stark, ja unangreifbar für den rechten Bekenner. Die Lehre selber schöpfte Calvin der Absicht nach rein aus der Heiligen Schrift. Sie deckte sich weithin mit Luther, hatte aber auch charakteristische Besonderheiten. Dies waren namentlich zwei Punkte: 1. die Abendmahlslehre und 2. die Prädestination.

Sakramentenlehre und Prädestination

Die *Sakraments-* und *Abendmahlslehre* Calvins wurde seit etwa 1550 von deutschen Lutheranern verdächtigt. Denn nach Calvin teilte sich Christus im Abendmahl den gläubig Empfangenden zwar *wirklich* mit, aber *nicht* unter der Gestalt von Brot und *Wein*, sondern ausschließlich auf *geistige Weise*, also unabhängig von den Abendmahlselementen. Darüber brach ein massiver Streit zwischen Lutheranern und Calvinisten aus. Die Uneinigkeit in dieser Frage hatte historisch zur Folge, daß sich der Protestantismus in zwei Konfessionen spaltete, deren gegenseitiges Verhalten an Grobheit in der Verketzerung nichts zu wünschen übrig ließ.

Die allgemeinprotestantische Lehre von der Unfreiheit des Willens, deren erster kraftvoller Verkündiger Martin Luther gewesen war, entwickelte Calvin, über Luther hinaus, bis zur Lehre von der doppelten Prädestination oder Vorherbestimmung des Menschen von Ewigkeit her zur ewigen Seligkeit oder zur ewigen Verdammnis; das heißt, er vertrat die Auffassung, daß jeder Mensch schon vor seiner Geburt von Ewigkeit her durch Gottes Ratschluß zur ewigen Seligkeit *oder* zur ewigen Verdammnis vorherbestimmt (prädestiniert) sei. Calvin erhob diese Auffassung zum Dogma — und auch da machten die deutschen Lutheraner nicht mit, sondern lehnten sie mit Schärfe ab. Calvin aber machte die „heilige“ Prädestination, wie er sie zuweilen nannte, je älter er wurde, desto ausdrücklicher zum Eckstein seiner Heilslehre. Seine Prädestinationslehre gründete in seiner Theologie der Maiestas Domini, der kein Abtrag geschehen dürfe. Sie darf vielleicht als theologische Formel seines religiös kompromißlosen Eifers für die Ehre Gottes verstanden werden.

Streit um die Prädestination

Calvin war davon überzeugt, daß das grandiose Paradoxon der Prädestination widerstandslos und einleuchtend aus der Bibel hervorgehe. Aber gerade über diesen Punkt kam es zu zahllosen Auseinandersetzungen; übrigens gerade auch mit reformierten Theologen.

Dem Streit mit zwei Gegnern in Genf, der sich dann über die ganze protestantische Schweiz ausdehnte, verdanken wir die knappe, klare Darlegung der Hauptpunkte durch Calvin. Von seinem Gegner Trolliet beschuldigt, er mache durch diese Lehre Gott zum Urheber der Sünde, antwortete Calvin in einem Brief an den Genfer Rat am 6. Oktober 1552:

„Wenn er mich anklagt, ich hätte geschrieben, der Mensch sei durch Gottes Anordnung und Willen zur Sünde genötigt, wo wünschte ich ... man legte mir nicht solche mönchische Ausdrucksweise bei, wie ich sie nicht gebraucht habe. Tatsächlich haben nur Kaffern so schwatzen können nach ihrer Dummheit. Meine Lehre aber sollte doch so betrachtet werden, wie ich sie aufstelle. Ich bekenne, daß die Bösen aus Notwendigkeit sündigen und daß diese Notwendigkeit nach Gottes Anordnung und Willen besteht. Aber ich füge bei, daß trotzdem diese Notwendigkeit nicht in der Weise ein Zwang ist, daß der einzelne Sünder zu seiner Entschuldigung sagen könnte, er sei dazu gezwungen worden. Und ich kann diese aus der Heiligen Schrift so gut und gehörig begründen, daß es allen Menschen auf Erden unmöglich wäre zu widersprechen ...“

Wenn ihm, wie das mehrfach geschah, entgegengehalten wurde, daß das Entscheidende, ob der einzelne Mensch die ewige Seligkeit erlange, der Glaube sei — so sagte Calvin: Jawohl; aber woher kommt denn der Glaube? Und antwortete: aus der Gnadenwahl Gottes — was soviel heißt wie: nur der zur ewigen Seligkeit Vorherbestimmte sei überhaupt in der Lage zu glauben. Calvin bezeichnete es, ebenfalls in einem Schreiben an den Genfer Rat, als biblische Lehre, daß der Glaube des Menschen allein Gottes Werk sei und Gott zum Glauben prädestiniere, wen er wolle.

„Töricht ist es, wenn einige die Gnadenwahl bestreiten, weil das Evangelium eine Gotteskraft genannt wird, selig zu machen alle, die daran glauben (Röm. 1, 16). Es müßte ihnen doch in den Sinn kommen, woher der Glaube entsteht. Nun spricht es aber die Schrift überall aus, daß Gott seinem Sohne gibt, die sein waren, daß er beruft, die er erwählt hat, und durch seinen Geist wiedergeboren werden läßt, die er als seine Kinder angenommen hat. Schließlich, daß die Menschen glauben, die er selbst innerlich gelehrt hat und hat ihnen die Macht seines Armes offenbart. Jeder nun, der festhält, daß der *Glaube* ein Angeld und Pfand der Annahme aus Gnaden ist, der bekennt auch, daß er aus dem Quelle der ewigen Erwählung fließt . . . Und wie nun keine andere Tür zum Himmelreich führt als der Glaube an Christum, der zufrieden ist mit den klaren Verheißungen des Evangeliums, so ist's allzu große Unempfänglichkeit, wenn wir nicht erkennen, daß Gott es ist, der uns die Augen aufgetan hat, weil er uns erwählt hat, Gläubige zu sein, ehe wir im Mutterschoß empfangen wurden" (1. Januar 1552).

Die Durchschlagskraft dieser Lehre ist eine historische Tatsache. Sie wäre undenkbar ohne das singuläre Sendungsbewußtsein, das dahinter stand, und von dem an späterer Stelle noch einiges wenige gesagt werden soll.

5. Grundlegung einer protestantischen Weltkirche in Genf

Umschichtung der Stadtbevölkerung

Dieses Genf sandte seine geistigen Kraftströme hinaus in alle Welt. Das waren: die Bücher Calvins; die Briefe Calvins; und die Augenzeugen des dort sich vollziehenden Kirchenbaus, die als Flüchtlinge oder Lernbegierige die Stadt am See zum Ziel ihrer Reise, ihres Studiums oder ihrer Zuflucht gemacht hatten und die dann gewöhnlich nach einigen Jahren als Missionare der neuen Lehre das gereinigte Kirchentum Genfs der übrigen Welt zu bringen zu ihrer Lebensaufgabe machten oder von Calvin dazu erzogen wurden, ihre Lebensaufgabe in die Pflanzung und Ausbreitung dieser Kirche in der christlichen Welt zu setzen (Imbart de la Tour).

Von 1555 bis 1564 verlor Genf sein alteingesessenes patrizisches Bürgertum; nur die einflußlose Masse der Nichtbürger blieb. Darüber erhob sich die Neubürgerschaft der Immigranten, deren Einströmen auf dem Höhepunkt anlangte, weil gleichzeitig die Protestantenverfolgungen in Westeuropa ihren Höhepunkt erlebten: in den Niederlanden, in England, Frankreich und Italien. In eben diesen Jahren ging Calvin daran, Genf gänzlich nach seinen Intentionen auszugestalten.

Daß dieses solchergestalt umgeschichtete, ganz auf puritanische Pflichterfüllung und Arbeitsamkeit umgestellte *Genf* nicht jedermann übertrieben lag, kann man sich vorstellen. Die massenhaften Exkommunikationen, Verbannungen und Gerichtsstrafen sprechen da eine deutliche Sprache. Dennoch übte dieses reformierte Genf aber auch eine ganz erstaunliche, alle Vorstellungen übersteigende Anziehungskraft aus. Gläubige aus allen vier Himmelsrichtungen fanden sich hier ein und scharten sich um die Lehrkanzel Calvins. Die Zahl der Immatrikulierten aus dem nichtschweizerischen Ausland stieg auf über 90 Prozent der Gesamtstudentenschaft. Es war übrigens nicht nur die theologische Lehre, um derentwillen man sich nach Genf begab, sondern vielmehr noch die Kirche mit ihrer Zucht und ihrem Gotteslob, die die Geister von überall her anzog. Sie stieß nicht alle ab wegen ihrer herben Inquisition, sondern sie begeisterte andere auch zu überschwenglichem Lob.

Gründung einer theologischen Hochschule

Calvin krönte sein Lebenswerk zuletzt durch die Gründung einer Hochschule, der jetzigen Universität von Genf. Er rief sie 1559 ins Leben. Wie hoch er deren Bedeutung einschätzte, mag aus dem Brief erhellen, durch den er einen Professor der hebräischen Sprache von Paris nach Genf zu berufen suchte: „Ich glaube wirklich, daß deine Wirksamkeit hier in Genf von größerem Nutzen für die Kirche Gottes wäre als in Paris. Du lachst vielleicht darüber. Aber was dir unglaublich scheint, werden die Tatsachen als durchaus wahr erweisen. Tatsächlich, unsere Akademie ist heutzutage die Pflanzschule der Pfarrer, die sich Gott gründlich und ehrlich widmen. Schätztest du es gering, Schüler auszubilden, die in kurzem in ganz Frankreich verbreitet sein werden?“

Die Tatsachen, von denen Calvin sprach, sahen folgendermaßen aus: „Von allen Seiten verlangt man Pfarrer von uns . . . Die Leute, die sie holen wollen, belagern meine Tür; und als ob man mir nach höfischem Brauch bittend nahen müßte, streiten sie untereinander in frommem Wetteifer um den Vortritt. Das alles, wie wenn sie das Reich Gottes schon sicher im Besitz hätten. Wir möchten nun zwar gern ihre Wünsche erfüllen, sind aber ganz ausverkauft. Wir haben schon längst sogar aus den Handwerkerstuben den letzten Mann aufbieten müssen, der auch nur ein wenig theologisch und literarisch gebildet erfunden wurde. Zwar mißfällt uns das Drängen, aber ist es schwer, ihm Einhalt zu tun.“

Die Hochschule entwickelte sich rasch zum geistigen Ausbildungszentrum für die reformierten Lehrer und Pastoren in ganz Europa — denn sie zog Studierende aus allen Ländern an; sie gingen nachher in der Regel in ihre Heimat zurück oder trugen anderweit die Genfer Lehre in die Welt hinaus. Das aber war es, was Calvin durchaus mit dieser Gründung bezweckte. Bewußt universal, begnügte er sich niemals mit der Reformation Genfs im engeren Sinne, sondern suchte *durch* Genf und seine Einrichtungen die gesamte christliche Welt missionarisch zu durchdringen. Dies geschah fast rapid seit 1555. Es ist ebenso an dem Anschwellen seiner Korrespondenz in seinem letzten Lebensjahrzehnt zu erkennen wie an dem wachsenden Zustrom zur Hochschule. Angehörige der verschiedensten Völker strömten seit 1550 in zunehmender Stärke nach Genf. Vielfach waren es Refugianten, die dorthin kamen, Glaubensflüchtlinge, eine internationale Elite von Edelleuten, Gelehrten, ehemaligen kirchlichen Würdenträgern, die für ihre Person ein Asyl und für ihren Glauben ein Vorbild suchten. Dazu kamen diejenigen, die, ohne verfolgt zu sein, bewußt nach Genf strebten, um bei Calvin zu lernen. Die gewaltige Verbreitung der calvinischen Ideen, seiner Lehre und seines Kultes ging ganz wesentlich auf die Tatsache zurück, daß Genf voller Ausländer und Immigranten steckte aus aller Herren Ländern, von denen viele auf die Möglichkeit warteten, bei passender Gelegenheit in ihre Heimat zurückzukehren, sei es legal, infolge politischen Umsturzes, sei es illegal incognito und u. U. auch um einen politisch-kirchlichen Umsturz vorbereiten zu helfen.

Ausbildung und Aussendung von Glaubensboten der reformierten Lehre

Zu Hunderten hörten sie ihren Reformator als Prediger auf der Kanzel und als Lehrer an der Akademie und wurden im Normalfall aus Hörern zu Schülern und Jüngern. Calvin wußte das und rechnete damit. Er wußte aber auch, daß seit längstens 1520 in ganz Europa protestantisch-evangelistische Frömmigkeits- und Bibelkreise existierten — meist noch ohne jede festere Form und oft halb unter der Oberfläche. An sie ließ er vornehmlich seine Lehre herantragen; sie bildeten gewissermaßen die Bresche, durch welche seine Glaubenslehre mit Hilfe der Genfer Sendboten in die europäischen Nationen eindrang.

Die Anhänglichkeit der Eingewanderten an Calvin wird noch verständlicher, als sie an sich schon ist, wenn man berücksichtigt, daß er es ja in der Regel war, der ihnen in Genf ein Asyl geschaffen, für ihre Unterkunft und Einbürgerung gesorgt hatte. Und dies, wie wir schon hörten, in hartem Kampf gegen das eingesessene Bürgertum. Bis zu 600 Emigranten strömten in den fünfziger und sechziger Jahren pro *Jahr* nach Genf. Diesen Gläubigen wurde Calvin in einem ganz intensiven Sinn Vater und Meister; sie kannten zuletzt als ihr eigentliches Vaterland nur noch die Kirche und setzten sich für dieselbe in opferbereitem geistlichem Patriotismus ein — bis zur Selbstaufgabe.

Mit solchen Leuten konnte Calvin aber etwas anfangen. Mit ihnen setzte er an zum Vorstoß gegen die nach seiner Überzeugung im Finstern und im Unglauben und Götzendienst steckende Welt. Die internationale Jugend, die er um seinen Lehrstuhl versammelte, stellte ihm die ersten und eifrigsten Handlanger seines Evangeliums. Alle Zuhörer wurden Schüler, die, durchtränkt von seinem Geist, bei der Rückkehr in ihr Vaterland die eifrigsten Vertreter seiner Lehre wurden. Freilich war Calvin bei der Auslese seiner Sendboten wählerisch. Farel berichtet, welches Prinzip dabei vorwaltete.

„Es ist nützlich, nicht nur theoretisch begabte Leute auszusuchen, sondern auch solche zu senden, die überall ihren Mann stehen, die sowohl die bereits entstandenen Kirchen zu schützen vermögen als auch imstande sind, neue zu gründen."

Die ersten Sendboten Calvins tauchten in den vierziger Jahren des 16. Jahrhunderts bereits in Osteuropa auf: in Böhmen, Polen und Schlesien; in Mähren und Ungarn; desgleichen in den Niederlanden und im Elsaß; in England 1547; seit 1550 am Rhein; 1559 organisierten sich die französischen, 1561 die niederländischen Gemeinden zu einer Nationalsynode; 1560 wurden Schottland und die Kurpfalz calvinistisch und schrieben die Genfer Lehre als Staatsreligion vor.

6. Persönliche Züge. Calvins Tod

Calvins Arbeitskraft. Wegen Überlastung früh gealtert

Als seine Saat so reich aufzugehen begann, hatte Calvin selbst erst die Fünfzig kaum überschritten. Doch bezeichnete er sich damals bereits als einen alten, von Arbeit und Krankheit erschöpften Mann. Und in der Tat, er war es. Sich selbst hatte er, bei zarter, anfälliger Konstitution, seit jeher schier unvorstellbare physische und geistige Leistungen abgefordert. 1539 schrieb er aus Straßburg: „Ich erinnere mich an keinen einzigen Tag während des ganzen Jahres, an dem ich nicht von Geschäften verschiedenster Art überlastet gewesen wäre." Laufend stößt man auf Äußerungen solcher und ähnlicher Art.

Zusammenfassend schreibt darüber sein Biograph Imbart de la Tour: „Er schläft wenig, kaum 6 Stunden. Seit seiner Jugend ist er gewohnt, einen Teil der Nacht mit Lektüre hinzubringen. Er ruht sich aus, indem er sich mit seinen Freunden und Schülern unterhält. Zuweilen macht er ein Spiel mit ihnen: ein Wurfspiel oder ein Spiel mit Schlüsseln. So sparsam er auch die Zeit der Ruhe und des Schlafes bemißt, so verschwenderisch wendet er sich an Geschäfte und Arbeiten. Unmittelbar nach dem Erwachen, noch im Bett, macht er sich an die Arbeit, ruft seine Sekretäre und beginnt zu diktieren oder zu schreiben. Sonntags zwei Predigten, jede Woche drei theologische Vorlesungen. Und freitags in der Versammlung der Pastoren ein Vortrag über die Heilige Schrift. Zwei Wochen im Monat *täglich* eine kürzere Predigt. Zu diesen regelmäßigen und planmäßigen Verrichtungen kommen noch die Sitzungen des Konsistoriums, seine Anwesenheit im Stadtrat, vor allem die Vorbereitungen auf seine Vorlesungen, die Abfassung seiner Bücher, eine allumfassende Korrespondenz, schließlich der immer größer werdende Zustrom der Besucher." Gewiß, seine Leistungsfähigkeit war ebenso enorm wie seine Leichtigkeit im Arbeiten. Auch blieben sein Geist und Wille tätig bis zuletzt. Die Kräfte seines Körpers aber hatten sich verzehrt, der Organismus war aufgebraucht unter den Strapazen, die ihnen der große Arbeiter zugemutet hatte. Chronische Krankheiten, Migräne und Magenleiden suchten ihn seit Jahrzehnten heim. Nur die Briefe an seine Freunde sprechen davon: „Vorgestern habe ich gepredigt. Doch mußte ich mich auf meinem Lehnstuhl in die Kirche tragen lassen . . . Ich kann mich kaum aufrechthalten, wenn ich mich nicht auf den Arm eines andern stütze."

Sein Tod

Am 10. März 1564 verordnete der Rat von Genf, daß jeder Bürger für die Widerherstellung Calvins beten solle. Ende April nahm er von den Pastoren und vom Rat, die er sich auf sein Krankenzimmer bestellte, Abschied und hielt dabei jeweils eine eindringliche Ansprache an sie. Sein Freund Beza berichtet über die letzten Tage: „Als wir ihn baten, ja beschworen, wenigstens nun als Kranker sich des Diktierens und Schreibens zu enthalten, erwiderte er uns: ‚Wollt ihr denn, daß der Herr mich müßig finde, wenn er kommt.'" In diesen Tagen machte er sein Testament, worin er, auf seine Sendung zurückblickend, erklärte: „Ich habe mich nach dem Maß der mir verliehenen Gnade bemüht, Gottes Wort rein zu lehren und die Heilige Schrift getreulich auszulegen. Aber mein Wollen und mein Eifer waren so kalt und so träge, daß ich mich recht schuldig fühle . . . So bleibt meine Zuflucht, daß er der Vater der Barmherzigkeit ist und sich auch als Vater eines so elenden Sünders zeigen und erweisen wird . . . So will ich auf den Tag der seligen Auferstehung warten."

Am 29. Mai 1564 starb er, nicht ganz 55 Jahre alt, bis zuletzt klaren Bewußtseins, und wurde tags darauf beerdigt. Mitten im weltweiten Aufbruch der von ihm ins Leben gerufenen Bewegung erlag er dem Übermaß der Anstrengungen, die er auf sich genommen hatte — jederzeit ohne Rücksicht auf seine stets angeschlagene Gesundheit ganz dem Dienst seiner Sache hingegeben. Ein Mann von unvergleichlicher Energie und bewunderungswürdiger Selbstdisziplin.

Sein reformatorisches Werk. Calvins Bedeutung für den Protestantismus im späteren 16. Jahrhundert

Als Persönlichkeit tritt Calvin sehr viel stärker hinter seinem Werk zurück als etwa Luther. Luther ist runder, voller und spricht menschlich wärmer an und ist auch nicht von so unheimlicher Konsequenz wie Calvin. Obwohl er von Genf aus die stärksten Impulse in die Welt hinein sandte, war er, gemessen an Luther, persönlich weniger impulsiv und als Mensch schwerer greifbar. Er ordnete sich selbst und alles andere dem einzigen großen Ziel unter: der als „Aufrichtung des Reiches Gottes" verstandenen Reformation. Für sie wirkte er in staunenswerter Vielseitigkeit: als theologischer Lehrer und Erzieher, als Organisator, Zensor und Propagandist; als Politiker und Diplomat, und immer als Mann von größtem Format.

Dieser so völlig anders als Luther gebaute Mann, der sich selber als auf den Schultern Luthers stehend empfand, aber auch davon überzeugt war, daß er über Luther hinaus die Reformation an ihr wesensgemäßes Ziel einer Aufrichtung der Herrschaft Christi auf Erden sehr viel näher heranführte — dieser Mann also hat nicht nur Genf in der Lehre und Kirchenverfassung und im Kult reformiert, sondern hat von dieser Stadt aus den Protestantismus in die europäische Welt hinein verbreitet; tatsächlich hat Calvin in Genf den Grundstein zu einer evangelischen Weltkirche gelegt. Er legte aber nicht nur den Grundstein, sondern setzte alle ihm zur Verfügung stehenden Kräfte daran, diese Kirche Christi auf der ganzen Erde auch zu bauen. Ganz im Unterschied zu Luther, der dem Wort Gottes am liebsten seinen eigenen Lauf ließ oder es zum Schluß den evangelischen Obrigkeiten anvertraute, erzog Calvin die Bekenner seines Glaubens von vorneherein dazu, ihr Bekenntnis in die Welt hinauszutragen und es fortzupflanzen, ja darüber hinaus auch Gemeinden nach dem Zuschnitt der Genfer Kirchenordnung aufzubauen. Nach Grundsatz und Praxis verlangte Calvin, den Glauben in die Tat umzusetzen. Er verlangte es nicht so ohnehin, sondern gab ganz konkrete Anweisungen, wie das zu geschehen habe. Auf diese Weise aktivierte er die Anhänger seines Glaubens in ganz erstaunlichem Maße. Aber nicht nur das. Sondern: indem er sie aktivierte, führte er sie an die Dinge dieser Welt heran, ja er lehrte sie geradezu, sie umzugestalten, wenn es die Ehre Gottes erfordere. Mit andern Worten: Der von Calvin inspirierte Protestantismus wurde militant und politisch, und eben dadurch ein das politische Geschehen der Zeit bis in die Tiefen hinein bewegendes Element.

Einzigartig waren die Energien, die er ausstrahlte, und schier unübersehbar die Resultate seines Wirkens. Wir gehen ihnen in den folgenden Kapiteln nach. Zunächst sei die Rede von der geheimnisvollen Kraft, die ihn befähigte, ein Reformator zu werden: Wir meinen damit sein Bewußtsein, von Gott zur Wiederherstellung der christlichen Kirche gesandt zu sein.

Drittes Kapitel
Der Prophet und Erzieher

1. Sendungsbewußtsein und Intoleranz

Calvins Selbsteinschätzung. Seine Gewißheit, berufen zu sein

Die Größe der Opfer, die Calvin seinen Glaubensgenossen abverlangte, rechtfertigte sich für ihn aus der Größe der Aufgabe. Diese selbst — Ausbreitung des Reiches Christi zur Ehre Gottes — stand für ihn unverrückbar fest. Sie zu vollbringen, wußte er sich gesandt. Der Größe der Aufgabe entsprach aber auch ein aus ihr abgeleitetes exorbitantes Sendungsbewußtsein.

Niemals von einem Zweifel angetastet, war er sich seiner Berufung mit letztem Ernst so gewiß, wie ein Mensch es kaum stärker sein kann: „Gott hat mich in die Zahl derer aufgenommen, durch deren Wirken er heutzutage der Welt die reine evangelische Lehre wiedergibt", das waren die Worte, mit denen er sich dem Herzog von Somerset, damals Regent von England, brieflich vorstellte. Seit den ersten Jahren seiner reformatorischen Laufbahn beseelte ihn dieses Bewußtsein. Einem nahen Freunde, der ihn zum Katholizismus zurückführen wollte, schrieb er als junger Mann: „Gilt es, über meine Berufung zu reden, so glaube ich, hast Du nicht so viel gute Gründe, sie anzufechten, wie mir der Herr sichere Gründe gegeben hat, darin fest zu bleiben. Mag meine Berufung Dir zweifelhaft erscheinen — mir genügt, daß ich ihrer sicher bin, ja noch mehr: daß ich sie allen, die ihr Urteil der Wahrheit unterordnen wollen, sogar beweisen kann." Und ganz komprimiert heißt es dann auf der Höhe seiner Wirksamkeit in einer offiziellen Anrede an den Rat von Genf vom 6. Oktober 1552: „Was mich angeht, Hohe Herren, so bin ich in meinem Gewissen sicher, daß das, was ich gelehrt und geschrieben habe, *nicht* in *meinem* Kopf entstanden ist; sondern *von Gott* habe ich es, und ich muß es festhalten, wenn ich nicht zum Verräter an der Wahrheit werden will."

Seine Berufungsgewißheit lebte aus Axiomen, über welche zu diskutieren er für einen Frevel gehalten haben würde. Diese Axiome hießen: 1. die Genfer Lehre stimmt mit der christlichen Wahrheit überein und ist dem Evangelium gemäß; dasselbe gilt für die Genfer Kirchenzucht: sie ist ein Gebot Christi. 2. Gott gebietet strikt, diese evangelische Lehre in die christliche Welt hineinzutragen und ihr entsprechend die Kirche zu reformieren. 3. Calvin ist in besonderer Weise erwählt, die Lehre zu verkünden und zu verbreiten. Von hier aus ergibt sich 4. von selbst, wie eine Abirrung von der Lehre einzustufen und zu behandeln ist: Sie ist Verletzung der göttlichen Wahrheit, daher eine irgendwie geartete Form von Gottlosigkeit und Bosheit; und daher nicht zu dulden, sondern zu verfolgen.

Ein aus diesen Axiomen gespeistes Sendungs- und Selbstbewußtsein bricht oder schimmert an vielen Stellen durch. Daß Calvin über seine Sendung reflektierte, kam eigentlich kaum vor. Er sprach von ihr wie von einem Faktum, oder er verkündete sie. Seine näheren Ausführungen dazu zeigen, daß er sie nicht gering veranschlagte:

Calvin weiß sich als Künder von Gottes Willen und Wahrheit

Ein Zweifel, ob seine Glaubenslehre tatsächlich die reine Lehre Christi sei, hat Calvin niemals geplagt. Die reformatorischen Neigungen des polnischen Königs nannte er eine Erleuchtung, dahingehend, daß der Fürst nunmehr zu erkennen vermöchte, „welcher Unterschied bestehe zwischen der echten, von Christo gestifteten Religionsform und der erfundenen, entarteten, später eingeführten [des Papsttums] . . ." Wer die Reformation kritisierte, kritisierte für Calvin „die göttliche Lehre", was soviel hieß wie Gott beleidigen. „Gott versöhnt", durch die Predigt der Genfer Glaubenslehre, „die Menschen mit sich und lädt sie untereinander zur Eintracht ein." Eine Kritik an der von Calvin im Namen Gottes vorgetragenen Willensmeinung war dem Genfer Reformator schier unerfindlich. „Wenn du einwendest, Gott offenbare uns vielleicht seinen Willen noch gar nicht, so ist mir unverständlich, was das heißen soll."

Mit größerer Unbefangenheit könnte kaum gesagt werden, wie undiskutabel sich Wille und Wahrheit Gottes für Calvin in seinem reformatorischen Wirken und Lehren ausdrückten. Es stand für ihn einfach fest, daß Gottes Wille ihn seine Glaubenslehren und seine gleichfalls aus der Bibel geschöpften Formen des religiösen Kultes und der kirchlichen Disziplin über die Welt verbreiten hieß. Gott selbst, so äußerte er sich verschiedene Male, ist der Baumeister, der seine Kirche baut oder aus den Trümmern wieder neu errichtet; *wir* sind nur seine Handlanger dabei. Durchführung der calvinischen Reformation war daher, wie Calvin nicht müde wurde zu wiederholen: Aufrichtung des „himmlischen Reiches Gottes auf Erden", „Verteidigung der Ehre Gottes", „Sammlung unter die Herrschaft Christi".

Calvins Selbstinterpretation: Gottes Sprachrohr

Es ist nicht unbegreiflich, daß wer im Namen Gottes lehrt, spricht, fordert, gebietet, straft; wer im Namen Gottes einschreitet und wer sich derart von Gott in den Dienst genommen weiß, von der Würde und dem Ernst seines Amtes einen hohen Begriff hegen wird. Und auch das ist nicht unverständlich, daß die Größe der Aufgabe auf das Auftreten dessen, der sich zu dieser Aufgabe berufen weiß, abfärbt und sein Selbstbewußtsein steigert. Wir haben es hier mit den Ausstrahlungen eines ungewöhnlichen Berufungsgefühls zu tun. Die Tatsache seines Sendungsbewußtseins wird greifbar in der Sicherheit des Befehlens auch Höchstgestellten gegenüber und in der Kraft der Selbstinterpretation, die die Parallele zwischen sich und den Aposteln genausowenig scheut wie die Einordnung der eigenen Person in einen Wendepunkt der Weltgeschichte.

Gewiß: Selbstlob lag Calvin fern. Wenn er sich rühmte, so tat er es im Herrn. Im Herrn freilich rühmte er sich kräftig: „Ich will mir nicht das Lob hoher Begabung und Gelehrsamkeit anmaßen — doch schäme mich auch nicht, wo es die Sachlage erfordert, zu zeigen, was mir der *Herr* an Schriftverständnis verliehen hat; denn das heißt ja sich nicht anders rühmen als in Ihm." Im zweiten Brief an König Sigismund August findet sich eine Unterweisung über die Bescheidenheit, welche den Königen zieme: sie besteht darin, sich von Christi Knechten, in diesem Falle von Calvin, belehren und ermahnen zu lassen. Nach Psalm 2, 12 sollen die irdischen Könige Christum, den himmlischen König, küssen. Diesem im Bild ausgedrückten Befehl nachkommen heißt: Christum „hören, wenn er durch *die* Menschen, denen er das Lehramt auferlegt hat, zu ihnen spricht"; heißt „demütig auch Ermahnungen anzunehmen, die von Christi Mund und Geist ausgehen" und die anschließend höchst konkret von Calvin vorgetragen werden.

Calvin rekurrierte, um sein gebieterisches Auftreten gegenüber dem Souverän zu rechtfertigen, auf eine nicht näher bezeichnete, aber von Gott erfolgte „Einsetzung" zum Verkünder des Evangeliums und „Berufung" zum Lehramt. Aus beidem leitete er sein Recht her, in Gottes Namen zu sprechen und zu befehlen. Diese Interpretation seiner Sendung entwickelte er im Zusammenhang einer polemischen Auseinandersetzung mit dem Papsttum. Infolge des jammervollen Zustands der Kirche benötige die Christenheit „Hilfsmittel zur Wiederherstellung" derselben. Von wo ist aber Hilfe zu erwarten, und wie sieht sie aus? Calvin antwortet: „*Hilfe* schafft Gott selbst", und zwar „indem er tüchtige ehrliche Lehrer aufruft, die die Kirche, die im Papsttum in wüsten Trümmern lag, wiederaufbauen." „Es war ein außerordentliches Amt, das Gott uns auferlegt hat, indem er *unser Wirken zur Reformation* der Kirche *brauchte*. Der *Beruf* jener Männer also, die so wider alles menschliche Erwarten in ungewohnter Weise plötzlich als Kämpfer für den echten Glauben aufstanden, läßt sich nicht nach der gewöhnlichen (!) Regel messen." Die Berufung zur Wiederherstellung der Kirche, und zwar in einer Form des Wirkens, die sich nicht nach der gewöhnlichen Regel messen läßt, also etwas unvergleichlich Besonderes darstellte, führte Calvin expressis verbis auf den Willen und auf ein Eingreifen Gottes zurück.

Sich selbst sah er, und zwar mit einem hervorragenden Auftrag, mitten in diesen heilsgeschichtlichen Zusammenhang heineingestellt. Von daher läßt sich begreifen, daß seine Auffassung von sich selbst der Einschätzung und dem Anspruch nach ein Apostelbewußtsein gewesen ist. Hier, so scheint es, wird der nervus rerum sichtbar, und hier liegt wohl auch der Ursprung jener einzigartigen Vehemenz, welche in den vielfach an Männer der Politik und fürstlichen Ranges gerichteten Briefen gebieterisch fordert, alle politischen Fragen den religiösen Richtlinien unterzuordnen, und welche von der Religion her urteilt, was politisch zu verantworten sei und was nicht. Von seiner religiösen Sendungsgewißheit her wird man wohl auch erklären müssen, daß er einer nur mit menschlichen Argumenten arbeitenden Kritik sein Ohr verschloß und zur Rechtfertigung des eigenen Auftretens starke Behauptungen nicht scheute. Wie er etwa den polnischen König anzusprechen wagte: „Also ich, den der höchste König zum Verkünder seines Evangeliums und zum Diener seiner Kirche eingesetzt hat, ermahne in seinem Namen deine Majestät, die Sorge... für den wahren Glauben und reinen Gottesdienst allem übrigen voranzustellen."

Kritische Vorbehalte gegenüber dem permanenten Drängen und Drohen Calvins mit dem Wort und Zorne Gottes meldete der Kastellan von Krakau, Graf Johann von Tarnow, an. Ihm antwortete Calvin, ohne sich auf eine Diskussion einzulassen, einfach damit, daß er dessen Vorbehalt die Überzeugung seines apostolischen Bewußtseins entgegensetzte und ihn dadurch abschüttelte, daß er seine Irrelevanz sub specie aeternitatis darlegte: „Wenn du unsere Zuversicht spöttisch belächelst, als ob wir Gottes Werk für uns in Anspruch nähmen, wenn wir versuchen, der Menschen Herzen zu bekehren, die doch in Seiner Macht und Hand stünden, so wird solcher Hohn keinen tapferen Verkünder des Evangeliums rühren. Denn in jedem wurzelt tief und fest der Spruch: Wir sind Gott ein guter Geruch, diesen zum Tode, jenen zum Leben. Das freilich will ich zugeben: Wir dürfen nicht meinen, alle Welt von dem Glauben, den wir verteidigen, überzeugen zu können. Aber der Unglaube und die Verstocktheit der Welt hat die Apostel nicht abgehalten, fortzufahren auf dem Wege ihrer Berufung. Sie hielten fest, was einer von ihnen sagte: Eine fürchterliche Strafe sei bestimmt für die Verächter, die die angebotene Gnade verschmähten" (Hebr. 10, 29).

Zweierlei Maß

Die Überzeugung, mit einer Sendung ausgerüstet zu sein, brachte es mit sich, daß er mit zweierlei Maß maß. Was er tat, diente der Aufrichtung des Reiches Gottes. Wer ihn hinderte oder hemmte, war vom Satan wider ihn erregt. Wer im Glauben andere Wege ging als die der reinen Lehre, war in seinen Augen böswillig, verblendet und ein Feind Christi. Wenn er sich über theologische Gegner in harten

Worten ereiferte, hatte das seinen Grund; wenn andere dasselbe taten, konnte er es tadeln. In einem sonst recht freundlich gehaltenen Brief an die böhmischen Brüder vom 30. Juni 1560 bereinigte er eine an sich belanglose Differenz auf eine für ihn bezeichnende Weise: die Genfer hatten kurz zuvor ein böhmisches Glaubensbekenntnis als zu heftig in der Tonart kritisiert. Der Bote der böhmischen Brüder in Genf replizierte, Calvin sei in manchen Schriften doch auch von recht hitziger Tonart. Darauf Calvin: „Ich will das zwar nicht leugnen, doch ist dieser Vergleich hier unpassend. Denn wenn *ich* ein paar unreine Hunde angreife, so ist das ganz etwas anderes, als wenn *ihr* . . . ohne Unterschied und Auswahl fromme und gelehrte Männer zu den Schlechtgesinnten rechnet." Das Selbstbewußtsein, mit dem ihn seine Sendung erfüllte, wurde auch zum Ursprung jener vehementen Schärfe, die ihn veranlaßte — weil er Duldung des Irrtums für Blasphemie hielt —, zur Ehre Gottes die Feinde Gottes zu verfolgen.

Zwar unterschied Calvin gewiß zwischen leichteren, schwereren und besonders verwerflichen Abirrungen. Dennoch, wo die Einführung des Genfer Gottesdienstes mit der Aufrichtung des Reiches Christi und die Genfer Lehre mit der göttlichen Wahrheit zusammenfiel, war der Raum für Duldung abweichender Glaubensauffassungen begrenzt und vom Abschwenken von der reinen Lehre bis zum Irrtum oder Gotteslästerung der Weg nur kurz. Zu den Verdammungsurteilen darüber gesellte sich gern das beleidigende Schimpfwort, und leicht kam es vor, daß die Gesamtheit derjenigen Theologen, Schriftsteller und Gläubigen, welche sich lehrmäßig nicht in der Genfer Obödienz befanden, sich in die Kategorie der unreinen Hunde eingestuft sah.

2. Reformierte Glaubenserziehung und Gesinnungsbildung

„Konföderation der Seelen"

Durch den universalen Zug, den Calvin von Anfang an seiner Bewegung einhauchte, und durch den weltweiten Zusammenhang, in den er sie hineinstellte, wurde der Calvinismus nicht nur außerhalb Deutschlands zur dominierenden Form des Protestantismus, sondern zu dessen aktivster Kraft in den kämpferischen Auseinandersetzungen des späteren 16. Jahrhunderts überhaupt. Seit je hat man, der staunenerregenden Weltwirkung des Calvinismus nachsinnend, die Frage gestellt, worin der tiefste Grund für die Einheit und die Ausbreitungskraft dieser anfänglich nur zerstreuten kleinen Kirchen gelegen haben möchte. „Unter allen Gemeinschaften des Protestantismus gibt es keine, die einen stärkeren Zusammenhalt, einen durchgehenderen Geist, eine ähnliche Stärke der Ausstrahlungskraft aufweisen könnte. Diese Kraft hat der Calvinismus aus dem Genie seines Gründers geschöpft."

Freilich, man kann auch sichtbare Bande der Einheit erkennen: Lehre, Gottesdienstordnung und Sittenzucht. „Glaubensbekenntnis, Liturgie und Disziplin sind indessen nicht das hauptsächliche Bindemittel; stärker noch wirkt die innere Verbundenheit der Geister. Diese Konföderation der Seelen ist in gleicher Weise Calvins Werk ... Die Kraft der Ausstrahlung ist geradezu unglaublich. Der moralische Einfluß des Reformators, die Verbreitung seiner Schriften, die Weite seiner Theologie vermögen sie allein nicht zu erklären. Hinter den Ideen stehen die Männer. Und es war die besondere Kunst Calvins, eine ganze Armee von Getreuen heranzuziehen und um sich zu scharen, die überall in Europa sich zum Widerhall seines Wortes und dem Werkzeug seiner Verbreitung machten. Europa ist für Calvin ein Missionsgebiet" (Imbart de la Tour).

Nachdem Calvin in verhältnismäßig jungen Jahren seine innere Mitte gefunden und eine unerschütterliche Gewißheit in Dingen der rechten evangelischen Wahrheit erlangt hatte, führte er zunächst in Genf die Reformation nach Maßgabe seiner dogmatischen und organisatorischen Leitideen durch, stellte danach aber ganz bewußt und zielklar seine Tätigkeit auf Weltwirkung ab. Vielfach waren es seine jahrein, jahraus herausgebrachten Bücher, die einer Verbreitung seiner Lehre den Boden bereiteten. Erreichte er mit ihnen doch damals beinahe sämtliche Völker Europas. Er hielt aber auch seine Glaubensgenossen, die seit 1550 in immer größeren Scharen nach Genf strömten, systematisch dazu an, den evangelischen Glauben, wie er in Genf gelehrt wurde, weiter auszubreiten. Zahllos sind die Zeugnisse, die von einer überwältigenden Anziehungskraft der von Calvin gepredigten Lehre und Glaubenszucht sprechen.

Tätiger Dienst am Reich Christi: Erziehung zur religiösen Aktivität

Calvin verstand unter Reformation, wie er es unzählige Male formuliert hat, die Aufrichtung des Reiches Gottes oder der Herrschaft Christi auf Erden; zu verwirklichen durch Wiederherstellung der Kirche in reiner Lehre und reinem Gottesdienst. Solche Wiederherstellung verstand er als einen der Ehre Gottes geschuldeten und von Gottes Majestät strikt gebotenen Dienst. Aus der absoluten Erhabenheit dieses Zieles und dem zwingenden Gebot solchen Gottes Ehre geschuldeten Dienstes ist es zu erklären, daß er mit Höchstforderungen an den Christen seiner Zeit herantrat. Er lehrte, daß der Christenmensch, zum Dienste am Reiche Christi gerufen, in dieser Aufgabe sich unter Aufbietung seiner äußersten Kräfte zu verzehren habe. Und er setzte seine ganze Autorität und Überzeugungskunst dafür ein, um seine Glaubensgenossen zu einem Leben einer aufs höchste gesteigerten Aktivität anzuspornen und anzutreiben.

Dank seiner ungewöhnlichen praktischen und organisatorischen Befähigung wußte Calvin den Seinen ein ganzes Bündel von ausgezeichneten Richtlinien mitzugeben, den evangelischen Glauben unter den verschiedensten äußeren Bedingungen zu pflanzen und zu pflegen. Nach wohlüberdachtem Plane und nach den Anforderungen des Augenblicks sandte er sie, soweit er sie für geeignet hielt, als Glaubensboten entweder in ihr Ursprungsland zurück oder in andere Länder Europas, das Evangelium zu predigen und reformierte Gemeinden zu gründen. Dort blieben seine Glaubensboten aber regelmäßig weiter in Verbindung mit Genf. Sie unterrichteten Calvin über die vorgefundenen Verhältnisse und Möglichkeiten, nannten ihm einflußreiche Personen, die sie für die Reformation gewannen und ihm zur brieflichen Betreuung empfahlen, erbaten sich Ratschläge und ließen sich gefallen, daß er sie mahnte, korrigierte, unterwies. Hier liegt der Ursprung seiner weltumspannenden Korrespondenz. Anfangs gedacht, seine über Europa zerstreuten Glaubensgenossen zusammenzuhalten, wurde sie ihm bald ein wertvolles Instrument, die Entwicklung der Reformation voranzutreiben. Mit deren großen Erfolgen wuchs auch der Briefverkehr. Etwas über 4000 Briefe von und an Calvin sind erhalten von insgesamt ungefähr 12000. Drei Viertel davon fallen in die Jahre von 1549 bis 1564, die den Höhepunkt in der Ausbreitung des Calvinismus darstellen. Schon dieser äußere Umfang läßt ermessen, daß der an sich schon von sehr vielen andern Aufgaben über seine Kräfte belastete Calvin dem brieflichen Verkehr eine überragende Bedeutung beigemessen haben muß. Seine Schreiben waren gewissermaßen sein verlängerter Arm, seine Lehre in die Welt zu tragen und die örtlichen Reformationsvorgänge von Genf aus zu lenken.

Die Briefe muntern auf, mahnen, weisen zurecht, feuern an, warnen, drohen, zeigen Ziele auf. Ihre innere Kraft schöpfen Calvins Imperative allesamt aus dem gemeinsamen Ursprung, aus welchem sie hervorbrechen, nämlich dem — jedweder Diskussion entzogenen — summum praeceptum, Christi Herrschaft aufzurichten. Seinen Aufmunterungs- und Mahnbriefen liegt aber auch gewöhnlich ein bestimmtes Schema zugrunde, welches er recht elastisch zu handhaben wußte. Sie setzen fast durchweg bei der individuellen Religiosität des oder der Adressaten an. Diese zu vervollkommnen, stellte er ihnen zur Aufgabe. Anschließend gab er sofort ein paar Winke, praktisch an dieses Ziel heranzukommen. Gern wählte er zum Ausgangspunkt seiner Argumentation die individuellen Tugenden seiner Adressaten, ihre Klugheit, Großmut, Treue usw., die er mit humanistischer Feinheit zu rühmen (und auch wohl ein wenig zu übertreiben) verstand. Insbesondere suchte er die Leute bei ihrer Ehre oder ihrem Stande zu packen. Für das Aufrütteln stand ihm eine Fülle von Imperativen zur Verfügung; etwa: das Licht des Evangeliums hat dich erreicht — du mußt dich also dieser Gnade würdig zeigen (dankbar sein, deine Schuldigkeit tun usw.). Gott hat einen Anspruch darauf, daß du ihm gehorchest — das kannst du aber gar nicht anders, als indem du dein Leben ordnest nach den Vorschriften seiner heiligen

Lehre; oder: du hast die evangelische Erkenntnis bekommen — aber nicht deshalb, um dich darin auszuruhen, sondern um von diesem heiligen Schatze deinen Mitmenschen nach bestem Vermögen mitzuteilen usw.

Der einzelne muß wirken nach dem Maß seiner Kräfte und Gaben

Die Zumutungen, die er dem einzelnen aus dem Grundsatz des Dienstes am Reiche Gottes stellte, waren alles andere als gering. Die Anweisungen waren stets klar; der Grad des Drängens unterschiedlich. Gegenstand und Situation gaben dafür das Maß. Beispielsweise machte er in recht bündigen Worten dem reformfreundlichen katholischen Bischof von Leslau (Włocławek), Jakob Uchanski, späterem Primas und Erzbischof von Gnesen (1562 bis 1581), klar, daß er umgehend zum Protestantismus überzutreten habe: Nachdem, bei seiner Vertrautheit mit der evangelischen Lehre, auch der Vorwand mangelnder Kenntnis dahinfalle, „weißt du bei deiner Klugheit sehr genau, welch unerträgliche Schändung der Gnade Gottes es ist, die Gnade sozusagen absichtlich ersticken zu wollen". Neutralität im Glaubenskampf sei verwerflich; darum: „Sünde und Schande, wenn du, den Gott gewissermaßen an der Hand faßt und zum Schutz seiner Sache aufruft, in der Mitte stehnbleiben willst." So bezeichnete Calvin denn auch offen als den „Zweck" seines Schreibens: „daß du, da Gott dir die Augen aufgetan hat, nun aber auch wirklich aufwachest!", und schloß mit den lapidaren Worten: „Ich habe mir deiner Exzellenz gegenüber vielleicht mehr herausgenommen, als ich durfte. Aber da ich nichts andres vorhatte, als für dein Seelenheil zu sorgen, so ist dir hoffentlich ein freies Wort nicht ärgerlich."

Die neutestamentliche Lehre, daß von dem, dem mehr gegeben, auch mehr zu verlangen sei, wandte Calvin mit besonderem Nachdruck auf den sozialen Stand und die politische Amtsstellung an: Je höher der Christ stehe, in der gesellschaftlichen Ordnung, und je weiter sein Arm reiche, desto schwerer laste auf ihm der Auftrag, das Evangelium auszubreiten und werbend für dasselbe einzutreten. Hieraus ergab sich eine hohe, ja einzigartige religiöse Verantwortung für den Hocharistokraten, Fürsten, König oder sonstigen Souverän. In zahllosen seiner an politische Persönlichkeiten gerichteten Briefe ließ Calvin diesen Grundsatz anklingen und trug ihn als Imperativ vor, gab ihm aber gern eine ganz auf den Empfänger zugespitzte persönliche Note, wie z. B.: Aus keinem andern Grunde hat Gott dich so hoch erhoben und dir die Regierung — oder was es sonst sei — anvertraut, als weil er wollte, daß durch dich dein Land — dein Volk, dein Gouvernement usw. — zur Erkenntnis seines Willens und seiner Wahrheit gelange. In diesem Sinne hämmerte er dem König Sigismund August ein: „Christus die Sonne der Gerechtigkeit hat deinen Geist erleuchtet mit dem Geiste des Evangeliums . . . Es ist nun nicht glaublich, edelster König, daß Gott dich umsonst mit solcher Kenntnis ausgerüstet habe, wenn er dich nicht zu seinem Mitarbeiter zu großen Dingen erwählt hat.“ „Es muß deine erste Sorge, dein erstes Bestreben sein, die Gebiete, die dir untertan sind, aus der schmählichen Verheerung des Papsttums wieder zu sammeln“, „Hand und Fuß ans Werk, besonders wo die Gelegenheit zum Handeln so offenliegt, damit nicht diese von Gott gebotene Gelegenheit versäumt werde!“

Da es ein Gemeinplatz im Protestantismus des 16. Jahrhunderts war, die christlichen Fürsten mit den biblischen Königen — namentlich mit Ezechias (Hiskia) und Josias wegen ihres Einschreitens gegen den „Götzendienst“ — in Parallele zu setzen, war es nicht unbedingt originell, wenn Calvin sich dieses Vergleichs bediente. Überaus bezeichnend war aber, daß er diese Gegenüberstellung benutzte, um daraus gesteigerte Anforderungen an den *christlichen* König zu entwickeln. Etwa: wenn fromme Sorge um den Gottesdienst des *Gesetzes* den König David schon keine Minute ruhen ließ — wie muß dann erst die Sorge um den *geistlichen* Gottesdienst einen *christlichen* König in Bewegung bringen! Wenn David Schätze sammelte für Salomons Tempelbau — wie muß da erst „ein christlicher König alle seine Kräfte sammeln zum Wiederaufbau des Tempels Gottes!“

Mochte er ihn nun mit dem *einfachen* Christenmenschen in Vergleich setzen oder gegen die Könige des Alten Bundes abheben — in jedem Fall diente Calvin der Vergleich dazu, die Könige an das außerordentliche Maß ihrer Verantwortung für die Religion zu erinnern und sie deshalb zu besonderer Aktivität anzustacheln. (Näheres s. unten Kapitel 5, Abschnitt 1, S. 103ff.)

Unermüdlicher Kampf als Bewährung des Christen

Die Dynamik der von Calvin ins Leben gerufenen religiösen Bewegung bezeugte sich ganz wesentlich darin, daß sie *Kampf* sein wollte. Nicht umsonst gab Calvin, sich in diesem Punkte ständig wiederholend, die Devise: „Kämpfen!“ „Gott will nicht, daß wir als müßige Zuschauer seiner Wundermacht dasitzen.“ In unaufhörlichem Ringen und Streben, so lehrte Calvin, sollte der wahre Christ seine Kräfte anspannen um das Reich Gottes seiner Verwirklichung näherzubringen. „Ich bin überzeugt“, schrieb er einem der einflußreichsten Aristokraten in Krakau, „daß du deinem Könige treue Dienste leistest ... Das schönste Lob aber brächte es dir ein, wenn du auch deinem *himmlischen* Könige deine Hilfe nicht fehlen ließest ... und wahren wolltest die ewige Ehre des Vaters, die all unseren Eifer, unsere Sorge und unser Streben an sich ziehen soll.“

Was aber geschah und ging vor sich, wo der Lehre Genfs die Annahme verweigert wurde — es sei aus welchem Grunde auch immer? Nun: Dort wurde Gott widerstanden, dort hatte der Teufel seine

Hand im Spiel; dort triumphierte menschliche Bosheit; dort tobte der Antichrist. Dort existierte die Kirche in Verzerrung, in Umkehrung und Mißbrauch ihres Amtes, dort wurde der Name Christi geschändet.

Was hatten die Gläubigen in einer solchen Umgebung also zu tun? Nun: Sie mußten sich zunächst vor allem *rein* zu halten suchen von jeder Befleckung mit „Götzendienst" dieser Art (insbesondere der katholischen Messe), sie mußten sich wappnen gegen jede falsche und verführerische Lehre. Aber nicht das allein. Sie hatten auch die Pflicht, sich gegen die Herrschaft des Teufels nach Maßgabe der Umstände zu *wehren.* Sie sollten sie *zerstören.* Sie durften nicht dulden, daß da, wo sie es verhindern konnten, durch Irrlehren und Götzendienst die Majestät Gottes beleidigt wurde.

Daß auf *kämpferische* Weise der Reformation der Weg zu bereiten sei, war für ihn eine Selbstverständlichkeit, die er wegen der Widerstände, die sich ihm entgegenstellten, aus der Tatsache des Bösen in der Welt ableitete. Das eifrige Wirken derer, die er die Gottlosen nannte — und mit denen er die Katholiken und die evangelischen Sektierer meinte —, ließ überhaupt keine andere Wahl, bedeutete indirekt aber einen ungeheuren Ansporn: „Wir müßten uns der Feigheit zeihen, wenn nicht ein so hartnäckig geführter Kampf für das Böse uns nicht wenigstens reizte, es ihnen gleichzutun im Guten." — „Ja, selbst die Feinde der Wahrheit zeigen uns durch ihr Beispiel, was wir tun müssen . . . Ihr Wüten sollte uns ein Ansporn sein zu frommem Wetteifer in Gegenwehr und eigenem Angriff." Der wahre Christ, d. i. der Calvinist, sollte *kämpfen* und es sich etwas kosten lassen, das Reich Christi auf Erden zum Wachsen zu bringen. Er beging, nach Calvin, eine Sünde, wenn er sich vor dem kämpferischen Einsatz für das Evangelium drückte. Er sollte alle weltlichen Überlegungen zurückstellen, wenn es hieß, eine Bresche für das Reich Gottes zu hauen. Er durfte sich selbst nicht schonen, weder seinen Besitz noch seine Bequemlichkeit, noch sein Leben. Darum, aber auch weil im positiven Aufbau es so viel zu tun gab, durfte der echte Jünger Calvins nie müde werden. Gerade von den Besten und Eifrigsten verlangte er, daß sie sich selbst noch zu übertreffen suchten: „Es wäre unrecht, wenn du im heiligen Kriegsdienst, zu dem du Christo den Fahneneid geschworen, je müde würdest — . . . Dir und ihnen [deinen Glaubens- und Standesgenossen] bleiben noch Kämpfe genug, so daß ihr euch noch nicht wie ausgediente Soldaten der müßigen Ruhe überlassen dürft." „Deshalb bitte ich dich . . . Bleib bis aufs äußerste ein unermüdlicher Streiter Christi." Gott selber, so führte er an anderer Stelle aus, prägt es uns wiederholt ein, „und wir wollen es uns nicht verdrießen lassen, uns immer wieder daran zu erinnern: daß wir kämpfen müssen mit den Feinden . . ."

Calvin verlangt Bewährung auch notfalls durch Tod und Martyrium

Calvin machte es dem reformierten Christen zur selbstverständlichen Pflicht, daß er sein Bekenntnis durch die Tat unter Beweis stellte. Er durfte den Tod nicht scheuen und mußte sich notfalls sogar für sein Bekenntnis umbringen lassen. Es gibt unzählige Beispiele dafür, welchergestalt Calvin zur gläubigen Aktion antrieb. Viele Privatpersonen drängte er dazu, vom Katholizismus zum Calvinismus überzutreten. Er argumentierte dann etwa folgendermaßen: Angesichts der individuell fortgeschrittenen evangelischen Erkenntnis, die bei ihnen vorläge, hieße es die eigne bessere Einsicht, und damit Gott selbst, verleugnen, wenn sie sich nicht zum positiven Bekenntnis der Genfer Lehre entschlössen. Es wäre dann eine unverzeihliche Undankbarkeit gegen die Gnade Gottes, wenn sie den Übertritt nicht vollzögen. Auf der gleichen Linie lag es, wenn Calvin in zahlreichen Fällen evangelischen Franzosen nahelegte oder einschärfte, aus ihrer Heimat auszuwandern, wenn sie dort nicht ihres Glaubens leben könnten. Er ließ dann, um alle Einwendungen abzuschneiden, wohl noch einfließen, in Genf sei Platz genug für sie vorhanden.

Eine der stärksten Stellen über die Pflicht zum Bekenntnis findet sich in einem Brief vom 13. Januar 1555 an Heinrich Bullinger, den Mitreformator und Nachfolger Zwinglis in Zürich. Den Evangelischen in Locarno hatte ein von der eidgenössischen Tagsatzung eingesetztes Schiedsgericht die Wahl gelassen, entweder zum alten Glauben zurückzukehren oder binnen drei Monaten auszuwandern. Von den evangelischen Kantonen rieten Basel, Bern und Schaffhausen den Locarnern, sich dem Schiedsspruch zu fügen, wogegen Zürich ihnen davon abriet. Calvin war empört, als er davon hörte, und schrieb dem maßgeblichen Züricher Kirchenpolitiker Bullinger: „Die Angelegenheit der Brüder in Locarno hat mit Recht dir und uns allen den herbsten Schmerz bereitet. Es war erstlich schon schmählich, daß sie von ihren Beschützern im Stich gelassen wurden, aber eine noch größere Schmach ist's, daß Bekenner des Evangeliums (nämlich Bern, Basel, Schaffhausen) an Glaubensgenossen eine auch in ihrem Namen gestellte Aufforderung zu treulosem Abfall richten lassen. Besser wäre es gewesen, die frommen Brüder zehnmaliger Folterung auszusetzen. Denn es ist eine ganz verkehrte Milde, um Menschenleben zu schonen, die Wahrheit Gottes zum Gespött zu machen." So weit die Beispiele zur tätigen und leidenden Bekenntnispflicht. Ihr tiefster Grund ist allenthalben der gleiche. Er liegt im Vorrang der Wahrheit des Glaubens, um des daran geknüpften Heiles willen, vor allem, was es an sonstigen Werten gibt — in einem Wort: die Ehre Gottes gebietet, alles übrige hintanzustellen.

Hoffnung in der Bedrängnis: Christus unser unbesieglicher Feldherr

Wie Calvin von seinen Glaubensgenossen all die Tugenden verlangte, deren ein Kämpfer bedarf: Ausdauer, Mut, Härte gegen sich selbst, so lehrte er sie auf der anderen Seite, sich stets bewußt zu sein, daß sie aus sich selbst rein nichts vermöchten; im Bewußtsein ihrer eigenen Schwäche jedoch alles von Gottes Hilfe erwarten dürften. „Eines genügt uns, uns reichlich Mut zu machen: *Wir* haben einen Feldherrn, der so unbesieglich ist, daß er, je mehr er angegriffen wird, nur desto mehr nur Sieg und Triumph davonträgt.“ Calvin lebte der unerschütterlichen Hoffnung auf den endlichen Sieg seiner Sache, weil er sie selber gar nicht als seine, sondern als Gottes eigene Sache ansah. In dieser Überzeugung lag die tiefste Ursache seiner sicheren Gelassenheit, mit der er von sich und den Seinen das Unmögliche verlangte: „Sodann, weil es Gottes eigenes Werk ist, dürfen wir nicht darauf schauen, wie weit unsere Menschenkraft reicht; vielmehr müssen wir seiner Kraft die Ehre geben, so daß wir nicht nur im Vertrauen auf seine Hilfe, sondern auch auf seine Führung wagen, was über unsere Kraft geht.“ Oder an anderer Stelle: „Es leidet gar keinen Zweifel, daß Gott ... wenn wir nur dafür kämpfen, uns auch hilft.“

Weil er seine Sache gewissermaßen im Himmel aufgehoben sah, wurde sein grandioses Vertrauen auf den endlichen Sieg auch durch Fehlschläge, die er erlebte, nicht gebrochen. Gott gab dem Satan Raum und ließ zu, daß er wütete — so sah er es an. Sich dadurch beirren zu lassen, hätte er für Kleinmut und Mangel an Glauben gehalten. Auch und gerade in Zeiten der Bedrängnis hieß es für ihn: kämpfen, ausharren, zuversichtlich sein. Zu einem Zeitpunkt, wo er die Anfänge der französischen Hugenottenkriege erlebt und den Calvinismus in Osteuropa teilweise zusamenbrechen gesehen hatte, im Mai 1563, schrieb er einem polnischen Studenten ein paar Zeilen ins Stammbuch, die, bei unverkennbarer Gedämpftheit der Stimmung, von der moralischen Kraft seines Kämpfertums und ihrer religiösen Quelle ein schönes Zeugnis geben:

„Christus will nicht, daß wir wähnen, er sei gekommen, Frieden zu bringen auf Erden; sondern das Schwert ... Die volle Wahrheit dieser Worte erfahren wir heute in der Tat ... Dazu muß aber das unsere Überzeugung sein: daß Christus stets bei uns sein wird bis zum Untergang der Welt. Wenn wir das festhalten, werden wir unsere Seelen schließlich auch noch eine kleine Weile in Geduld fassen können.“

Je größer die Bedrängnis, um so grimmiger wurde seine Hoffnung auf den endlichen Sieg, und um so deutlicher trat ihr jenseitiger Aspekt hervor. Sie war im Grunde sogar mehr als Hoffnung: nämlich die vorwegnehmende Gegenwärtigsetzung einer Situation, deren er im Glauben gewiß war, ja in der er sich sub specie fidei bereits, wie er überzeugt war, befand — wie etwa jene, an seinen Freund Beza als Geburtstagsgruß geschriebenen Worte bezeugen, die zugleich die kämpferische Kraft seines Glaubens schlagend enthüllen:

„Drei- und viermal gepriesen sei unser Gott, der uns über die Wolken emporhebt, daß wir zu Füßen des himmlischen Christus sitzen und von dieser Höhe seine und unsere Feinde verachten können.“

Kämpfen — weil Kampf die Wesensform des Christen; Fehlschläge ertragen — weil Kleinmut einem Jünger Christi nicht ansteht; wagen, was über unsere Kraft geht — weil Gott uns beisteht; gewiß sein zu siegen — weil die eigene Sache an Gottes Fahnen geheftet: das etwa war das Ziel der Glaubenserziehung, welche Calvin den Seinen zuteil werden ließ, um sie auf die herbe Probe der Glaubensauseinandersetzungen vorzubereiten.

Viertes Kapitel

Glaubenswahrheit und Gottesverehrung. Calvins kämpferische Auseinandersetzung mit Häretikern, Katholiken und Lutheranern

1. Bekenntnistreue und Einheit der Kirche

Die Glaubensbewährung erwartete den Calvinisten in der mannigfachsten Gestalt: auf dem Felde der geistigen Auseinandersetzung und der religiösen Behauptung gegenüber den anderweitigen Spielarten des Protestantismus, insonderheit gegenüber dem Luthertum, gegebenenfalls auch in den Formen polemischer Abgrenzung gegen die römisch-katholische Kirche, im damaligen Vokabular kurz „das Papsttum" genannt. Der Calvinist hatte ferner Pflicht und Gelegenheit, seinen Glauben praktisch zu bewähren, indem er ihn durch Predigt und Bekenntnis verbreitete und indem er dort, wo seine Predigt ankam, Gemeinden gründete und organisierte, mit Presbyterium, Kirchenzucht usw. Er mußte Charakter und Standfestigkeit zeigen, wenn er in feindlich gesonnener Umwelt daranging, die Kirche zu reformieren. Und er mußte sich — mit Rücksicht auf die Zeitlage und auf die herrschenden Verhältnisse in Staat und Gesellschaft — mit den Mächten dieser Welt ins Benehmen setzen und sie für die Reformation der Kirche zu gewinnen suchen.

In allen diesen Richtungen hatte Calvin selbst vorgearbeitet und damit ein Paradigma gegeben. Die Dynamik, die Stoßrichtung, das allseitige Engagement des späteren Calvinismus zeichneten sich darin ab. Aber auch die Fronten wurden bereits deutlich sichtbar, die sich allenthalben formierten, als das reformierte Christentum von Genf aus in die Länder Europas einzuströmen begann.

Die Bekenntnistreue der verschiedenen Glaubensrichtungen hatte zur Folge, daß sich die Fronten versteiften. Denn wer zu seinem Bekenntnis stand und es ernst nahm, der wurde intolerant. Jedenfalls wenn er mit Andersgläubigen im kirchlichen Raum zu tun hatte oder wenn diese ihm zusetzten, dann verlangten die Umstände geradezu ein unduldsames Verhalten. Die Intoleranz durchwirkte und belastete demzufolge bis zu einem gewissen Grade Calvins Verhalten zu den anderen religiösen Gemeinschaften, darunter auch zu den übrigen *evangelischen* Bekenntnissen. Doch stand die Unduldsamkeit nicht immer gleich am Anfang seiner Auseinandersetzung mit den andern Religionsgemeinschaften, sondern, was die evangelischen Bekenntnisse angeht, eigentlich erst am Ende langer, ernster Unionsversuche. Denn: Das Abweichen in unwesentlichen Dingen — in solchen, die er für unwesentlich hielt — pflegte Calvin, jedenfalls bis zu einem erträglichen Maße, zu dulden. Er duldete es nicht gleichmäßig bei allen — was er manchen deutschen, englischen und polnischen Protestanten durchgehen ließ, untersagte er aufs schärfste z. B. den Protestanten in Genf. Auch veränderte sich mit der Zeit sachlich das, was er für tolerierbar und was er für unerträglich hielt: seine Gesichtspunkte verschärften und verengten sich zunehmend gegen sein Lebensende hin.

Daß er aber eine gewisse Freiheit in gewissen Dingen bei den ausgewanderten Protestanten für vertretbar ansah — das hing nicht zum wenigsten zusammen mit seinem leidenschaftlichen Ringen um die Herstellung der Einheit innerhalb des evangelischen Christentums der damaligen Welt. Andererseits hing auch seine Intoleranz mit seinem Begriff von der religiösen Wahrheit und von der wahren Kirche eng zusammen.

Calvin hat bei seinem ganzen reformatorischen Werk nichts andres — seiner Absicht nach — im Auge gehabt als die Wiederherstellung der Kirche in ihrer ursprünglichen Reinheit in Glaube und Sitte, in Gottesdienst und Ordnung der kirchlichen Ämter. Das bedeutete: Es gab für ihn weder Kirchen im Plural noch Konfessionen im heutigen Sinne des Wortes. Sofern er von Kirchen im Plural sprach, so meinte er sachlich damit nichts anderes als örtliche Gemeinden oder die organisatorisch enger zusammengefaßten Kirchengemeinden eines politischen Bezirks oder ganzer Völkerschaften, oder er meinte die evangelische Christenheit in bestimmten Ländern und Landschaften. In diesem Sinne sprach er etwa von der Kirche Genfs, Zürichs, Straßburgs, von der Kirche in Frankreich, in Polen, von den Kirchen in der Zerstreuung usw. Das heißt, er meinte die örtliche Bekennerschaft in dieser und jener Gegend — so wie das Neue Testament in der Apokalypse etwa spricht von den Kirchen in Kleinasien, in Ephesus, Philadelphia, Pergamon usw. Alle einzelnen Gemeinden zusammen waren aber nichts als im Glauben verbundene Glieder am Leibe Christi. Sie alle zusammen stellten *die eine* Kirche dar, welche die Kirche Gottes ist.

Diese *eine* Kirche war es, welche er kannte, welcher er diente und welche wiederherzustellen er als reformatorischen Auftrag ansah. Es war ganz konsequent, wenn die Gemeinden und Anhänger seines Glaubens sich bis heute offiziell nennen: „Die nach Gottes Wort reformierte Kirche."

Um seiner, Calvins, Vorstellung von der Einheit der Kirche näherzukommen, wird es sich empfehlen, dasjenige voranzustellen, was er auf jeden Fall aus der Kirche ausgeschieden wissen wollte, weil er es für ketzerisch, antichristlich, unannehmbar und mit dem Wesen der wahren Kirche für unvereinbar ansah. Die historischen Umstände boten Calvin mehrfach Anlaß, ebenso zu Freigeistern und zu Sektierern, etwa den Täufern, wie zur katholischen Kirche und zu verschiedenen protestantischen Glaubensrichtungen Stellung zu nehmen.

Fundament und Kriterium seiner Auseinandersetzung bildete stets das, was er als die unumstößliche Wahrheit Gottes ansah, nämlich seine Glaubenslehre. Die Form der Auseinandersetzung war also verhältnismäßig einfach:

1. Er prüfte, was sich mit seiner Lehre und Kirchenordnung in Einklang bringen ließ.
2. Er stellte fest, was sich vom Gesichtspunkt seiner Lehre aus als annehmbar und unannehmbar erwies.
3. Er stieß das Unannehmbare aus.
4. Er versuchte, das Annehmbare geistig und konkret in Verbindung mit der Genfer Kirche zu bringen (Zürich; Straßburg, teilweise auch nord- und mitteldeutsches Luthertum).
5. Als *positives Ziel* schwebte ihm vor, die kirchliche Einheit innerhalb des protestantischen Christentums zu verwirklichen — mit allerlei Konzessionen an die regionalen und nationalen Kirchentümer selbst in Dingen des Kultes und der Verfassung, sofern nur die für notwendig erachtete Übereinstimmung in den Fragen des Glaubens gesichert war. In *diesem* Punkte freilich sollte die Kirche auf dem Fundament des in Genf gelehrten und formulierten Dogmas stehen.

Getreu diesen Leitgedanken mühte sich Calvin sein Leben lang darum, der evangelischen Bewegung und Lehre, die zu seiner Zeit schon in viele Richtungen auseinanderströmte, die Einheit zu geben. Er tat es, indem er zu Liebe, Friede und Geduld mahnte und auf die großen Gemeinsamkeiten des protestantischen Glaubens hinwies.

Der kirchliche Friede, den er zu erhalten anstrebte, war ihm jedoch nicht vergönnt. Er mußte im Gegenteil in seinem letzten Lebensjahrzehnt erleben, daß der *deutsche* Protestantismus fast geschlossen gegen ihn Front machte und ihn als Irrlehrer hinstellte, als Ketzer und Verführer. Die Ursache lag darin, daß die Deutschen mehr oder weniger streng an Luthers Lehre festhielten und sich deshalb mit Calvin über das Abendmahl zerstritten und daß sie sich mit der Prädestination nicht befreunden konnten.

2. Die evangelischen Sonderbewegungen und Häretiker

Daß sich unter den eben genannten Voraussetzungen ein gedeihliches Zusammenleben zwischen der Kirche Calvins und den zahlreichen evangelischen Sonderströmungen anbahnen würde, war nicht eben zu erwarten. Und es kam denn auch nicht dazu. Vielmehr grenzte sich Calvin auf das schärfste gegen sie ab. Sie fielen für ihn unter die Kategorie der Ketzer oder Häretiker. Und er verhielt sich gegen sie nicht anders, als wie sich Lutheraner und Katholiken gegen die religiösen Sonderströmungen und Nebenbewegungen verhielten, die im 16. Jahrhundert in großer Zahl ans Licht traten, wie z. B. die Täufer, Schwenckfelder, Spiritualisten, Unitarier (Antitrinitarier) usw. Calvin beherrschte in diesem Punkte ein massiver Ketzerbegriff. Er lebte der kraftvollen ungeprüften Vorstellung, daß Sektierer, Häretiker und dergleichen ein Übel seien, das man am besten an der Wurzel ausrotten sollte.

Ketzerei war für ihn noch stets verbunden mit Bösartigkeit, Gottlosigkeit und strafwürdiger religiöser Verstocktheit. Deshalb galt ihm selbst die Fürsprache für einen Ketzer als verwerflich. Auf Calvins Betreiben war der spanische Arzt Miguel Serveto 1553 in Genf verhaftet worden. Man machte ihm den Prozeß. Er wurde hingerichtet. Serveto war als theologischer Schriftsteller durch freisinnige, für damaliges Empfinden ketzerische Meinungen über das christologische und trinitarische Dogma hervorgetreten. Dennoch wurde manche Kritik daran laut, daß die Genfer ihn verbrannt hatten. Calvin, der sich, mit Recht, durch solche Kritik getroffen fühlte, fühlte sich gedrängt, sein Verhalten zu rechtfertigen. Im November 1553 schrieb er an seinen Freund Heinrich Bullinger. Die aufschlußreiche Begründung lautete (die Kritik war besonders in Basel lautgeworden): „Damit nicht die Schande von einigen Leuten eine ganze Kirche — nämlich die von Basel — treffe." Fürsprecher für milde Ketzerbehandlung waren ihm wert, „daß ewiges Stillschweigen sie deckt". Als aber Anfang 1554 in Basel ein pseudonymes, aber von erstrangigen Humanisten verfaßtes Buch erschien — von Curione und Castellio —, welches die Behauptung vertrat, Ketzer dürften mit Gewalt *nicht* unterdrückt werden, stieß Calvin den Seufzer aus, es möchten die verantwortlichen Pfarrer von Basel doch endlich aufwachen, „damit das Übel nicht weiter um sich greife". Calvin setzte sich also nicht nur dafür ein, solche Leute, die er für Ketzer hielt, unschädlich zu machen, sondern er empörte sich schon ungemein heftig, wenn irgendwo dafür plädiert wurde, die Ketzerverfolgung einzustellen. Auch dieserart Leute bekämpfte er, so gut er konnte. Als ein reformierter Pfarrer in Frankreich, der in Genf studiert hatte, sich gegen die Todesstrafe für Häretiker aussprach und Calvin Wind davon bekam, zwang er sofort die Gemeinde von Lyon, diesen Pfarrer abzusetzen, und bat sie, ihren bisherigen Hirten „als *den* anzuerkennen, der er ist: eine giftige Bestie, die den Meister spielen will".

Wie sich Calvin auf der einen Seite bedroht und verfolgt sah vom „Papsttum", so sah er sich und sein Werk auf der andern Seite gefährdet durch diejenigen evangelischen Sonderrichtungen und Häretiker, welche, wie er, dem Papsttum entsagt hatten und sich rein auf das Wort der Heiligen Schrift stützten, diese aber anders auslegten als er. Er war überzeugt, daß sie die Bibel falsch verstanden, und war von tiefster Unruhe und Sorge bewegt, daß sie, indem sie ihre falschen Lehren verbreiteten, Spaltungen und Irrungen hervorriefen und die Einheit der Kirche zerstörten. Es war ganz im Stile der Zeit, wenn er im Teufel ihren Urheber sah, der sie erweckt habe „zur Zerstörung des aufkeimenden Evangeliums", „zur Zerstörung der brüderlichen Einheit, auf der die Kirche beruht", „um alles durcheinanderzubringen".

Nicht weniger gehörte es dem Zeitstil an, wenn er sie diffamierend charakterisierte als Pestbeulen, dunkle Gesellen, verstockte Ketzer, schlaue Füchse, heimliche Einschleicher, die das Gift der Irrlehre verbreiten usw., oder wenn er seinen Kampf gegen Irrlehrer und Irrtümer einordnete in den Kampf des Lichtes gegen die Finsternis, des Guten gegen das Böse. Sehr stark hatte sich ihm darüber hinaus die Überzeugung entwickelt, daß zwischen Häresie und schlechtem Charakter ein inniger Zusammenhang bestünde. Dem Irrtum anhangen oder gar ihn verbreiten war ihm Zeichen eines sittlichen Defekts. In diesem Sinne warnte er etwa vor zwei Persönlichkeiten, die in Polen von sich reden machten, den Italienern Francesco *Stancaro* und Giorgio *Blandrata.* Stancaro, zeitweilig in Krakau und Königsberg lehrend, vertrat eine christologische Sonderlehre. Giorgio Blandrata hatte sein Lebensgang über Genf und Calvinismus zum Unitarismus geführt. Seit 1560 leitete er die Gemeinden der Antitrinitarier in Kleinpolen, später wirkte er in Siebenbürgen. Ihn hielt Calvin für den Gefährlicheren von beiden, weil er „die Grundlagen des Glaubens zerstörte".

Im östlichen Mitteleuropa gab es damals noch verhältnismäßig wenig Glaubenszwang und verhältnismäßig viel Glaubensfreiheit. Deshalb wandten sich viele Sekten dorthin, und eben das besiegelte das Schicksal des Calvinismus, jedenfalls in Polen. Denn trotz seiner vielfältigen Bemühungen gelang es Calvin nicht, die Mehrheit der Evangelischen in Kleinpolen bei seiner Lehre zu halten. Die meisten fielen der Irrlehre Blandratas anheim — und das bedeutete für ihn, nicht weniger als das Festhalten am Papsttum, ein Abfall von Christo. Denn: Christo gehorchen „kann ja nicht anders geschehen, als wenn das ganze Leben geordnet wird nach der sichern Vorschrift seiner heiligen Lehre" — einer Lehre, die in ihrer ganzen Reinheit und Strenge seinem Bewußtsein nach ja der Meister von Genf verkündete. Die *letzte* Ursache für das Weiterexistieren des Papsttums und für das Aufschießen der Häresien lag für ihn daher in nichts anderem als in teuflischen Umtrieben. „Die Zeit ernstlicher Heimsuchung ist nun da; überall gibt Gott dem Satan Freiheit", steht in einem seiner späten Briefe, gerichtet an einen der ihm treu gebliebenen Pfarrer. Und es mutet fast etwas wehmütig an, daß er Anlaß hatte, selbst einen alten Mitkämpfer, den seinerzeitigen Hofkaplan der polnischen Königin, Lismanini, der einst viel getan hatte, um die Beziehungen zwischen Genf und Polen zu festigen, als einen Lügner und Betrüger zu bezeichnen, dessen Tollheit es zu widerstehen gälte, bis der Herr seinen Betrug ans Licht ziehen werde — letzten Endes nur ein Symptom dafür, daß der Abfall bereits weite Kreise gezogen hatte. Im resignierten Nachsinnen über die Ursachen solch scharenweiser Abkehr vom reinen Glauben fand er keine andere Erklärung, als daß eine Art religiöser Massenverblendung stattgefunden haben müsse. Hatte er einst die Papisten vom Wahnsinn befallen genannt, weil diese ihre eigenen Erfindungen höher hielten als die „ewigen Gebote des himmlischen Lehrmeisters", so wußte er die evangelischen Häretiker jetzt auch in keine andre Kategorie einzuweisen als in die des Wahnsinns — dessen Zustandekommen er sich in einer ebenso zeitgebundenen wie für ihn typischen Auffassung zurechtlegte: „Was soll man davon anders sagen, als daß (sie) ... nach einem geheimnisvollen Ratschluß Gottes *verzaubert* wurden?"

3. Calvin und die katholische Kirche

Calvins Auseinandersetzung mit Katholiken und der katholischen Kirche verlief aus Gründen, die ebenso in der Sache wie in der Situation gelegen haben mochten, längst nicht so eindeutig wie die mit den ausgesprochenen Häretikern und halbevangelischen Sektierern. Zwar hielt er die römisch-katholische Kirche für eine Pseudokirche — aber irgendwie, wenn auch in der Verzerrung, galt sie ihm eben doch noch als Kirche. Dies zeigte sich z. B. an seiner Beurteilung der katholischen Sakramente hinsichtlich ihrer Gültigkeit. Mehrfach wurde seine Meinung dazu von auswärts eingeholt. Sein Rat lautete auf eine entsprechende Anfrage aus Frankreich: Kein Calvinist möge seine Kinder nach katholischem Ritus taufen lassen. Sei es aber bereits geschehen, so habe die Taufe Gültigkeit. Auch scheint Calvin gemeint zu haben, daß sich im Schoße des vorreformatorischen Katholizismus seit der Urchristenheit stets etwas befunden habe, was man als heimlich wahre Kirche bezeichnen kann. Ferner stand er gemeinsam mit Luther und dem Papsttum auf dem Boden der alten Kirche in allen Glaubensfragen, welche die zentralen, von der Kirche des 4. und 5. Jahrhunderts formulierten Dogmen von der Gottheit Christi, von Christi zwei Naturen und von der Trinität umschrieben. Das heißt: Sachlich lebte im Calvinismus, auch nachdem er sich als Konfession verengt und abgeschlossen hatte, ein großer Teil alter und ältester kirchlicher Überlieferung fort. Das verband ihn — trotz heftigster Bekämpfung — sachlich mit der römischen Kirche, und ebendas stellte die gemeinsame Front der Katholiken und Calvinisten gegen die Sektierer dar.

Rechtfertigung der Abkehr

Die reformierten Christen kamen in Westeuropa im Normalfall aus dem Katholizismus, nur in der Minderzahl, besonders in Deutschland, aus dem Luthertum. Calvin durfte den Umgang mit ihnen, solange sie noch keine Protestanten waren, keineswegs scheuen. Zwar sprach er eine kräftige Sprache, von Götzendienst usw., aber er mußte in manchen Fällen doch auch theologisch seriös argumentieren und damit die Auseinandersetzung in eine gewisse Tiefe führen. Unter seinen engeren französischen Studienfreunden und Altersgenossen waren viele evangelisch gesonnen im Sinne einer vertieften Bibelfrömmigkeit, standen aber in Glaubensdingen bewußt auf dem Boden der römischen Kirche. Zu ihnen sprach Calvin eine für seine Verhältnisse sanfte und auf jeden Fall höfliche und vornehme Sprache und hob schon dadurch die Auseinandersetzung auf ein höheres Niveau.

Nicht selten wandte sich Calvin als eine Art Glaubensberater brieflich oder durch persönliche Boten an katholische Potentaten. Hier ging er freilich im Anfang oft rein taktisch vor, wenn er seine Lehre, ohne sie mit Namen zu nennen und massiv in den Vordergrund zu schieben, als die rechte Art und Weise christlichen Glaubens und quasi als eine Art Reformkatholizismus darstellte.

Verbindungslinien zur römischen Kirche und faktische Zusammenhänge mit dem Katholizismus waren also vorhanden. Sie standen allerdings mehr am Rande und wurden übertönt durch die in den Vordergrund gerückten Gegensätze und verschwanden im Kampf um die wahre Lehre, welche die Geister bis zum Sieden erhitzte. Hier mochte ein elementares psychologisches Moment mit im Spiel sein: Eine relative Anerkennung des konfessionellen Gegners, besonders des Papsttums, schwächte die Sicherheit der eignen Sache, lähmte den Angriffsgeist der eigenen Leute. Daher wurde in der Praxis lieber zehnmal geschrien, die Papisten wären vom Teufel angestiftet und wollten Christum zugrunde richten, als einmal zugegeben, daß *manches* auch ganz richtig wäre an ihrer Lehre oder daß *überhaupt* etwas stimmte an ihrer Religion.

Es zündete ganz anders, wenn man sagte: *Nichts* stimmt an ihrer Religion. Dann konnte man sie getrost hinstellen als Lügner allesamt, als Verführer, Gotteslästerer und Götzendiener. Und so kam es dann zu Aussagen und Behauptungen wie etwa den folgenden: Wenn die Papisten vorgeben, Religion und Gottesdienst zu haben, dann ist das ein Hohn auf die wahre Religion und auf den reinen Gottesdienst, so wie Gott ihn verlangt. Wenn sie dann aber noch so unverschämt sind, Freistätten für ihren Götzendienst zu verlangen, oder gar den Anspruch erheben, den einzig wahren Gottesdienst zu zelebrieren — so sind das ganz unerträgliche Anmaßungen, denen man um Gottes Ehre willen mit allen Mitteln begegnen muß. In genannter Anmaßung zeigt sich aber vor allem, was Paulus im Thessalonicherbrief schreibt: daß es sich hier um den Antichrist leibhaftig handle. Denn was tut dieser nach Paulus?: Er setzt sich in die Mitte des Tempels und läßt sich dienen und anbeten, als ob er Gott wäre. Das aber ist's ja gerade, was der Papst tut.

In dieser Art äußerten sich denn auch in der Regel Calvin und der Calvinismus über das Papsttum und die römische Kirche: massiv, klar, dynamisch, aufrüttelnd und jeden Kompromiß ablehnend. Solche Polemik muß in der Tiefe freilich verstanden werden aus der Unvereinbarkeit des Lehrgegensatzes in wichtigen Punkten der christlichen Glaubenslehre. Sie muß aber ebenfalls verstanden werden aus der Frontsituation von damals. Man stand im Glaubenskampf, der religiöse Gegner rückte einem buchstäblich auf den Leib, und so reagierte man mit der Leidenschaft des Kämpfers, der im Feind das Feindselige, nicht aber dasjenige sieht, worüber er sich mit ihm notfalls einigen könnte.

Die Auseinandersetzung Calvins mit dem Katholizismus erreichte in der Breite wie in der Tiefe weiteste Dimensionen. Die Skala der Verhaltensweisen reichte von besorgter, beschwörender, sanfter Mahnung zum Übertritt und vom Gebet für das Heil einzelner Personen bis zur aktiven Mithilfe im militärischen Glaubenskampf und bis zur Gutheißung geordneter Empörung gegen die katholische Obrigkeit — wie in Schottland — d. h. bis zur Billigung des religiösen Bürgerkrieges.

Mehrfach kam es vor, daß ernstzunehmende Katholiken an Calvin die Aufforderung richteten, seinen reformatorischen Weg als Irrweg zu begreifen und zur katholischen Kirche zurückzukehren. In diesem Sinne schrieb an ihn ein französischer Freund aus Paris, du Tillet, schon 1538 — bemerkenswert deshalb, weil derselbe du Tillet Calvin in der Emigration finanzierte und ihm auch weiter seine Unterstützung anbot, also durchaus als evangelisierend anzusehen war. Du Tillet meinte, Calvin solle seine 1538 erfolgte Vertreibung aus Genf als einen göttlichen Wink ansehen, von seiner Reformation abzulassen. Ihm entgegnete Calvin: „Mag meine Berufung Dir zweifelhaft erscheinen, mir genügt, daß ich ihrer sicher bin, ja noch mehr, daß ich sie beweisen kann . . . Was meine Rückkehr angeht, so finde ich's sonderbar, daß Du davon anfängst zu reden. Einen Weg soll ich suchen, dahin zurückzukehren, wo ich wie in der Hölle wäre?“ Er führte weiter aus: „In Deinem ganzen Brief nennst Du die Finsternis Licht und verdammst alle, die in diesem Punkte grader wandeln als Deine Glaubensgenossen“, und legte ihm dar, daß er vom Gegenteil überzeugt sei.

1544 wurde Genf von der Pest heimgesucht. Ein savoyardischer katholischer Pfarrer, de Mandallaz mit Namen, forderte ganz im Stile der Zeit die Genfer auf, in der Pest die Zeichen göttlichen Zorns über ihren Abfall vom wahren Glauben zu sehen. Calvin nahm diese Zumutung ernst genug, um in einem ausführlichen Schreiben solche Auffassung zu widerlegen.

Die reformatorische Kirche ist die wahre Kirche — die katholische Kirche ist von der Gottesverehrung zum Götzendienst abgeirrt

Gegen die weitverbreitete Meinung, die Protestanten seinen Neuerer, die die alte überlieferte kirchliche Ordnung umstürzten, wendete sich Calvin deshalb so intensiv, weil der Augenschein dem Vorwurf recht zu geben schien.

Er entwickelte gegen die katholische Auffassung, es seien die Protestanten von der rechten Kirche abgeirrt, die geschichtsmäßige, bereits von Luther und Melanchthon vertretene, reformatorische Auffassung, die Katholiken seien von der wahren Kirche abgeirrt, und die Evangelischen stellten deren legitime Fortsetzung dar. Calvins Gedankengang lief dabei folgendermaßen:

Einzige Richtschnur, die Kirche Gottes instandzusetzen, sei die reine Lehre. Die reine Lehre sei bei den Evangelischen. Diese reformierten die Kirche lediglich nach der reinen Lehre. Da aber die reine Lehre von Gott komme, täten die Evangelischen nur, was Gott befohlen habe.

Daher: „Es hat uns noch niemand nachweisen können, daß wir in irgendeinem Punkte von der Wahrheit Gottes abgewichen sind oder daß wir auch nur eine Kleinigkeit *neu* eingeführt hätten entgegen seinem Wort, noch daß wir auch nur eine Kleinigkeit neu eingeführt hätten entgegen seinem Willen, noch daß wir von der Wahrheit abgewichen wären, um eine falsche Lehre anzunehmen. Wir haben im Gegenteil — und das ist eine bekannte Tatsache — unsre Kirche reformiert nach der reinen Lehre Gottes, die allein die Richtschnur ist, die Kirche recht instandzusetzen, und zu halten. Wahr ist's freilich: es ist unangenehm, ändern zu müssen, was man übernommen hat. Die Ordnung aber, die uns unser Herr gegeben hat, muß unverletzlich bleiben auf ewig. Wenn sie nun zeitweilig aufgegeben worden ist, so muß man sie wiederaufrichten, und wollten auch Himmel und Erde darüber aneinandergeraten. Es gibt kein Recht des Alters, keinen Brauch, der daran etwas ändern kann, daß die Einrichtung der Kirche, die gegründet ist auf den Willen Gottes, bleiben muß bis ans Ende der Welt, da er es so gewollt und bestimmt hat. Die Gründe, die uns zur Änderung brachten, waren zu dringend. Die Hauptsache des Christentums ist doch die rechte Anbetung Gottes. Nun haben wir erkannt, daß die Form unsrer Anbetung, die wir früher brauchten, falsch und verkehrt war. Denn sie geschah nicht in Geist und Wahrheit (Joh. 4), sondern in äußerlichen Zeremonien, ja sogar in abergläubischen Handlungen. Dazu beteten sie nicht einmal Gott allein an, sondern an seiner Statt Holz und Stein, Gemälde, Totenschreine und ähnliche Dinge. — Mit der Anbetung Gottes ist verknüpft die Art der rechten Anrufung. Und ruft man ihn im ganzen Papsttum anders an als mit Zweifel und Mißtrauen, da man doch das Amt Jesu Christi nicht mehr kennt, unser Fürsprecher und Mittler zu sein, der uns erlangen läßt, was wir erbitten? (Röm. 8; 1 Tim. 2; 1 Joh. 2; Hebr. 4). Ferner: Was waren die öffentlichen Gebete anderes als ein Murmeln oder Schreien ohne Verstand? Drittens: Welche Lästerung liegt darin, daß man das Amt eines Mittlers auf männliche und weibliche Heilige überträgt, Gnade zu erlangen in ihrem Namen und um ihrer Verdienste willen.

Nach der Anrufung Gottes folgt der Dienst. Nun hatte man uns gelehrt, Gott zu dienen in eiteln menschlichen Bräuchen. Er dagegen will und verlangt, daß wir allein seinen Willen als Richtschnur nehmen (Deut. 1; 1 Sam. 15). Darüber, wie wir zur Seligkeit gelangen können, was doch gleichsam die Grundlage alles anderen ist, hatte man uns gelehrt, nicht auf seine Gnade allein zu trauen, damit wir ein ruhiges Gewissen hätten, und ihm die Ehre zu geben, die ihm gebührt, sondern unser Vertrauen teils auf uns selbst, teils auf andere Geschöpfe zu setzen.

Es ist gar nicht nötig, alles Weitere aufzuzählen — man käme damit ja doch zu keinem Ende. Genug, daß es so stand, daß die Gnade Jesu Christi uns wie begraben lag. Hatten wir nun das erkannt und war es uns klar bewiesen, daß das alles ein Greuel sei vor Gott, was sollten wir tun? Sollten wir etwa Gott widerstehen und seiner Wahrheit? Wäre die frühere Ordnung der Kirche auch nur einigermaßen erträglich gewesen, wir wären wohl zufrieden gewesen, darin fortzufahren. Aber: es war eine solche babylonische Verwirrung, daß kein anderes Mittel übrigblieb, als sie *ganz* zu erneuern."

Die *scheinbare* Erneuerung der Kirche oder ihre Reformation war daher in den Augen Calvins nichts anderes als deren Wiederherstellung in ihrem alten, rechtmäßigen Zustand nach Glaubenslehre, Gottesdienstordnung und Verfassung. Ihre Reorganisation stellte sich für Calvin dabei unter folgenden Perspektiven dar:

1. Die Einrichtung und Ordnung der Kirche ist gegründet auf den Willen Gottes und muß daher diesem Willen gemäß bestehn bleiben bis ans Ende der Welt.
2. Es gibt keinen Brauch, kein Recht des Alters, das daran etwas ändern kann.
3. Die rechte Ordnung der Kirche ist in der Vergangenheit zeitweilig aufgegeben worden.
4. Die zeitweilige Abweichung von der rechten Ordnung muß daher korrigiert werden. Es mag zwar unangenehm und unbequem sein, etwas, was überliefert worden ist, zu ändern. Da das Überlieferte aber von der Ordnung, „die uns der Herr eingegeben hat und die ewig unverletzlich bleiben muß", abwich, blieb nichts anderes übrig, als die Korrektur vorzunehmen — „und wollten auch Himmel und Erde darüber aneinandergeraten".

Ein Verbleiben bei der katholischen Kirche steht daher völlig außerhalb jeder Diskussion: „Wäre die frühere Ordnung der Kirche auch nur einigermaßen erträglich gewesen — wir wärens zufrieden gewesen, in ihr zu bleiben." Sie war aber unerträglich. Ferner: (fast rhetorisch, aber doch wohl aufrichtig gemeint) „man weise uns nach — wenn man kann — ob wir irgend etwas haben, worin wir . . . vom Brauch der Apostel abweichen — und wir sind bereit, den Fehler zu verbessern." Die positive Überzeugung aber lautet: „Wir halten das, was die Katholiken uns als Fehler vorwerfen, für ein Werk von Gott und für das Beste, was wir tun konnten." Der Ansatzpunkt des Reformators zur Neuformung der Kirche wird ganz klar ersichtlich in dieser 1543 mit einem katholischen Gesprächspartner (François de Mandallaz) geführten Auseinandersetzung.

Reformation als Wiederaufbau: Wiederherstellung der Kirche aus der Verderbnis des Papsttums

Die Richtschnur, wie die Kirche aufzubauen, zu erhalten und zu erneuern sei, bildete die reine Lehre oder die Heilige Schrift und der in ihr sich offenbarende Wille Gottes. Der Gedanke kehrt mehrfach bei Calvin wieder. An hochoffizieller Stelle hat er ihn einmal vielleicht noch lichtvoller formuliert: Die Lehre des Evangeliums ist die lebendige Seele der Kirche, und sie allein spendet der Kirche das Leben. „Man muß die Lehre prüfen, um daran die Kirche zu erkennen." Von dieser geistigen Position aus war es ihm möglich, die von ihm inspirierte reformierte Kirche in gewissermaßen legitimen Zusammenhang mit der Kirche der Apostel zu bringen. Im Zuge seiner Bemühungen um die Einführung der Reformation in Polen korrespondierte er u. a. mit dem polnischen König Sigismund II. August (1548–72) und polemisierte aus gegebenem Anlaß gegen das Papsttum. (Er legte dem König nahe, seine noch vorhandenen Bindungen an die katholische Kirche aufzulösen.) Ihm lag daran, Sigismund Augusts Zweifel an der Rechtmäßigkeit der kirchlichen Neuerung zu zerstreuen. Deshalb suchte er ihn unter anderem von der Unrechtmäßigkeit des päpstlichen Anspruchs, die Kirche Christi zu repräsentieren, zu überzeugen. Bei dieser Gelegenheit wartete er dem König — in einem umfassenden Brief programmatischen Charakters — mit einem kleinen Lehrstück über wahre und falsche Sukzession und über den Beruf zur Widerherstellung der Kirche auf. Er ging von der Behauptung aus, daß „es gewisser als gewiß sei, daß die reine Lehre zu Rom ganz vernichtet sei", und zog daraus die Folgerung, daß, weil die reine Lehre die Seele und das Wesen der Kirche ausmache, die römische Kirche gar keine Kirche (sondern ein Leichnam) sei. Das Papsttum bedeute Abfall von Christo; durch eben diesen Abfall sei die Kette des Zusammenhangs mit der alten reinen Kirche zerrissen; Sukzession im Abfall bedeute niemals Kontinuität der Kirche. Calvin stellte Kontinuität und ununterbrochene Sukzession des kirchlichen Amtes als durchaus wünschenswert hin. Seine oben zitierten Gedankengänge liefen aber darauf hinaus, zu erweisen, daß die römische Sukzession nichtig sei. Demnach blieb zu fragen, wie die Kontinuität wieder zu erwecken sei — denn „weil aber die wahre Reihe der Weihen durch die Tyrannei des Papstes unterbrochen ist, braucht es heute wieder *Hilfs*mittel zur Wiederherstellung der Kirche". Von wo ist aber Hilfe zu erwarten, und wie sieht sie aus? Calvin anwortete: „*Hilfe* schafft Gott selbst, (und zwar) indem er tüchtige ehrliche Lehrer aufruft, die die Kirche, die im Papsttum in wüsten Trümmern lag, wiederaufbauen." Damit erreichte er den Ausgangspunkt, der es ihm erlaubte, den Sinn der Reformation und den Zweck und den Charakter seiner eigenen Sendung zu benennen: „Es war ein außerordentliches Amt, das Gott uns auferlegt hat, indem er *unser Wirken* zur *Reformation* der Kirche *brauchte*. Der *Beruf* jener Männer also, die so wider alles menschliche

Erwarten in ungewohnter Weise plötzlich als Kämpfer für den echten Glauben aufstanden, läßt sich nicht nach der gewöhnlichen (!) Regel messen. Übrigens wurden sie von Gott berufen mit dem Gebot, sie sollten, wenn die kirchlichen Verhältnisse neu geordnet seien, andere Pfarrer an ihre Stelle setzen."

Es ist dies ein, was das Selbstverständnis der Reformation betrifft, wichtiger und einleuchtender Text; hochinteressant aber auch deshalb, weil er zugleich die Umrisse eines Kirchengeschichtsbildes des Protestantismus hervorschimmern läßt: Die Reformation ein Wiederaufbau der zerstörten Kirche; ermöglicht durch einen außerordentlichen Eingriff Gottes; ein Ersatz der äußeren Kontinuität der Weihen und des kirchlichen Amtes durch die innere Kontinuität der Lehre; die Männer, welche die Kirche wiederherstellen sollen, auf singuläre Weise von Gott dazu berufen; ihre Berufung „der gewöhnlichen Regel" entzogen; Inhalt ihres Berufes ein „außerordentliches Amt", von Gott ihnen auferlegt; das Amt zugleich mit dem Gebot verknüpft, nach Neuordnung der kirchlichen Dinge wieder eine reguläre geistliche Organisation zu schaffen.

Verschiedene Ausgangspunkte

Hierbei wird einsichtig, daß die Reformatoren von einem anderen Standpunkt ausgingen und urteilten als die von ihnen bekämpfte römische Kirche. Der Standpunkt der Reformatoren lautete: Mit Hilfe der Lehre könnte und müßte die Kirche korrigiert werden. Wobei als Axiom galt: Was die wahre Lehre ist, ist kein Problem, vielmehr: Wir haben die wahre Lehre. Den umgekehrten Standpunkt formulierte die römische Kirche, die damals dasselbe Problem im Trienter Konzil aufgriff, wenn sie als ihre Glaubensüberzeugung bekannte: Nicht die Lehre steht über der Kirche, sondern die Kirche steht über der Lehre, jedenfalls insofern, als ihr das Amt übertragen ist, zu prüfen und zu entscheiden, was die wahre Lehre ist. Sollte diese Entscheidung über die Wahrheit und Unrichtigkeit dieser oder jener Heilslehre jedem einzelnen Reformator übertragen sein, dann könnte daraus nur erfolgen Verwirrung und Zersplitterung. Außerdem verfüge nicht dieser oder jener Reformator über die den Aposteln von Christo übertragene Gewalt zu lehren, zu binden und zu lösen — sondern rechtmäßig liege diese Gewalt nur bei den rechtmäßigen Nachfolgern der Apostel, das ist derjenigen Bischöfe, die in der ununterbrochenen nachweislichen apostolischen Sukzession stünden.

Die Verschiedenheit der Ausgangspunkte wurde weder gebührend gesehen noch in angemessener Weise respektiert und wurde infolgedessen zu einer Quelle von gegenseitigen Mißverständnissen, die sich über Jahrhunderte hinaus bis in unsre Gegenwart fortsetzten. Bei Calvin und seinen Zeitgenossen aber entwickelte sich aufgrund der verschiedenen Ausgangspunkte und Auffassungen ein Kampf, der die auszutragenden Gegensätze außerordentlich massiv darstellte, er sprach in publizistischer Manier die theologisch gebildete Mehrheit aller Schichten und Stände an und scheute um der Wirkung willen auch vor den demagogischen Mitteln der Beschimpfung und Verleumdung nicht zurück. Martin Luther war der anerkannte Meister in diesem Metier, angefangen von der Schrift an den christlichen Adel, wo er empfahl, die päpstlichen Legaten umzubringen und sich in ihrem Blute zu baden, bis zu seiner letzten großen Kampfschrift über „Das Papsttum zu Rom vom Teufel gestiftet" von 1545, wo er eigens Holzschnitte anfertigen ließ, die etwa in nicht zu überbietender Realistik den Papst mit der Tiara auf dem Abtritt zeigten und eine unmißverständliche Symbolik damit verbanden. Calvin, im ganzen zuchtvoller und gemäßigter, scheute sich jedoch nicht, in der publizistischen Verunglimpfung des Papsttums ziemlich weit zu gehen: Ein Widmungsbrief an König Christian III. von Dänemark, den er am 29. Februar 1552 seinem Kommentar zur Apostelgeschichte voranstellte, verwandelte sich unter seinen Händen in ein geharnischtes Pamphlet gegen die römische Kirche. Es mag als Beispiel für seine Polemik und die darin zum Ausdruck kommende Einschätzung der römischen Kirche dienen. „Die Bosheit unserer Feinde", heißt es darin, „welche die Herolde des Antichrists in Rom sind, posaunt das Wort ‚Kirche' lauthals in die Welt, um die einfachen Leute zu täuschen . . ." Dies sei höchst lächerlich: Denn die „erkauften Schmeichler des Papstes", welche in die Welt hinausschreien, „sie hätten die Kirche", geben in Wirklichkeit einen Leichnam dafür aus, nämlich einen seines Hauptes beraubten Rumpf. „Wenn der Papst in wilder, grausamer Tyrannei die Gewissen bedrückt und Christo die Herrschaft abspricht, wenn er eine von der evangelischen Lehre völlig abweichende Regierungsform einführt; wenn er ein neues, fremdartiges Priestertum erfunden hat: daß sich ein sterblicher Mensch zwischen Gott und die Menschen stelle; wenn er täglich Opfer fabriziert, die anstelle des Todes Christi treten; wenn er tausend Sühnemittel zur Versöhnung der Sünden erfindet . . . wenn er an Christi Platz unzählige Schutzpatrone stellt; wenn er die Gerechtigkeit, die sicher nur von Christo zu behalten ist, in tausend Fetzen reißt; wenn er den freien Willen des Menschen anstelle des Heiligen Geistes setzt — dann kann doch keiner daran zweifeln, daß Christus das Papsttum gänzlich verlassen hat. Daß die Papisten einen Leichnam statt des lebendigen Leibes Christi vorweisen, habe ich deshalb gesagt, weil sie die Lehre des Evangeliums, die die lebendige Seele der Kirche ist und ihr allein das Leben gibt, erstickt haben und nun irgendeinen gespenstischen Schatten als Kirche preisen.

Wie verderbt bei ihnen die reine Lehre ist, ja mit welch ungeheuerlichen Irrtümern befleckt, das legen wir offen dar. Sie decken nicht nur alle Verderbnis zu, um den Schatten der Kirche wenigstens festzuhalten, sondern sie wimmern noch, es geschähe von uns der Kirche schweres, schmähliches Unrecht, wenn wir sagen, sie irre. Und doch muß man zuerst die Lehre prüfen, um die Kirche daran zu erkennen.“ Nicht einmal kurzsichtige Augen könnten auf solche Gaukeleien hereinfallen. Das wüßten die Papisten auch ganz genau. Wenn sie trotzdem fortführen, zu behaupten, die Kirche zu sein, dann nur deshalb, „weil sie die Freiheit zu lügen für einen wertvollen Teil ihrer Herrschaft halten. Sie glauben, keine Herren mehr zu sein, wenn sie mit den Seelen der einfältigen Christen nicht mehr Schimpf und Spott treiben können.“

Calvin über das Konzil von Trient

Als Calvin diese Worte schrieb (1552), tagte das Trienter Konzil in seiner zweiten Sitzungsperiode. Dieses Konzil hat bekanntlich die katholische Kirche reorganisiert, die Glaubenslehre teilweise neu formuliert, die Reform der Kirche eingeleitet. Es war also nach heutigen Begriffen eine seriöse Angelegenheit, genauso wie das Werk der Reformatoren seriös und keine Bagatelle war. Dieses Konzil bedachte Calvin gelegentlich einer auf weite Kreise berechneten Auseinandersetzung mit der zeitgenössischen katholischen Kirche (im gleichen Widmungsbrief an den König von Dänemark) mit einer Charakteristik, die geeignet ist, sich von der kämpferischen Manier einen Begriff zu bilden, die sich die Konfessionen seit der Jahrhundertmitte angeeignet hatten:

„Von solcher Leidenschaft (die Christenheit zu betrügen) aufgeblasen, lassen heute die Konzilsväter von Trient ihre wässerigen Sätze hervorsprudeln. Es sitzen dort ich weiß nicht wie viel Bischöfe und vielleicht 100 Äbte, lauter gehörnte Tiere. Und glänzte dort die auserlesenste Blüte des ganzen Volks, so wäre es doch nichts als eine frivole Verschwörung wider Gott. Jetzt aber, da der Papst die Spreu und den Abgang (Auswurf) seiner unreinen stinkenden Herde auf einen Haufen brachte, soll nun daraus mit einem Mal die Kirche in ihrer wahren Vertretung auftauchen. Dazu schämen sie sich nicht, ein heiliges allgemeines gesetzmäßiges Konzil zu nennen, was nicht anders zu heißen verdient als eine leere, lächerliche Fratze eines Konzils. Wir aber, denen die Verheißung gegeben ist, der Antichrist, der im Tempel Gottes sitzt, werde umgebracht durch den Hauch aus des Herrn Mund (2 Thess. 2, 4–8) werden nicht aufhören, diese schmutzige, hurenhafte Unverschämtheit mit dem hochheiligen Bibelwort, dessen sie sich so kühnlich rühmen, zu widerlegen, damit allen klar wird, welcher Unterschied ist zwischen der reinen Braut Christi und dem Bordell Satans, zwischen dem geistlichen Wohnsitz der Frommen und einem Schweinestall, kurz zwischen der wahren Kirche und der römischen Kurie. Indessen — es hält uns aufrecht und ist uns kein kleiner Trost, zu wissen, daß wir mit den erklärten Feinden Christi Krieg führen.“

Was den Papismus oder die römische Kirche betraf, bezeichnete er sie, in Übereinstimmung mit der Auffassung aller anderen Reformatoren, als eine erfundene, entartete und nicht am Anfang des Christentums stehende Religionsform; illegitim gegenüber der — wie oben erwähnt — legitimen reformatorisch gereinigten Kirche der wahren Lehre; der Substanz nach nicht evangelisch, sondern Aberglaube und Götzendienst, Feind der Wahrheit und allen echten Christentums. Daher fiel es ihm nicht schwer, anhand seiner reinen Lehre auszuführen, daß keinerlei Rechtsgrund existiere, der Papst und Bischöfen erlaube, in der Kirche überhaupt irgend etwas zu gebieten. Finsternis, Schmutz, Kot, Greuel, Verheerung usw. bildeten die zeitüblichen Epitheta. Das einzige religiös vertretbare Verhältnis zum Papsttum sah er demnach in vollkommener Absage, Abwehr und Bekämpfung: denn auch nur zu dulden, daß dieser Aberglaube existiere, galt ihm als nicht erlaubt; „alle Laster und Verderbnisse, die die wahre Religion entstellen, sind ebenso viele Schändungen des Heiligsten, die Gott furchtbar strafen wird".

Zwischen solchen Fronten den Frieden herzustellen, eine Einigung zu erzielen, stellte nicht nur im dogmatischen Sinn eine Unmöglichkeit dar, solange Calvin und die römische Kirche beide behaupteten, die einzige Wahrheit in Dingen des Heils zu besitzen. Oben zitierte Ausführungen — übrigens nur ein Beispielfall für die wechselseitige Verhaltensweise aller damaligen Glaubensrichtungen zueinander — machen im Gegenteil sichtbar, wie die fortschreitende Entwicklung im Konfessionsbildungsprozeß auf Vertiefung und immer schärferes Aufreißen der Gegensätze hin tendierte.

Das galt nicht nur für das Verhältnis des Calvinismus zum Katholizismus, sondern auch für seine Auseinandersetzung mit dem Luthertum und dem übrigen außercalvinischen Protestantismus.

4. Calvins Verhältnis zum Luthertum

Die allgemeine evangelische Erneuerung der Kirche

Zunächst hatte es so ausgesehen, als ob der Calvinismus, seine Kirchenreform, als eine Spielart des sich damals gestaltenden evangelischen Christentums, mit den übrigen protestantischen Konfessionen eine irgendwie geartete Form der Einheit und Übereinstimmung würde finden können. Das hat vor allem Calvin selber gemeint. Er war persönlich bekannt und für seine Verhältnisse ausgesprochen herzlich sogar befreundet mit evangelischen Führergestalten, wie Melanchthon in Wittenberg und Buzer in Straßburg. Luther gegenüber empfand er die lebhafteste Hochachtung. Auch durch persönliche Mißstimmungen und Verärgerungen über Luther und Lutheraner gedachte Calvin sich nicht davon abbringen zu lassen, die Gemeinschaft des Glaubens und der Kirche mit ihnen zu verwirklichen. 1539 schrieb er an einen reformierten Pfarrer, der sich an Luther stieß: „Es braucht nicht aus jeder Verschiedenheit der Meinung eine Trennung zu erfolgen. Vielmehr, auch wo dich dein Gewissen drängt, von seiner [Luthers] Meinung abzuweichen, mußt du dir doch Mühe geben, daß eine brüderliche Gemeinschaft bleibt. Wir dürfen uns nicht leichthin von denen trennen, die der *Herr* zur Gemeinschaft an *Seinem* Werk mit uns verbunden hat." Solches Werben um Zusammenschluß und Einheit läßt sich über Jahrzehnte hinweg bei Calvin verfolgen. Was ihm vor Augen stand, war: die große Gemeinschaft evangelischen Glaubens und evangelischen Erneuerungswirkens an der Kirche. In diesem Sinne warb er nicht nur um die Lutheraner, in diesem Sinne warb er um die Protestanten in Europa überhaupt. So ermahnte er in einem hochoffiziellen Schreiben den Regenten von England nach Heinrichs VIII. Tod, den Herzog von Somerset, die anglikanische Liturgie nicht mit einem Schlage abzuschaffen, sondern riet ihm, sie in gewissen Grenzen ruhig beizubehalten. Obwohl Calvin sie eigentlich nicht für notwendig hielt und, im Grunde genommen, auch nicht für gut hielt, schien ihm dennoch vorerst das beste, sie um der Unbildung des Volkes willen zunächst noch zu dulden.

In Calvins Perspektive gehörte grundsätzlich der *ganze* Protestantismus, einerlei ob lutherisch, calvinisch oder anglikanisch, zur *einen* Kirche. Alles, was evangelisch war, sollte sich zusammenfinden unter dem einen Haupt Christus. Differenzen innerhalb dieser Großgemeinschaft aber sollte man, wenn es nach seinem Wunsch und Willen ginge, intern und in Liebe überwinden.

Luther im Urteil Calvins: Verehrung und Kritik

Calvin hat, wie man weiß, von Luther sehr hoch gedacht. Er hat ihn persönlich nie kennengelernt. Aber er hat das Seine getan, daß der deutsche Reformator im reformierten Protestantismus, über alle Gegensätze zum Luthertum hinweg, in gutem Andenken verblieb, und hat ihm als dem Urheber der Reformation auch einen hervorragenden Platz in seiner Konzeption der Kirchen- und Heilsgeschichte angewiesen. 1544 verglich er einmal Wittenberg mit dem Jerusalem der Apostelzeit, weil von hier das Evangelium seinen Ausgang genommen habe — was ja nun gewiß eine recht ehrenvolle Parallele war. Allerdings führte er den Vergleich etwas weniger schmeichelhaft weiter: nämlich daß wie damals die Unruhestifter in der frühen Christenheit, die das Werk der Apostel gestört hätten, von Jerusalem gekommen wären, so auch derzeit, als Störenfriede innerhalb der evangelischen Christenheit, allerlei Theologen von *Wittenberg*.

In einer Polemik gegen *Pighius* über den unfreien Willen unterstrich er kraftvoll seine Übereinstimmung mit Luther. Er hob bei diesem Anlaß die Tat des deutschen Reformators in dreifacher Hinsicht hervor:

Erstens sei Luthers und seiner Mitstreiter Werk den Taten der Apostel durchaus vergleichbar; im Grunde genommen habe er sogar vor einer noch etwas schwereren Aufgabe gestanden als seinerzeit die Jünger des Herrn. Denn den Aposteln sei es, im Unterschied zu

Luther, erspart geblieben, erst noch ein organisiertes Reich des Teufels zum Einsturz bringen zu müssen, das unter der *Maske* der Kirche Gottes die Christenheit beherrschte und in der Finsternis gefangenhielt.

Zweitens habe Luther, als noch alles in totaler Finsternis gelegen habe, als *erster* einen Funken des Evangeliums aufglänzen sehen und das Tor zum Heil aufgestoßen.

Drittens habe Luther zwar nur heilen und bessern wollen, sich aber bald davon überzeugt, daß, weil die Krankheit schon viel zu weit fortgeschritten, der Körper der alten Kirche Heilung nicht mehr habe finden können; er sei ihm vielmehr unter den Händen auseinandergeborsten und habe daher eine Reformation ab radice notwendig gemacht.

Alles in allem nannte Calvin den deutschen Reformator einen hervorragenden Apostel Christi, der das reine Evangelium wieder auf den Leuchter gestellt hatte, und nannte Luthers Werk Gottes eigenes Werk — was bekanntlich, wie sich durch zahlreiche Stellen belegen läßt, auch Luthers eigene Meinung gewesen ist. Er hob dabei gern seine, Calvins, Übereinstimmung mit Luther in den Hauptpunkten hervor; rühmte gleichzeitig vor allem aber auch *Melanchthon*, und zwar deswegen, weil er die in ihrer originalen Diktion nicht jedermann verständliche Theologie Luthers so faßlich dargestellt und systematisiert habe, daß sie dadurch vielen überhaupt erst zugänglich gemacht worden sei.

Freilich verwahrte sich Calvin energisch gegen eine religiöse Verherrlichung Luthers, wie sie im Lauf der Lehrstreitigkeiten in Mode kam und bald zum Topos wurde in der lutherischen Orthodoxie.

Obwohl also Calvin nicht sparte mit rühmenden Worten, obwohl er Gottes Werk durch Luther vollbracht und in diesem selbst eine apostelgleiche Figur sah, so wollte er ihn deshalb nun doch nicht zu übergeschichtlicher Größe erhöht und entrückt sehen; er wollte deshalb auch nichts von Unvergleichlichkeit und Unfehlbarkeit Luthers wissen; vielmehr rückte er ihn auf ein gewissermaßen „normales" geschichtliches Maß zurück und sagte zum Beispiel ganz offen: auch mancher Irrtum in der Lehre sei Luther unterlaufen. Gewiß habe er den rechten Weg gewiesen, doch dürfe man nicht stehenbleiben, sondern müsse weiter vorwärtsmarschieren; denn noch manches gebe es über ihn hinaus zu tun. Gott könne im übrigen, wenn es ihm gefalle, noch trefflichere, ausgezeichnetere Diener als Luther erwecken und habe in dessen einmaliger Person seine Reichtümer durchaus nicht verausgabt. Vor allem dürfe man nicht am Buchstaben Luthers klebenbleiben; denn nicht an Luthers Aussagen, sondern an Gottes Wort sei die Kirche gewiesen.

Diese wenigen Andeutungen genügen vielleicht schon, um ein wesentliches Merkmal der Unterscheidung zu erfassen. Der übergeschichtlichen Deutung, wie sie im deutschen Luthertum um sich griff, stellte der Reformator von Genf hart und klar eine mehr geschichtliche Bedeutung des Reformators von Wittenberg entgegen: Ein Gottesmann freilich, mit Meriten ganz besonderer Art, der Gottes Werk zu seiner Zeit vollbrachte und deshalb eine Art Apostel war, eine großartige Täterfigur der Kirchengeschichte — das war Luther für Calvin. Sein Werk jedoch, und hier sonderte er sich ab von den zeitgenössischen lutherischen Theologen und vom Luthertum der Orthodoxie, erkannte er wohl an als *Hinführung* zum Evangelium; aber er anerkannte es *nicht* als eine in allen Stücken *verbindliche Auslegung* des Wortes Gottes.

Diese bemerkenswert unabhängige Einstellung zu Luther, die man schon bei dem jungen Calvin findet, ging auf die Überzeugung zurück, daß innerhalb der Kirche Gottes das Privileg, allein beachtet zu werden, Luther doch keineswegs zukomme. Vielmehr sagte er klipp und klar, seine Äußerungen über das Abendmahlsbrot steckten voller Irrtum, und was er von der Ubiquität rede, sei gar eine Phantasterei. Mit diesen starken sachlichen Vorbehalten verband sich aber auch eine deutliche Kritik seiner Person: leider sei — so meinte Calvin — Luther furchtbar trotzig und nie bereit, nachzugeben; sei hochfahrend und herrischen Benehmens; dabei in manchen Dingen recht unwissend, töricht im Vorgehen gegen Andersdenkende, von schweren Täuschungen über sich selbst eingenommen und anderseits ein Mann, der selbstbewußt über andere schmähe.

Calvin äußerte sich in diesem Sinne über Luther 1538, also als ein junger Mann von noch nicht 30 Jahren. Bezeichnend an diesem frühen Zeugnis scheint viererlei:

1. Bei aller Wertschätzung Luthers ein *unabhängiges Urteil* über seine Lehre und sein Verhalten.

2. Bejahung einer kirchlichen *Union* unter den Protestanten auch bei Lehrverschiedenheit, jedoch unter der Voraussetzung einer relativen *Selbständigkeit* der einzelnen Gliedkirchen in Bekenntnis und Verfassung. Eine Union, so sagte Calvin, müsse so beschaffen sein, daß alle „Guten" sich ihr anschließen könnten.

3. Im Gegensatz dazu eine harte, diskriminierende Kritik der theologischen Gegner und Andersdenkenden, umgekehrt eine zugleich sittlich positive Bewertung der eigenen Glaubensgenossen.

4. Eine im Bewußtsein begründete kräftige Überzeugung von der Wahrheit der eigenen Lehre: „Ich bin mir bewußt", sagte Calvin von sich selbst, „daß mich Gott, seit ich sein Wort zum erstenmal zu kosten bekam, *nie* so verlassen hat, daß ich über den Gebrauch der Sakramente und der Teilhabe am Leibe Christi nicht rechtgläubig gedacht hätte."

Persönliche und sachliche Vorbehalte

Überzeugungen und Aussagen dieser Art wird man fortan häufiger in den kommenden 26 Jahren begegnen, die zwischen diesem Brief und Calvins Tod lagen. Freilich tritt manche Nuance feiner oder schärfer hervor, dazu kommt der Einfluß weiterer Ereignisse und Erfahrungen auf die Urteilsbildung. Im Prinzip aber brauchte Calvin nichts zurückzunehmen. Fortan wird er im wesentlichen seine früh umrissene Position ausbauen, ausweiten, festigen und gelegentlich leise abwandeln.

In seine Urteile über Luther schwingt fühlbar, deutlich und stark hinein der Lehrgegensatz zwischen Wittenberg und Zürich; sie gingen aber keineswegs ausschließlich auf ihn zurück. Die Spannungen und kämpferischen Auswüchse, die über der Lehrdifferenz entstanden, sah er selber sehr ungern und war sie, soweit wie irgend möglich, abzumildern bemüht. Er hielt die streitenden Parteien wiederholt mit Ernst zur Mäßigung an; wir wissen es aus seiner Korrespondenz mit *Bullinger* und *Melanchthon*, die beide zu seinen engeren Freunden gehörten, aber auch aus seinen brieflichen Berichten an Dritte. Der Tenor seiner Empfehlungen an die Züricher lautete durchweg: Treibt den Streit nicht auf die Spitze; ich gebe zu, daß euch Luther in übelster Weise vor den Kopf gestoßen hat; trotzdem: Seid großmütig! Seht es ihm nach, vergeßt über seinen Fehlern seine Vorzüge nicht! Denkt an seine einmalige reformatorische Tat und haltet ihm um seiner Verdienste willen sein ungerechtes Schmähen zugute!

An Melanchthon dagegen, der sein Mittelsmann nach Wittenberg hin war, gab er die Parole: Bändige den wilden, trotzigen Mann, der durch sein Toben alles zerschlägt; such ihn zur Milde umzustimmen und bring ihn dazu, von seinem Eigensinn zu lassen.

„Ich verehre ihn von Herzen, aber ich schäme mich für ihn" wegen seines maßlosen Wütens gegen die Züricher, schrieb er etwa 1545 an *Melanchthon*, und im gleichen Brief an anderer Stelle: „Wir sind ihm viel Danks schuldig, das gebe ich zu. Auch würde ich ihn gern als größte Autorität gelten lassen, wenn er sich nur selbst zu mäßigen wüßte." Anderseits suchte er *Bullinger* und die empörten *Züricher* mit so starken, eindrucksvollen Worten zu beruhigen wie den folgenden: „Selbst wenn er mich einen Teufel schelten sollte, so würde ich ihn dennoch für einen erlesenen Gottesmann halten, der freilich auch unter großen Fehlern leidet, wie er an herrlichen Tugenden reich ist." Denn in seiner Person habe man es zu tun „mit einem Erstling unter den Knechten Christi, dem wir alle viel schulden". So war es durchaus keine Heuchelei, wenn Calvin ihn in einem Briefe anredete als „vortrefflichen Hirten der christlichen Kirche, ausgezeichneten Diener Christi und verehrtesten Vater". An Bezeugungen eines außergewöhnlichen Respekts hat er es also gewiß nicht fehlen lassen.

Das hat ihn jedoch niemals gehindert, sich offen über das auszusprechen, was er an Luther tadelnswert fand. Ja er konnte im gleichen Atemzug, in dem er von Luthers hohen Geistesgaben sprach, sich schmerzlich über den Streit beklagen, den Luther durch sein sogenanntes „Kurzes Bekenntnis vom Sacrament" 1544 heraufbeschworen habe, und wagte der Vermutung Ausdruck zu geben, daß Gott hier dem Satan die Zügel locker gelassen hätte, um seine Kirche zu schlagen. Dabei drückte er sich noch schonend aus, wenn er die Ansicht vertrat, daß Luther selbst nicht der eigentliche Urheber sei, sondern nur üblen Elementen seiner Umgebung zum Opfer gefallen wäre.

An Luther *persönlich* fand er auszusetzen, daß er trotzigen, eigensinnigen, maßlos leidenschaftlichen Wesens sei, oft schon aus kleiner Ursache aufbrause und, unfähig, sich selbst in Zaum zu halten, sinnlos und mit nicht zu rechtfertigender Lautstärke tobe und wüte, außerdem nicht selten Anfällen von Wildheit nachgebe und keinen Widerspruch dulde. Besonders kritisierte er, daß Luther, wenn er einmal in Fahrt sei, auch den gebotenen Anstand fahrenlasse und sich wie ein Tyrann in der Kirche gebärde, mit einem Wort: sich so benehme, daß alle Welt ihn für rasend halten müsse. Woran Calvin dachte, war erstens die katastrophale Wirkung auf die Umwelt, die, soweit katholisch, sich an dem innerprotestantischen Zank weidete; und war zweitens, innerkirchlich, die unermeßliche Gefahr, die heraufbeschworen wurde, wenn vom ersten Mann der evangelischen Christenheit das Beispiel diktatorischer Autorität vorexerziert wurde. „Es ist um die Kirche geschehen, wo ein einzelner mehr vermag als alle andern zusammen; besonders, wenn er ohne Bedenken probiert, wie groß seine Macht ist . . . Wenn schon gleich zu Beginn der Wiedergeburt der Kirche solches Beispiel von Tyrannei auftritt, was soll dann in Bälde geschehen, wenn die allgemeinen Verhältnisse sich verschlechtern?“

Sachlich zeigten sich also schon zu Luthers Lebzeiten deutlich Calvins Vorbehalte: sie betrafen, als wichtigsten Punkt, die Abendmahlslehre; richteten sich von da aus aber auch bereits grundsätzlich gegen seine *Autorität* in Lehrfragen. Weiterhin erhob Calvin Einwände in der zwar weniger wichtigen, aber immerhin ganz und gar nicht unerheblichen Frage der Zeremonien, und schließlich opponierte er auch gegen die Anfänge lutherischen Staatskirchentums. Die schärfsten Äußerungen fallen allerdings erst nach Luthers Tode. Von ihnen seien folgende beiden genannt: *Erstens:* Nicht unbekannt sei ihm, Calvin, Luthers ungeheuerliche Rede vom verehrungs- und anbetungswürdigen Sakrament (1544). Und *zweitens,* noch deutlicher (1549), „wo anders zielt Luthers Wort vom anbetungswürdigen Sakrament hin als darauf, daß ein Götze aufgestellt werde im Tempel Gottes“. In der hier vorgenommenen Abgrenzung gegen Luther wird bereits der Punkt sichtbar, über den Calvin und das Luthertum sich nicht einig werden konnten und um den dann der erbitterte Streit ausbrach, der in den fünfziger Jahren, sehr zum Kummer des Reformators von Genf, alle Verständigungsmöglichkeiten zwischen den beiden Hauptrichtungen des europäischen Protestantismus zerschlagen sollte.

Dennoch hat Calvin Luthers Andenken über den Tod hinaus im reformierten Christentum hochzuhalten versucht. Um ihn durch den Sakramentenstreit nicht zu belasten, stellte er ihn, wie schon früher, als das Werkzeug von Scharfmachern hin und vertrat die Ansicht, daß er von sich aus niemals den Streit würde vom Zaun gebrochen haben. Weiterhin bestritt er den Lutheranern die Legitimation, ihn, Calvin, in Luthers Namen zu bekämpfen. In den fünfziger Jahren warf er den Lutheranern Mißbrauch von Luthers Namen vor, nannte sie „Schwarmgeister, die unter Luthers Namen uns bekämpfen“, und konstatierte vor allem den Abstand zwischen ihm und seinen Epigonen (auch was die Grobheit des Tones betraf); er bedauerte, daß sie keinen von seinen Vorzügen besäßen, und rief ihn an sichtbarer Stelle einmal über das Grab hinaus mit der an Lessing erinnernden Wendung an: „O Luther, wie wenige Nachahmer deiner Vortrefflichkeit, aber wie viele Affen deines heiligen Stolzes hast du hinterlassen!“ Daran, daß die Reformation über Luther hinaus fortschreiten müsse und man nicht knechtisch an seinen Worten hängen dürfe, hielt er grundsätzlich stets fest.

Soviel über die Einstellung Calvins zu Luther.

Dahinter stand freilich eine breite und starke Basis religiöser und kirchlicher Gemeinsamkeit. Sie muß sowohl bei ihm als auch bei Luther als selbstverständlich vorhanden vorausgesetzt werden.

Abgrenzung gegen das Luthertum

Diese Situation existierte für Calvin grundsätzlich auch gegenüber dem *Luthertum*, welches, noch unter seinen Augen, in Deutschland als konfessionelle Orthodoxie in Erscheinung zu treten begann. Doch kam es nunmehr zu einer zusehends härter werdenden Abgrenzung des lutherischen gegen das reformierte Christentum, aber auch umgekehrt. Von seiten Calvins mag zur Verschärfung beigetragen haben, daß er, der vor Luther niemals falsche Scheu empfunden hatte, den Lutheranern gegenüber noch weniger Zurückhaltung, namentlich in dogmatischen Fragen, für geboten ansah; denn er sah sich nicht mehr dem „Erstling unter den Knechten Gottes“ gegenüber, der ihm selber die Bahn gebrochen hatte; auch nicht mehr einer großen und starken Persönlichkeit von überquellendem Reichtum und unvergleichlichem Format, die nota bene auch theologisch Großartiges zu bieten hatte. Sondern er sah sich gegenüber einem Haufen von Epigonen, die ihm nicht das Wasser reichen konnten; denen die Weite des Horizonts, in der er, Calvin, wirkte und dachte, fremd war; die auch nicht so wie er besessen waren von der „Ausbreitung des Reiches Christi“; die nicht die weltweite Last und Verantwortung trugen, die er auf seinen Schultern ruhen wußte, sondern Epigonen waren, denen sich die Kirche als Verfassungstyp im Sinne der fürstlichen oder städtischen lutherischen Staatskirche mit konservativer Liturgie zur Norm verfestigt hatte und denen sich schließlich die lutherische Lehre und Praxis vom Abendmahl zur geheiligten Überlieferung verdichtet hatte, die es um jeden Preis zu wahren galt gegen Schwärmer, Schweizer und Papisten und die sich dementsprechend vom reformierten Christentum absetzten. *Weiterhin* war für den rechten Lutheraner die Reformation, jedenfalls in Richtung auf das Dogma und auf die *Grundsätze* der kirchlichen Verfassung und Gemeindeordnung, mehr oder weniger eine reformatio perfecta. Nicht so Calvin: dem Luthertum gegenüber brachte er den Gedanken der Entwicklung zum Ausdruck: ganz abgesehen davon, daß dogmatisch noch allerlei zu bereinigen war, war er der Auffassung, daß auch sonst in reformatorischer Hinsicht über Luther hinaus noch allerlei zu tun sei.

„Mit dem ersten Aufgang der Morgenröte sieht man nicht gleich die Sonne. Man versage den Knechten Gottes nicht den Fortschritt und dem Reich Christi das Wachstum."

Während sich ihm das evangelische Christentum in Deutschland solchergestalt verschloß, zeigte sich Calvin auch seinerseits nicht gewillt, in Sachen der Abendmahlslehre auch nur einen Zoll zu weichen, wie er überhaupt davon überzeugt war, daß, verglichen mit dem Luthertum, seine Lehre die *reinere*, seine Kirchenverfassung die im strengeren Sinn *schriftgemäße* sei und desgleichen seine Gemeindeordnung; daß, mit einem Wort, wahrhaft gründlich vom Sauerteig des Papsttums eigentlich nur das reformierte Christentum gereinigt sei. In dieser Sachlage also ruhten die eigentlichen Voraussetzungen für die schweren Zusammenstöße, die zwischen ihm und dem Luthertum bald nach Luthers Tod erfolgen sollten.

Anlaß und Gelegenheit, sich mit den deutschen Lutheranern zu befassen, boten sich Calvin seit Luthers Tode (1546) mehrfach. Zunächst war es das Auftreten des Hamburger Hauptpastors Joachim Westphal, der sich seit 1552 in polemischen Schriften gegen Calvins Abendmahlslehre wandte. Sodann beschäftigte ihn seit der Mitte der fünfziger Jahre des 16. Jahrhunderts aus naheliegenden Gründen das Schicksal *reformierter Flüchtlingsgemeinden* in Deutschland, die dort mehrfach in Städten mit lutherischem Magistrat leben mußten. Schließlich schuf auch die seit 1559 stärkere Entfaltung des *Hugenottentums* in Frankreich Berührungspunkte mit dem Luthertum in Deutschland, wenn auch nicht freundliche; dasselbe galt vom Übergang des Kurfürstentums Pfalz zum reformierten Bekenntnis. In beiden letzteren Fällen beschränkte sich Calvins Wirksamkeit darauf, deutsche lutherische Einflüsse abzuwehren.

Gemeinsamkeiten in der Glaubenslehre

Was zunächst das Lehrgut des Luthertums angeht, so besaß Calvin einen klaren Blick für dasjenige evangelische Glaubensgut, das jenseits der lehrmäßigen Differenzierungen allen evangelischen Richtungen, enger ausgedrückt, den Lutheranern und den Schweizer Reformierten, gemeinsam war. Er führte dies einmal an sehr sichtbarer Stelle präzis aus: in der Vorrede zu einer zweiten Schrift, die er an die evangelischen Pfarrer in Sachsen und Norddeutschland adressierte. Darin behauptete er, daß wenn man von dem (nach seiner Ansicht unnötigen) Abendmahlsstreit abließe, einer Einigung des Protestantismus kaum etwas Ernstliches im Weg stünde. Er selbst erklärte sich bereit, jedem — unausgesprochen einigermaßen passablen — Vorschlag, die Einheit herzustellen, zuzustimmen. Anderseits schärfte er den niederdeutschen Pfarrern ein, daß es zu ihrer Pflicht gehöre, ihn — Calvin — gegen Westphals Angriffe zu schützen. Er hob ferner auf die „heilige Verbindung" so vieler evangelischer Kirchen ab und umriß bei dieser Gelegenheit, was er positiv als protestantische Gemeinschaft ansah: „Gewiß ist", sagte er, „daß wir zu einer solchen Übereinstimmung des Glaubens aus der elenden Zerstreuung des Papsttums doch nicht bloß *menschlicher*weise vereinigt worden sind. Vom *einen* Gott und der wahren rechten Art, ihm zu dienen, von der Verderbtheit des menschlichen Wesens, von der Seligkeit aus Gnaden, vom Weg, Gerechtigkeit zu erlangen, von Amt und Wirksamkeit Christi, von der Buße und ihren Wirkungen, vom Glauben, der, auf den Verheißungen des Evangeliums beruhend, uns Heilsgewißheit gibt; vom Gebet zu Gott und von allen Hauptpunkten wird bei uns die gleiche Lehre verkündet: Den *Einen* Gott, unsern Vater, rufen wir im Vertrauen auf denselben Mittler an; der gleiche Geist der Gotteskindschaft ist uns ein Unterpfand unseres zukünftigen Erbes; durch das gleiche Opfer hat Christus uns alle versöhnt; auf die gleiche Gerechtigkeit, die er uns erworben, verlassen sich unser aller Herzen; desselben Hauptes rühmen wir uns: Das wäre doch verwunderlich, wenn Christus, den wir als unsern Fieden preisen, der aller Fehde ein Ende gemacht und Gott im Himmel uns gnädig gestimmt hat, nicht auch das bewirkte, daß wir auf Erden brüderlich Frieden halten. Haben wir denn nicht alle Tage unter demselben Banner gegen die Tyrannei des Antichrists, gegen schnöde Entstellungen des christlichen Glaubens, gegen gottlosen Aberglauben und Entweihung alles Heiligen zu kämpfen?"

Hier lagen für Calvin „Pfänder der Zusammengehörigkeit"; hier lag für ihn vor allem eine Übereinstimmung verpflichtenden Charakters, weil sie „deutlich" von Gott gewirkt sei — sie für nichts zu achten und statt dessen unter den Gefolgsleuten desselben Bannerherrn „Spaltung zu erregen" — dies sein Vorwurf gegen Westphal —, das war in seinen Augen ein gottloses Zerteilen der Glieder Christi.

Es waren mehrere Gesichtspunkte, unter denen lutherisches und reformiertes Christentum Calvin als etwas Zusammengehöriges erschienen: erstens die weitreichende Gemeinschaft des Glaubens; zweitens die Begründung dieser Gemeinsamkeit von Gott her; und drittens die Solidarität gemeinsamen Kampfes gegen die Verunstaltungen des wahren Glaubens und die Frontstellung gegen gemeinsame Feinde. Diese nach Calvin faktisch vorhandene Gemeinschaft von irgendeinem Punkte her stören hieß ihm Gottes Werk stören und Christi Glieder auseinanderreißen. Als einen Störenfried in diesem Sinne stellte er aber nun seinen lutherischen Gegner Joachim Westphal hin und folgerte daraus bündig, daß sich, wir würden heute sagen: jeder anständige evangelische Christ von ihm distanzieren müsse.

Westphal war freilich nicht der einzige, über den sich Calvin erregte; er war jedoch derjenige, der sich am stärksten exponiert hatte und den Calvin daher am genauesten aufs Korn nahm und den er, wohl auch aus kirchenpolitischen Überlegungen, betont als Außenseiter und Extremisten behandelte. Denn er wollte, wenn er die Brücken zu Westphal abbrach, die Möglichkeit eines freundlichen Verständnisses mit den lutherischen Geistlichen in Nord- und Mitteldeutschland damit keineswegs in Frage stellen.

Überhaupt scheint er den Sachgegensatz zwischen wittenbergischem und genferischem Kirchentum ursprünglich keineswegs für unüberwindlich gehalten zu haben. Calvin meinte, daß seine Lehre, Kirchenverfassung usw. für den, der mit zureichendem theologischem Verstande und gutem Willen heranginge, einsichtig und in etwa beweisbar wäre; und meinte dies auch von denjenigen Stücken, in denen er vom Luthertum abwich; wie er umgekehrt sich nicht scheute, zu sagen, daß in diesen Stücken das Luthertum noch zurückgeblieben, ungeläutert oder ähnliches sei. Hier lag nun, wie sich später zeigen sollte, ein Irrtum nicht nur im Detail, sondern im Prinzip vor.

Katholischer Bodensatz im Luthertum

So findet sich z. B. durchgängig bei ihm die Überzeugung, daß noch ein starker Bodensatz von Papismus im Luthertum stecke, er vermeinte ihn besonders in den Gottesdienstformen und Zeremonien zu sehen. Und wie er es einerseits als einen Mangel an Einsicht interpretierte, daß man auf lutherischer Seite die reformierte Kirchenzucht als „Gesetzlichkeit" in Mißkredit brachte, so schien ihm anderseits die lutherische Kirchenordnung, verglichen mit der reformierten, zurückgeblieben und nicht dem Evangelium gemäß. Er meinte sogar, daß, wegen der Zeremonien, gerade Luther noch recht nahe beim Judentum stünde. Doch lehnte er es ab, sich der Zeremonien wegen von Luther und Luthertum zu trennen.

Als die eigentliche Reibungsfläche entpuppte sich mit zunehmender Deutlichkeit die *Abendmahlslehre.* Calvin hatte sich schon früher von der „fleischlichen" Auffassung Luthers distanziert. Die zur Stützung von dessen Lehre von der Realpräsenz sodann präziser ausgebildete Lehre von der Allgegenwart oder *Ubiquität* Christi erregte permanent sein Mißfallen, und zwar so sehr, daß er sich bei vielen Gelegenheiten kritisch abfällig darüber ausließ und sie als etwas Unsinniges deklarierte. Was aber die Lutheraner zugunsten der Ubiquität vorbrachten, nannte er einen schlimmeren Wahnsinn, als „man beim ganzen Haufen der Papisten" fände, krasse Einbildung, Geschwätz, Irrlehre, Schwarmgeisterei. Was die Verehrer des „Gottes im Brote" taten, bezeichnete er mit harten Worten als Artolatrie, Brotanbetung, Götzendienst. Seine eigene Doktrin vom Abendmahl stellte er dagegen als die reine Wahrheit Christi hin. Er umschrieb sie mehrfach lichtvoll und faßlich und legte in der ihm eigenen Klarheit dar, worauf sich seine Auffassung stütze. Aber er gab nicht zu, daß man darüber diskutieren könne, sondern verlangte, daß man ihr zustimme — nicht weil es seine Doktrin, sondern weil es die Wahrheit des Evangeliums selber sei, der sich billigerweise niemand entziehen dürfe. Wiewohl er also die Freiheit, *Luthers* Lehraussagen kritisch zu prüfen und zu korrigieren, unbefangen für sich in Anspruch nahm, so wollte er doch von einer Anwendung des gleichen Verfahrens auf seine eigene Lehre nichts wissen. Dafür, daß die norddeutschen Geistlichen von Luthers Lehre ähnlich dachten wie er von der seinigen, nämlich daß sie das lautere Gotteswort sei, zeigte er nicht nur kein Verständnis, sondern erkannte nicht einmal an, daß es sich hier um eine echte Gegenposition handelte, ganz zu schweigen davon, daß er dem entgegengesetzten Standpunkt so etwas wie eine relative Berechtigung konzediert hätte. Der gegenteilige Standpunkt als ein seriöser Standpunkt existierte für ihn nicht. Vielmehr neigte er dazu, in Untugend und bösem Willen der Gegenseite den Ursprung der Lehrstreitigkeiten zu suchen. Eben deshalb appellierte er, als er sich mit Westphal entzweit hatte, an den guten Willen der norddeutschen lutherischen Theologen. Aber während er gegen Westphal die Solidarität des Protestantismus anrief, antwortete ihm die Solidarität des Luthertums und machte gegen ihn Front.

Calvin im Streit mit lutherischen Theologen

Name und Person Luthers wurden auf beiden Seiten zitiert, aber jeweils in anderslautender Interpretation. Calvin nannte es eine Anmaßung, daß seine Gegner Luthers Namen ständig im Munde führten und sich als seine Sachwalter aufspielten, weil ihnen ein Recht hierfür nicht zustünde. Denn er meinte, daß Luther, lebte er noch, diesen Unfug niemals würde mitgemacht haben. Anders die Lutheraner. Für sie rüttelte Calvin an dem Andenken und der reinen Lehre ihres dritten Elias und Vaters der reinen Lehre quasikanonischen Ansehens; ihnen galt als biblische Wahrheit, was Calvin Phantasterei und ungereimtes Zeug nannte, und als Ketzerei, was Calvin als Wahrheit des Evangeliums bezeichnete. Und gegen diese Einschätzung durch den theologischen Partner setzte sich jede Partei zur Wehr und trug keine Bedenken, dabei auch in der Tonart deutlich zu werden, wie es der Sitte der Zeit entsprach.

Sachliche Gegensätze spielten bei der damaligen Bewußtseinslage rasch hinüber ins Persönliche. Und wenn Calvin, überzeugt, daß die Wahrheit seiner Lehre beweisbar sei, den Schluß zog, daß sich ihr zu versagen ein Zeichen von Böswilligkeit, Verwirrung, Dummheit oder Verstocktheit sein könnte, so scheute er sich auch nicht, dies unverblümt auszusprechen. Dabei läßt sich, wie mir scheint, beobachten, daß es zunächst nur einzelne Persönlichkeiten waren, denen er ihrer Lehrabweichung wegen unlautere Motive unterstellte oder Benommenheit des Geistes nachsagte, während er noch fest darauf baute, alle gutwilligen evangelischen Christen auf seine Seite herüberziehen zu können. Als er auf Westphals Angriffsschrift, die „Farrago" von 1552, erstmalig 1555 zurückschlug, wollte er nur einen in seinen Augen fanatischen Theologen und dessen engsten Anhang zurechtweisen (und keineswegs einen Streit mit dem deutschen Luthertum vom Zaun brechen). An dieser Auffassung hielt er noch länger fest. Er meinte, es außer mit einem rabiat gewordenen Streithahn nur noch mit einigen wenigen bedeutungslosen Schreiern zu tun zu haben, und gab höchstens zu, daß noch ein paar weitere Widersacher solcher Art vorhanden sein möchten, die nicht den Mund aufzutun wagten, sondern „in ihren Drecklöchern versteckt blieben". Er erwartete, daß mit dem Erscheinen seiner Verteidigungsschrift die Angriffe in Deutschland auf die reformierte Lehre nachlassen würden: weil er nicht daran zweifelte, die Ungereimtheit der Westphalschen Abendmahlstheologie vor aller Welt bloßgestellt zu haben. Er folgerte daraus — was sich freilich als kompletter Fehlschluß erweisen sollte —, daß höchstens Leute von weniger als mittelmäßiger Bedeutung und ein paar Dunkelmänner solcher Lehre künftig noch Beifall spenden würden. Von Westphal selber, der allerdings auch mit ihm ziemlich unsanft umgesprungen war, sprach er nie anders als von einem elenden Gesellen, dunklen Ehrenmann und geschwätzigen Kerl, dessen geistige und sittliche Qualitäten zu wünschen übrigließen, und charakterisierte ihn als hochmütig, dreist und toll, unwissend, unverschämt, maßlos und fanatisch. Mit ihm, so sagte er einmal an sichtbarer Stelle, könne man nicht anders verfahren als nach der Maxime, daß auf einen groben Klotz ein grober Keil gehöre; berief sich aber auch für diese Maxime auf die Heilige Schrift, genaugenommen sogar auf das Beispiel Gottes selber, der ihn, Calvin, laut Ps. 18 (17), 26 gelehrt habe, gegen die Verstockten hart zu sein. Wie genau er es mit dieser Psalmstelle nahm, läßt sich an seiner inneren Einstellung zu Westphal und den Westphalianern ablesen: er verweigerte ihnen — entgegen den Bitten seines Freundes Farel — zuletzt den christlichen Brudernamen und erklärte sich für unfähig, ihnen gegenüber das Maß zu bewahren.

Nun hatte sich Westphal freilich Calvin gegenüber besonders exponiert und wurde daher entsprechend kräftig eingedeckt. Er war jedoch keineswegs der einzige unter den namhaften Lutheranern, gegen den Calvin in die rabies theologorum verfiel. Auch Amsdorf, Brenz, Marbach und manche andere Leute aus der Prominenz des Luthertums mußten sich allerlei wenig schmeichelhafte Kritik von ihm gefallen lassen. Über *Johann Brenz* hat Calvin anscheinend mindestens bis zur Zeit des Interims (1548–49) ein günstiges Urteil gehabt. Seit Mitte der fünfziger Jahre mehrten sich dagegen die kritischen und abwertenden Aussagen, in denen er als dumm, verstockt und wahnsinnig figuriert; mehrmals erwähnte er ihn in einem Atemzug mit Amsdorf, „wütenden Sachsen“ und „ähnlichen Fanatikern“, und bezeichnete sein Eifern für die Ubiquität als einen Kampf gegen den rechten Glauben, ja nannte seine und Amsdorfs Lehren noch toller als das, was man von den Papisten zu hören bekäme. Wenn er Amsdorf einst eine Geißel genannt hatte, mit der Gott die Reformierten schlüge, so dachte er von Brenz nicht geringer: als dieser bei den Reformierten in Frankreich für die Ubiquitätslehre warb, sagte Calvin, das habe ihm der Teufel eingegeben.

Abwendung vom Luthertum

Die weiten Kreise, die der Lehrstreit mit Westphal zog, öffneten Calvin vermutlich mit der Zeit die Augen darüber, daß er es nicht mit ein paar ungebärdigen Außenseitern, sondern mit der großen Mehrheit der deutschen Lutheraner zu tun hatte, die sich langsam zu einer massiven Front gegen den Calvinismus zusammenschlossen. Dementsprechend wandelten sich seine Einzelbeschuldigungen allmählich um zu Kollektivurteilen. Zwar unterschied er immer noch zwischen Bornierten und Seriösen unter seinen Gegnern, zwischen bloßen Kläffern und relativ respektablen Gestalten; gelegentlich fand er auch immer noch versöhnliche Worte und stellte grundsätzlich ein friedliches und brüderliches Verhalten als wünschenswert hin. Auch setzte er gelegentlich dem einen oder anderen lutherischen Theologen in gemäßigtem Tone seine Lehrauffassung auseinander. Im ganzen aber schwand ihm die Hoffnung auf eine Union mit dem deutschen Protestantismus lutherischer Provenienz dahin. Das hatte zur Folge, daß, weil er sich innerlich abkehrte, seine Urteile härter und summarisch wurden; und weiterhin: daß er sich jetzt viel stärker mit der Aufrichtung und Abschirmung der reformierten Gemeinden, hauptsächlich in Deutschland, ein wenig aber auch in Frankreich, beschäftigte. Dies scheint für sein Verhältnis zum Luthertum in seinen letzten Lebensjahren am meisten charakteristisch zu sein.

Als ihn sein Gegenangriff auf Westphal rasch darüber belehrte, daß er in ein Wespennest gegriffen hatte, äußerte er mehrfach, daß infolge unbegreiflicher Tollheit und höllischer Verstocktheit der Gegenpartei an eine freundschaftliche Auseinandersetzung nicht mehr zu denken sei; man stoße dort auf nichts als Unversöhnlichkeit und groteske Ignoranz. In seinem Lebensrückblick von 1557 erwähnte er die lutherische Reaktion als „ein Wetter von der eisigen Nordsee“, welches „eine Wolke von Menschen, die zu viel freie Zeit haben“, auf ihn zugetrieben habe. Sich selbst bezeichnete er als einen unschuldig Angegriffenen und sagte „mit König David“ unter Bezug auf Ps. 120 (119), 7: „Ich halte Frieden, aber wenn ich rede, fangen sie Krieg an.“ Sein Friedenswille hinderte ihn freilich nicht, die Polemik kräftig fortzusetzen, obwohl er die hochgespannten Hoffnungen, die Andersdenkenden zu gewinnen, weithin aufgegeben hatte.

Dieser inneren Einstellung, daß doch nichts Rechtes mehr zu erhoffen sei, entsprach es, daß er jetzt früher geübte Rücksichten fallenlassen durfte. So fielen denn seine Kollektivurteile härter und einseitiger aus. Zusammengenommen bildeten sie einen veritablen Lasterkatalog, der sich im Inhaltlichen neben denen des Apostels Paulus in dessen verschiedenen Briefen sehen lassen konnte. Die Summe der Anschuldigungen lief darauf hinaus, daß die Lutheraner ihm aus *unlauteren* Motiven sich widersetzten; und daß es sich, was die Individualität seiner Gegner anging, in der Regel um zwielichtige Existenzen handle; um Leute, bei denen Machtdrang, Hochmut und Ehrgeiz am Werke wären, wollte man nicht die mildere Lösung gelten lassen, daß man mit Narren und Ignoranten zu tun habe. Mit Ausnahme der Unzuchtssünden umfaßte sein Katalog so ziemlich alle Laster, die der Apostel an seinen Sorgenkindern in Korinth und anderswo zu tadeln hatte. Calvin bezichtigte seine lutherische Gegnerschaft als fanatisch und nicht ganz bei Troste, als boshaft, frech und übermütig; verleumderisch, geschwätzig, dumm; als eigensinnig, unbelehrbar und ungebildet. Er sprach von ihnen als von Pfaffen, die in Wohlleben schwelgten; noch öfter als von tobenden Bestien, bar jeden Anstands, ohne Scham und Maß, und titulierte sie besonders gern mit einem häufig wiederkehrenden Ausdruck als: „die Affen Luthers". Er ließ an ihnen also kaum ein gutes Haar. Von allen Vorwürfen war aber wohl der härteste *der*, daß sie böswillig auf Zerstörung der christlichen Kirche und des christlichen Glaubens hinarbeiteten, das Evangelium verstümmelten und die reine Lehre mit Füßen träten: Die Predigt der Lutheraner, sagte er, setze „der Wahrheit Gottes den Fuß auf den Hals", diese sähen es überhaupt darauf ab, „über die reine Wahrheit Gottes Triumphe zu feiern". Durch ihre verkehrte Lehre sonderten sie sich vollends von der wahren Kirche ab; indem sie aber *andere* zu ihrem verkehrten Bekenntnis hinüberzuziehen trachteten, brächten sie Verwirrung in die Kirche und gefährdeten deren Einheit; ja mit ihren Phantastereien griffen sie den christlichen Glauben an und untergrüben ihn. Schließlich behauptete er, daß sie offen danach strebten, eine Gewaltherrschaft über die Kirche aufzurichten.

Dieser Einstellung im Alter entsprach im wesentlichen auch sein großes Schreiben an den Kurfürsten Friedrich III. von der Pfalz vom 23. Juli 1563. Der Übertritt des Fürsten hatte den lutherisch-calvinischen Gegensatz akut besonders scharf aufleuchten lassen. Calvin wandte sich an den Kurfürsten Friedrich namentlich deshalb, um verschiedenen lutherischen Beeinflussungsversuchen entgegenzuwirken. Es war seine letzte summarische Abrechnung mit der reformatorischen Parallelbewegung, die ihn damals aus Deutschland im wesentlichen schon abgedrängt hatte und der er vorwarf, daß sie das Wort „Calvinismus" als Schimpfwort gegen ihn aufgebracht hätte.

Tonart und Ausdruck zeugen von den starken Nerven jener Zeit im Geben und Nehmen und scheinen gelegentlich eher niedrig als gehoben. Die Flut der Beschuldigungen läßt erkennen, daß der Konfessionskampf nunmehr voll im Gange war. Abgesehen davon, daß er seine Gegner mit einem Vokabular bediente, das sie lächerlich machte — er nannte sie Lärmer, Schreier, Zungendrescher, Ignoranten —, sagte er ihnen u. a. nach, daß sie in der Regel schlimmer fluchten als Trunkenbolde; bei grober Unwissenheit bewußt die Einfältigen zu täuschen versuchten; als wahnsinnige Zeloten namentlich deshalb gegen ihn — Calvin — Sturm liefen, weil es sie bis zum Verrücktwerden erboste, daß seine Lehre im Kurfürsten einen so mächtigen Protektor gefunden hätte, ihre eigene Unwissenheit aber dadurch ans Licht gezogen und bloßgestellt würde.

Obwohl sich gar nicht verkennen läßt, daß die Auseinandersetzung über die Lehre in ein Stadium getreten war, in dem sich der Sachgegensatz durchwirkte und überlagerte mit Gefühlen des Hasses und der Verachtung, und daß die Polemik dadurch, daß sie zu den Waffen der persönlichen Diskriminierung griff, auf einen unguten Weg abgedrängt wurde, muß man anderseits bedenken, daß der grobe Ton zum guten Ton gehörte. Zum Verständnis Calvins wird man sich gleichzeitig daran zu erinnern haben, daß, obwohl er scharf dreinschlug, er anderseits doch den Kampf zwischen den protestantischen Richtungen verabscheute und bedauerte, vor allem weil er mit Sorge an die ungünstigen Wirkungen nach außen hin dachte. Die Selbstzerfleischung der Protestanten bot, wie er immer wieder hervorhob, den Papisten „ein vergnügliches Schauspiel" und gab ihnen Gelegenheit, die Evangelischen gegeneinander auszuspielen. So war in seinen Augen dieser gewissermaßen häusliche Streit nicht nur eine Schande, sondern auch ein Unglück für die ganze Kirche des Evangeliums. Darum trat er grundsätzlich dafür ein, ihn nach Kräften zu vermeiden, und deshalb gab er gelegentlich selber den Rat und das Beispiel, gerechten Ärger lieber still hinunterzuschlucken als vorzeitig davon etwas an die Öffentlichkeit dringen zu lassen. Die Rücksicht auf gesamtprotestantische Belange war also bei ihm vorhanden und spielte eine gewisse Rolle. Sie trat jedoch zurück und wurde überdeckt, sobald anderseits Lebensbelange des reformierten Bekenntnisses auf dem Spiele standen. Das aber war bei seinem Verhältnis zum Luthertum beinahe ständig der Fall. Und so kam seine grundsätzliche Rücksichtnahme auf das Ganze des evangelischen Christentums gerade gegenüber dem Luthertum eigentlich nie recht zum Zuge.

Calvins Verhalten im Alter: Abwehr und Distanzierung

Das galt auch für die zwei speziellen Aspekte, unter denen er sich im Alter mehrfach mit dem deutschen Luthertum zu befassen hatte. Bestimmte zeitgeschichtliche Situationen legten ihm nahe, um des reformierten Christentums willen abwehrend gegen das Luthertum in Aktion zu treten. Das eine Mal handelte es sich um Bestrebungen der Lutheraner, ihrem Bekenntnis innerhalb des französischen Protestantismus Raum zu verschaffen; das andere Mal um reformierte Flüchtlingsgemeinden, die nicht recht wußten, wie sie ihr Bekenntnis gegen die lutherische Stadtobrigkeit, unter der sie lebten, aufrechterhalten könnten.

Calvins Interesse wandte sich seit dem Tode Heinrichs II. und der Organisation einer reformierten Nationalsynode (1559) vordringlich seiner französischen Heimat zu. Hierbei trat, wenn auch nur am Rande und gelegentlich, das Bekenntnis des deutschen Luthertums, die Confessio Augustana, in seinen Gesichtskreis. Seine aufmerksame Beobachtung der Entwicklung des Protestantismus in Deutschland und seine bitteren Erfahrungen aus den fünfziger Jahren bestärkten ihn in der Überzeugung, daß lutherische Einflüsse den Aufbau der französischen evangelischen Kirchen nur stören, niemals aber fördern könnten. Dementsprechend wirkte er einem Eindringen der Confessio Augustana — wie es z. B. von Württemberg her betrieben wurde — mit allen Mitteln entgegen. Sein Standpunkt lautete hier ebenso eindeutig wie praktisch, daß man mit den Papisten zwar kämpfen müsse, auf innerprotestantischen Zank aber sich nicht einlassen dürfe. Er beschwor König Anton von Bourbon und den Prinzen von Condé, es auf keinen Fall zur Annahme des Augsburgischen Bekenntnisses kommen zu lassen, und beruhigte seinen Freund Bullinger in Zürich eigens darüber, daß für eine Abwehr der Confessio Augustana hinreichend Vorsorge getroffen sei. Die Bewertungen der Confessio fielen bei dieser Gelegenheit wenig vorteilhaft aus. Er nannte sie abschätzig „weder Fisch noch Fleisch“, einen Spaltpilz oder auch eine Brandfackel, vor der er Frankreich bewahren wolle — so wie er an anderer Stelle gesagt hatte, daß das Augsburgische Bekenntnis in den Händen des Lutheraners Marbach eine Schlinge sei, worin dieser die Reformation erwürgen würde, sofern Gott es zuließe.

Anders stellte sich ihm das Problem der Reinerhaltung der reformierten Gemeinden in *Deutschland.* Einzelne Flüchtlings- und Fremdengemeinden genossen hier Gastrecht in Städten mit lutherischem Magistrat. Bei dem damals weitgehenden kirchlichen Aufsichts- und Eingriffsrecht der politischen Instanzen war es natürlich, daß die städtischen Behörden auf die Reformierten einen gewissen konfessionellen Druck ausübten. Calvins leitender Gedanke war hier, vom reformierten Christentum innerhalb des lutherisch geprägten Protestantismus so viel zu erhalten wie nur irgend möglich. Die Situation nötigte ihn, sich darüber zu erklären, ob und inwieweit kirchliche Gemeinschaft realisierbar und theologisch zulässig sei zwischen Protestanten verschiedener Bekenntnisgemeinschaften. Seine differenzierten Richtlinien und Ratschläge lassen erkennen, daß er unter solchen Umständen bereit war, manches zu schlucken — z. B. Kirchenschmuck, Altäre, Bilder; die halbkatholische Liturgie nebst lutherischer Predigt und Beaufsichtigung der reformierten Gemeinden durch den lutherischen städtischen Rat. Dies alles aber nur unter der Voraussetzung, daß die reformierte Sakramentenlehre nicht angetastet würde. Solcherlei Konzessionen machte er aber nur dort, wo das Luthertum bereits festen Fuß gefaßt hatte. Nur dort durften sich die Reformierten, um überhaupt eine Lebensmöglichkeit zu erhalten, sich ihm ein wenig akkomodieren. Wo aber ein reformiertes Kirchentum bereits konstituiert war, dort waren ihm Konzessionen an das Luthertum unerwünscht, ja er untersagte sie geradezu. Niemals z. B. duldete er in rein reformierten Gemeinden solche liturgischen Formen, wie er sie den Reformierten in lutherischer Umwelt zugestand. Seine Anweisungen an die Gemeinden in Frankfurt am Main und in Wesel lassen das Prinzip erkennen, daß um minder lebenswichtiger Dinge willen, wie z. B. der Zeremonialfragen, die kirchliche Gemeinschaft nicht aufs Spiel gesetzt werden dürfe. Wie er auch in Grenzfällen unter allerlei Kautelen die Taufe von Kindern reformierter Eltern durch lutherische Pastoren für zulässig erklärte. Im Zuge des fortschreitenden Lehrgegensatzes machte er jedoch in einer mit den Jahren zunehmenden Schärfe den reformierten Gemeinden in Deutschland klar, daß sie sich deutlicher vom Luthertum abzusetzen hätten; ja riet ihnen zuletzt sogar an, auszuwandern, wenn sich das Bleiben in der einen oder anderen Stadt nur durch fühlbare Konzessionen an das lutherische Bekenntnis erkaufen ließe.

Sein starkes Abheben auf brüderliche Gemeinschaft und kirchliche Einheit hinderte ihn also nicht, sobald es um Undiskutierbares ging, einen Punkt zu machen. Daher in Grenzfällen seine harte Charakteristik der lutherischen Abendmahlslehre als Phantasterei und Götzendienst und sein Rat, lieber auszuwandern, als sich von einem anderen Bekenntnis überfremden zu lassen; seine rege Wachsamkeit, der Augustana in Frankreich den Boden zu entziehen.

Sein Verhalten zum Luthertum war also nicht nur vom Grundsatz, sondern auch von der Situation her bestimmt und konnte, deren Verschiedenartigkeit entsprechend, wechseln. Je nachdem, was in Frage stand, ob es um Zeremonien, Kirchenverfassung, Dogma, Sakrament oder Kampf gegen das Papsttum ging, schwankte seine Einstellung zwischen Übereinstimmung, Duldung und Verwerfung und den mancherlei Zwischenformen, die es dazwischen gibt. Wobei im übrigen „Verwerfung“ sich *prinzipiell* niemals auf das Luthertum im ganzen, sondern stets nur auf bestimmte Stücke seiner Lehre bezog.

Die Reformation in Deutschland hatte Calvin von Anfang an als eine res propria angesehen, und niemals war ihm gleichgültig, was sich dort in Dingen der evangelischen Lehre abspielte. Er hielt die reformatorischen Bewegungen in Deutschland und der Schweiz für aus gleicher Wurzel entsprossen und für in gleicher Weise von Gott bewirkt. Sehr stark war in ihm das Gefühl für die gemeinsame Verbundenheit alles evangelischen Christentums entwickelt. Religiöse Überzeugungen und kirchenpolitische Überlegungen begegneten sich dabei in ihm. Ein Zusammenleben der evangelischen Kirchengemeinschaften und protestantischen Regierungen hielt er daher zeitlebens für wünschenswert. Und weil er es für wünschenswert hielt, deshalb mühte er sich redlich, eine kirchliche Union zwischen den verschiedenen protestantischen Richtungen zustande zu bringen oder wenigstens einen gewissen Zusammenhalt zwischen ihnen herzustellen — wobei eine relative Selbständigkeit der einzelnen Gliedkirchen im Ritus und — eventuell — auch in den Lehreigentümlichkeiten statthaft sein sollte.

Da Calvin jedoch nicht nur ein Mann der kirchlichen Union, sondern anderseits auch ein Mann war, der streng aufs Dogma hielt, stand er sich selber hinsichtlich seines ökumenischen Zuges im Wege. Er konnte seine eigene Weite oder das, was man den evangelisch-ökumenischen Ansatz bei ihm nennen könnte, deshalb nicht voll entfalten, weil er als praktische Autorität in Glaubensdingen die zu Unierenden relativ streng an seine Lehrauffassung band und von anderweitigen evangelischen Lehrauffassungen, wenn sie von der seinigen abwichen, sich in aller Schroffheit distanzierte. Aus diesem Grunde, so scheint es, vermochte er ein freundliches Verhältnis zum Luthertum auf die Dauer nicht zu gewinnen.Der Wille zur Einheit kreuzte sich hier bei ihm mit dem Willen zur unbedingten Behauptung der reinen (genferischen) Lehre und wurde eben dadurch abgeschwächt, wo nicht überhaupt verhindert, zum Zuge zu kommen.

Das Problem: die Wahrheit der Schrift und die Autorität der Schriftauslegung

Daß Calvin seine Auffassung in den strittigen Punkten als maßgeblich und ihres Wahrheitscharakters wegen als für jedermann verpflichtend hinstellte, ist bekannt. Seine Sicherheit in diesem Punkte ging auf sein Bewußtsein zurück, nichts als das reine Gotteswort zu lehren. In diesen Dingen ließ er nicht mit sich reden und ließ sich, wenn überhaupt, doch nur scheinbar auf Diskussionen ein. Luther wie den Lutheranern machte er zum Vorwurf, daß sie sich nicht belehren ließen, sondern trotzig und starr seien. Die historische Distanz erlaubt uns, zu vermuten, daß es bei Calvin just so war. Weil das Gotteswort *allein* herrschen sollte, deshalb eiferte er gegen jede *Autorität* in der Kirche, sei es die der Kirchenväter, sei es die Luthers. Denn Autorität, so sagte er, bringe stets die Gefahr mit sich, daß unter ihrem Namen ein x-beliebiger Irrtum als Wahrheit eingeführt werde. Daß er *selber* Autorität ausübte, kam ihm wohl nie recht ins Bewußtsein. Als Sachwalter Christi, als den er sich ansah, führte er wohl gegen Kirchenväter, Luther und andere Theologen die Heilige Schrift ins Feld und konnte über die verkehrten Ansichten oder den Trotz ihrer Interpreten klagen. Wenn von andrer Seite ähnliche Vorwürfe gegen *ihn* laut wurden, war ihm solches nicht einsichtig. Seine Lehre war ihm, wie er unermüdlich hervorhob, nichts als die treue und gewissenhafte

Auslegung des Evangeliums, ja als die Lehre Christi selber. Er stand in keiner Orthodoxie, wie die nachfolgenden Generationen lutherischer und reformierter Theologen oder wie die katholischen Theologen überhaupt; infolgedessen konnte er sich auch nicht auf eine offizielle Rechtgläubigkeit solcher Art berufen. Worauf er sich in Grenzfällen berief, pflegte vielmehr die innere Erfahrung und das Gewissen zu sein — beides ausgerichtet an der Heiligen Schrift und zu ihr hingeordnet — und dazu eine ebenfalls durch die Heilige Schrift inspirierte Sendungsgewißheit, die in ihrer Unerschütterlichkeit etwas Elementares hat. Sie wirkte dynamisch in ihre Gegenwart hinein, durch die Persönlichkeit, durch ihre Predigt, Briefe, Schriften und Handlungen. Sie objektivierte sich in der Auslegung der Schrift und in der durch die Auslegung gewonnenen Lehre und wurde dadurch, analog zur lutherischen Reformation, zum konstitutiven Prinzip für die religiöse Bewegung des reformierten Protestantismus. Als in seiner Art großartiges Phänomen, das aus der Geschichte sowohl Luthers wie Calvins wohl kaum wegzudenken ist, taucht hier ein reformatorisches Sendungsbewußtsein auf, das sich äußeren Kontrollen und Nachprüfungen entzieht und entfernt vielleicht an die Sendungsgewißheit der Propheten des Alten Bundes erinnert. Dieses Sendungsbewußtsein wird zwar als Faktum greifbar; wieweit es der Historie als Wissenschaft aber möglich sein wird, mit den ihr zu Gebote stehenden Mitteln ein solches Phänomen geistig zu bewältigen, muß wohl offenbleiben. Es schlägt stärker durch, wo die Reformatoren es mit Sektierern oder Katholiken zu tun haben; ist aber bei Calvin dort, wo es sich gegen Luther abhebt, mindestens als Bewußtsein der besseren evangelischen Erkenntnis vorhanden; ganz vehement sogar, wo er sich in späteren Jahren mit den deutschen Lutheranern konfrontiert. Bei dieser Einschätzung seiner Lehre und seiner Sendung nimmt es dann auch nicht wunder, wenn er das Verhalten zu seiner Lehre zum Maßstab seiner Urteile über evangelische und nichtevangelische Zeitgenossen machte. Erinnert man sich weiter daran, daß Bekenntnis und Charakter für ihn zwei Dinge waren, die nahe beieinander lagen, so ist es gleichfalls nicht verwunderlich, daß er die Bekenner der reformierten Lehre schlicht „die Guten“ nannte; und von denen, die davon abwichen, als von Bösen, Dummen, Verwirrten und Trotzigen sprach. Nun dachte aber die große Menge der Lutheraner in Dingen der dogmatischen und sonstigen Differenzen von *ihm* nicht viel anders als umgekehrt er von *ihnen*. Ihnen ging gleichfalls die Reinheit der Lehre der Einheit der Kirche voran; ihre aus Luther geschöpfte oder an ihm orientierte Lehre war ihnen „reine“ Lehre und Calvins Abweichungen davon ein Greuel; und wenn jemand Konzessionen zu machen und der Wahrheit zu weichen hatte, dann hatte das nach lutherischer Überzeugung Calvin genauso nötig wie in Calvins Augen die Lutheraner. Von da aus gesehen, so scheint es, ließ sich ein engeres Zusammengehen von Luthertum und Calvinismus nicht ins Werk setzen, solange die aus der Vitalität des Glaubens entspringende Intoleranz auf beiden Seiten in den Lehrabweichungen eine beklagens- und bekämpfenswerte Ketzerei sah, die man um der Wahrheit des Evangeliums oder der Ehre Gottes willen glaubte nicht auf sich beruhen lassen zu dürfen, sondern praktisch als casus belli betrachtete. Wenn Luthertum und Calvinismus auf die unter dem Gesichtspunkt der Reformation oder des Gesamtprotestantismus wünschenswerte Union oder auch nur Kooperation verzichteten und wegen dogmatischer Differenzen auseinandergingen, dann bezeugt sich darin, daß wir es im 16. Jahrhundert mit einem hochgradig konfessionellen Zeitalter zu tun haben. Denn um des Dogmas willen, und sei es nur, wie zwischen Luther und Calvin, in wenigen ausgewählten Stücken, geht die Christenheit in die Separation und trennen sich die Teile nicht nur eines einzigen geistlichen Körpers, sondern sogar eines bereits aus der katholischen Christenheit losgelösten Teilkörpers, wenn man darunter die evangelische Christenheit verstehen darf.

Die bei überwältigender Übereinstimmung im Glauben relativ schmale Lehrdifferenz zwischen Luther und Calvin — unterstützt freilich von auseinanderstrebenden Richtungen der Kirchenverfassung und Gottesdienstgestaltung — ist kräftig genug gewesen, die beiderseits angestrebte evangelische Union zu verhindern und eine Aufspaltung des Protestantismus in *zwei* verschiedene evangelische „Konfessionen" herbeizuführen, deren Unterschiede, mindestens im 16. und 17. Jahrhundert, als höchst relevant empfunden worden sind. Wobei auf einem andern Blatte steht, daß die Konfessionen, indem sie auseinandergingen, Formen, Institutionen, seelische Verhaltensweisen und kulturelle Schöpfungen von exemplarischem Rang hervorbrachten, und sich insofern aus profanhistorischer Perspektive als schöpferisch in hoher Potenz erweist, was aus der Perspektive der Einheit der Kirche Katastrophe gewesen ist. Wenn ich recht sehe, ist gerade die Hochschätzung des Abendmahls die Ursache nicht nur des Streits, sondern vor allem der Heftigkeit des Streits gewesen. Darin schimmert bei allem Elend und aller Bedenklichkeit und Kritisierbarkeit der Glaubenskämpfe aber doch auch etwas von der staunenswerten Seite der Epoche durch, die darin wenigstens, daß sie die letzten Dinge so ernst nahm und sich so sehr von ihnen bewegen ließ, Größe besessen hat.

Fünftes Kapitel

Die Staatsgewalt im Dienste der Religion. Politische Bemühungen Calvins um die Ausbreitung des Protestantismus

1. Die Aktivierung der Könige und der Obrigkeiten

Calvin als Meister der Politik

Den Reformator von Genf, Johannes Calvin, hat man von jeher unter die Meister der Politik gezählt, und man hat seiner faszinierenden Persönlichkeit gewiß kein Unrecht damit getan. Er ist eine Person des öffentlichen Wirkens in ganz ausgezeichnetem Maß gewesen, daneben freilich auch noch sehr viel mehr. König Heinrich VIII. von England machte als Politiker eine Reformation. Bei Calvin lag es umgekehrt. Von geringen Ausnahmen abgesehen, machte er Politik nicht als Staatsmann, sondern als Reformator. Dies gibt seinem politischen Wirken die Note und der Betrachtung dieses Wirkens ihren eigentümlichen Reiz.

Seine staatsmännische Wirksamkeit entfaltete sich auf vielfache Art: *Erstens* fungierte er als wichtiger und zuletzt maßgebender Mann der Genfer Politik. Er beherrschte sie durch seine Autorität und seine Anhänger im Rat, und soweit er sie nicht geradezu beherrschte, so nahm er doch bestimmenden Einfluß darauf. *Zweitens* wirkte er durch persönliche Beziehungen und gelegentlich in amtlicher Funktion auch auf die protestantischen Nachbarkantone Neuenburg, Bern, Basel und Zürich ein. *Drittens* griff er durch Mittelsleute in Denkschriften und in Briefen aber zugleich weit über den schweizerischen Umkreis hinaus und suchte Verbindungen bis an die Grenzen des Kontinents. Vor allem den Geschicken seiner französischen Heimat blieb er zeitlebens eng verbunden: besonders in den Krisenjahren des Königtums seit 1559 suchte er die französische Innenpolitik zu beeinflussen. In einem tieferen Sinn entfaltete sich zu politischer Wirkung das *staatstheoretische* Gedankengut Calvins in seinem umfangreichen Schrifttum, darunter an erster Stelle seine Lehre vom bürgerlichen Regiment, wie sie uns im 20. Kapitel des vierten Buches seiner „Institutio religionis Christianae“ von 1559 vorliegt.

Calvin hat durchaus auf die politische Welt seiner Zeit einwirken wollen und nicht geringe Energien für diesen Zweck verschwendet. Zwar schoß er mit seinen Absichten oft über das Ziel hinaus — aber was er erreichte, blieb immer noch bedeutend genug. Auf zahlreiche Staats- und Städteregierungen wirkte er beharrlich ein, um sie für die

Reformation zu gewinnen. Da nun die Herrschaften, die er solcherart ansprach, meistens weit weg wohnten, war er darauf angewiesen, mit ihnen schriftlich zu verkehren — abgesehen von mündlichen Aufträgen, von denen wir in einzelnen Fällen wissen. Calvin liebte es, seine theologischen Schriften Fürstlichkeiten oder anderweitig hochgestellten Personen zuzueignen und mit einem individuell abgetönten *Widmungsvorwort* zu versehen. Maximen und Weisungen an Staatsoberhäupter, Minister und Adelsführer sind in diesen Vorreden in Fülle erhalten. Daneben gibt uns für die Überzeugungen, die Calvin einzupflanzen, und für die Energien, die er zu wecken suchte, wichtigsten Aufschluß das gewaltige Corpus seiner *Briefe*. Er unterhielt eine weitverzweigte politische Korrespondenz mit Fürsten und Königen, Staatsmännern und Ratsmitgliedern, Ständevertretern und Hocharistokraten. Calvin hat, ähnlich wie gleichzeitig auch Ignatius von Loyola, durch eine weltweite Korrespondenz die Anhänger seines Glaubens über Länder hinweg zusammengehalten und sie auf diesem Weg diszipliniert, dogmatisch unterwiesen und gesinnungsmäßig nach seinen Überzeugungen gebildet. Die Briefe waren sein verlängerter Arm in die Welt hinaus und zugleich eine Dokumentation des calvinischen Ausgreifens in diese Welt.

Es war bei den damaligen Verhältnissen gewiß nichts Besonderes, wenn ein führender Mann der Reformation mit aller Welt in Verbindung trat. Auch *Luther* hatte einen reichhaltigen Briefwechsel mit Fürstlichkeiten, Räten und Magistraten; und auch er hatte eine Fülle von Weisungen für die Gestaltung des öffentlichen Lebens gegeben. Aber gewöhnlich wandte sich nicht Luther an die obrigkeitlichen Personen, sondern umgekehrt gingen ihn *diese* um seinen Rat an. Neben Fragen von weitreichender Bedeutung — wie z. B. ob man dem Kaiser Widerstand leisten oder Wiedertäufer hinrichten dürfe — waren es sehr oft kleinere, mehr lokale Dinge, mit denen man an Luther herantrat.

Solcherart Dinge wurden freilich auch an Calvin herangetragen. Vergleicht man jedoch seine mit Luthers Korrespondenz, so springt sofort in die Augen, wieviel weiter zunächst im rein geographischen Sinn der Interessenkreis Calvins gespannt war. Dazu kam eine, gemessen an Luther, unvergleichlich stärkere *Initiative*. Calvin wartete oft gar nicht, bis man ihn bat, sondern schaute selber aus, wie er einen Kontakt zuwege bringen könnte. Gar nicht selten kam es vor, daß er sich ungebeten vorstellte.

Nach seiner Überzeugung war die politische Obrigkeit, einerlei ob fürstlichen oder republikanischen Charakters, von ihrem Wesen her mit ganz einzigartigen Pflichten beladen, welche das Wohl und Wehe der Christenheit betrafen. Im Dienste der Religion vollendete sich das Staatswesen. Weil dem Amt der Staatsführung ein so hoher Rang im Dienst an der Kirche und am Reiche Gottes legitimerweise zukam, legitimierte sich von hier aus auch das politische Mühen Calvins. Was seine Meinung vom christlichen Amt der Obrigkeit betraf, so war sie freilich gemeinprotestantisch; und ohne die spezifische Interpretation eines Dienstes an der Reformation war sie zeitüblich schlechthin. Darin lag also weiter keine besondere Originalität. Original war vielmehr, was er daraus für die Praxis ableitete, und original war zugleich die Vehemenz, mit der er die Staatsführung in den Dienst einer Politik für das Reich Gottes zu zwingen suchte.

Umkreis der politischen Beziehungen und Bemühungen

Wie sah nun der politische *Personenkreis* aus, den er mit seinen Briefen zu erreichen suchte? Um eine ungefähre Vorstellung davon zu vermitteln, seien von seinen hochgestellten Adressaten die wichtigeren beim Namen genannt: es waren dies in *Polen* und *Litauen* der mehrerwähnte König Sigismund II. August; der Großkanzler Fürst Nikolaus von Radziwil; der Oberkommandierende der Armee Graf Johann von Tarnow und neben weiteren Adligen noch der Beichtvater der Königinmutter, Lismanini. In *Schweden* und *Dänemark* knüpfte er Verbindungen zu den Königen Gustav Wasa und Christian III., dazu zu den damaligen Kronprinzen und späteren Königen Erik XIV. und Friedrich II. In *England* korrespondierte er mit König Eduard VI. und Königin Elisabeth, mit des Königs Vormund Eduard Seymour, Herzog von Somerset; mit dem Erzbischof von Canterbury, Thomas Cranmer, und mit Elisabeths leitendem Minister William Cecil Burghley; auch mit einem Prinzen von Schottland, Jacob, natürlichem Bruder von Maria Stuart, setzte er sich in Verbindung. In *Frankreich* widmete er die erste Auflage seiner „Institutio religionis Christianae“ dem König Franz I. Ferner korrespondierte er mit mehreren französischen Prinzen von Geblüt und zahlreichen hohen Aristokraten; in *Navarra* mit der gesamten königlichen Familie in drei Generationen von Marguerita von Valois über König Anton und seine Gattin Johanna bis zum noch unmündigen späteren König Heinrich IV. Unter den *deutschen* Fürsten nahm er mit den Herren von Württemberg, Hessen, Sachsen und Pfalz Fühlung auf und warb zeitweilig indirekt um deren Eingreifen in Frankreich zugunsten der Hugenotten. Zu seinen Vertrauensleuten in Kurpfalz gehörten außerdem noch verschiedene Schlüsselfiguren am Heidelberger Hof. Lockere Verbindungen unterhielt er nach *Österreich* hin: Den Hofprediger Kaiser Maximilians II., Phauser, hatte er flüchtig kennengelernt; ein kaiserlicher Rat, Johann Kaspar von Nidbruck, war sein Gönner. Persönliche Seelsorgsbriefe, die aber nicht nur die private Sphäre berührten, schrieb er in Abständen an Renata von Frankreich, Herzogin von Ferrara; er hatte, als sie in Italien residierte, mit ihr Fühlung genommen. Dazu kam noch ein sowohl intimer wie hochpolitischer Verkehr mit den *eidgenössischen Stadtkantonen* und der Briefwechsel mit Geistlichen und reformierten Gemeinden in *deutschen Städten.* Von Irland, Portugal und Spanien abgesehen, stand also Calvin mit dem ganzen damaligen Europa in Verbindung.

Weil vom religiösen Verhalten der politisch-sozialen Führungsschicht aber ganz Entscheidendes in der damals strittigen Kernfrage abhing, deshalb legte Calvin gerade auf die Unterweisung dieser Führungsschicht gesteigerten Wert. Für seinen Umgang mit ihr kam ihm zugute, daß ihm eine Sprache von vollkommener Höflichkeit zu Gebote stand, die sowohl den Abstand wahrte als auch Brücken schlug, und eine Beredsamkeit, die mit einer reichen Skala von Imperativen zu arbeiten verstand und dabei doch immer wieder durch ihre Urbanität bestach, obwohl sie mit pastoralen Vorwürfen und geharnischtem Tadel gegebenenfalls durchaus nicht sparte.

Die Beziehungen, die Calvin sich auf solche und andere Weise eröffnete, entwickelten sich unterschiedlich. Der Kontakt hielt manchmal vor, manchmal nicht. Hatte er sich aber einigermaßen geschlossen, so konnte es vorkommen, daß Calvin zum Ratgeber in der Politik manchen weitab von Genf gelegenen Landes wurde. In andern Fällen kam er freilich überhaupt nicht an: seine großen Schreiben nach *Skandinavien* blieben ohne jedes Echo; die ernestinischen Herzöge zu *Weimar*, deren Dynastie einen Luther geschützt hatte, verbaten sich die Widmung seines Genesiskommentars. Gelegentlich nahm er sich auch eine etwas zu kühne Sprache heraus, die nicht immer gerne gehört wurde, so etwa gegenüber der Königin Elisabeth, der man es auch weiter nicht verdenken wird, daß sie über seine grundsätzliche Meinung vom *Weiberregiment*, nämlich daß es eine *Naturwidrigkeit* sei, die man unter die *Strafen Gottes* zählen müsse, nicht gerade besonders erbaut war.

Christenpflichten des Fürstenamts

Calvin hat sich durchweg großartiger Ausdrücke und erhabener Bilder bedient, um die Hoheit des königlichen oder obrigkeitlichen Amtes zu preisen, und ist mit solchem Vokabular eher verschwenderisch als sparsam umgegangen. Denn wenn, wie er sich mehrfach ausdrückte, ein Fürst hoch über die übrigen Menschen hinausgehoben, ja von Gott kraft Amts dazu ausersehen sei, in größerer Nähe bei seiner himmlischen Majestät zu stehen, dann sagte er es eigentlich nur, um ihn gewissermaßen geistlich beim Portepee zu fassen und ihm eine besondere Leistung für das Reich Gottes, historisch gesprochen also für die Reformation, abzuverlangen. Es sei ein Großes, schrieb er an den jugendlichen König Eduard VI. von England, ein König zu sein; ein Größeres, „Christ zu sein; ein unschätzbarer Vorzug aber, beides zu sein: ein christlicher König". Der Herzog von Somerset war aus Gefahren an Leib und Leben errettet worden; Königin Elisabeth 1558 desgleichen. Burghley und König Anton von Navarra hatten, der eine durch Feigheit, der andere durch Liederlichkeit, gefehlt: an sie trat Calvin heran fast wie der Prophet Nathan an König David: Er gebot ihnen, Gott als ihrem Befreier besonderen Dank abzustatten oder ihre Schuld wiedergutzumachen in der Form, daß sie in der Praxis ihrer Regierung gesteigerten Eifer für das Reich Gottes entfalteten.

Und damit ist bereits das *allgemeine* Gebot genannt, unter dessen Herrschaft nach Calvin alle Herrschaft auf Erden stand. Es lautete: allen Rang und Stand, alle Gaben und Vorzüge habe Gott den Herrschern und Königen allein zu dem alles andere überragenden Zweck verliehen, daß sie damit das Reich Gottes auf Erden wiederherstellten, es aufrechterhielten und schützten. Die Hoheit des Amtes verlangt, so predigte er unverdrossen, daß die Herrscher ein Vorbild geben, wie man das Zepter der weltlichen Herrschaft dem Zepter des Reiches Gottes unterwirft. Ja, so lautete eine Weisung an die regierende Königin Jeanne von Navarra aus dem Jahre 1563, obwohl die Knie aller Menschen sich vor dem König des Himmels beugen sollten, so sei es den Königen „besonders ausdrücklich befohlen, sich huldigend vor Ihm niederzuwerfen". Denn es müßte vor aller Welt deutlich werden, daß sie *mehr* als andere Menschen sich zu demütigen hätten. Sei ihnen ihre hohe Stellung doch nur gegeben, daß durch sie Christus erhöht werde, der das Haupt der Engel im Paradiese und also auch das Haupt der Allerhöchsten auf Erden sei.

Dasselbe legte er auch oft mit umgekehrtem Vorzeichen dar: Er sprach es wiederholt aus, daß ein Regent sich außerordentlich versündige, wenn er die Subordination seiner Herrschaft unter die Herrschaft Gottes mißachte oder auf die leichte Schulter nehme. Seinem französischen König, Franz I., sagte er klipp und klar, ein König, der nicht gerecht regiere, sei gar kein König, sondern ein Räuber.

Ihre eigentümliche Note bekamen diese grundsätzlichen Weisungen aber noch durch etwas anderes, was zugleich etwas unverkennbar Calvinisches war: nämlich durch den *gebieterischen Aufruf zur Tat.* Auf alle erdenkliche Weise suchte Calvin diese Fürsten und Minister zu der Überzeugung zu bringen, daß sie ihre Erkenntnis in Handlung umsetzen und durch die Tat bewähren müssen. Mit allen Mitteln bemühte er sich, sie für das Reich Christi in Trab zu bringen. Unermüdlich machte er ihnen klar: wenn Gott jemanden zur Regierung berufe, so tue er dies, um ihn auf die Probe zu stellen, nämlich um sich zu vergewissern, wie groß sein Eifer sei. Was Calvin aber unter Eifer verstand, erklärte er gern durch den Verweis auf Ps. 69, 10, wo es heißt: „Der Eifer für dein Haus hat mich gefressen, und die Schmähungen derer, die dich schmähen, fallen auf mich." Die „reine Lehre", schrieb er einmal an König Anton von Navarra, „durch die Gott gepriesen sein will, muß uns so hoch im Werte stehen, daß wir mit Feuereifer dreinfahren, wenn wir sehen, daß Irrtum, Mißbrauch und Teufelstrug sie zersetzen oder verdunkeln wollen." Das hieß aber, auf die Praxis angewendet, nichts anderes als: den Calvinismus einführen, verteidigen, festigen oder doch wenigstens der Reformation die Wege ebnen.

Vom Werben für die Reformation

Will man sie auf einen gemeinsamen Nenner bringen, so könnte man Calvins politische Bemühungen ihrem Gehalt nach definieren als ein einziges Werben um die Reformation. Seine Werbung ging auf wenige Prinzipien, eigentlich nur auf eines zurück: auf die Pflicht, das Reich Christi auf Erden mit aufbauen zu helfen, was in zeitgenössischer Auffassung dasselbe war, wie die Kirche zu reformieren. Nun sind seine Verlautbarungen aber nicht ein bloßes Einschärfen von Grundsätzen. Calvin beließ es selten beim bloßen Appell oder bei der Deklamation einer allgemeinen Maxime. Ihm kam es vor allem auf deren Anwendungen an. Er ging dafür manchmal bis ins kleinste Detail und zeigte darin eine gelegentlich überraschende Sachkunde. Er dachte sich, so gut er es vermochte, in die untereinander höchst verschiedenen Situationen hinein und behandelte die anstehenden Probleme zugleich immer mit einer für ihn charakteristischen Mixtur von Grundsatztreue und Anpassungsfähigkeit. Solchergestalt ließ Calvin, im Zuge seiner Bemühungen, der Reformation die Wege zu ebnen, Anregungen, Empfehlungen und Weisungen in schier unübersehbarer Fülle bis in die entferntesten Länder Europas hinausgehen.

Wie weit das persönliche Engagement des Reformators z. B. in bezug auf Frankreich reichte, zeigte sein Verhalten in der Krise des französischen Königtums seit 1559. Wir kennen *Beispiele* aus der deutschen und außerdeutschen Geschichte genug, daß mit dem Eindringen des Calvinismus eine Umschichtung der inneren Landesverfassung Hand in Hand ging, oder auch Beispiele, daß von reformierter Seite ein bestimmtes Verfassungsprogramm vorangetrieben wurde. Unter dem Leitgedanken, seiner Lehre Raum zu schaffen, faßte Calvin selber gelegentlich auch diesen Weg ins Auge und bediente sich hierfür sogar zusätzlich noch des Hilfsmittels eines politischen Drucks von außen. Das kam für solche Fälle in Frage, wo eine einheimische Regierung sich seiner Reformation verschloß, starke Kräfte im Lande sie aber begünstigten. So war es vor allem in Frankreich. Nach Franz' II. Tod 1560 ermunterte er z. B. die Prinzen von Geblüt, sich an der Vormundschaft über den minderjährigen König zu beteiligen. Hier, wo es sich um sein Vaterland handelte und er einer gewissen Sachkunde nicht ermangelte, drang er mit seinen Ratschlägen weit in ausgesprochen politische Bereiche vor: er riet den französischen Großen, die Machtposition der Herzöge von Guise zu stürzen und eine Übertragung der Vollgewalt an die Königin-Mutter Katharina von Medici zu verhindern; als Mittel dazu empfahl er den Prinzen von Geblüt, für die wichtigeren Entscheidungen eine Versammlung der Generalstände mit heranzuziehen, das hieß aber, verfassungsrechtlich gesehen, die Monarchie einzuschränken. Um die Verfolgung der Hugenotten abzubremsen, drängte er deutsche evangelische Fürsten, in Frankreich zugunsten der Protestanten zu intervenieren. Aber er beließ es nicht bei der bloßen Empfehlung. Da die Zeit eilte, entwarf er sogleich persönlich Instruktionen für die nach Frankreich abzufertigenden Gesandten und versuchte, sie durch seine Vertrauensleute bei den deutschen Höfen anzubringen. Als es zu den — von ihm übrigens nicht gewünschten — innerfranzösischen Religionskriegen kam, ließ er Truppen für die Hugenotten anwerben, kümmerte sich, soweit seine Beziehungen dazu hinreichten, selbst um Dinge, wie die Durchmarscherlaubnis durch neutrales Gebiet, erteilte auch wohl einmal einem Söldnerführer Direktiven und bearbeitete die Züricher Regierung, ein Hilfskontingent auf die Beine zu stellen.

Nimmt man den Gesamtvorgang seines umfassenden Einwirkens in die französischen Verhältnisse als Modellfall, so erhält man einen Begriff davon, mit welcher Kraft und in welche Breite sein Handeln nach dem Leitmotiv der Ausbreitung und Verteidigung des reinen Gottesdienstes seine Wellen in die Welt entsandte. Unter solchen Umständen gab der Calvinismus mehr als einmal den Anstoß für die Umbildung der politischen Verfassung; aber davon abgesehen, wurde er überhaupt zu einem dynamischen Element der allgemeinen Politik. Dabei mußte die Richtung übrigens keineswegs immer auf Einschränkung oder Abbau der Monarchie gehen. Denn sofern anderwärts ein strammes Fürstenregiment gewillt war, das reformierte Bekenntnis einzuführen, hatte Calvin vom Standpunkt der reinen Lehre aus hiergegen nichts einzuwenden und hütete sich in solchen Fällen sogar, die Frage der Kompetenz der Stände unnötig in die Diskussion zu werfen.

Staatliche Eingriffe im kirchlichen Raum

Eine Kurzformel, deren sich Calvin öfter zur Bezeichnung seines reformatorischen Zieles bediente, lautete schlicht: der reine Gottesdienst. Wenn er ihn wiederaufleben zu lassen verlangte, dann hieß das praktisch: den Genfer Gottesdienst samt der zugehörigen Glaubenslehre und Kirchenverfassung einzuführen. Der Kern der Dinge, um den sich die politische Führung zu kümmern hatte, bestand darin, daß sie das Wort predigen und die Lehre unverfälscht im Sinn Calvins verkünden ließ, nicht minder aber auch darin, daß sie eine Kirchen- und Sittenzucht einrichtete — wobei er nicht müde wurde, der Obrigkeit die Bestrafung der Laster als eine ihrer wichtigsten Obliegenheiten aufzubinden. Die Erledigung solcher Aufgaben hing, nächst dem guten Willen der Regenten, praktisch meistens davon ab, ob genug taugliche Geistliche zur Verfügung standen. Calvin hatte deren unzählige aus aller Herren Ländern nicht nur ausgebildet, sondern auch organisatorisch und missionarisch geschult; er sorgte auch dafür, daß Schlüsselstellungen bei Hof und sonstige entscheidende Posten nur mit den begabtesten und zuverlässigsten Leuten aus diesen Kreisen besetzt wurden. Allein: er konnte den gesamten Bedarf niemals mit dieser Elite aus Genf decken. Und so drang er denn auf die weltlichen Machthaber ein, geeignete Stätten für den geistlichen Nachwuchs zu schaffen, namentlich Schulen zu gründen als „Schatzkammern himmlischer Lehre", wie er sich ausdrückte.

Hier wurde bereits das Problem der staatlichen Kompetenz im innerkirchlichen Sektor akut. Calvin konnte da unter Umständen sehr weit gehen, wie die Lektion zeigt, die er, unter dem Gesichtspunkt der Ausbreitung des Reiches Christi, König Eduards VI. Vormund, dem Herzog von *Somerset*, 1548 erteilte. Er empfahl dem englischen Regentschaftsführer, einen Katechismus einzuführen und möglichst dazu noch ein offizielles Landesbekenntnis aufzustellen. Auf dieses Bekenntnis sollten dann die Pfarrer vereidigt werden, auf daß, wie er sich ausdrückte, eine gewisse Einheitlichkeit der Lehre gesichert sei und nicht allerlei abwegige Meinungen und Phantastereien sich unter dem Namen des Evangeliums einschlichen und die Leute verwirrten. Nimmt man hinzu, daß dort, wo bereits reformierte Gemeinden existierten, die Staatsgewalt ihnen nach Calvins Willen eine gewisse Freiheit einräumen sollte, sich zu versammeln und ihre eigenen Dinge selbst zu regeln, so entsprach das alles zusammen ungefähr dem Konzept, das er in Genf praktiziert hatte und nach dem sich in den Jahren um 1560 auch der Calvinismus in vielen europäischen Ländern kirchlich konstituierte.

Seine Forderungen ermäßigten oder steigerten sich je nach der konfessionellen Situation, mit der er es in den einzelnen Städten und Ländern zu tun hatte. Von einer Staatsführung in noch überwiegend katholischen Ländern verlangte er z. B. nicht dasselbe wie von Regierungen, die selbst oder deren Untertanen auf dem Weg der Reformation schon weiter fortgeschritten waren. In seinen praktischen Ratschlägen dokumentierte er sich überhaupt als ein Mann der klugen Anpassung, der, trotz seines unbezweifelbaren Eifers, auch vor Übereilung warnte und zur Behutsamkeit anhielt — wie er in andern Fällen auch hart und scharf zupacken hieß.

Dem *Regenten von England*, Eduard Seymour, vindizierte er also die größte Freiheit in diesem Punkt: Er sollte die anglikanische Liturgie verbessern, den geistlichen Stand reglementieren und ihn zum Schwur auf eine bestimmte Glaubensform zwingen. Dem König Sigismund II. August von *Polen* machte er es zur heiligen Pflicht, ohne Rücksicht auf das Geschwätz seines Episkopats und Klerus die gesamte Kirche in den Grenzen seines damals sehr weiten Reichs neu zu bauen. Am Rat der *Stadt Wesel* am Niederrhein hatte er zu kritisieren, daß er das Luthertum noch nicht abgeschafft hätte. Er stellte dabei den Satz auf: die Magistrate hätten die Pflicht, alles zu beseitigen, was nicht zur Erbauung diene und die Klarheit des Evangeliums verdunkele. Und weil die Ratsherren von *Bern* ein paar evangelischen Pastoren, mit deren Lehre Calvin nicht einverstanden war, nicht sofort den Mund verboten, legte er Beschwerde bei ihnen ein.

Obrigkeitliche Eingriffe in Bekenntnis und Gottesdienst hielt er also durchaus für statthaft, ja sogar für geboten. Bei anderer Gelegenheit konnte er sie sich jedoch auch schärfstens und in aller Deutlichkeit verbitten. Er selber hatte es sich namenlose Kämpfe kosten lassen, um zu verhindern, daß die Genfer Stadtregierung sich mehr um die Kirche zu Genf kümmerte, als ihm wünschenswert schien. Oft berief er sich auf die jüdischen Könige aus der Zeit des Alten Testaments, um zu zeigen, daß die Inhaber der Staatsgewalt sich mit Vorrang der Religion und Kirche anzunehmen hätten — und dann berief er sich wieder auf die Propheten des Alten Bundes, um den Nachweis zu erbringen, daß Gott selbst der politischen Obrigkeit Schranken gesetzt habe, die sie nicht überschreiten dürfe. Und obwohl er auf der einen Seite nahezu hemmungslos Könige und Fürsten in den Dienst des ersten, zweiten und dritten Gebotes stellte und ihnen die Verantwortung für Kult und Dogma auf die Schulter bürdete, trat derselbe Calvin auf der andern Seite als ein Wächter der Freiheit der Kirche in einer Kraft und Entschiedenheit auf, wie es in der Praxis das Luthertum niemals fertiggebracht hat. Denselben Ratsherren von Bern, von denen er ein Einschreiten gegen ihm mißliebige Lehrmeinungen verlangte, untersagte er gebieterisch, sich über die calvinische Lehre ein selbständiges Urteil zu bilden (sofern sie sich darin auch nur in Nuancen von seiner Auffassung entfernten), und als sie in ihrer Kirchenpolitik anders verfuhren, als er es für gut hielt, kündigte er ihnen das nahe Strafgericht Gottes an.

Die Beispiele können beliebig vermehrt werden. Es sieht nicht so aus, als ob sich ein klares allgemeines Staatskirchenrecht auf dieserart auseinandergehenden Grundsätzen aufbauen ließ. Dennoch war der Widerspruch nur ein scheinbarer, weil der Politiker in Calvin dem Reformator zu Diensten stand und der Reformator sich an den Fortschritten des Reiches Christi, keineswegs aber an den politischen Grundsätzen und Spielregeln in letzter Instanz orientierte. Der Reformator und Prophet gab Weisungen und stellte Forderungen; der Politiker und Kirchenpolitiker Calvin dagegen verfuhr ohne Gewissensbisse pragmatisch.

Behandlung der Andersgläubigen. Glaubenszwang und Toleranz

Das wird noch deutlicher, wenn man danach fragt, wie sich laut Calvin das politische Regiment zu *Andersgläubigen verhalten* sollte: Zwar differenzierte er unter den Andersgläubigen zwischen Trinitätsleugnern, Papisten und partiell unerleuchteten Protestanten und wollte dementsprechend ein unterschiedliches Strafmaß angewendet wissen. Im ganzen hielt er aber dafür, daß es sich um „giftige Bestien“ handle, die, sofern man ihnen nicht ihr Gift zu entziehen vermochte, ausgerottet oder anderweit unschädlich gemacht werden müßten.

Hier sprach er sich für den *Glaubenszwang* aus. Vielleicht am reinsten und am wenigsten verhüllt in einer Anweisung, die er, unmittelbar nach ihrer Regierungsübernahme, der Königin von Navarra, Jeanne d'Albret, durch einen Genfer Geistlichen, der ihr bei der Reformation helfen sollte, im Jahre 1563 zukommen ließ. Darin heißt es: „Nun kenne ich die Gründe wohl, mit denen viele nachweisen wollen, daß es einer Obrigkeit nicht erlaubt sei, ihre Untertanen zum christlichen Leben zu zwingen. Aber: ist das denn nicht doch eine allzu weltliche Nachsicht, wenn man jemandem, der nichts von seinen Auffassungen drangeben will, gestattet, seine Obrigkeit um ihr Recht zu betrügen? Genügt uns nicht ihr Befehl, so muß uns doch die Drohung Is. 60, 12 erzittern lassen, daß jedes Reich, das nicht Christo dient, zugrunde gehen wird! Denn diese Drohung bezieht sich ganz gewiß auf den Zustand der christlichen Kirche. So schöne Ausreden auch die vorbringen werden, die ihre Feigheit verbergen wollen [das heißt den Glaubenszwang für ungut halten], so bitte ich Sie doch, Madame, in sich zu gehen und selbst zu urteilen, ob nicht Gottes Herrschaft der Vorzug gebührt — und Sie werden sofort recht entschieden haben" — nämlich, daß der Bekehrungszwang gegen Andersgläubige ein positives religiöses Gebot sei. Diese Forderung kehrt öfters wieder.

Entscheidend war für Calvin eine Art Urmotiv: vordringlich vor allem andern bewegte ihn die Ehre und der Anspruch Gottes. Gott verlangt, so sagte er unzählige Male, daß alle Welt ihm diene. Der Gläubige weiß es. Er ist es Gottes Ehre schuldig, *alles* seinem Namen zu unterwerfen; auch die Andersgläubigen. Lassen diese sich nicht überzeugen — dann, in Gottes Namen, muß man sie zwingen. Es dient ja schließlich nur zu ihrem Heil — auch wenn sie es noch nicht wissen. Bekanntlich verfuhren fast alle Obrigkeiten des 16. Jahrhunderts nach diesem Rezept und nach dieser Theorie und erweiterten bei dieser Gelegenheit ihre politischen Kompetenzen ganz respektabel. Freilich billigte Calvin die Ausübung des Glaubenszwanges nur *reformierten* Obrigkeiten zu. In diesem Sinne wurde er beispielsweise angewendet in Navarra oder in der Kurpfalz.

In andern Fällen praktizierte den Glaubenszwang eine *nichtreformierte* Obrigkeit. Wenn er davon hörte, dann schäumte Calvin. Das Staatsrecht der Zeit hat das obrigkeitliche Konfessionsbestimmungsrecht in der Regel zur Norm erhoben, hat aber in föderativen Staatsgebilden, wie der Eidgenossenschaft oder dem Deutschen Reich, ein gewisses Billigkeits- und Gegenseitigkeitsprinzip gelten lassen. Von solchen Überlegungen, die darauf ausgingen, aus einer verfahrenen Situation einen erträglichen modus vivendi zu finden, war Calvin meilenweit entfernt. Wohl vertrat er in den erwähnten Fällen das Prinzip des staatlichen Glaubenszwanges — doch wäre es sehr verfehlt, hier einen durchgehenden calvinischen Grundsatz anzunehmen. Doch wo der Calvinismus nicht Staatsreligion war oder sich in der Minderheit, in der Opposition oder Bedrängnis befand, legte sich Calvin, wenn es anging, sehr ins Mittel, um in solchen Fällen Duldung für die reformierte Konfession zu erlangen.

Calvin begründete und verwarf nach Maßgabe der Kategorien von Heil und Unheil, also nach Maßgabe von religiösen Werten, und war zugleich unerschütterlich davon überzeugt, daß Genfer Lehre und Wahrheit Gottes miteinander identisch seien. Unter *diesem* Gesichtspunkt lösten sich alle scheinbaren Widersprüche auf, von der Erlaubtheit und Unerlaubtheit der staatlichen Verfolgung Andersgläubiger, von der Statthaftigkeit und Unstatthaftigkeit obrigkeitlicher Eingriffe in die Kirche. Das heißt, trotz klarster Anweisung im Einzelfall gab es bei Calvin Grundsätze für das Verhalten der Staatsgewalt in Dingen des Dogmas, der Kirche, der Duldung und des Zwangs nicht — jedenfalls nicht vom Bekenntnis losgelöste politische Grundsätze an sich. Eigentlich galt für ihn nur die eine Universalmaxime, daß jeder für seine Person und innerhalb seines Standes und seiner Kompetenz sich um die Verwirklichung der Herrschaft Gottes auf Erden zu rühren habe. Für einen Regenten ergab sich alles weitere dann von selbst. Dulden oder verfolgen — beides war statthaft, möglich und wünschenswert, wenn es dem reformierten Bekenntnis zugute kam; und beides war zugleich verabscheuenswert, wenn es eben diesem Bekenntnis im Weg stand.

Im Hintergrund der hier angeführten Weisungen und Maximen stand eine substantiell religiöse Persönlichkeit von unvergleichlicher Wucht und prophetischer Härte und stand ein Mann, der das Zeitgeschehen einordnete in die überweltlich gesteuerte Heilsgeschichte und der sich selber als Werkzeug Gottes innerhalb der Heilsgeschichte in einer sehr prononcierten Weise verstand. Diesen sozusagen prophetischen Untergrund des Politikers für die Reformation, Johannes Calvins, muß man sich stets gegenwärtig halten, um ein rechtes Verständnis für die Härte und scheinbaren Widersprüche seiner Weisungen zu gewinnen; und auch um sein gelegentlich schier unglaubliches Sendungsbewußtsein zu verstehen, das ihn in entscheidenden Momenten direkt im Namen Gottes auftreten und sprechen ließ. Dieses prophetische Bewußtsein erwuchs ihm aus der durch nichts zu erschütternden Überzeugung, daß die Reformation Gottes eigenes Werk sei; und aus dieser Überzeugung erstand ihm die geheimnisvolle Kraft, die Anhänger seines Glaubens zu höchstem Aktivismus hinzureißen, sie bis ins Martyrium hinein zu stärken und zu faszinieren und sie ihren Kampf gegen Feinde und Widerstände als einen Krieg gegen die Feinde Christi, ja als Kampf Christi gegen den Satan sehen zu lassen.

Aus der Sicht auf das Heil und die Ewigkeit wird erst manches verständlich und glaubhaft, was einem auf rein natürlicher Ebene vielleicht als ein ausgeklügelter Trick vorkommen möchte (etwa seine Verheißungen politischen Erfolges als Frucht der Reformationseinführung und dann wieder die Verächtlichmachung jedes politischen Erfolges, wenn er auf Kosten der Reformation gehen sollte).

Und aus dieser Sicht auf die Ewigkeit rechtfertigte sich ihm wohl auch das uns heute bedenklich scheinende Messen mit zweierlei Maß, durch das auf der Ebene des Natürlichen und Weltpolitischen die Werte ins Gleiten kamen und unter Umständen Gut sich in Böse, Erlaubt sich in Unerlaubt und Recht sich in Unrecht verwandeln könnte. Freilich — dies betrifft Calvin schon nicht mehr allein. Es war vielmehr die widerspruchsreiche und in ihren Widersprüchen außerordentlich typische Situation der Konfessionen im Zeitalter der Glaubenskämpfe, die derartige Verhaltensweisen hervorrief. Sie rührte daher, daß jedes Bekenntnis die *ganze* Kirche zu sein vermeinte und doch nur Teilkirche war. Ich übergehe die nähere Darstellung dieser Dinge, um anschließend die Frage nach dem Ertrag des calvinischen Wirkens in die Politik hinein wenigstens kurz zu berühren.

3. Einflüsse und Wirkungen auf die politische Geschichte Europas

Wollte man die Frage zureichend beantworten, wie es um die Fülle der Wirkungen Calvins bestellt gewesen sei, so müßte man auf das unterschiedliche Echo eingehen, das er in seiner Zeit fand, und auf die Reaktionen achten, die er hervorrief; und man müßte weiterhin die qualitativ und quantitativ variierenden Grade des Erfolgs und auch Mißerfolgs sichtbar machen in den Städten, Ländern und Reichen, in die seine Lehre drang. Davon hinlänglich zu sprechen geht nun aber hier zu weit. So beschränke ich mich auf die Andeutung von zwei Punkten: Es sei in knapp skizzierender Weise die Rede 1. von der *Dynamik*, die durch Calvin in die *auswärtige* Politik der Territorien und Staaten kam; 2. von den Einflüssen auf das *innerstaatliche* politische Leben.

Einwirkungen auf den Stil der konfessionellen Politik

Der *Ertrag des calvinischen Wirkens* ist nicht nur in diesem oder jenem handgreiflichen Resultat zu suchen, sondern vor allem in seiner *Grundsatzforderung*, *Politik für das Reich Gottes zu machen*, und in dem *Wirbel und der Bewegung*, man kann auch sagen: in der Dynamik, die er damit erzeugte. Was den Grundsatz anging, in den Dienst an Gottes Ehre auch die Politik zu stellen, so waren sich bis zu einem gewissen Grad die Katholiken mit ihm darin einig, nur daß sie und die Calvinisten sich gegenseitig unter die Störenfriede zählten, die der Teufel in Dienst nahm, um Gott ins Werk zu pfuschen. Der Wirbel aber, den Calvin hervorrief oder mit hervorrufen half, bestand, kurz gesagt, darin, daß er durch den Primat der Reich-Gottes-Verwirklichung in der Politik die innerstaatlichen und zwischenstaatlichen Rechtsverhältnisse ins Gleiten brachte. Zwar war in Deutschland schon seit Luthers Auftreten manches in Bewegung geraten; daß die Reformation ein *neues Recht* brauchte und *schuf*, war auch nichts unbedingt Neues mehr. Neu war jedoch die Idee, daß das

Reich Gottes auf Erden aufzubauen und dafür die ganze Apparatur der Staatsführung in Bewegung zu setzen sei. Dadurch kam ein Eifer und Fanatismus in das politische Handeln, wie ihn Luther oder die Anglikaner niemals zuwege gebracht hatten. Wenn Politik und Kriegsführung in Westeuropa in der zweiten Hälfte des 16. Jahrhunderts einen vehement konfessionellen Einschuß erhielten: dann ist das ganz wesentlich auch Calvins Werk gewesen. Wenn Kurfürst Friedrich III. von der Pfalz bei der Regelung zwischenstaatlicher Probleme zuungunsten seines Nachbarfürsten nach der Maxime verfuhr, das ewige Heil der armen Untertanen sei wichtiger als das geltende Staatsrecht, dann wird darin schlagartig die Kraft des Calvinismus im politischen Raum, aber auch das Bedenkliche einer Politik für das Reich Gottes sichtbar; bedenklich, weil mit der Praktizierung einer Politik für das Reich Gottes sich nahezu unwiderstehlich die Versuchung ihres Mißbrauches für eine Politik der Macht anbot.

Wirkungen auf das innere Staatsleben

Im innerstaatlichen sozialen und politischen Raum hat sich der Calvinismus oft mit ständisch-oppositionellen Kräften verschmolzen. Dies ist ein Phänomen überörtlichen Charakters und läßt sich quer durch Europa feststellen — und mutet einen auf den ersten Blick doch wie eine Merkwürdigkeit an, wenn man an die preisenden Worte denkt. mit denen Calvin die Könige bedachte und ihren Rang als Sachwalter Gottes rühmte. Geschichtlich greifbar ist das Faktum, daß im Gefolge Calvins im allgemeinen die Stände — die politische Vertretung von Aristokratie und städtischen Bürgerschaften — Oberwasser bekamen. Und ebenso ist es ein Faktum, daß überall, wo die Stände sich mit dem Calvinismus einließen, die politische Opposition gegen die Monarchie frischen Wind in die Segel erhielt. Calvin hatte gewiß nichts dagegen — soweit er das noch erlebte. Aber *er* hatte diese Entwicklung keineswegs einseitig angestrebt. Der unverhältnismäßig große Anteil, den in seiner Korrespondenz der Schriftwechsel mit *Fürsten und Königen* einnimmt, deutet zwar an, daß er ziemlich stark auf die Monarchie setzte. Wenn es tatsächlich dann oft anders kam, so hing dies wohl auch damit zusammen, daß sich damals nur verhältnismäßig wenige Monarchen für Calvin erwärmten, hatte aber auch noch andere Ursachen. *Erstens* betrachtete Calvin keineswegs ausschließlich die Fürsten- oder Magistratsgewalt als Werkzeug und Hilfstruppe der Reformation. Notfalls mußte es auch ohne sie gehen, wenn die Verhältnisse es verlangten. Denn es kam letztlich nicht so darauf an, *wer* das Reich Gottes baute, als *daß* es überhaupt gebaut wurde. *Zweitens* hatte er in seiner Staatslehre den Ständen die Pflicht aufgebunden und das Recht zuerkannt, gegen das Fürstentum einzuschreiten, wenn es versage, und hatte darüber hinaus *drittens* den einzelnen Gläubigen verboten, der

Obrigkeit zu folgen, wenn sie gegen Gottes Gebot verstieß. In diesem Punkt übrigens dachte Luther ganz ähnlich; nur daß vieles, worüber sich Luther und die Lutheraner nicht sonderlich aufregten, für Calvin bereits einen Grund bildete, Kritik anzumelden und Einspruch zu erheben. Viel schärfer war daher die Wachsamkeit, zu der im Unterschied zum Lutheraner oder Anglikaner der Calvinist erzogen wurde, und viel eher kam es bei ihm gegenüber seinem Staatswesen zu einer Reaktion. Dazu kam *viertens* die Gemeindeverfassung: Sie ließ Zellen von relativer Selbständigkeit und Beweglichkeit im Gesamtorganismus der reformierten Kirche heranwachsen; und so zeigten sich die Gemeinden denn auch gar nicht selten in der Lage, auch ohne und gegen fürstliche Protektion Boden zu gewinnen. Positiv waren es also Elemente der Lehre und Verfassung, die den Calvinismus befähigten, sich notfalls auch gegen das Fürstentum durchzusetzen. Eben dadurch aber wurde der Calvinismus, ob er es wollte oder nicht, in ausgezeichneter Weise zu einem Politikum. Ferner darf man nicht vergessen, daß Calvin nicht nur Könige und andere Obrigkeiten ansprach. Vielmehr: eine vergleichbare Hingabe an den Dienst Christi wie von den Königen und Ministern forderte er auch von den Angehörigen aller übrigen Schichten und Stände. Auch sie erfüllte er mit den gleichen Überzeugungen und stellte sie mutatis mutandis auch unter die Anforderungen desselben kirchenpolitischen Reformprogramms. Die Aktivierung der Könige war unter diesem Aspekt also nur ein besonders sichtbarer Fall einer von Calvin hervorgerufenen Aktivierung der gesellschaftlichen Kräfte überhaupt.

Resultate und Thesen

Zieht man die Grundsätze, Empfehlungen und Postulate Calvins und die Resultate seiner eigenen politischen Praxis in Genf in ein paar Thesen zusammen, so läßt sich darüber etwa soviel sagen:

Erstens. Calvin machte die reformierte Kirche relativ unabhängig und dadurch in jedem Falle stark gegen den Staat; er grenzte diesen also ein.

Zweitens. Durch seine Ständelehre und seine Appelle an die Zwischengewalten machte er diese Zwischengewalten, Stände und Korporationen, stark gegen die Monarchie. Gerade in den Ländern reformierten Bekenntnisses stiegen die Zwischengewalten nicht selten auf zur Teilhabe an der Regierung und Staatsgewalt; oder sie wurden in ihrer Opposition bestärkt und geistig getragen vom Calvinismus. Holland, Frankreich, Böhmen, Österreich, Ungarn sind nicht die einzigen Beispiele dafür; auch an Schottland und England könnte man denken. Das Reformiertentum also sprach stärker als die andern Konfessionen die gesellschaftlichen Kräfte an und aktivierte sie.

Drittens. Durch seine Ständelehre und Ständepraxis wie durch den von einer relativ selbständigen Kirche vorgetragenen Gesichtspunkt vom Primat des Bekenntnisses zog Calvin der politischen Obrigkeit

Grenzen und unterwarf sie der Kritik — sehr viel stärker, als es das Luthertum jemals riskierte.

Alles, was unter 1. bis 3. genannt wurde, hat der freiheitlich-demokratischen Entwicklung in Westeuropa, namentlich bei den Seevölkern und in den nordamerikanischen Kolonien, Auftrieb gegeben und ist allgemein bekannt.

Weniger bekannt, vielleicht weil geschichtlich nur in bescheidenem Maß, etwa in ein paar deutschen Territorien, verwirklicht, ist aber

Viertens das Umgekehrte: daß Calvin der monarchischen Obrigkeit ein rechtes Instrumentar der Machtausübung in die Hände spielte. Unter der Voraussetzung des rechten Bekenntnisses zeigte er sich bereit, der Monarchie Befugnisse anzuvertrauen, die gegebenenfalls noch über das hinausgingen, was Katholizismus und Luthertum einem konfessionell sattelfesten Fürsten zugestanden. Nur muß man in diesem Fall sehr unterscheiden zwischen Absicht und Wirkung. Die kirchlichen Kompetenzen, die Calvin der Obrigkeit zusprach oder gestattete, wandten sich in der Wirkung nicht selten gegen ihn: Viele Fürsten machten wohl Gebrauch von der Gewalt, die er einem christlichen Herrscher zusprach, jedoch nicht immer im Dienst seines Bekenntnisses, sondern öfter noch im Dienst einer andern Konfession — so daß sie unter die Widersacher Gottes nicht die Widersacher Calvins, sondern diesen selbst rechneten und unbedenklich den Calvinisten als den Feinden ihres Glaubens eben jene scharfen Medizinen verabreichten, die der Reformator für die Behandlung der Feinde Christi empfohlen hatte. Hier geht es freilich aber nun schon nicht mehr um ein Problem des Calvinismus, sondern bereits um ein zentrales Problem der Epoche, nämlich um das Problem einer Politik unter konfessionellem Vorzeichen im Zeitalter der Glaubenskämpfe überhaupt.

DRITTER ABSCHNITT

IGNATIUS VON LOYOLA UND DIE GESELLSCHAFT JESU

Wir wenden uns nun zu denjenigen Mächten, Menschen und Institutionen, deren besonderer Anteil an der Reorganisation des Katholizismus im 16. Jahrhundert historisch greifbar ist.

Es war schon davon die Rede, daß, geweckt durch die Reformation, gespeist aber aus eigener Quelle, seit den dreißiger Jahren eine langsame Konzentration der Kräfte im Katholizismus begann.

Diese Konzentration war auf kein einzelnes Land oder Volk beschränkt. Zu sichtbarem Ausdruck und greifbarer Gestalt gelangte sie aber zuerst und vornehmlich in den romanischen Ländern: in Spanien und Italien.

Ort und Ansatzpunkte eines neuen religiösen Wollens waren mehrfach und verschieden. Schüchterne Anfänge zeigten sich in einigen italienischen Ordensgründungen, z. B. der Theatiner und Barnabiten. An ihnen fiel zweierlei auf: Sie legten Wert erstens auf werktätige Praxis im Sinne sozialen und caritativen Wirkens. Und zweitens auf religiöse Disziplinierung: auf Vertiefung ins theologische Studium, auf Meditation und Gebet und auf eine asketische Lebensführung. In beiden Richtungen, und das war zeitgeschichtlich wichtig, bewegten sie sich im Rahmen der römisch-katholischen Kirche und befanden sich in Übereinstimmung mit ihr. Alles wurde getan, mit einer gewissen Freudigkeit, in Gehorsam und Treue gegen die römische Kirche. In dieser Einstellung und Gesinnung lagen tragfähige Fundamente, von denen aus das Ordensleben seit der Jahrhundertmitte langsam wieder einen Aufschwung nahm. Auch erschienen weitere *neue* Ordensgemeinschaften auf der Bildfläche. Unter diesen aufsteigenden Orden nahmen zwei bald einen hervorragenden Platz ein: das waren die Kapuziner und die Jesuiten.

Wir beschränken uns auf die letzteren. Von ihnen soll im folgenden die Rede sein.

Sechstes Kapitel

Ignatius von Loyola. Sein Lebensgang. Gründung des Jesuitenordens

1. Ignatius' Leben bis zur Gründung des Ordens 1540

Der Orden der Jesuiten war in ausgezeichneter Weise das Werk seines Stifters. Seine große geschichtliche Wirksamkeit ist ohne ihn schlechthin unvorstellbar und nicht zu verstehen. So sei am Anfang von der Person des Gründers gesprochen, dessen Jünger und Schüler die Jesuiten wurden.

Herkunft und Jugend

Ignatius (eigentlich Iñigo) von Loyola war baskischer Herkunft und ritterlichen Standes. Seine Familie verfügte über beträchtliche Lehen, Zehnten, Pfründen und Patronate im Nordosten von Spanien. Dort wuchs Ignatius inmitten zahlreicher Geschwister in ländlich abgelegener Einsamkeit auf. Die Lebensführung seiner Umwelt und Familie war bäuerlich-kriegerisch. Ein Teil der Söhne seiner Sippe wurde regelmäßig Priester zwecks Besetzung der Patronatspfarreien des Geschlechts. Ignatius sollte Kleriker werden und bekam entsprechenden Unterricht; doch brachte er es nicht weit darin und blieb weltlichen Standes.

Seine Familie und weitere Umwelt zeichnete sich aus durch starke Gläubigkeit und lockere Sitten. Die Geistlichen des Loyolageschlechts „lebten in Untätigkeit, Streitigkeiten und im Konkubinat" (Eder). Die stattliche Zahl unehelicher Kinder, die jede Generation hervorbrachte, war nach der herrschenden Familienordnung den legitimen Kindern fast gleichgestellt. Ebenso die Konkubinen der Priester den verheirateten Frauen.

Ignatius, dessen genaues Geburtsdatum nicht feststeht, wurde vermutlich um 1491 geboren, er war also etwa acht Jahre jünger als Luther, neun Jahre älter als Karl V. und 18 Jahre älter als Calvin. Um die Zeit seiner Geburt wurde Granada — das letzte maurische Königreich auf iberischem Boden — erobert und Amerika entdeckt. In die Zeitspanne seines 65jährigen Lebens fiel der Aufstieg Spaniens zur ersten Land- und Seemacht der damaligen Welt. Drei seiner Brüder sind in den Kriegen Spaniens in verschiedenen Erdteilen gefallen. Ignatius selber hatte Gelegenheit, mit der Machtentfaltung und dem Staatsleben in Berührung zu kommen.

Mit 14 Jahren zog er als Page an den Hof des Großschatzmeisters von Kastilien und bereitete sich dort auf ein ritterliches Leben vor, welches in etwas Bildung, Waffenübungen, feiner Garderobe und Liebesabenteuern bestand. Diese Lebensart sagte ihm so zu, daß er volle fünfzehn Jahre in diesem Stil verblieb und anscheinend nur durch einen äußeren Eingriff daraus herausgerissen wurde. Er lief herum wie ein Gent; mit zweifarbigen Schlitzärmeln, eleganten Strumpfhosen, einer großen Feder am roten Barette usw. Sein nachmaliger Sekretär Polanco schreibt: „Er führte ein nichts weniger als geistliches Leben und war, wie es die Jugend bei Hof und im Offiziersdienst eben gewohnt ist, sehr freizügig in Frauenliebe, Spiel und Ehrenhändeln." Er saß einmal wegen nächtlicher Delikte in der Faschingszeit ein paar Wochen im Gefängnis von Pamplona. Von einem Prozeß, in den er verwickelt war, liegen aus dem Jahr 1519 die Akten vor — und was darin steht, war für Ignatius nicht schmeichelhaft, sondern eher bedenklich; es handelte sich um einen Kriminalfall. Daneben wurde in dieser frühen Zeit aber schon bemerkt, daß er von ungewöhnlicher Willenskraft war und ein hohes Geschick besaß, andre Menschen zu lenken.

Verwundung und Bekehrung

1520/21 hatte Spanien gleichzeitig den Bürgerkrieg der Comuneros und einen französischen Angriff auf Navarra zu bestehen. Ignatius, der mittlerweile in den Dienst des Vizekönigs von Navarra getreten war, focht als königlicher Offizier in beiden Kriegen mit. Als er die Festung Pamplona mit Mut und Kühnheit verteidigte, wurde ihm ein Bein durch einen Kanonenschuß zerschlagen. Das hatte zwei schmerzhafte Operationen und ein monatelanges Krankenlager — in währendem Stilleliegen, aber auch eine totale innere Umkehr zur Folge.

Die äußeren Symptome der *Umkehr* sind bekannt und oft bis ins Detail beschrieben. Es begann damit, daß der Kranke, um sich die Langeweile zu vertreiben, nach Lektüre verlangte. In Ermangelung seines üblichen geistigen Nährstoffes, der begehrten Ritter- und Liebesromane von Amadis, welche man ihm nicht herbeischaffen konnte, las er nolens volens in den zwei oder drei Folianten, die den ganzen Büchervorrat des Schlosses ausmachten, das ihn beherbergte. Es handelte sich um eine populäre Sammlung von Heiligenlegenden, die weitverbreitete Legenda aurea des Jacobus de Voragine — eines Dominikaners und Erzbischofs von Genua aus dem 13. Jahrhundert — und um die Vita Christi des deutschen Kartäusers Ludolf von Sachsen. Bei ihrer Lektüre hatte Ignatius Gelegenheit, sich über das Leben der Heiligen zu informieren und vor allem über dasjenige Christi nachzudenken.

In währender Lektüre, die er aus Zeitvertreib begonnen hatte, verfiel Ignatius auf den Gedanken, es mit den strengen Anforderungen eines christlichen Lebens nunmehr auch für seine Person zu versuchen. Er korrigierte gewissermaßen sein Lebensziel. Sein weltliches, militärisch-amouröses Ritterideal verwandelte sich in ein religiöses. Statt um Ruhm und Ehre, beschloß er, sich um sein Heil zu kümmern; und da er ein Willensmensch war, führte er seinen Entschluß auch aus. Und zwar unerbittlich und hart gegen sich selbst. Er hatte nicht geringe Widerstände in sich niederzuringen. Und so vollzog sich seine Bekehrung nicht von heute auf morgen. Vielmehr bedurfte es dazu eines länger währenden Umwandlungsprozesses.

Was nach vollendeter Genesung geschah, hat man nicht selten und vielleicht nicht ganz ohne innere Berechtigung in Parallele gesetzt zu Luthers religiösem und theologischem Ringen im Augustinerkloster zu Wittenberg zehn Jahre zuvor. Ignatius entsagte der Welt mit einem symbolischen Akt. Er pilgerte zum Montserrat und legte im dortigen Marienheiligtum sein Rittergewand für immer ab. Von dort begab er sich in die Nähe des Städtchens Manresa. Hier lebte er etwa ein Jahr lang als Einsiedler. Was er für sein äußeres Leben bedurfte, bettelte er sich in dieser Zeit zusammen. Ansonsten hielt er sich tagsüber und auch nachts stundenlang in einer Höhle nahe der Stadt auf. Hier machte er einiges Ähnliche durch wie der junge Luther: Er erfuhr in geistlicher Konzentration, in Gebet, Lesung und Meditation die Qual der Anfechtung und den Trost der himmlischen Begnadung. Die Frage, wie er einen gnädigen Gott erhalte, packte ihn bis ins letzte. Die Unzulänglichkeit asketischer Werke wurde ihm zur Gewißheit. Sein Seelenzustand schwankte zwischen Stadien höchster geistlicher Gotterfülltheit und abgründiger Verzweiflung, die ihn dem Selbstmord einmal nahegebracht hat. Die Spannung monatelangen Ringens endete mit dem Bewußtsein, einer tiefen, unauslöschlichen Erleuchtung gewürdigt worden zu sein. Ignatius hat später darüber in seiner kurzen Selbstbiographie berichtet.

Die religiöse Formung. Entstehung des Exerzitienbuchs

Das Büßer- und Gebetsleben des Ignatius zu Manresa vollzog sich zwar auf eine höchst individuelle Weise, ordnete sich aber doch zugleich fest in das liturgische Leben der katholischen Kirche ein. Er hörte regelmäßig die Messe und empfing die Sakramente. Sein religiöses Wachstum entfaltete sich durchaus innerhalb der überlieferten Formen der Kirche — im Unterschied zu Luther und Calvin, bei denen es sich an einem bestimmten Punkt gegen die alte Kirche wendete. In dieser Zeit gewann er auch Klarheit über die innere Richtung, die er seinem Leben zu geben hatte. Sie wurde bestimmt durch das Ziel, welches er nunmehr vor sich sah. Es hieß: die größere Ehre Gottes. Ihm unterstellte er sich fortan. Dezidiert und ohne Rest. Und zwar um Gottes und nicht um der Menschen willen. Die Verwandtschaft mit Calvin ist in *diesem* Punkte mit Händen zu greifen.

Seine Erkenntnis lautete weiter: in der Unterstellung unter dieses

Ziel empfängt das menschliche Leben seinen Sinn und seine Erfüllung. Gewiß gab es für Ignatius darüber keinen Zweifel, daß die Verherrlichung Gottes um Gottes und nicht um der Menschen willen zu geschehen habe. Doch empfing er damit zugleich die Erkenntnis, daß das menschliche Leben eben in dieser Verherrlichung Gottes zu seiner Sinn- und Wesenserfüllung gelangte. Die Voraussetzung dafür war freilich nicht ganz einfach. Sie bestand darin, daß der Mensch sein unbändiges Ich bändigte und es Gott ohne Bedingung zur Verfügung stellte. Auf daß der Mensch, indem er sich total der Weisung Gottes anheimstellte, erst ganz er selbst werde.

Um den eigenen Menschen so weit zu bringen, war, wie Ignatius erkannte, sehr viel auszumerzen an selbstischem Eigenwillen und an ungeordneten Neigungen. Deshalb übte er an sich selbst und forderte er später von seinen Jüngern: Beobachtung der eignen Seele und ihrer Regungen und überlegte Lenkung des Willens und der Sinne. Er lenkte seinen inneren Menschen auf das höchste Ziel, aber nicht durch metaphysische Gedankengänge, sondern durch intensive bildliche Vorstellungen von der Größe und Liebe Gottes, von der Sündhaftigkeit des Menschen, von der Hölle, von der erlösenden Tat Christi und von der Herrlichkeit des Himmels.

Seine Art, das individuelle geistliche Leben in Ordnung zu bringen, brachte er auch einigen wenigen Menschen bei, die ihn um Rat fragten. Die Summe seiner geistlichen Erfahrungen und die Methode der Disziplinierung des inneren Lebens, wie er sie an sich selbst geübt hatte, begann er von nun an *aufzuzeichnen.* In Manresa entstand, was sich in der Folgezeit verdichtete zu den *Exercitia spiritualia*, dem geistlichen Übungs- oder Exerzitienbuch. Es lehrte, wie man das geistliche Leben üben sollte, in einer klugen und eindringlichen Methode, indem es in seinem Unterrichtsgang die Seele vor Gott stellte und sie anwies, sich ihrem Schöpfer in vollkommenem Gehorsam zur Verfügung zu stellen. Gestalt und Wirksamkeit des künftigen Jesuitenordens zeichneten sich darin in den ersten Umrissen ab — ohne daß Ignatius damals schon an derartiges gedacht hätte. Denn es bildete bald für die Genossen, die sich Ignatius anschlossen, das wirksamste Mittel, sich religiös in Zucht zu nehmen und zu aktivieren. Aber sein Einfluß reichte noch weiter. Denn diesem Büchlein war, wie sich später zeigte, eine Weltwirkung sondergleichen beschieden. Klerus, Ordensleute und zuletzt das ganze katholische Volk lernten daraus, sich religiös zu orientieren.

Studium und Ordensgründung

Ignatius selber war damals noch Einsiedler, Büßer und Asket, hatte keine erkennbare Absicht, eine Genossenschaft zu stiften, sondern pilgerte 1523 nach Jerusalem, um die heiligen Stätten zu besuchen und dort zu beten. Am liebsten wäre er dort geblieben. Es wurde ihm aber von dem Inhaber der dortigen kirchlichen Obrigkeit verboten, und bei seinem militärischen Sinn für Gehorsam fügte er sich diesem Gebot.

Nach Spanien zurückgekehrt, setzte er sich, 33jährig, auf die Schulbank der Lateinschule zu Barcelona; anschließend studierte er Philosophie und Theologie in Alcalá, Salamanca und Paris und schloß 1534, im Alter von 43 Jahren, seine Studien mit dem Magisterexamen ab. Das Studium kam ihn hart an. Nicht nur weil er einen für das Lernen schon ziemlich alten Kopf hatte und sich hart dazu zwingen mußte, sondern auch weil sein Studieren ihm ständig durchkreuzt wurde durch geistliche Erfahrungen und religiöse Begnadungen. Fragt man, warum er sich denn überhaupt die Mühsal des Studiums auferlegte, so lautet die Antwort: vermutlich weil er es für seine Person als den notwendigen Weg ansah, um seinen nächsten Zweck zu erreichen, welcher darin bestand, Priester zu werden.

In der Hauptsache fühlte er sich in seiner Universitätszeit freilich als Laienapostel und wirkte als ein solcher. Man zitierte ihn deshalb ziemlich oft vor die spanische Inquisition; so oft, daß es ihm lästig wurde und er — obwohl er immer wieder freigesprochen wurde — zuletzt nach Frankreich ging.

In Paris gewann er einige Gefährten spanischer und französischer Herkunft, mit denen er sich zu einem religiösen Freundschaftsbund zusammenschloß. Unter ihnen befanden sich der später heiliggesprochene Franz Xaver und die später auf dem Trienter Konzil exzellierenden bedeutenden Theologen Salmerón und Jacob Laýnez, letzterer der zweite General des Ordens (ab 1556). Die Freunde gaben ihrer Vereinigung am 15. August 1534 auf Veranlassung von Ignatius durch ein Gelübde eine dezidiert religiöse, prägnante Zielsetzung. Einer, der bereits zum Priester geweiht worden war, Petrus Faber aus Savoyen, las die Messe in der Marienkirche auf dem Montmartre in Paris und teilte allen die Kommunion aus. Danach gelobte jeder von ihnen, kniend und mit lauter Stimme:

„Ich will auf all meine Habe an einem bestimmten Tage mit Ausnahme des Zehrgeldes verzichten und nach Rom gehen, um mir vom Papste die Erlaubnis zur Wallfahrt nach Jerusalem zu holen. Ich will dann in Jerusalem bleiben und Gott dort dienen, sowohl um meiner selbst als um meiner Mitmenschen willen, mögen sie nun Gläubige oder Ungläubige sein. Kann die Fahrt nach Jerusalem binnen Jahresfrist nicht stattfinden oder ist es mir nicht möglich, in Jerusalem zu bleiben, so bin ich nicht mehr verpflichtet, dahin zu ziehen und dort zu bleiben, sondern nur, mich dem Papst zur Verfügung zu stellen und zu tun, was er mir aufträgt, indem ich überall dahin gehe, wohin er mich sendet."

Ignatius schloß diese Männer dadurch zusammen, daß er sie für das religiöse Ziel gewann, das in seinem Innern vor ihm stand. Er bereitete sie darauf vor, indem er sie diejenige geistliche Lebensweise lehrte, zu der er sich selbst in Manresa erzogen und durchgerungen hatte. In wesentlichen Punkten bestand sie darin: Ritter Christi zu sein, der Majestät Gottes das eigene Selbst völlig zu unterwerfen, die eigne Seele streng zu beobachten und der Kirche in völligem Gehorsam zu dienen. Diese Genossenschaft von kaum zehn Freunden ist die Keimzelle des Jesuitenordens geworden. Und wie dieser Freundesbund geistig und religiös ganz und gar geprägt war von der Persönlichkeit des Ignatius von Loyola, so auch der spätere Orden.

Ignatius dachte zunächst daran, nach vollendetem Studium mit seinen Gefährten als Missionar im Heiligen Land zu wirken. Für den Fall, daß dieser Plan sich nicht würde ausführen lassen, hatte er vorgesehen, sich mit seinen Leuten dem Papst für jedweden Dienst in der Kirche bedingungslos zur Verfügung zu stellen.

Dieser Fall trat ein, weil die Venezianer wegen drohender Kriegsgefahr im Mittelmeer die Überfahrten nach Palästina einstellten. In Venedig, wo die Genossen lange gewartet hatten, empfing Ignatius sechsundvierzigjährig die Priesterweihe. Er befahl dann seinen Gefährten, in Gruppen zu zwei und drei getrennt nach Rom zu wandern und sich auf dem Wege dorthin in oberitalienischen Städten und Dörfern als Seelsorger, Prediger und Krankenpfleger zu betätigen. Er selbst tat das gleiche. Anschließend trafen sie sich in Rom. Eine Konferenz der Gefährten beschloß bald darauf, der Gemeinschaft den Namen Compañía de Jesús zu geben. Späterhin wurde Ignatius ersucht, der Compañía eine festere Gestalt in Form einer Verfassung zu geben. Die ihm vorgelegte Formula Instituti bestätigte Papst Paul III. 1539 zunächst mündlich. 1540 anerkannte er sie schriftlich und feierlich durch die Bulle „Regimini militantis ecclesiae". Damit war die Compañía de Jesús (lateinisch: Societas Jesu) eine kirchlich genehmigte, anerkannte und bald auch durch viele Privilegien geförderte Ordensgemeinschaft geworden.

2. Grundzüge der Ordensverfassung

Ignatius wurde 1541 einstimmig zum ersten General gewählt und hat als solcher seine Gründung bis zu seinem Tode 1556 geleitet. Über zehn Jahre arbeitete er als General an dem Entwurf einer Verfassung seines Ordens. Er überarbeitete ihn mehrfach und wertete die inzwischen gemachten Erfahrungen aus. Mit unerschütterlicher Geduld modulierte, ergänzte und verbesserte er den Text, bis der Entwurf jenen Grad von Geschmeidigkeit und Stabilität erreichte, welcher seinem disziplinierten, klugen und mystischen Geiste entsprach.

Die *Konstitutionen*, das Gesetz- und Verfassungsbuch des Ordens, sahen ein abgewogenes System der Neben- und Überordnungen vor, welches das Ganze elastisch zusammenhielt. Ignatius wußte schärfsten Zentralismus und Übersichtlichkeit der Leitung zu verbinden mit enormer persönlicher Freiheit des einzelnen. Der Jesuit durfte weit stärker individuell leben als ein Angehöriger der alten Mönchsorden und war dennoch viel stärker durch den Gehorsam gebunden. In einer für Ignatius charakteristischen Weise liefen die Anweisungen der Konstitutionen darauf hinaus, die religiöse Innerlichkeit in praktische Tat umzusetzen, im praktischen Tun des jeweils Notwendigen aber stets die Gegebenheiten von Situation und Milieu, von Ort und Zeit klug ins Auge zu fassen und in Rechnung zu stellen. Indem Ignatius durch die Konstitutionen die äußere Form seiner Ordensgemeinschaft festlegte, entwickelte er zugleich die fundamentalen Leitbilder für die innere Formung ihrer Mitglieder.

Im Unterschied zu den alten Orden verzichtete Ignatius auf das Chorgebet, auf einen weiblichen Ordenszweig und auf die Frauenseelsorge. Die Jesuiten sollten sich hingegen in Kleidung, Ernährung und äußerem Benehmen an die Bräuche der Völker und Menschen anpassen, unter denen sie sich aufhielten. Aus wohlerwogenen Gründen verbot er ihnen, Bistümer oder hohe Prälaturen anzunehmen.

Was die *äußere Organisation* betraf, so verhalf ein straffer, fast militärischer Zentralismus dem Orden zu einer bemerkenswerten Schlagkraft. Ignatius gliederte die Mitglieder der Gesellschaft in verschiedene Kategorien. Es gab da Professen, Scholaren, Koadjutoren, Laienbrüder und Novizen. Jeder dieser Gruppen wies er bestimmte Tätigkeiten, Pflichten und Kompetenzen zu, alle miteinander verband er durch das Band des *Gehorsams. Ihn* machte er zum eigentlichen Rückgrat der Gesellschaft. Dadurch konzentrierte sich in dem Inhaber des obersten Amtes im Orden, im *General*, aus innerer Konsequenz eine ganz bedeutende Fülle an Macht. Er wurde auf Lebenszeit gewählt, mit absoluter Befehlsgewalt ausgestattet, aber auf der anderen Seite doch wieder durch wirksame Kontrollen überwacht. Die Verfassung verpflichtete ihn auf die göttlichen und kirchlichen Gebote. Ignatius stellte ihm einen Assistenten zur Seite, dessen Aufgabe es war, die Wirtschaftsführung und das äußere Leben des Generals zu kontrollieren, auch sorgte er dafür, daß ihm hinsichtlich seines geistlichen und sittlichen Lebens jemand zur Seite stand, der ihm Bescheid sagen durfte: Er schuf das Amt eines eigens hierfür zu bestallenden Admonitors. Den ganzen Orden wiederum verpflichtete er zu bedingungslosem Gehorsam gegen den *Papst* und hielt ihn dazu an, jeden Auftrag des Papstes, wie immer er auch lautete, ohne Widerrede zu erfüllen.

Den Erziehungsgang der Ordensmitglieder hatte er, angefangen beim Noviziat, exakt durchdacht und peinlich vorgeschrieben und dennoch so elastisch gehalten, daß jede Individualität Gelegenheit erhielt, ihre spezifischen individuellen Kräfte zu entfalten. Die gelungene Synthese von striktem Gehorsam und weitgehendem Individualismus bildete eines der Geheimnisse der Societas Jesu, über welches Ranke schon staunte. Letzten Endes war es das Geheimnis des heiligen Ignatius selbst. Mit seinem Orden projizierte er gewissermaßen sein Wesen in die Welt und in die Geschichte hinein. Durch Studium, Disziplin und Freiheit der individuellen Entfaltung; weiter durch kluge Anpassung an die äußeren Gegebenheiten in Welt und Kirche, durch die Erziehung zu einem geistlichen Soldatentum bildete Ignatius seine Gründung aus zu einem Orden der geistlichen Militanz. Durch das vierte Gelübde des unbedingten Gehorsams gegen den Papst machte er seine Leute zu der zuverlässigsten päpstlichen Garde im Wettkampf des 16. Jahrhunderts um die Kirche.

3. Anfangsschwierigkeiten und Wachstum des Ordens

Rasch mit weltweiten Aufgaben betraut

Ein Jahr nach der päpstlichen Anerkennung der Gesellschaft Jesu, 1541, wirkten deren knapp 20 Genossen bereits in aller Welt: einer befand sich auf der Missionsreise nach dem Fernen Osten (Franz Xaver); ein zweiter (Rodríguez) hatte sein Wirkungsfeld in Portugal gefunden, ein dritter (Araoz) in Spanien; ein vierter arbeitete in Deutschland, dem sich dort bald ein fünfter zugesellte, ein sechster in Paris; einer in Süditalien; Ignatius selbst mit zwei anderen in Rom (um die Verfassung auszuarbeiten); einer in Norditalien (Laýnez); zwei, die in der Volksmission im italienischen Süden eingesetzt waren, schickte Ignatius auf den Wunsch Papst Pauls III. mit Sondervollmachten nach Irland; sie sollten dort die katholischen Bischöfe in ihrem Widerstand gegen die kirchlichen Herrschaftsabsichten und dubiosen Reformvorhaben König Heinrichs VIII. von England bestärken und ihnen kirchliche Reformanweisungen des römischen Stuhls überbringen. Viele der genannten Ordensmitglieder hatten Entfernungen zu überwinden, die damals Monate kosteten, nach Ostindien sogar mehr als ein Jahr. Daß sich das eine Ordensgemeinschaft leisten konnte, die knapp ein Jahr alt war, war ein Zeichen für ihre innere Festigkeit — denn ihr Zusammenhalt ging darüber keineswegs verloren. Es war aber auch ein Zeichen für ihre erstaunliche Beweglichkeit — die indes Ignatius zu einem Verfassungsgrundsatz erhoben hatte.

Innerkatholische Widerstände

Wenn diese neue Gründung keine Schwierigkeiten zu überwinden gehabt hätte, wäre es historisch und psychologisch ein Wunder gewesen. Dies Wunder traf denn auch keineswegs ein. Die Gegnerschaft kam, wie nicht anders zu erwarten, aus dem eignen Lager — nicht etwa vom Protestantismus. Denn dieser hatte die Existenz der Societas Jesu noch gar nicht wahrgenommen. Als ein Orden, dem es um Auferbauung der Kirche und des religiösen Lebens und um apostolische Auffrischung der katholischen Christenheit ging, stand die Societas Jesu von vornherein in scharfem Kontrast zum zeitgenössischen Katholizismus, soweit er verderbt und überholungsbedürftig war. Und das war er weithin. Nicht nur nördlich der Alpen, sondern auch in den romanischen Ländern. Ignatius hatte das schon früh empfunden. Als sich ein Archidiakon aus Barcelona einmal brieflich über die tolle Verwahrlosung des Klarissenklosters zu Barcelona beklagte, antwortete ihm Ignatius (am 12. Februar 1536): „Zu Ihren Nachrichten über das Klarakloster kann ich nur das eine sagen: Ich halte den für keinen Christen, dem nicht sein ganzes Inneres sich aufbäumt, wenn er solche Verwahrlosung im Dienste Gottes sieht . . . Uns ist der Fall jedenfalls eine recht heilsame Lehre, daß wir zur Liebe Furcht behalten. Die göttlichen Gerichte sind ganz unerforschlich. Seiner Fügung gegenüber dürfen wir nicht nach Gründen fragen. Da bleibt uns nur, zu weinen und ihn um Besserung der sittlichen Begriffe anzuflehen . . . Uns wolle er in seiner Güte die Gnade verleihen, daß wir seinen heiligsten Willen recht erkennen und ganz erfüllen."

Die Gesellschaft wird bekämpft und wächst

Liegt der Kontrast zum verbummelten zeitgenössischen Katholizismus auf der Hand, so nicht weniger der Gegensatz zu den älteren, durch lange Tradition geheiligten Formen des Ordenslebens. Besonders von Spanien ging starker Widerstand aus, namentlich von dem großen Orden eines anderen spanischen Ordensstifters, von den Dominikanern. Unter ihnen ragte Melchior Cano hervor, einer der größten Gelehrten unter den Theologen der damaligen Zeit und ein Licht der Schule von Salamanca. Dieser hochbedeutende Mann, ein führender Kopf der spanischen Barockscholastik, machte sich zu einem der wirkungsvollsten Sprecher der gegen die Jesuiten gerichteten Tendenzen und wurde einer ihrer einflußreichsten Gegner.

Die Anschuldigungen der Dominikaner bezichtigten die Jesuiten, Sektierer (Alumbrados) zu sein, manchmal nannte man sie auch Protestanten. Die Vorwürfe richteten sich vor allem gegen Ignatius' Neuerungen im Ordensleben. Aber auch der Futterneid sprach mit. Man gönnte ihnen ihre päpstlichen Privilegien nicht. Auch verzieh man ihnen nicht leicht, daß sie in alle Bereiche der Seelsorge eintraten und als Beichtiger, Prediger, Katecheten großen Zulauf hatten. Die Klagen derer, die am Herkommen hingen, lauteten etwa: Sie brächten alles durcheinander, was sich lange und gut bewährt habe. Beschwerden solcher Art gelangten bis an die oberste Inquisitionsbehörde (das Heilige Offizium). Dort wurden allerlei offizielle Anklagen gegen sie vorbereitet — die Ignatius allerdings immer im rechten Moment geschickt zurückzuweisen vermochte.

Die Societas Jesu wurde durch solches Wellenschlagen bald ziemlich bekannt und erhielt wachsenden Zuzug. Die Gegner machten Propaganda für sie und störten jedenfalls kaum ernstlich die Entwicklung. Der Zuzug wuchs von Jahr zu Jahr. Übrigens war es gar nicht so leicht, in den Orden aufgenommen zu werden. Ignatius nahm nicht nur nicht einen jeden an, der sich um Aufnahme bewarb, sondern warf gelegentlich auch ältere Mitglieder hinaus, wenn er den Eindruck gewonnen hatte, daß sie in die Gesellschaft nicht hineinpaßten. So trug er z. B. keine Bedenken, einmal 130 Leute aus der portugiesischen Provinz auf einem Schlag zu entlassen — obwohl er damit die genannte Provinz auf die Hälfte ihres Bestandes reduzierte. Auch Männer von Ansehen und Format und Leute in Schlüsselstellungen entfernte er gegebenenfalls. Wiewohl er der Sache nach hart verfuhr, verfuhr er der Form nach so höflich, daß nicht einmal Mißstimmungen aufkamen und mancher Entlassene weiterhin mit Ignatius in guten persönlichen Beziehungen blieb.

Das Wachstum des Ordens im ganzen schritt kräftig fort — und das hatte wieder zur Folge, daß die Jesuiten sich nunmehr nahezu sämtlichen Bereichen kirchlicher Tätigkeit zuwenden konnten und in immer größeren Zahlen in die Missionen und in die Länder Europas strömten, in denen man nach ihnen verlangte oder wo es für den Katholizismus etwas zu tun gab.

4. Ignatius als Persönlichkeit und Ordenslenker

Persönlich wurde Ignatius immer unpersönlicher. Seit 1539 lebte er in der Weltstadt Rom. Er erlebte dort das ungeheure Anwachsen seiner Gesellschaft. Er führte sie mit überlegener Aufmerksamkeit und lenkte die Seinen durch einen weltumfassenden Briefwechsel, ähnlich wie Calvin. Für seine Person zog er sich schlicht zurück und lebte fast wie ein Einsiedler unter den Menschen. Dabei entging seinem wachen Auge so gut wie nichts, was in seinem Orden, in der Kirche und in der Welt geschah.

Am ehesten zugänglich wird einem Ignatius von Loyola, wie es mir scheint, durch seine Briefe. Sie sind fast durchweg ordnender oder unterweisender Art. Durch seine Briefe hielt er den Orden zusammen, gab Befehle und Ratschläge. Der Brief war ihm aber auch ein Mittel seelsorgerlicher Unterweisung und geistlichen Unterrichts. In welcher Weise er dadurch Geist und Richtung seines Ordens zu formen verstand, mögen ein paar Dokumente zeigen. Sie stammen aus seinen letzten Lebensjahren.

Verhältnis zur Kirche

Das erste bezeichnet sein Verhältnis zur Kirche und kehrt der Sache nach die Grundthese von Calvin vollständig um. Wenn dieser sagte: „Man muß die *Lehre* prüfen, um daran die Kirche zu erkennen", dann hieß das: Was Kirche ist, sagt uns die reine Lehre (s. oben S. 80). Ignatius' Überzeugung lautete dagegen: Was reine Lehre ist, sagt uns die Kirche. Er kleidete sie in folgende Worte: „Die katholische und apostolische Kirche hat sich in Fragen des Glaubens niemals geirrt. Sie hat auch niemals irren können. Diese Wahrheit ist helleuchtend und felsenfest im Zeugnis der heiligen Schriften enthalten und wird von der Autorität der rechtgläubigen Kirchenväter gestützt.

Wenn darum ein Bruder gegen dich sündigt, dann weise ihn zurecht. Hört er nicht auf dich, so sage es der Kirche. Und wenn er auch die Kirche nicht hört, so sei er dir wie ein Heide und ein Zöllner.

Da dieses Wort Christi in jedem Augenblick der Geschichte und gegen jedwedes Ärgernis und Vergehen seine Gültigkeit behält, so ist es offenbar unmöglich, daß Christus in seiner Kirche jemals ein eigentlich irriges Urteil über irgendeine zur Frage stehende Sache zuließe.

Weiterhin wäre es für fromme Herzen ein unerträglicher Gedanke, daß Christus uns in den schweren, dunklen Fragen, die unser eigenes Seelenheil und das des Nächsten betreffen, an einen Richter verwiesen hätte, der lügt oder fähig und willens ist zu täuschen. Nun verweist uns aber Christus an den Richterstuhl der Kirche. Also ist die Kirche Richterin der Wahrheit.

Die Kirche ist die Gemeinschaft der gläubigen Christen, erleuchtet und geleitet von Gott, unserem Herrn. Darum müssen wir uns stets davon überzeugt halten, daß der gleiche Herr, der uns die Zehn Gebote gegeben hat, auch der oberste Gesetzgeber jener Gebote ist, die wir die Kirchengebote nennen und die unmittelbar also von der Kirche ausgehen. Wenn wir diese beachten, können wir sicherer das Heil unserer Seele wirken."

Briefe der seelsorglichen Unterweisung

Die folgenden Winke und Merksätze bedürfen keines Kommentars, es sei denn der erste. Diese konkrete Anweisung über die beste Art, eine Predigt zu halten, richtet sich an die Adresse der Jesuiten, welche in Portugal in der Seelsorge standen, enthielt aber einen Kerngedanken, der zum Leitsatz für die pastorale Tätigkeit der Jesuiten in allen Ländern überhaupt wurde und etwa besagte: Kontroversen meiden, das Positive in die Mitte stellen und auf ein gutes sittliches Verhalten dringen. Die nachfolgenden Merksätze sprechen für sich selbst und sind geeignet, ein Licht auf die Person ihres Verfassers zu werfen.

„Winke für die Unserigen [in Portugal], um sich im Herrn zu bewahren und voranzuschreiten.

Bei dem Vertrauen, das ich auf Sie setze, und in der Überzeugung, daß meine Worte mit demselben Geist und guten Willen aufgenommen werden, in dem ich sie schreibe, möchte ich Sie auf einige Dinge aufmerksam machen, auf die ich bei mir selbst nicht weniger achten würde:

Ich würde an Ihrer Stelle erst schriftlich machen, was ich in der Predigt sagen wollte, keine zweifelhaften Gegenstände vorbringen noch solche, über die ich noch nicht völlig Klarheit hätte. Meine ganze Kraft würde ich darauf verlegen, in einfacher und klarer Darstellung die Leute zur sittlichen Besserung zu führen.

Beherzigen Sie, mein Bruder, daß Sie von Christus auf die apostolische Wanderschaft geschickt und sein Sendbote sind!

Achten Sie gut auf sich selbst, und seien Sie so auf Ihrer Hut, als wären Sie rings von Gefahren und Feinden umlauert!

Halten Sie besonders die Sinne im Zaume und beherrschen Sie die Augen!

Reservieren Sie eine bestimmte Zeit für sich selbst, und halten Sie sich ruhigen Gemüts in Erfolg und Mißerfolg frei von Unruhe und Verwirrung sowohl bei frohen als bei traurigen Zwischenfällen!

Lassen Sie den Geist nicht müßig gehen, sondern erheben Sie ihn zu Höherem, ob Sie unterwegs sind oder Geschäfte abzuwickeln haben; besonders bei Tisch und im Gespräch beobachten Sie die ruhige Sammlung und Gesetztheit, und lassen Sie es in Ihrem Handeln weder an der rechten Absicht noch an Umsicht fehlen!"

„Fixiere nie die Fehler des Nächsten. Sei stets bereit, sie zu entschuldigen. Und umgekehrt: Sei immer behend, dich selber anzuklagen. Es sei dein Wunsch, von allen so durchschaut zu werden, wie du innerlich bist.

Rede nicht, antworte nicht, betrachte nicht, geh nicht spazieren, tu schlechterdings nichts, ohne daß du zuvor bedacht hast, ob es Gott gefalle, ob es dem Nächsten Nutzen und Erbauung bringe.

Wahre dir in allen Dingen die Freiheit des Geistes. Schiele in nichts auf Menschenrücksicht, sondern halte deinen Geist innerlich so frei, daß du auch stets das Gegenteil tun könntest. Laß dich von keinem Hindernis abhalten, diese Geistesfreiheit zu hüten. Sie gib niemals auf.

Halte dich immerdar behend in den äußeren und innerlichen Übungen des geistlichen Lebens. Deine Sehnsucht sei es, von den Menschen für töricht und unweise gehalten zu werden, damit du treu und weise erfunden werdest von deinem Herrn Jesus Christus. Wenn du alles verachtest, wirst du ihn gewinnen. Amen.

Darin übe dich eifrig vom Morgen bis zum Abend. Wenn du dich zur Ruhe legst, lies diese Sätze durch und bete dann ein Miserere und ein Ave."

Merkmale der Persönlichkeit

Wie bei Luther und Calvin, so scheint es auch bei Ignatius nicht möglich zu sein, sein Wesen auf eine Formel zu bringen oder eine Charakteristik zu entwerfen.

Wir haben es hier wie dort zu tun mit dem Inkommensurablen eines weltgeschichtlichen Charakters. Es läßt sich weder ausmessen noch abwägen. Wir können nur einzelne Züge und Merkmale nennen, die uns als an dieser Person greifbar entgegentreten. Was der Historiker dabei zusammenträgt, ist aber in jedem Fall nur Stückwerk und nie das Ganze. „Den ganzen Ignatius kann man nur vom ‚Geist' her erfassen. Nicht von seiner Herkunft und seiner Jugendgeschichte, nicht von seiner historischen Umwelt und seinem weltgeschichtlichen Erfolg her. Dieser Geist ist leibgeworden in den Exerzitien und den Konstitutionen. Dort lebt sein innerstes Denken und Schauen auf Gott hin, seine Theologie, das heißt die Gesamtheit seines nur von der Wurzel der mystischen Begnadung her erklärbaren Wissens um göttliche Dinge. Darum führt jede Bemühung um die Erkenntnis dieser ignatianischen Theologie, auch losgelöst von dem verwirrenden historischen Kleinkram, unmittelbarer und treffsicherer zu dem eigentlichen Ignatius hin als tausend Biographien" (Hugo Rahner).

Disziplinierung des Lebens

An Ignatius fällt auf: die Disziplinierung des Lebens; dessen vollkommene Unterwerfung unter das religiöse Gebot, das ist unter das Gebot des christlichen Glaubens; die Forderung dieses Gebotes um der Majestät Gottes und um des Heiles der Seele willen; die Unterwerfung unter die Kirche als legitimer Lehrmeisterin des Glaubens und als von Christus eingesetzter Glaubensgemeinschaft. Bis hierhin lag im Prinzip kein Unterschied zu Luther und Calvin. Dieser beginnt erst im Verhalten zur römischen Kirche. Ignatius unterwarf sich ihr als der irrtumslosen katholischen und apostolischen Glaubensgemeinschaft, und ebendiese Unterwerfung schloß für ihn damit ein den strikten Gehorsam gegenüber dem Papst. Für ihn galt die Gleichung, daß des Papstes Diener Christi Diener sei und daß, wer dem Papst diene, zugleich dem Heil der eigenen Seele diene und zugleich auch den Willen Gottes erfülle. Der Dienst an der Kirche sollte geschehen in *allen* deren Anliegen; das aber hieß im späteren 16. Jahrhundert: den Katholizismus heben, ihn gegen den Protestantismus verteidigen; und unter den Heiden missionieren. Diese drei Aufgaben sollten die Jesuiten zwar im Gehorsam gegen den Papst, aber anderseits doch auch unbedingt sachgerecht anfassen: durch die geeigneten Mittel und Kräfte, mit Klugheit und Mut.

Weltgewandtheit, Klugheit, Diskretion. — Sein Tod

An Ignatius fällt aber, ähnlich wie an Calvin, noch etwas anderes auf: seine vollendete Weltgewandtheit, seine Klugheit und Diskretion. 1540 war einer seiner ersten Genossen aus der Pariser „Gründerzeit", Simon Rodríguez, als Hofkaplan des portugiesischen Königshauses nach Lissabon berufen worden. Ihm ließ Ignatius von Rom aus eine kurzgefaßte pastorale Klugheitsregel zugehen, welche die ihm eigene Verbindung von Weltläufigkeit, Menschenkenntnis und Gläubigkeit charakteristisch offenbart: „Ich möchte Sie in unserem Herrn auf etwas aufmerksam machen und Ihnen dabei sagen, wie ich es mache: Ich suche mich jede Stunde innerlich zu sammeln, wie ich mir denke, daß in wichtigen Geschäften die guten Engel sich immer ihr Ziel vor Augen halten, um die Absichten Gottes zu verwirklichen . . .

Niemals überlasse ich mich einer völligen Sorglosigkeit, sei es in geistlichen Gesprächen, sei es in andern, mehr gleichgültigen oder auch ‚vertrauten' Unterhaltungen. Gar viele suchen immer nur das Irdische, ihre Ehre, ihre zeitlichen Interessen; sie freunden sich uns an, ohne innerlich Freund zu sein . . . und am Ende alles nur, um hinterher zunichte zu machen, was die Kinder Gottes aufzubauen hofften. Bekanntlich sind ja die Kinder dieser Welt klüger als die Kinder des Lichtes, besonders wenn sie diese unvorsichtig und mit gelöster Zunge finden.

Deshalb müssen wir bei allen intimen Unterhaltungen, Beichten, geistlichen Gesprächen peinlich auf der Hut sein und damit rechnen, daß jedes unserer Worte an die Öffentlichkeit getragen werden kann — wobei gar oft aus böser Absicht noch etwas hinzugefügt oder ‚erläutert' wird.

Aber schließlich siegt das Gute, wenn wir nur selbst das unsere dazu tun, und der Widersacher muß beschämt von dannen ziehen.

Das hoffe ich fest von Gottes Güte."

„Man hat Ignatius mit Vorzug den ‚klugen' Heiligen genannt. Es könnte keinen treffenderen Beleg dafür geben, als daß gerade seine ersten Instruktionen an die ausziehenden Ordensgenossen diesen Wesenszug so deutlich in Erscheinung treten lassen. Vorsichtige Zurückhaltung, ja das rundweg ausgesprochene Mißtrauen gegen den irdisch gerichteten Menschentyp und die Kühnheit seines ‚weltmännischen' Anpassungsprinzips könnte zunächst befremdlich wirken — wenn Ignatius mit schlichten einfältigen Seelen sich nicht auch schlicht und einfach hätte geben können. Daß man aber nicht unterschiedslos ‚Taube' sein dürfe, sondern gelegentlich auch ‚klug wie die Schlangen', ‚wenn es gilt, die Absichten Gottes zu verwirklichen' (wie Ignatius sagt): dafür konnte er sich auf die Bibel selbst berufen.

Es wäre unrecht, wollten wir einen Heiligen, der ein Spanier ist, im Verkehr mit seinen romanischen Zeitgenossen nach dem Empfinden eines andern Volkes beurteilen. Jedes Volk und auch jedes Kind seines Volkes und seiner Zeit will in seiner Eigenart verstanden und danach beurteilt werden. Von unserem Standpunkt aus mag es allerdings manchem eine etwas zweifelhafte Empfehlung eines Heiligen scheinen, wenn er im Augenblick die Miene wechseln konnte, wenn ein neuer Gast hereintrat oder wenn ein Diplomat von Fach, wie Diego de Mendoza, in besonders schwierigen Fällen sich an ihn wandte, um sich die verwickeltsten Knoten lösen zu lassen: die Zeitgenossen und Berichterstatter ergehen sich darüber in naiver Bewunderung. Und was Ignatius selbst betrifft, so wird man sich erinnern müssen, was er vor der Berufung war. Als Welterfahrener gründete er den Orden, und Welterfahrung und Menschenkenntnis wurde naturgemäß nicht nur ein Mittel, sondern blieb die durchgehende Färbung seines apostolischen Gehabens" (Hugo Rahner).

So lag in Ignatius eine einzigartige Spannungseinheit von mystischer Versenkung bis zur tätigen Weltklugheit. Meditation, Anbetung und Praxis bis hinein in die Kleinlichkeiten der Verwaltung waren ihm *eins*. Wo diese Einheit nicht vorhanden war und etwa nur die Klugheit überwog, erhob sich in späterer Zeit dann leicht der Vorwurf der Heuchelei. Er mochte auf manche seiner Jünger zutreffen; auf Ignatius traf er nicht zu.

In dem Wert- und Willenssystem, in dem er lebte, lebte auch sein Orden. Dieser Orden war die Übertragung der ignatianischen Zucht und Gesinnung vom Stifter auf die Gemeinschaft. Agil, elastisch und grenzenlos risikofreudig wuchs seine Gemeinschaft in den von ihrem Gründer gewiesenen inneren Bahnen noch zu dessen Lebzeiten in die Tausende. Als Ignatius 1556 am 31. Juli starb, war sein Orden hinausgegangen in alle Welt im buchstäblichen Sinne: in alle Erdteile, an die kämpfenden Fronten in Europa; in die Sitzungen des Trienter Konzils; ins niedere Volk und an die Höfe der Fürsten.

Siebtes Kapitel
Innere Gestaltung der Societas Jesu

1. Geist und Grundsätze der inneren Ordensgestaltung

Der Auftrag des Ordens: Dienst am Heil der Nächsten

Den Jesuitenorden hatte ein religiös-allgemeines Anliegen ins Leben gerufen, nicht ein geschichtlich-konkreter Zweck, wie Heidenbekehrung, Kirchenreform oder etwas Ähnliches. Sondern, um es mit des Ignatius eigenen Worten zu sagen: „Wir wollen unseren Seelen und denen unsrer Nächsten behilflich sein zur Erreichung des letzten Zieles, für welches wir geschaffen wurden."

Im Hinblick auf dieses Ziel wurde die Gesellschaft Jesu ins Leben gerufen. Aus dem Gesichtspunkt dieses Zieles erfolgte bis in ganz konkrete Dinge der Tageseinteilung und Studiengestaltung hinein ihre innere Durchgestaltung durch die unermüdliche Erziehungsarbeit, die Ignatius seiner Pflanzung angedeihen ließ. Erziehungsziel und Erziehungsarbeit gingen letztlich beide zurück auf die Persönlichkeit des Ignatius hinsichtlich seines religiösen Wollens, welches wieder nichts andres war als ein Ausfluß seiner religiösen Existenz und ihrer Erfahrungen.

Ignatius lebte ganz und gar in einer ständigen Gottbezogenheit. Sie war einerseits mystisch, anderseits tätig und praktisch. Das heißt, sie gründete in einer stetigen Einung der Seele mit Gott und in einer aus dieser als bestehend und wirklich empfundenen Einung herausquellenden ständigen Bewegung auf Gott hin. Die Beziehung zu Gott hin war ihm objektiv gegeben in der Tatsache der Geschöpflichkeit und der Taufe, d. h. der Eingliederung des Geschöpfes in das Corpus Christi mysticum: Der Schöpfer will, daß das Geschöpf sich hinwende zu ihm, und weil es sein Wille ist, ist die Hinwendung zu ihm zugleich die dem Menschen aufgetragene und mögliche Verherrlichung Gottes. Die Gottverbundenheit setzte sich bei ihm, sosehr sie in mystischer Tiefe gründete, unmittelbar um in Dienst und Tat. „Gott gebe uns die Gnade, seinen heiligen Willen immer recht zu erkennen und vollkommen zu erfüllen", lautete die Formel, die er dafür fand und in höherem Alter, etwa ab 1547, gern als letzten Satz unter seine Briefe setzte.

Nun wußte Ignatius nicht nur, daß laut Neuem Testament Gott will, daß alle Menschen selig werden. Sondern er wußte sich unbeirrbar zu dem besonderen apostolischen Dienst berufen, seinen Mitmenschen behilflich zu sein, den Weg zum Heil zu finden und zu gehen. Hier lag *sein* Sendungsbewußtsein, das sich von demjenigen Calvins sehr viel mehr unterschied als sich mit ihm berührte. Aber immerhin: als Gefühl der Berufung war es vorhanden; jedoch durch objektive Bindungen stärker kontrolliert und deshalb ohne die Unbedingtheit des Anspruchs, der wir bei Calvin begegneten (s. o. Kapitel 3, S. 56ff.).

Ignatius auf der Suche nach der rechten Form seines Dienstes

Die rechte Form seines Dienstes zu erkennen, gewissermaßen auszuprobieren, bildete den Inhalt seines Strebens und Suchens in den fast zwanzig Jahren von der Bekehrung zu Manresa bis zur Bestätigung des Ordens durch den Papst. Ein schlichter, beharrlicher, unwiderstehlich starker Antrieb zur Seelsorge leitete ihn. Er hat ihn in einem Briefe vom 18. Juni 1536 an eine spanische Benediktinerin einmal folgendergestalt beschrieben: „Die göttliche Majestät hat mir seit Jahren — ohne mein Verdienst — das Verlangen eingegeben, allen denen, die nach seinem heiligen Willen und Wohlgefallen wandeln, jede nur mögliche Gefälligkeit zu tun. Um so lieber möchte ich denen behilflich sein, die sich in seinem Dienst auszeichnen wollen. Und da Sie offensichtlich zu den letzteren gehören, wünsche ich von Herzen, Ihnen meinen guten Willen durch die Tat erweisen zu können."

Der gleiche Brief vermittelt Aufschlüsse in zwei weiteren Dingen: *Einmal* enthielt er eines der wenigen Zeugnisse, in denen sich Ignatius über die vorhin angedeutete mystische Einung der Seele mit Gott äußerte. Dinge, über die er gewöhnlich schwieg, obwohl er hellwach in ihnen lebte, scheint er aus besonderem Anlaß hier berührt zu haben. *Zweitens* handelte er von der Notwendigkeit, das religiöse Erleben in Einklang mit der *Kirche* zu bringen, es gewissermaßen auf seine Legitimität hin von der Kirche prüfen zu lassen:

„Nun noch ein Wort über jene göttlichen Erfahrungen und Erlebnisse, von deren höherem Ursprung uns unser Bewußtsein Zeugnis gibt. — Wie sollen wir sie auffassen, wie sie recht benutzen? — Da kommt es vor, daß uns der Herr innerlich berührt und sich unsre Seele gleichsam aufschließt, so daß wir uns zu diesem oder jenem mit einer Art Gewalt getrieben sehen: Gott spricht zur Seele ohne jedes Wortgeräusch; er erhebt sie ganz zu seiner göttlichen Liebe und läßt sie seine Nähe spüren, so daß wir gar nicht widerstehen könnten, selbst wenn wir wollten. Das ist Gottes Wirken.

Eines aber müssen wir dabei beobachten: Auch diese Erfahrung, die von Gott ist, sollen wir in aller Demut mit den Vorschriften der heiligen Kirche und mit dem Gehorsam gegen unsre Oberen in Einklang bringen. Denn in allem waltet der göttliche Geist."

Aus diesem mystischen Grunde und aus der Bindung an die Kirche im Gehorsam erhob sich die Aktivität des Ignatius. Sie gründete in seiner religiösen Erfahrung und größter Gelassenheit der Seele und richtete sich immer auf das *eine* Ziel: daß der Mensch zur größeren Ehre Gottes sich hinwende zum Ewigen. Worum es ihm ging, das formulierte er einmal ganz schlicht in einem Brief an seinen Vetter Bertran von Loyola (24. September 1539) — das derzeitige Oberhaupt seiner Familie — anläßlich einer Mahnung, die Geistlichkeit im Gebiete des Loyola sittlich zu erneuern: „Setze deine ganze Energie daran, daß hier Wandel geschaffen wird! Unsre Vorfahren haben nach Auszeichnung auf andern Gebieten gestrebt — möge es nicht umsonst gewesen sein! — *Du* suche Deinen Ruhm in dem, was ewig bleiben wird, und mühe Dich nicht um Dinge, die Dich später reuen müßten."

Seinem Verlangen, den Menschen zum Heile behilflich zu sein und sie im Guten zu fördern, verdankte letzten Endes auch die Societas Jesu ihr Entstehen. Ignatius erzog seine Gefährten dazu, sich für ihre Mitmenschen im genannten Sinne einzusetzen.

Erst Nachfolge Christi — dann Dienst am Nächsten

Um die Jesuiten hierfür zu befähigen, lag ihm jedoch sehr daran, sie *selber* vorerst zu einem Leben in der Nachfolge Christi anzuhalten und darin einzuüben. Diese doppelte Seite ihrer Aufgabe umschrieb Ignatius bei gegebenem Anlaß in einem ausgesprochenen Erziehungsbrief an die Studierenden seines Ordens in Portugal (7. Mai 1547) in der folgenden Weise:

„Gott hat Sie nicht nur aus der Finsternis in sein wunderbares Licht gerufen (1 Petr. 2, 9) und Sie in das Reich seines geliebten Sohnes aufgenommen (Kol. 1, 13) wie die gewöhnlichen Christen, sondern er wollte, daß Sie vollkommenere Reinheit bewahrten und innigere Liebe zu den geistlichen Dingen pflegten, die zu seinem Dienst gehören. Deshalb hat er Sie gewürdigt, Sie aus dem gefahrvollen Meere der Welt hinwegzunehmen und Ihre Seele vor den Stürmen zu bewahren, in welche die Menschen durch die dreifache Begierde nach Besitz und nach Ehre und nach weltlicher Lust getrieben werden.

Keinen Platz in Ihrem Sinn und Herzen sollten die Dinge haben, die sonst die meisten mit tausend Banden ans Geschöpfliche fesseln. Sie sollten sich alle mit ganzer Seele dem zuwenden dürfen, wofür Gott Sie geschaffen hat: seiner Ehre und Verherrlichung, Ihrem eigenen und des Nächsten ewigem Heil.

Nun ist ja schon alles im christlichen Leben um dieses Zieles willen da. Aber Ihnen hat Gott der Herr einen Beruf gegeben, wo nicht nur die allgemeine Leitung dahingeht, sondern wo die ganze Lebensweise mit all ihren Einrichtungen einzig darauf abzielt, aus Ihrer Person ein ununterbrochenes Opfer für die Ehre Gottes und das Heil des Nächsten zu machen. Nicht nur Ihr Gebet und Beispiel zielt darauf, sondern auch alle übrigen Hilfsmittel, wodurch nach dem Plan der ewigen Weisheit ein Mensch den andern fördern kann. Daraus können Sie entnehmen, wie erhaben und königlich der Lebensweg ist, den Sie eingeschlagen haben. Denn weder unter Menschen noch selbst unter den Engeln kann es etwas Höheres geben, als den Schöpfer zu preisen und dessen Geschöpfe — je nach ihren Fähigkeiten — zu dem gleichen Ziele zu führen."

Abwendung von der Welt — Hinwendung zu der Welt

Ignatius ließ es nicht bei der grundsätzlichen allgemeinen Orientierung bewenden, sondern nahm den gegebenen Anlaß wahr, eine Reihe von anderweitigen Gesichtspunkten und Maximen zusammenzustellen, die ihm für die innere Formung der Jesuiten belangvoll und erwünscht erschienen. Er nannte darunter: die innere *Abwendung* von der Welt, soweit diese Macht, Genuß und Streben nach Ehre und Besitz ist; die *Hinwendung* zur Welt in apostolischer Gesinnung; eine Umstellung der ganzen Lebensweise auf das apostolische Ziel; Gebet, Beispiel und Benutzung aller „übrigen Hilfsmittel", d. i. natürlich Mittel, sofern diese geeignet waren, Zubringerdienst zu leisten für das letzte Ziel. Außerdem hielt Ignatius die Jesuiten an, sich in einigen natürlichen ritterlich-soldatischen Tugenden besonders zu üben, etwa im Mut und im Eifer für das Gute. Zugleich lehrte er sie die entsprechenden Laster und Fehlhaltungen bekämpfen: Lauheit, Feigheit, Überdruß.

„Videte vocationem vestram: Schauen Sie auf Ihren Beruf, um einerseits Gott für solche große Wohltat innig zu danken, anderseits von ihm besondere Gnade zu erbitten, damit Sie Ihrem Berufe entsprechen und in Mut und Eifer wachsen mögen — denn Mut und Eifer brauchen Sie, um zu solch hohem Ziele zu gelangen; Lauheit und Überdruß . . . müssen Sie als die geschworenen Feinde Ihres Berufs betrachten!"

Im gleichen Brief fiel schließlich auch dasjenige Stichwort, welches für die Societas Jesu in ganz auszeichnender Weise konstitutiv werden sollte: der *Gehorsam*. Er scheint für Ignatius nichts anderes als eine zeitgemäße Ausformung des alten mönchischen Ideals der Demut gewesen zu sein. „Wer aber seiner eigenen Meinung folgen will, der merke sich jenes Wort des hl. Bernhard: ‚Was ohne den Willen und die Zustimmung des geistlichen Vaters geschieht, ist nicht Verdienst, sondern Eitelkeit.' Er erinnere sich, daß es nach der Heiligen Schrift (1 Kön. 15, 23) geradezu ‚Götzendienst ist, sich selber folgen zu wollen . . .'"

Der Gehorsam

Der Gehorsam spielte für Ignatius auch religiös eine zentrale Rolle und besaß keineswegs nur eine Funktion im Hinblick auf die äußere Disziplin. Er galt ihm als eine von Gott gebotene Verhaltensform, in welcher sich die Liebe des Menschen zu Gott bewährte und verwirklichte: als die gänzliche Unterstellung des eignen Willens unter den Willen Gottes. Und deshalb nannte er ihn gelegentlich „heilig". Schon die altchristliche Mönchstradition, die ja den Gehorsam zu einem ihrer drei Gelübde erhob, lehrte, daß der Ordensmann im Befehl des Oberen den Willen Gottes zu erkennen und zu ehren habe. Diese Tradition setzte sich in ganz prägnanter Weise bei Ignatius fort und bildete sich bei ihm weiter. Dieser alte Offizier des damals besten Landheeres der Welt hatte in seinem ehemaligen Beruf gesehen und erfahren, was eine Truppe, wo befohlen und gehorcht wird, zu leisten vermag. Und so wertete er den Gehorsam, der ihm seiner letzten Zweckbestimmung nach eine geistliche Verhaltensweise und seinem Wesen nach ein Abbild des Verhaltens von Geschöpf zu Schöpfer war, auch nach der praktischen Seite aus: als ein hervorragendes Prinzip, um seine Societas zusammenzuhalten und für den apostolischen Beruf tauglich zu machen.

Was es um den Gehorsam sei, hat Ignatius in einigen in diesem Punkte klassischen Briefen — besonders vom 26. März 1553 an die Societas Jesu in Portugal — und in den Konstitutionen niedergelegt. Wie hoch er von ihm dachte, geht daraus hervor, daß er in seinem „Testament", das er 1555 seinem Sekretär für alle Mitglieder der Societas Jesu in die Feder diktierte, fast allein vom Gehorsam handelte. Gleich die ersten Absätze schlugen das Thema an:

„Beim Eintritt in den Orden und nachher muß ich in allem und für alles den Selbstverzicht vor Gott dem Herrn und meinem Obern vollziehen. — Ich muß das Verlangen haben, mich durch den Obern leiten und führen zu lassen ... Ich muß in allem, was nicht Sünde ist, den Willen des Obern tun und nicht den meinen. — Es gibt drei Arten zu gehorchen: die eine, wenn man im Namen Gottes feierlich befiehlt, und die ist gut. Die zweite, wenn man mir einfach vorschreibt, das und das zu tun, und die ist besser. Die dritte, wenn ich auf ein bloßes Zeichen des Oberen hin handle, obschon er mir weder befiehlt noch vorschreibt, und die ist die vollkommenste. — Ich soll nicht die Person in Anschlag bringen, ob der betreffende Obere mein oberster ... oder niederster ist ... denn jeder Obere vertritt die Stelle Gottes unseres Herren ... Überhaupt darf ich nicht mir gehören, sondern meinem Schöpfer und dessen Stellvertreter; ich muß mich leiten und bewegen lassen, wie ein Wachsklümpchen sich kneten läßt ... So muß ich immer zur Hand sein, damit der Orden sich meiner bedient und mich zu allem brauchen kann, wofür er mich bestimmen will."

Der Gehorsam, den man gelegentlich Kadavergehorsam genannt hat, ist gewiß straff gewesen, und die Disziplin war es auch. Aufs Praktische gesehen, verlieh er der Societas Jesu ihre hervorragende Beweglichkeit und Präsenz; er befähigte sie, mit äußerster Ökonomie zu wirtschaften und mit wenigen Kräften viel zu erreichen durch einheitliche Planung und Leitung dessen, was zu tun war. Auf der andern Seite ist es eine historische Tatsache, daß die Jesuiten im 16. und

17. Jahrhundert außerordentlich entwicklungsfähig nach vielen Seiten hin gewesen sind und daß recht entgegengesetzte Richtungen sich in ihren Reihen haben gleichzeitig entfalten können: Es gab unter ihnen z. B. scharfe Hexenverfolger und erfolgreiche Bekämpfer der Hexenprozesse. Das heißt, das Gehorsamsprinzip hat die Freiheit der geistigen Entscheidung und Meinungsbildung keineswegs unterdrückt, wenn auch der Orden immer wieder versuchen mochte, seine Mitglieder auf eine bestimmte Linie festzulegen und gelegentlich auch ein Buch verbot, wie z. B. das des berühmten spanischen Jesuiten Mariana über die relative politische Freiheit des Volkes gegenüber den Fürsten.

Ignatius selber machte von der Anwendung des Gehorsamsprinzips in seiner Eigenschaft als General nur sparsam und höchst dezent Gebrauch. Nur in seltenen Grenzfällen, wenn wirklich Krisen heraufgezogen waren, fuhr er mit scharfen Befehlen drein. Den Gehorsam, der von allein funktionierte, ohne daß ein Wort verloren zu werden brauchte, schätzte er am höchsten, und in dieser Richtung ging auch seine Erziehungsarbeit. In der Praxis seiner Ordensführung kompensierte er, was er auf der einen Seite durch Gehorsam verlangte, auf der andern Seite durch eine behutsame und geduldige Anwendung des komplementären Prinzips — nämlich der „*Diskretion*". Sie bestand darin, daß er seine Untergebenen im Hinblick auf ihre Individualität und das Maß ihrer Kräfte *verständig* behandelte und die jeweiligen äußeren Umstände, die persönliche Situation usw. klug berücksichtigte. Er legte Wert darauf, Dinge zu verlangen, die angemessen, und nicht Dinge zu verlangen, die absurd und grotesk waren — dafür apellierte er, wenn er etwas Besonderes verlangte, lieber an die *Großmut* dessen, dem er einen Befehl erteilte, und pflegte auch das, was er verlangte, zu begründen — nicht selten exzellent. Kamen Anfragen aus dem Orden, wie sich der einzelne Vorgesetzte in konkreten Fällen zu verhalten habe, antwortete Ignatius gern nach dem Prinzip: Eines schickt sich nicht für alle; er machte zum Maßstab nicht ein starkes Gebot, sondern: „Was einen jeden einzelnen am besten fördert", und empfahl, sich nach der Gelegenheit zu richten.

2. Erziehung des Ordens durch Ignatius

Richtlinien für die Aufnahme von Novizen. Erziehung des Ordensnachwuchses

Bei der Prüfung der Leute, die sich um Aufnahme in den Orden bewarben, verfuhr Ignatius außerordentlich nüchtern und praktisch. Er sah auf die natürliche Anlage der Bewerber und bevorzugte solche, die Neigung und Geschick mitbrachten entweder für die praktische Seelsorgsarbeit oder für die Wissenschaft, in jedem Fall aber mußten sie Eifer zeigen. Im Grenzfall entschied er sich lieber für die praktischen Begabungen als für die rein gelehrten. Die Anwärter mußten dem Knabenalter entwachsen sein und „müssen über eine gute äußere Figur verfügen wegen des gesellschaftlichen Verkehrs, den unser Beruf mit sich bringt". Außerdem mußten die Kandidaten, jedenfalls die jüngeren, unbedingt gesund sein. Hiervon sah Ignatius nur bei solchen älteren Bewerbern ab, die entweder über eine ausgezeichnete Erfahrung oder anerkannten wissenschaftlichen Ruf verfügten. „Solche leisten noch halbtot gute Dienste", meinte sein Sekretär Polanco.

Die Erziehung anbelangend, legte er natürlich den Hauptakzent auf den Gehorsam, auf die Fähigkeit, sich etwas zu versagen; und auf die Bereitschaft, sich befehlen zu lassen. Anderseits erkundigte er sich aber gern nach den Neigungen des einzelnen. In der Beobachtung der häuslichen Regeln war er großzügig und nachsichtig, sofern besondere Gründe dafür vorlagen — Krankheiten, Unpäßlichkeiten, momentane Arbeitsüberlastung usw. Ansonsten half er mit kleinen Bußen nach, die er von Fall zu Fall verordnete. Leute, die die Gemeinschaft störten oder Verwirrung stifteten, entfernte er. In Punkto Aszese und Kasteiung drang er aufs Wesen und nicht auf die Form. Er hielt dafür, daß die Kasteiungen sich auf Überwindung von Ehrgeiz, Stolz und andren vergleichbaren Neigungen richten sollten, und legte gar keinen Wert auf äußere Übungen, wie gesteigertes Fasten, Wachen, Geißeln und dergleichen mehr. Ja er setzte seine ganze Autorität ein, um diese äußeren Übungen auf ein Minimum einzuschränken. Seine Arbeit bestand hier weit mehr darin, daß er zügelte und zurückpfiff, als daß er anspornte und forderte.

Reform der Aszese

Was die aszetische Lebensführung betraf, so unterstellte sie Ignatius radikal dem apostolischen Ziel und den sachlichen Zwecken. Zum Beispiel verlangte er von den Studierenden nicht, daß sie sich durch Entzug von Schlaf und Nahrung kasteiten, sondern daß sie anständig studierten und sich in einer geeigneten körperlichen Verfassung hielten. Von übertriebener Aszese hielt er also wenig. Die jungen Leute, meinte er, übermüden damit bloß ihren Körper und Geist und schaffen nichts Rechtes in der Wissenschaft. Dazu trat als der eigentlich moderne, für das damalige Mönchtum außerordentlich ungewohnte Gedanke: daß auch ein rechtes Studium und jede andere praktische Tat; daß jedes Werk der Liebe und des Gehorsams eine Erfüllung der religiösen Pflichten und somit des Willens Gottes und deshalb, mit anderen Worten, eben *auch* Aszese sei.

Zu dieser praktisch-tätigen Art aszetischen Handelns suchte er seine Ordensgenossen konsequent zu erziehen: sie sollten Gott in allen Dingen zu finden trachten. Aus diesem Grunde — weil man Gott in allen Dingen finden und ehren könne und auch solle — reduzierte er die Zeiten für Gebet und geistliche Betrachtung auf ein geringes und ließ die vorgeschriebenen Übungen, z. B. das Breviergebet, nicht gemeinschaftlich zu festgesetzten Stunden, sondern privatim von jedem einzelnen verrichten. Dies war eine Neuerung gegenüber der gesamten abendländischen Ordenstradition: theologisch und aszetisch gesehen eine organische Weiterentwicklung und Vergeistigung der Aszese, indem diese vom Wesen und nicht vom Werk her erfaßt wurde; praktisch erhielt dadurch der Orden ungeahnte Beweglichkeit und Anpassungsfähigkeit; und kirchengeschichtlich, überhaupt welt- und religionsgeschichtlich erwuchsen daraus ganz neue Impulse. Es gibt einige Briefe aus Ignatius' letzten Lebensjahren, welche diese Wendung vorzüglich illustrieren. Am 24. Dezember 1553 schrieb er an den damaligen stellvertretenden Oberen der indischen Mission, Kaspar Barzäus:

„Da das dortige Klima noch weniger zu [geistlichen] Betrachtungen geeignet ist als das hiesige, so ist um so weniger Grund, die Gebetszeit auszudehnen. Wohl aber können wir in unsern Arbeiten und Studien gelegentlich den Geist zu Gott erheben, und wenn wir alles auf den göttlichen Dienst hinlenken, so ist alles Gebet. Von dieser Überzeugung müssen alle in der Gesellschaft durchdrungen sein, weil ihnen die Betätigung der Liebe nicht die Zeit zum langen Beten läßt. Sie haben deshalb keinen Grund, zu glauben, hierin Gott weniger wohlgefällig zu sein, als wenn sie beten."

Ignatius sah sich mehrmals genötigt, die theologische Begründung für diese Denkweise einem der prominentesten Jesuiten, dem Herzog Franz von Borgia, genauer auseinanderzusetzen. Borgia, ein spanischer Grande von großer Frömmigkeit, zeitweilig Vizekönig Karls V., war ein Urenkel Papst Alexanders VI. Er wurde später General der Societas Jesu und wurde im 17. Jahrhundert heiliggesprochen. Er trat nach dem Tode seiner Frau und der Versorgung seiner fünf Kinder in reifem Alter der Societas Jesu bei und neigte zu strengen Bußübungen. Ignatius, der ihn sehr schätzte, verordnete ihm des öfteren maßvolle Zurückhaltung. Klassisch komprimiert in dem kurzen Satz, der sich auf die Geißelfreudigkeit des Herzogs bezieht: „Jedenfalls ist es besser, anstatt ein bißchen Blut zu erhaschen, unmittelbar den Herrn aller Dinge zu suchen, ich meine seine heiligsten Gnadengaben."

Gnade und Werk

Was er unter jenen Gnadengaben verstand, erläuterte Ignatius folgendermaßen: „Jene Gnadengaben meine ich, deren Erwerb nicht ohne weiteres in unserem Belieben steht, sondern die eine freie Gabe dessen sind, der alles Gute spendet und vermag, z. B. lebendiger Glaube, Hoffnung, Liebe, geistlicher Friede, Tränen, innige Tröstung, Erhebung des Geistes und was es sonst an inneren Erfahrungen und Empfindungen gibt, die mit solchen Gnaden zusammenhängen — immer vorausgesetzt, daß Demut und Ehrfurcht gewahrt bleiben gegen unsre Mutter, die heilige Kirche, und gegen die in ihr aufgestellten Lenker und Lehrer. Dann verdient jede von diesen Gnaden den Vorzug vor äußerer Werkaszese." Den Vorrang sah Ignatius darin begründet, daß die äußeren Werke — auch die Werkaszese — ja nicht einen Zweck, sondern nur ein Mittel darstellten, und zwar ein Mittel, um in die Disposition zu gelangen, jener inneren Gnaden teilhaftig zu werden. Der Jesuit und der katholische Christ überhaupt sollten diese gnadenhafte Berührung suchen, freilich — aber nicht um der persönlichen geistlichen Befriedigung willen, die dabei vielleicht empfunden werden mochte, sondern deshalb und insoweit, „als sie zu größerer Hingabe an den Dienst Gottes befähigen". Dienst Gottes hier verstanden als der weite Bereich menschlicher Tätigkeit, in welchem der Mensch ohne Gnadenhilfe versage:

„Wir kennen uns genug, um zu wissen, daß *ohne* solche Gnadengaben all unser Denken, Reden, Tun geteilt, zerstreut und kalt ist, *mit* ihnen aber warm und klar und fähig für den größeren Dienst des Herrn."

Eine unmißverständlich deutliche Aussage über den unvergleichlichen Vorrang der Gnade vor dem „guten Werk" — genauer: die Gnade als unumgängliche Voraussetzung jedes menschlichen Werks, das ein gutes sein soll.

Menschliches Wirken im Dienste des Heils

Anderseits pflegte Ignatius aber auch auf die Rolle des menschlichen Werks im *Dienste* des Heils aufmerksam zu machen. Er hielt nicht wenig von dem rechten Gebrauch der sozusagen natürlichen menschlichen Mittel in *diesem* Dienste. Von der Gnade als der schlechthin unumgänglichen Voraussetzung, welche den Menschen überhaupt erst befähigte, sich in Richtung auf das Heil hin zu bewegen, war er unerschütterlich überzeugt. Aber: im Unterschied zu den Reformatoren, zu Luther wie noch schärfer zu Calvin, unterstrich Ignatius: Die Gnade tut nicht *alles*, sondern verlangt, daß der Mensch sich *rege* im Dienste des Heils.

Ignatius sagte damit nicht gerade etwas Neues. Aber er sagte etwas Klärendes. Denn in eben diesem Punkte, in dem es um die Frage der Rechtfertigung des Menschen geht, gingen die theologischen Meinungen zu seiner Zeit verwirrend auseinander. Die alte katholische Auffassung hatte seinerzeit Augustin eingängig und allgemeinverständlich formuliert: Der dich geschaffen hat ohne dich, wird dich nicht rechtfertigen ohne dich. Auf dem Boden dieser Rechtfertigungslehre standen pointiert Ignatius und die Jesuiten. Aber nicht nur in Rücksicht auf die tiefsten Regionen der individuellen Religiosität vertraten sie die Notwendigkeit der *Mitwirkung* des Menschen am Werk der Gnade. Sondern auch in Rücksicht auf den Alltag des Christenmenschen. Sein tägliches Tun und Lassen solle von solcher Mitwirkung durchtränkt sein. Alles Geschaffene, alle natürlichen Mittel und Fähigkeiten, über die der Mensch verfügt oder die sich ihm anbieten, lehrte Ignatius als Hilfsmittel anzusehen und zu gebrauchen, welche die göttliche Vorsehung dem Menschen gewissermaßen in die Hand gebe und anvertraue. Es galt ihm so lange legitim, sich ihrer zu bedienen, solange sie in sich nicht schlecht waren und nicht der Sünde dienten. Erfüllten sie diese Voraussetzung, so durfte und sollte man sie verwenden für jeden letztlich guten Zweck, der auf seine Art darauf hinauslief, den Menschen zum Heil und Gott zur Ehre zu dienen.

Die Redensart, der Zweck heilige die Mittel, läßt sich aus diesem Prinzip weder rechtfertigen noch begründen — obwohl es gelegentlich behauptet wird. Ignatius hielt entschieden viel von der heiligen Klugheit, die im Evangelium empfohlen wird: Seid sanft wie die Tauben, aber klug wie die Schlangen. Er verlangte, daß man sorgfältig überlege, ob ein Vorhaben, an das man herangehe, sinnvoll und zweckmäßig sei und ob die dafür in Aussicht genommenen Mittel sich eigneten und Aussicht auf Erfolg versprächen. Er empfahl die *Tugend* der Klugheit, nicht Verschlagenheit, Hinterlist oder dergleichen. Diese weniger schönen Abarten der Klugheit konnten erst in einem Momente in Erscheinung treten, wo man sich über die Güte des Ziels und die sittliche Verwendbarkeit der Mittel in Unklarheit oder Verwirrung befand oder wo in der Hitze der späteren Konfessionskämpfe die Leidenschaften die ruhigen Überlegungen überwogen. Ignatius dachte von diesen Dingen dagegen, wie seine Richtlinien bezeugen, entschieden, klar und unmißverständlich.

Menschliche Mittel und göttliche Vorsehung: mißtraue und traue der eigenen Kraft!

Allem voran stand ihm das Prinzip des *Mit*wirkens mit der Gnade. Das Mitwirken aber gründete auf einem durchaus ambivalenten Zutrauen und Mißtrauen zur eignen Kraft. Einer der ersten Jesuiten, Ribadaneira, sagte darüber: „Wo es sich um eine Sache im Dienste Gottes unsres Herrn handelte, wandte er alle menschlichen Mittel an, mit solcher Tatkraft und Umsicht, als ob aller Erfolg einzig davon abhinge. Gleichzeitig vertraute er so auf Gott und stellte alles derart der göttlichen Vorsehung anheim, als ob alle menschlichen Mittel nichts verschlügen." Ignatius selber umschrieb mehrfach die Ambivalenz der menschlichen Kraft, oft brieflich zur Unterweisung. „Wenn ich auf Gott, den Herrn in allen Dingen, schaue, wie es ihm wohlgefällt", hieß es dort einmal, „so müßte ich es als verfehlt betrachten, wollte ich mich auf menschliche Mittel und Bemühungen verlassen. Anderseits aber kann ich es auch nicht als einen sichern Weg betrachten, alles nur auf das Gottvertrauen zu setzen, ohne mich zu rühren und die natürlichen Mittel gebrauchen zu wollen, die er mir in die Hand gegeben hat. Vielmehr bin ich in unserm Herrn der Überzeugung, daß ich das eine tun und das andre nicht lassen soll . . ."

Diese Auffassung blieb bei Ignatius' katholischen Zeitgenossen keineswegs unwidersprochen. Im Gegenteil: er hatte sich deshalb allerlei Kritik gefallen lassen müssen. Man warf ihm vor, er gehe im Gebrauch der natürlichen Hilfsmittel für geistliche Zwecke viel zu weit. Ja sogar: seine Methode beherzigen, das heiße seine Knie vor Baal beugen. Er antwortete darauf: Wer darauf verzichtete, sich solcher von Gott gegebenen Talente zu bedienen, der habe noch nicht gelernt, alles auf das große eine Ziel der Verherrlichung Gottes hinzulenken. Freilich könnte Gott gewiß alles allein tun und sei nicht im geringsten auf die natürlichen Hilfsmittel angewiesen, ohne die der Mensch nicht auskomme. Ihm gefalle aber jedenfalls jene menschliche Sorgfalt, die aus Liebe zu ihm die von Gott gegebenen Gaben verwende, seien es innere oder äußere, geistige oder körperliche — denn Gott sei nicht nur Urheber der Gnade, sondern auch der Natur. Unter Berufung auf die Kirchenväter meinte Ignatius sogar, „es hieße Gott versuchen, wenn man die von ihm zur Verfügung gestellten Mittel verschmähen wollte, um auf ein Wunder zu warten".

In diesem Sinne verschmähte es Ignatius durchaus nicht, die Intervention hoher Würdenträger oder fürstliche Protektion seinen apostolischen Zwecken dienstbar zu machen. Er empfahl sie in vielen konkreten Fällen sogar angelegentlich. Den Jesuiten in Ingolstadt legte er nahe, dem Herzog von Bayern eine gute Meinung von ihrem Können und Wollen einzuflößen, weil das ihrer dortigen Tätigkeit manchen Nutzen einbringen könnte. Und als ein Jesuit sich weigern wollte, die Stelle eines Beichtvaters beim König von Portugal anzunehmen, erhielt er von Ignatius eine Lektion über falsche Demut. Er unterrichtete ihn über die große Bedeutung eines solchen Amtes und machte ihn darauf aufmerksam, daß von der rechten Orientierung der Fürsten in religiöser Hinsicht z. B. das geistliche Wohlbefinden aller Untertanen abhinge. Insofern, sagte er, sei die geistliche Hilfe, die man einem Fürsten leiste, höher zu bewerten als die geistliche Unterweisung von weniger einflußreichen Menschen niedrigeren Standes.

Kirchliche Würden, ein Hindernis für den Jesuiten

Unter dem Gesichtspunkt der Effektivität der geistlichen Hilfe lehnte er sichtbare hohe Würden und andere Ehrenstellen für seine Ordensmitglieder strikt ab. Mehrfach wurde er angegangen, den einen oder andern seiner bewährten Leute für einen Bischofsstuhl freizugeben. Ignatius wollte nichts davon wissen. Denn er versprach sich davon nichts als Anstoß und Ärgernis; auch fürchtete er für die Beweglichkeit seiner Gesellschaft. Denn es lag ihm alles daran, seine Gesellschaft frei und elastisch zu erhalten, damit sie ihre Aufgabe bestmöglich erfülle. Ihre Aufgabe aber sah er vornehmlich darin, für alles verwendbar zu sein, „in aller Einfachheit und Niedrigkeit von Stadt zu Stadt, von Ort zu Ort zu ziehen, ohne sich an einen bestimmten Platz binden zu lassen"; überall hinzugehen, wohin sie der Papst sende. Diesen Geist der Gesellschaft, auch ihren äußeren Bestand, sah er gefährdet, wenn einzelne Mitglieder zu hohen Prälaturen aufstiegen. Er fürchtete, die Seelsorge der Jesuiten könne dadurch an Glaubwürdigkeit verlieren und würde weniger wirkungsvoll sein.

Hinter diesem Verbot standen Überlegungen, die ihm seine Weltkunde und Menschenkenntnis eingegeben hatten. Er fürchtete Klatsch, Kritik und böswillige Unterstellungen. Er sah voraus „Mißbehagen und Ärgernis für die, die sich bisher an uns erbauten, Anstoß für die Schwankenden, die uns doch auch wieder gut sein möchten; Erbitterung und Skandal für jene, die uns ohnehin nicht leiden mögen; kurz, wir würden reichlich Anstoß geben für Murren, Lästerreden, Ärgernis für viele Seelen, für die Christus unser Herr am Kreuz gestorben ist." Eine ungute Resonanz wollte er dort, wo sie sich seines Erachtens vermeiden ließ, um alles in der Welt nicht provozieren. Und deshalb legte er seinen ersten und ältesten Genossen noch ein spezielles *Gelübde* auf: Sie mußten geloben, auf kirchliche Würden zu verzichten. Als der Papst den Herzog Franz von Borgia mit dem Kardinalshut auszeichnen wollte, verhinderte Ignatius diese Ehrung mit diskretem Geschick.

3. Konkrete Beispiele der Ordenserziehung

Die Pflicht zur Berichterstattung. System des brieflichen Verkehrs

Eine Fülle von Beispielen bezeugt, mit welcher Mühe, Geduld und Umsicht Ignatius daran arbeitete, seine Ordensbrüder zur Selbstzucht, Diskretion und Zweckmäßigkeit ihres Handelns zu erziehen. Er hatte das System regelmäßigen Briefverkehrs der einzelnen Ordensmitglieder, später der Vorsteher der einzelnen Ordensniederlassungen und Provinzen mit der Zentrale in Rom eingeführt und bis ins kleinste geregelt. Die Berichte sollten einen sogenannten Hauptbrief und einen Nebenbrief enthalten. Der Hauptbrief war zur Vervielfältigung und Weitergabe an andere gedacht und mußte entsprechend abgefaßt sein. Im Nebenbrief durften private Dinge geäußert werden.

Auf diese Weise befand sich der General ständig auf dem laufenden. Ferner bekam er einen Überblick über Fortschritte, Schwierigkeiten und neuauftauchende Aufgaben. Auch konnte er manchen Bericht als Werbemittel oder zur Rechtfertigung gegen Vorwürfe, Anfeindungen und Widerstände verwenden. Im übrigen trug die Verschickung der Berichte an die anderen Niederlassungen dazu bei, den Zusammenhang der noch jungen Ordensgemeinschaften weiter zu festigen.

Von den Briefen forderte Ignatius, daß sie im Hauptteil sachlich wissenswerte Nachrichten in guter Folge und geordnetem Zusammenhang enthielten, und legte auf die Sorgfalt ihrer Abfassung den größten Wert. Er schrieb vor, von jedem Brief zunächst ein Konzept anzufertigen, und verlangte, daß das Konzept auf Stil und Inhalt hin gründlich durchkorrigiert würde. Mit dieser Forderung, daß jeder Brief praktisch zweimal geschrieben werden mußte, stieß er auf wenig Gegenliebe. Und es kostete ihn nicht geringe Mühe, seinen Mitgliedern in diesem Punkte Zucht und Ordnung beizubringen. Selbst die Ältesten und Besten seiner Genossen, Peter Faber z. B. und Bobadilla, leisteten ihm anfangs Widerstand und machten nicht mit. Ja mitunter kritisierten sie ihn heftig und warfen ihm vor, daß er mit solch kleinlichem Ansinnen ihre Zeit vergeude. „Sie scheinen im Ernst zu glauben", schrieb ihm 1542 Bobadilla aus Wien, „daß sich alle an Ihren Abschriften erbauten — ich meinerseits gebe wenige davon weiter und lese selbst nicht alle. Ich habe nicht die Zeit dafür; *allein* vom Überflüssigen, das Sie im Hauptbriefe schreiben, ließen sich zwei neue Briefe anfertigen."

Ignatius ließ sich indes nicht entmutigen. Er gab nicht im geringsten nach und parierte *alle* Stöße gelassen, lakonisch und mit unendlicher Geduld. Er reagierte ungereizt und bei aller Deutlichkeit nicht einmal unfreundlich, wie das folgende Beispiel zeigt: „Ich übernehme die ganze Verantwortung für die Zeit, die Sie aufs Briefeschreiben verwenden. Sie wird gut vor Gott verwandt sein. Wenn ich mir die Mühe nehme, jeden Brief erst im Konzept zu schreiben . . . um wieviel mehr sollte dann jeder einzelne der Gesellschaft solches tun. Bis jetzt kann ich im Briefeschreiben keinen von Ihnen loben. Ich sage das nicht, um zu tadeln. Aber wenn die Briefe der Gefährten, die ich Ihnen übermittle, Hand und Fuß zu haben scheinen und nichts Überflüssiges enthalten, kommt es nur daher, daß ich sie mit außerordentlichem Zeitverlust vorher zurechtgestutzt habe . . . alles nur, um Ihnen allen eine Freude im Herrn zu bereiten und die zu erbauen, die den Brief zu lesen bekommen."

Gegenseitige Kontrollen

Der Erziehung durch den Briefverkehr lief parallel eine Erziehung der Mitglieder der Societas Jesu untereinander. Auch solches war vorgeschrieben, teils grundsätzlich im allgemeinen Erziehungsgang der Novizen und jungen Ordensbrüder, teils akut für bestimmte Fälle. Als drei von Ignatius' ersten Gefährten, die die Urzelle des Ordens bildeten, Salmerón, Laýnez und Peter Faber, auf Geheiß des Papstes nach Trient aufs Konzil geschickt wurden, befahl ihnen Ignatius, sich jeden Abend zu einer gemeinschaftlichen Besprechung zusammenzusetzen, um die Geschehnisse des vergangenen Tages gemeinsam durchzugehen und die Ziele für den kommenden festzusetzen. Ferner hatte jeden dritten Tag „einer die übrigen um die Gefälligkeit anzugehen, daß sie ihn auf alles, was an ihm aufgefallen wäre, brüderlich aufmerksam machten". An den beiden andern Tagen sollte jeder von den beiden andern auf die gleiche Weise drankommen — und keiner sollte Widerworte geben, wenn an ihm etwas kritisiert würde — es sei denn auf Aufforderung. Um vom Beispiel aufs Prinzip zu kommen: der vollendete Ordensmann sollte sich selbst vollkommen unter Kontrolle bekommen. Die gegenseitige correctio fraterna war ein Mittel und eine Hilfe, ihn dahin zu bringen.

In ähnlicher Weise hatte Ignatius den an die Universität Ingolstadt entsandten Patres auferlegt, sich gegenseitig brüderlich zu kritisieren, auch hinsichtlich ihrer Vorlesungen und Studien. Er verlangte und erwartete allerdings, daß bei solcherlei Dingen mit Takt und Diskretion zu Werke gegangen würde; denn ihm war durchaus bewußt, daß man durch Mangel an Klugheit hier besonders viel Porzellan zerschlagen konnte. Auf die Anfrage eines portugiesischen Ordensmitgliedes, ob man einen Mitbruder auf einen offenkundigen Fehler aufmerksam machen solle oder nicht, gab Ignatius zur Antwort, in Sachen der brüderlichen Zurechtweisung komme alles auf die Autorität und Liebe des Mahners an. Fehle auch nur eines von beiden, so sei es um die Wirkung geschehen, und sie unterbleibe daher besser. Zurechtweisung sei eine hohe Kunst und nicht jedermanns Sache. Man dürfe sie riskieren, wenn Aussicht auf Erfolg bestünde, und selbst dann dürfe man nicht unüberlegt herausplatzen, sondern müsse vielmehr die ganze Sache mit kluger Schonung vorbereiten.

Umgang mit Menschen

Einen sehr hohen Wert maß er der Erziehung zum Umgang mit Menschen bei. Dies war bei der Zielsetzung seines Ordens verständlich. Denn es waren ja Menschen, die für den rechten Dienst Gottes auf Erden gewonnen werden sollten. Hier gab sich Ignatius unendliche Mühe, seinen Ordensbrüdern den Sinn für das Verständnis und die Unterscheidung von Persönlichkeiten, Umständen und Situationen auf das feinste und empfindlichste auszubilden. Das zugrunde liegende Prinzip lautete: sich demjenigen, mit dem man spricht oder zu tun hat, so weit anpassen, daß er einen versteht; daß er Zutrauen bekommt und sich sowohl respektiert als auch, wenigstens einigermaßen, verstanden fühlt. Von daher rührte die Forderung nach Rücksichten auf den Stand, die Sitten, die nationalen und sonstigen Gepflogenheiten, mit denen es der Jesuit jeweils zu tun hatte. Wie solche Rücksicht im konkreten Fall auszusehen habe — auch darüber gab Ignatius unzählige Empfehlungen, Anweisungen und Informationen, wie etwa: sich würdig aufführen; gut zuhören; wenig sprechen; kurz und bündig, aber ausreichend antworten; vorsichtig sein; sich keine Blöße geben, um nicht ins Gerede zu kommen; die Worte abwägen und nie ohne Überlegung sprechen; der Gesinnung nach liebevoll umgehen mit dem jeweiligen Gegenüber; das Temperament berücksichtigen; die Finger aus allen Geldangelegenheiten herauslassen. In protestantischen Ländern die Evangelischen zu gewinnen versuchen und nicht vor den Kopf stoßen; sie davon überzeugen, daß man nicht den eigenen Vorteil, sondern die Sache Christi suche.

Seinen Ordensangehörigen, die sich auf den seelsorgerlichen Umgang mit Menschen rüsteten, empfahl Ignatius zur Vorbereitung: Mißtrauen gegen sich selbst; hochgemutes Vertrauen auf Gott; einen vorbildlichen Lebenswandel und tätige Werke der Liebe. Näherhin riet er ihnen, sich jeweils zu überlegen, welches an Ort und Stelle die im Augenblick am meisten geeigneten Maßnahmen seien, und es dann mit ihnen zu versuchen.

Alles in allem dürfte es nicht schwer halten, aus des Ignatius seelsorgerlichen Instruktionen einen ganzen geistlichen *Knigge* zusammenzustellen. Was aber den Wert und die Bedeutung des Umgangs mit Menschen in seinen Augen ausmachte, das drückte er einmal in der fast wie eine Maxime geprägten Empfehlung an die drei Patres in Trient aus: „Der persönliche Verkehr mit Menschen ist ein überaus wichtiges Mittel, um mit Gottes Gnade viele Seelen auf den Weg des Heils zu führen und im Guten zu fördern. Umgekehrt kann aber auch viel verdorben werden, wenn wir im Umgang nicht wachsam sind."

Eine vollendete Probe seiner Kunst und Kenntnis der Menschenbehandlung findet sich in den fragmentarischen pastoralen Anweisungen, die er in seinen letzten Lebensjahren zum praktischen Gebrauch seiner Ordensgenossen in Portugal aufzeichnete. Sie dienten einem unmittelbaren Zweck, der Unterweisung in Einzelfragen der Seelsorge. Getragen von den Erfahrungen eines zielgerichteten Lebens und durchtränkt von der gelassenen Weisheit seines wachen Geistes, verdichteten sie sich zu Merksätzen der Menschenführung für Geistliche. Sie behandelten Sinn und Art der Predigt, Fragen des Personenkreises für die Exerzitien, Probleme der Frauenseelsorge, den Umgang mit weiblichen Standespersonen, und das Ziel geistlicher Gespräche. Der Text dieser Leitsätze möge die Art und Weise der ignatianischen Menschenführung zur Anschauung bringen und zugleich den Abschnitt beschließen: „Bei dem Vertrauen, das ich auf Sie setze, und in der Überzeugung, daß meine Worte mit demselben Geist und guten Willen aufgenommen werden, in dem ich sie schreibe, möchte ich Sie auf einige Dinge aufmerksam machen, auf die ich bei mir selbst nicht weniger achten würde:

Ich würde an Ihrer Stelle erst schriftlich machen, was ich in der Predigt sagen wollte, keine zweifelhaften Gegenstände vorbringen oder solche, über die ich noch nicht völlige Klarheit hätte. Meine ganze Kraft würde ich darauf verlegen, in einfacher und klarer Darbietung die Leute zur sittlichen Besserung zu führen.

Die großen Exerzitien würde ich ganz wenigen geben, und zwar Leuten von hoher Bildung, angesehener Stellung und großem Heilsverlangen oder guter Eignung für die Gesellschaft. Sonst würde ich nur die Exerzitien der ersten Woche geben und mit der Generalbeicht und einiger Anleitung zur Gewissensprüfung schließen. Die Wahlbetrachtungen würde ich nur in den seltensten Fällen geben, nur bei Leuten, die sehr aufs Geistige gerichtet sind und uns nachher nicht in

Verruf bringen . . . als wollten wir sie arm machen, indem wir sie für die evangelischen Räte oder die Gesellschaft anzuregen suchten.

Ich würde es vermeiden, mit jüngeren Frauenspersonen niederen Standes außerhalb der Kirche oder der Öffentlichkeit zu sprechen, denn nicht selten hat man es mit Leichtfertigen zu tun, und — ob mit oder ohne Grund — es entsteht ein übler Ruf daraus. Denn im allgemeinen sind sie oberflächlich und beharren nicht im Dienste Gottes unseres Herrn, sondern verfallen vom Geistlichen ins Fleischliche oder hängen einem wenigstens mit allerhand Belästigungen an, um für ihre zeitlichen Bedürfnisse ein Almosen zu bekommen.

Man lasse sich also nur mit vornehmen Frauen in geistlichen Dingen näher ein, von denen kein Gerede zu fürchten ist. Unter keinen Umständen aber spreche man mit ihnen bei verschlossenen Türen oder in abgesonderten Räumen, sondern immer nur offen, daß man es sehen kann und jedem Gerede oder Verdacht von vorneherein begegnet wird.

Bei allen geistlichen Gesprächen würde ich eher auf *einen* Grad sichern Gewinnes ausgehen, als daß ich mich um 100 Grade der Gefahr aussetzte, die ganze Seele zu verderben. Denn ein Ärgernis, ob nun auf Wahrheit oder Irrtum beruhend, schadet uns viel mehr, als wenn ich nur die Hälfte des Nutzens stiftete.

Ich würde es mir zum Ziele setzen, alle Menschen beiderlei Geschlechts, mit denen ich zu tun habe, zufriedenzustellen, in einer Weise, daß sie es merken, wie ich in aufrichtiger Demut wandle und nicht rechthaberisch meine Meinung vertrete, besonders wenn es sich um geringfügige oder völlig gleichgültige Dinge handelt."

4. Widerstand und Verfolgung als Erziehungsfaktoren

Bei der Ausrichtung seines Ordens auf Wirkung und Tätigkeit hatte es Ignatius oft schwer, den Einsatzfreudigen unter seinen Mitbrüdern die nötige Geduld für das relativ lange Studium und andere unscheinbare Dinge beizubringen, die er für nötig hielt. Er pflegte sie nicht damit zu vertrösten, daß eine gute Vorbereitungszeit ja notwendig sei, sondern lehrte sie auch, die Vorbereitungszeit selbst schon als Dienst am Nächsten zu betrachten — indem hier der tätige Wille schon als Werk anzusehen sei. Noch eine Stufe weiter in die Tiefe drang er, wenn er auseinandersetzte: wer sich täglich im Gebet Gott anbiete für den Dienst am Nächsten, betätige die Liebe zum Nächsten nicht geringer als einer, der predige oder sonst in der Seelsorge stehe; für eine Betätigung der Nächstenliebe hielt er es aber auch, wenn man selber sittlich und religiös vorwärtszustreben trachte: denn beispielsweise sei, um in der praktischen Seelsorge die anderen in Liebe, Demut, Geduld usw. zu fördern, nicht die Predigt an sich, sondern ein geduldiger, gütiger, demütiger Prediger ein unmittelbares Werkzeug Gottes. Dasselbe gelte für die Wissenschaft. Seine

Haupterziehungsregel lautete also: Arbeiten Sie an sich selbst, geben Sie das lebensvolle Beispiel vorbildlichen Glaubens und Wandelns.

Zuletzt aber, und das wies in die Tiefe seines christlichen Existenzverständnisses, erzog er seine Ordensgenossen dazu, Schwierigkeiten, Widerstände und Verfolgung als eine ihnen zukommende Lebensweise zu erkennen. „Wenn schlechte Nachrichten kommen, wird Ignatius gesund", sagten seine römischen Mitbrüder. Und in der Tat: es war etwas daran. Wie alle christlichen Führergestalten und genau wie die zeitgenössischen Reformatoren sah er Widerspruch und Anfeindung als Bestätigung seiner Sendung an.

Noch in den letzten Wochen seines Lebens hatte er sich mit Angriffen und Verleumdungen seiner Gesellschaft auseinanderzusetzen. Ignatius schlug einerseits nach bestem Vermögen zurück — er soll anderseits nach Aussage seiner nächsten Ordensgenossen aber darum gebetet haben, daß seiner Gesellschaft Verfolgungen erspart würden. In welcher Gesinnung das geschah, darüber unterrichtet ein kurzer Brief nach Spanien, den er 14 Tage vor seinem Tode diktierte und der insoweit als Erziehungsdokument gelten darf, als er durch eine Gesinnungsbildung wie die hier von ihm vorgelebte die Societas Jesu darauf vorbereitete, die großen Aufgaben, die vor ihr lagen, nicht nur zu ergreifen, sondern bei ihnen auch dann zu verharren, wenn Rückschläge sie zu vereiteln drohten, ja in den Rückschlägen selbst die Zeichen einer Gutheißung von oben zu sehen:

„Nach den gewöhnlichen Erfahrungen darf man schließen, daß bei großem Widerspruch sich auch viel geistliche Frucht ergibt und die Gesellschaft dadurch nur um so besser Boden gewinnt. Demnach hat es den Anschein, daß dort ein großes und ausgezeichnetes geistliches Gebäude erstehen soll, da das Fundament der Verfolgung so gründlich gelegt wurde. Wir haben also Grund, durch Gottes Gnade auf eine segensreiche Zukunft zu hoffen."

Achtes Kapitel
Geschichtliche Wirksamkeit des Ignatius und des Jesuitenordens

1. Voraussetzungen

Kaum daß er entstanden war, nahm der Jesuitenorden sogleich eine bemerkenswert vielseitige Tätigkeit auf. Er stürzte sich auf die Gesamtheit der Aufgaben, vor welche sich die römische Kirche seit der Mitte des 16. Jahrhunderts gestellt sah. Die Ursache dafür, daß diese junge Ordensgemeinschaft so gut wie alle Aufgaben aufgriff, welche die Kirche als ganze angingen, scheint in folgenden Tatbeständen zu liegen:

Beginn einer allgemeinen katholischen Reform

Die römische Kirche begab sich notgedrungen, aber auch aus inneren Ansätzen heraus, in einen umfassenden Reformprozeß. Um das Konzept der Reform in Ausführung zu bringen, brauchte sie geeignete menschliche Kräfte, und diese stellte ihr im Gegensatz zu fast allen älteren Orden der Orden der Jesuiten zur Verfügung — ohne Vorbehalt und bald in großer Zahl.

Wiederaufstieg des Papsttums

Der Protestantismus hatte seit Luther im Kampf gegen die alte Kirche seine massivsten Angriffe auf das Papsttum konzentriert. Das hatte zur Folge, daß man auf katholischer Seite pointiert und leidenschaftlich am Papsttum festhielt und es natürlich kräftig aufwertete — nachdem es durch die Renaissancepäpste moralisch in einigen Mißkredit geraten war. Die Angriffe der Protestanten erreichten unbeabsichtigt, daß die Katholiken dem Papste eine stärkere Position im Organismus der Kirche einräumten, als er in den spätmittelalterlichen Jahrhunderten besessen hatte. — Das Papsttum selber aber wandelte sich auch und ergriff seit der Mitte des 16. Jahrhunderts in der Reform der katholischen Kirche die Initiative, die es so lange hatte vermissen lassen. — Nun hatte der Jesuitenorden sich selbst durch sein viertes Gelübde dem Papsttum bedingungslos zur Verfügung gestellt und wuchs von selbst in die Rolle einer Kerntruppe hinein. Mit dem wachsenden Einfluß des Papsttums innerhalb der Kirche wuchs so eo ipso auch die Bedeutung der Societas Jesu.

Moderne Methoden

Die Kirchenreform bedurfte, einfach um mit den ungeheuren Schwierigkeiten und neuen Situationen fertig zu werden, drastischer Mittel und oft auch neuer zweckdienlicher moderner Methoden. Die alten Orden, auch der Weltklerus, machten gewohnheitsrechtliche Schwierigkeiten und legten sich quer. Die Societas Jesu hatte in diesem Sinne keine Tradition; sie war für damalige Begriffe ein völlig moderner Orden. Sie hatte auch sonst keinen Anlaß, sich vor einschneidenden Neuerungen zu fürchten.

Wachstum des Ordens

Wenn aber Ignatius in kürzester Zeit Zuzug von Tausenden bekam, die sich um Aufnahme in seinen Orden bemühten; wenn er und seine Ordensbrüder Einfluß gewannen auf Millionen, insonderheit aber Einfluß gewannen und Begeisterung erzielten bei denen, von denen nach Stellung oder Gesinnung die Durchführung der katholischen Kirchenreform weithin abhing — dann kann man daraus schließen, daß der Jesuitenorden offensichtlich einem starken Bedürfnis des Zeitalters entsprach. Könige, Fürsten und Staatsmänner, Kardinäle und Bischöfe und Magistrate riefen von allen Seiten dergestalt nach Helfern aus der Societas Jesu, daß Ignatius und seine Nachfolger im Generalat überhaupt nicht in der Lage waren, allen Bitten zu entsprechen.

Der Orden ist zeitgemäß und handelt entschlossen

Die katholische Reform, die unabhängig von den Jesuiten ihren Anfang genommen hatte, gab ihnen Raum und Gelegenheit, sich nach besten Kräften zu entfalten — anderseits wirkten die Jesuiten ihrerseits wieder belebend und anregend auf die Reform und trieben sie weiter, überhaupt wurden sie auf weite Strecken deren vorderste Bannerträger.

Obwohl innerlich gestaltet ganz und gar nach den Richtlinien des Ignatius, wurde der Orden in Werdegang und Entfaltung weithin durch die historische Situation bestimmt, in die er sich hineingestellt sah. Denn wann traten die Jesuiten auf? Im selben Moment, als das Abendland mit überwältigender Mehrheit protestantisch zu werden schien; und im selben Moment, als durch die Entdeckungen und Kolonisationen die europäische Geschichte sich zur Weltgeschichte entwickelte. Der Orden wurde sofort in die Hauptströmungen der kirchlichen und der allgemeinen Geschichte hineingezogen, vermochte ihnen aber teilweise auch wieder die Richtung zu geben. Dadurch wurde die Geschichte des Ordens selber zu einem Stück europäischer Welt- und Kirchengeschichte. Durch keinerlei hemmende Überlieferungen belastet, stellte sich der Orden rasch und tatkräftig darauf ein, die Probleme, welche die römische Kirche in ihrer Existenz bedrohten, tatkräftig anzufassen. Die Jesuiten sahen die Verwüstung in der Kirche und sprangen rücksichtslos in jede Bresche. Sie sahen aber nicht nur die Verwüstung und allgemeine Bedrohung, sondern auch die nicht geringen Chancen. Und so nahmen sie es denn auf — um ihre Tätigkeit von einigen Brennpunkten her zu beleuchten — mit der Bekehrung der Heiden in Übersee, mit der Restitution des Katholizismus und mit der Zurückeroberung der von Protestanten ganz oder teilweise gewonnenen Länder und Menschen.

2. Mission in Übersee

Erkenntnis der Mission als kirchliche Aufgabe

Um mit der Heidenmission zu beginnen: hier brach der Orden neue Bahnen auf. Wie überall gingen die tatsächlichen Leistungen auch hier auf ein erkennbares Prinzip oder mindestens auf einen greifbaren allgemeinen Ausgangspunkt zurück. Ignatius entsprach den Vorstellungen seiner Zeit, seines Standes und seiner Nation, wenn er in Christus, wo nicht in erster Linie, so doch *auch* den Konquistador und den welterobernden Weltherrscher sah, freilich im sehr geistlichen Sinne, nicht im massiven Verstande eines militärischen Konquistadoren. Ihm geistliche Eroberungsdienste zu leisten, bezeichnete er als den Auftrag der Compañía, die seinen Namen trug. — Weiterhin: auf daß dieser weltmissionarische Elan sich nicht verflüchtige und dahinschwinde, nahm er die Verpflichtung zur Mission in das Gehorsamsgelübde der Jesuiten ausdrücklich auf. In den älteren Orden gab es keine Missionspflicht, in manchen älteren Regeln fehlte überhaupt der Missionsgedanke; und selbst wo er nicht fehlte, war doch von Pflicht keine Rede; kein Angehöriger der älteren Orden durfte gegen seinen Willen zur Missionsarbeit herangezogen werden. Die Jesuiten als erste verpflichteten ihre Mitglieder dazu.

In der Folge entwickelten sie sich dann auch zu einem ausgesprochenen *Missionsorden* und blieben es bis auf den heutigen Tag. Von Anfang an nahmen sie auf dem Missionsfeld eine führende Stelle ein. Sie machten das Werk der Glaubensverbreitung zwar nicht zu ihrer einzigen, aber zu einer ihrer ureigenen Aufgaben. Begünstigt durch äußere zeitliche Umstände, leiteten sie eine neue, eigentlich die überhaupt erste große Epoche der christlichen Weltmission seit dem Altertum ein.

Als Ignatius starb, arbeiteten gegen 150 Jesuiten, etwa 12% der Ordensmitglieder, im Dienste der Heidenbekehrung. Das Sprungbrett lieferten ihnen die Handelsniederlassungen und Kolonien der iberischen Völker. In Amerika begannen sie mit ihrer Tätigkeit in Brasilien, später gingen sie auch in das spanische Mittel- und Südamerika. Afrika war die Domäne der Portugiesen. Hier versuchten die Jesuiten bis zum Tode des Ignatius an verschiedenen Stellen Fuß zu fassen: im Kongogebiet, in Abessinien, an der nordafrikanischen Mittelmeerküste im Raum des heutigen Tripolis und Tunis und in Marokko. Doch erwies sich Afrika als ein nicht sehr geeigneter Boden. Besseren Erfolg erzielten sie im Mittleren und Fernen Orient. Sie erreichten die indischen Küstenländer und faßten in Thailand (Siam), China und Japan bereits in den ersten anderthalb Jahrzehnten nach der Ordensgründung Fuß.

Franz Xaver und die Mission im Fernen Osten

Sie hatten das Glück, in dem Basken Franz de Xavier (Franz Xaver), einem Edelmann aus Ignatius' engerer Heimat, über eine Persönlichkeit von apostolischem Zuschnitt zu verfügen, die zu den überragenden Gestalten in der Geschichte der christlichen Glaubensverbreitung überhaupt gehört. 1541 hatte der portugiesische König Johann III. Ignatius um Überlassung einiger seiner Ordensleute für Ostindien gebeten; Ignatius, der damals nur wenige Leute entbehren konnte, bestimmte zwei aus dem Kreise der ältesten Ordensmitglieder. Einer wurde unmittelbar vor der Abreise von Rom nach Portugal krank — da benannte Ignatius in letzter Minute den Franz de Xavier als Ersatzmann. Dieser fuhr dann in Begleitung des portugiesischen Gesandten nach Lissabon und von da nach Ostindien ab, während der andere — Simon Rodríguez — in der Folge in Portugal blieb. Von seiner Tätigkeit und der Umwelt, in der er dort lebte, haben wir ein überaus anschauliches Bild: erhalten ist es uns in seinen Briefen.

Von Franz Xavers Missionswerk ist nun freilich mancherlei bald nach seinem frühen Tode zusammengebrochen, manches auch erst einige Jahrzehnte später (z. B. infolge der um 1600 in Japan einsetzenden Christenverfolgung). Was blieb, war der Vorstoß des Christentums nach dem mittleren und ferneren Orient und die religiöse Fundierung der Glaubensverbreitung ebenda — im Gegensatz zur konquistadorisch-kommerziellen Christianisierung durch die Staatsgewalt.

Von Goa, wo er mit der Glaubensverkündung begann, ging Franz Xaver weiter an die indische Südostküste (die sogenannte Fischerküste), nach Hinterindien, nach Malakka und schließlich nach Japan. Das Charisma der Verkündigung muß bei ihm außergewöhnlich gewesen sein. Jedenfalls vermochte er überall, wo er auftrat, viele Tausende zum christlichen Glauben zu bekehren und der Taufe zuzuführen. Er gehörte zum Typ des Wanderapostels. Denn ihn hielt es nirgends lange Zeit, vielmehr drang er von Provinz zu Provinz und von Land zu Land weiter. Die Organisation des Christentums in festeren Formen, den Aufbau einer Kirche, überließ er denen, die nach ihm kamen. Aber er konnte es sich insofern leisten, als, angeeifert durch sein Beispiel, die Jesuiten zu Hunderten in die Mission nach Ostasien strömten und auf dem Boden weiterbauten, den Franz

Xaver erstmalig gewonnen hatte. Das Missionsgebaren der Jesuiten charakterisierte wie das Verhalten des Ordens und seines Stifters überhaupt: ein Vordringen von der Form zum Wesen; ein Voranstellen des sachlichen Zweckes und vom Ziel her ein Erwägen der zu ergreifenden Mittel; großzügige innere Freiheit gegenüber der abendländischen christlich-kirchlichen Tradition und ein freudiger Elan, Schwierigkeiten und große verlockende Aufgaben auf sich zu nehmen. Alles zusammen aus des Ignatius Gesichtspunkt: die Welt Christo zu unterwerfen und allen alles zu werden.

Im spanischen und portugiesischen Amerika

Außer in Kanada, wo die Christianisierung erst um 1600 begann, waren die Anfänge der Mission mit schweren Mißständen verbunden, was damit zusammenhing, daß die überseeische Mission ausschließlich in der Hand der europäischen Kolonialmächte lag — bis Gregor XV. 1622 mit der Gründung der sogenannten Propagandakongregation (Congregatio de propaganda fide) eine kirchliche Zentrale schuf, der das katholische Missionswesen unterstellt wurde. Zuvor, besonders in den ersten Jahrzehnten des 16. Jahrhunderts, liefen in den neuentdeckten Ländern des Westens Eroberung, Ausbeutung, Sklaverei und Zwangsbekehrungen mit Feuer und Schwert nebeneinander her und gingen ineinander über. Und auch im Osten traf man auf üble Erscheinungen; Franz Xaver nahm deren nicht wenige wahr und berichtete darüber in seinen Briefen. Die Jesuiten drangen allenthalben nach Vermögen darauf, daß etwas menschlicher und christlicher mit den Eingeborenen verfahren wurde. Sie bekämpften die Ausbeutung in Indien und Amerika; vor allem, wenn auch erfolglos, die Negersklaverei in Amerika. Wo sie die Verhältnisse nicht ändern konnten, suchten sie sie für die Betroffenen wenigstens zu lindern. So widmete sich der aus Katalonien stammende Jesuit Petrus Claver 45 Jahre lang in Cartagena, einem Hafen in Kolumbien am Golf von Mexiko und Hauptumschlagplatz des Negersklavenhandels, dem caritativ-seelsorgerlichen Dienst an den Armen und Unterdrückten. Indem er die Farbigen unterrichtete, in Krankheiten pflegte und auch sonst für sie eintrat, half er ihnen, ihr Los, das er nicht ändern konnte, wenigstens bestmöglich zu erleichtern. Im Laufe von viereinhalb Jahrzehnten taufte er gegen Hunderttausend von ihnen. Jahrhunderte später sprach ihn Leo XIII. heilig (1888). — Ebenfalls einen Versuch, die Eingeborenen der menschenunwürdigen Ausbeutung durch die Herrenvölker zu entziehen, unternahmen die Jesuiten mit ihrem sogenannten Reduktionssystem in Paraguay, an der La-Plata-Mündung. Mit Erlaubnis des spanischen Königs errichteten sie hier nach rationellem Plan ein System von Indianersiedlungen, welche außer von den Jesuiten von keinem Europäer betreten werden durften. Die Ausübung des Hoheitsrechts (Justiz usw.) lag ganz in ihren Händen. Es bildete sich daraus eine Art von Indianerrepublik mit einem relativ gesunden sozialen Unterbau und recht modernen Einrichtungen: Jedes Dorf hatte außer Kirche und Schule unter anderem eine Anzahl weiterer öffentlicher Gebäude, z. B. für Kranke, für Witwen, für Fremde usw. Diese abgeschlossenen Reservate blühten bis Ende des 18. Jahrhunderts; dann wurden sie im Zuge der Bemühungen der europäischen katholischen Fürsten um die Auflösung der Societas Jesu zerstört.

Missionsprobleme: Eingeborenenklerus und Akkomodation

Ausgehend von dem sachlichen Zweck der Missionen kamen die Jesuiten folgerichtig auf den Gedanken, einen eingeborenen Klerus zu schaffen. Das war eine gleichfalls sehr moderne Idee, sie antizipierten damit Versuche und Unternehmungen, die sich — bei allen Konfessionen — erst im 20. Jahrhundert durchzusetzen begannen. Der an sich richtige Gedanke war allerdings damals so revolutionär, daß er sich zum Schaden der Missionen nicht durchführen ließ, und scheiterte, aufs Ganze gesehen, an den Verhältnissen. Die Verquikkung von Kolonialimperialismus und christlicher Verkündigung durch die weiße Herrenschicht setzte sich durch und wurde für drei bis vier Jahrhunderte eine Tatsache — und zwar diejenige Tatsache, welche zur Weltkrise der christlichen Missionen in der Gegenwart geführt hat.

Erfolgreicher waren die Jesuiten in einer anderen schöpferischen Konzeption: Sie erkannten, daß es sich bei Indern und Chinesen um uralte Kulturvölker mit in Jahrtausenden geprägten Sitten, Bräuchen und Vorstellungen handelte. Solcherart Brauchtum und Lebensformen, das erkannten sie weiterhin völlig richtig, durch das abendländische Kulturkleid des Christentums zu verdrängen, war eine Unmöglichkeit im Endeffekt und eine Ungeschicklichkeit in der Methode — und außerdem, vom Wesen der christlichen Religion her gesehen, keine Notwendigkeit. Sie vertraten daher in der indischen und chinesischen Missionsarbeit das Prinzip der Anpassung an die herrschenden Formen des sozialen und kulturellen Lebens. Aus dem Prinzip ergab sich das Gebot, diese fremden Kulturen zunächst einmal gründlich kennenzulernen und zu studieren. Denn dadurch erst konnte man Ansatzpunkte gewinnen, um von den Lebensgewohnheiten dieser Völker aus einen Zugang zum Christentum zu bahnen. In diesem Sinne nahm die asiatische Mission einen zwar nur langsamen, aber gediegenen und zukunftsträchtigen Fortgang.

Die Patres der Societas Jesu vertieften ihre praktischen Kenntnisse von Land und Leuten durch eine intensive wissenschaftliche Erforschung der Sprachen und Kulturen der östlichen Völker. Sie wurden dadurch sozusagen im Nebenberuf die Begründer der Orientalistik, der Indologie und Sinologie — d. i. derjenigen wissenschaftlichen Disziplinen, die sich mit der Erforschung des Mittleren und Fernen Ostens befassen. Sie beschrieben ihre Reisen, zeichneten ihre Beobachtungen auf und verfaßten die ersten indischen und chinesischen Wörterbücher und Grammatiken usw. und verbreiteten damit die Kunde von Japan, Indien, China und von anderen fernöstlichen Völkern als erste auf breiterer Grundlage in Europa.

Dies aber nur nebenher und nicht im Hauptberuf. In der Missionstätigkeit machten sie Ernst mit dem Anpassungsprinzip, der sogenannten Akkomodationsmethode. Da sie das Kastensystem Indiens nicht aufheben konnten, wurden sie z. B. selbst Mitglieder der einzelnen Kasten, der höchsten sowohl wie auch der niederen. Auch bei der Spendung der Sakramente nahmen sie Rücksicht auf die Gewohnheiten der Eingeborenen. Tauften sie z. B. Frauen oder spendeten sie ihnen die letzte Ölung, so verzichteten sie dabei auf die Salbung mit Öl, weil die Inderinnen eine unüberwindliche Abneigung dagegen empfanden. Auch hielten sie getrennte Gottesdienste für die einzelnen Kasten. In China erlaubten die Pioniere der dortigen Mission, der Italiener Matteo Ricci und in seiner Nachfolge der Deutsche Adam Schall v. Bell aus Köln Ahnenkult und Konfuzius-Verehrung. Beide waren führende Mechaniker und Astronomen. Diese Fachkunde verschaffte ihnen sogar Eingang am Kaiserhof und verhalf ihnen dort zu hohen amtlichen Stellungen. Ricci bekam nach seinem Tode ein Staatsbegräbnis; Schall v. Bell wurde zum Mandarin ernannt. Ricci schrieb in chinesischer Sprache ein bedeutendes Buch mit dem Titel: Über die wahre Gottesverehrung. Schall v. Bell verbesserte in seiner amtlichen Eigenschaft den chinesischen Kalender.

In der Anpassung an die Gewohnheiten der fernöstlichen Völker schienen die Jesuiten aber manchen europäischen Christen zu weit zu gehen und die Großmut zu übertreiben. Dazu kam der Konkurrenzneid anderer Orden. Das solide fundierte Werk erlitt im späteren 17. Jahrhundert einen fühlbaren Rückschlag infolge des sogenannten Ritenstreits und des Akkomodationsstreits. Wovon hier aber nicht weiter zu sprechen ist.

3. Restitution der katholischen Kirche

Wir wenden uns nunmehr der Tätigkeit der Societas Jesu innerhalb des europäischen Christentums zu. Hier lagen die Probleme wesentlich anders. Die dringlichste Aufgabe, die sich gewissermaßen von selbst anbot, hieß: die katholische Kirche aufbessern und wieder aufbauen, wo sie zerstört und zerrüttet war. Fast automatisch verknüpfte sich damit die Abwehr des Protestantismus. Beide Dinge hingen enger miteinander zusammen, als daß hier immer klar zu scheiden möglich wäre. Aufs Ganze gesehen, bedeuteten Abwehr des Protestantismus und Rückgewinnung der Protestanten nur *eine* Perspektive innerhalb des umfangreicheren Unternehmens, die katholische Kirche wieder zu restituieren. Darum sei zuerst von der Restituierung die Rede.

Als Ganzes stellte die Regeneration der römischen Kirche einen weitverzweigten und vielschichtigen Prozeß dar. Einen sehr bedeutenden Anteil an diesem Vorgang hatten unzweifelhaft die Jesuiten. Überall, wo sie gerufen wurden, nahmen sie die innerkirchliche Reform tatkräftig in die Hand, und in über hundertjähriger Arbeit verbesserten sie in der Tat die ruinösen Zustände ganz erheblich. Wir fragen: in welcher Form und in welchen Bereichen?

Die Existenz des Ordens — eine Tatsache der Reform

Zunächst ist da vorauszuschicken: Die einfache Tatsache, daß plötzlich ein Orden auftrat, der es mit den christlichen Grundpflichten der Caritas, aber auch mit der Ausübung der Seelsorge und einer würdigen Repräsentanz des Priestertums Ernst nahm, dessen Mitglieder Mut und Eifer zeigten und im großen und ganzen untadeligen Lebenswandels waren — diese bloße Tatsache also war schon ein Stück innerkirchlicher Wiederherstellung. Und zwar deshalb und insofern, als dadurch die Millionen von wankenden und mutlos gewordenen Katholiken in den konfessionell umstrittenen Ländern Mitteleuropas sahen, daß es doch nicht bloß bergab ging, und wieder Zuversicht faßten. Diejenigen zahlreichen, aber zerstreuten Reste von standhaft gebliebenen Katholiken in Mittel- und Nordwest-Europa (aber auch in den angrenzenden östlichen Ländern wie Ungarn oder Siebenbürgen), die sich nur mit Mühe hatten halten können, sahen sich auf einmal in ihrem Widerstand gegen die Neuerung gestärkt und erhielten fühlbare Hilfe.

Der Orden — eine Triebkraft weiterer Reform

Daß gerade der Jesuitenorden einen sichtbaren Umschwung herbeiführte — das hatte, rein äußerlich geurteilt, gewiß auch seinen Grund in seiner zentralistischen Verfassung und seiner direkten Unterstellung unter den Papst, d. h. in seiner Beweglichkeit und in seiner Möglichkeit, sofort zur Stelle zu sein, wo es dringlich schien. Zum anderen lag die Ursache aber auch in der einsatzfreudigen Gesinnung, zu der Ignatius systematisch und mit Hingabe seine Leute erzogen hatte. Von beidem war schon die Rede. Es kam als weitere Ursache aber auch noch hinzu, daß Ignatius in seinen Ordensgenossen das Bewußtsein weckte, sie möchten vielleicht von der Vorsehung dazu berufen sein, die Kirche wiederaufzurichten und einen Damm gegen die einbrechende Irrlehre zu bilden.

Zuletzt, und davon wird nunmehr zu handeln sein, stellte er seinem Orden ganz präzise Aufgaben, denen er sich zu widmen hatte. Diese waren zwar keineswegs zeitgebunden. In der damaligen zeitgeschichtlichen Situation waren sie aber optimal geeignet, eine Wiederherstellung der römischen Kirche vom Fundament her einzuleiten und zu bewerkstelligen. Diese Aufgaben hießen: *Seelsorge und Erziehung.*

Die *seelsorgerliche* Arbeit der Jesuiten bestand zu allererst darin, daß sie den Pfarrklerus, der weithin verwahrlost war, in seiner pastoralen Tätigkeit unterstützten oder streckenweise auch provisorisch ersetzten; indirekt und auf lange Sicht hoben sie die Pfarrseelsorge dadurch auf ein höheres Niveau, daß sie den Klerusnachwuchs gründlich reformierten, indem sie die notwendigen Ausbildungsstätten für ihn schufen. Weiterhin stellten sie für Schlüsselstellungen der Pastoration geeignete Leute zur Verfügung. So versorgten sie z. B. die Fürsten und Könige mit Beichtvätern und Hofkaplänen, die Bischöfe mit Dompredigern für ihre Kathedralkirchen, die Hochschulen mit Theologieprofessoren. Wo durch die weltliche oder geistliche Obrigkeit ein Kirchensprengel visitiert und reformiert werden sollte, wurden gewöhnlich Jesuiten als Berater und praktische Helfer angefordert. Dabei fiel ihnen gewöhnlich auch die Aufgabe zu, für Volk, Kinder und Erwachsene in Kirche und Schule Christenlehre zu halten, was zunächst nichts anderes hieß, als ihnen in faßlicher Weise, angefangen beim Vaterunser und den Zehn Geboten, die Kernstücke des katholischen Glaubens zu erklären. Dort, wo eine stark protestantische Bevölkerung existierte, erwies es sich oft als nötig oder nützlich, die wichtigsten Unterscheidungslehren über Rechtfertigung, Gnade, freien Willen, Sakramente, Papsttum usw. vorzutragen.

Für die praktische Seelsorge warteten die Jesuiten mit einer Reihe von *neuartigen* Methoden auf. Sie gaben den *Gottesdiensten* nach außen hin einen auch die Sinne ansprechenden festlich-feierlichen Charakter und machten ihn dadurch auch für einen weiteren Kreis von Gläubigen anziehend und eindrucksvoll. Daneben pflegten sie sorgfältig die *Predigt* und legten ihr in erhöhtem Maße die Heilige Schrift zugrunde. Der Protestantismus kannte damals nicht nur die sonntägliche, sondern auch die werktägliche Predigt. Daraufhin entschlossen sich auch die Jesuiten, öfter an Werktagen zu predigen, besonders in denjenigen Zeiten des Kirchenjahres, die seit alters einer vertieften religiösen Besinnung dienten: im Advent und in der Fastenzeit.

Über die normale gottesdienstliche und katechetische Betreuung hinaus aktivierten sie das Kirchenvolk durch verschiedene Formen der *zusätzlichen* Seelsorge: durch *Exerzitien* und durch Gründung von *Laienkongregationen* für die verschiedenen Stände. Die Kongregationen stellten eine Art von religiösen Vereinen dar, die eine bestimmte Verpflichtung zu Gebet und tätiger Caritas übernahmen. Die Jesuiten gründeten mit dieser Sinngebung Vereinigungen für Studenten (besonders auch für adlige), für Bürger und für einzelne Berufsgruppen. Überhaupt entwickelten sie die Methode der sogenannten *Standesseelsorge*, indem sie sich der gesonderten Betreuung spezieller Stände und Berufe widmeten und etwa eine Soldatenseelsorge oder eine Dienstbotenseelsorge ins Leben riefen. Zwar waren sie kein caritativer

Ferdinand II., Deutscher Kaiser, im Krönungsornat.

Maximilian I., Kurfürst von Bayern, auf dem Schlachtfeld.

Rechte Seite:

Oben: Schwedenfreundliches Flugblatt mit der Darstellung der schwedischen Siege über die katholische Liga. (anonymer Kupferstich, 1631).

Unten: Friedrich V., Kurfürst von der Pfalz. Flugblatt auf den Versuch des »Winterkönigs«, seine Herrschaft im Reich wiederzuerlangen.

Augenscheinliche abbildung der vornemsten örter Statt, vnd flecken so in Jahrs frist auß der gefäncknus vnd Trangsal durch Gottes vnd der Gothen macht, erlediget worden A° 163

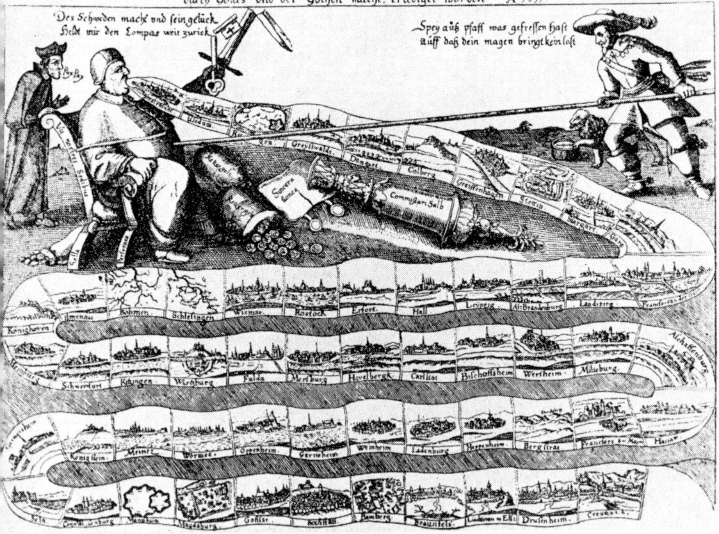

Eygentliche Abbildung des Winter Königs, wie er durch seine Räth das Reich, darauß er neulich mit grosser niderlag vertriben worden, widerumb erobern hoffe, vnd was fur grosse hilf er, nach lautt der gemeinen zeitungen, zugewarten hab.

1. Der Krönte Adler hie außweist, Wie der Kaiser mit recht abreist. Vom haubt des Pfaltzgrafs Friderich, Die Cron so er anmaßset sich. Die Fursten in dem Reich getreu, Den Adler ziern mit federn neu. Vmbhengen ihm das Gartier band,

2. Das Haidelberger fass gar gross, Vorzeit vol wein ietzt bodenloss. Das mag der winter König sparn, Das er drauff mit seim Aff mög farn. Er sitzt darauf, sehr schwach vnd kranck Vom böhemischen biergetranck. Sein magen nit mehr dewen kon.

3. Drei gspann von seinen freunden theur, Ihn fuhrn vnd samblen ihm ein steur. Vmb hilf von gelt thon sie aufblasen, Doch ziehens ab mit langer nasen. Die Klag so finden nach gsetzt wird, Seind seine räht so ihn verfurt. Die Predicanten mit geheul,

4. Noch hat er aber grossen trost. Dan taglich kommen frische post. Ein Schlesing Esel, bringt gust sold, Wol vier vnd zwentzig thonnen gold. Vil tausent man England in geschwind Berait, die warten nur auf wind. Es lassen ihm die Staden nit,

5. Wan diß nit klecket, so hat er doch, Vil freund die ihme helffen noch. Ohn zweiffel, Sweden vnd Denemarc Schicken im geld vnd kriegsleut star Marx an im König in Lapland machen Da ist lang winter, merck die sache Entzwischen sein knecht an zörung

Gustav Adolf und seine Generäle in der Schlacht bei Breitenfeld, 1631.

De Sweetsche Armade
O. Hall

Eine Sitzung des Regensburger Reichstages im Jahre 1640.

Rechte Seite:
Karl Ferdinand vereinigt sich mit König Friedrich von Ungarn bei Nördlingen am 12. September 1635 (Gemälde von Peter Paul Rubens).

Allegorie auf den Westfälischen Frieden von J. Jordaens.

Orden im engen Sinne, doch legten sie Wert darauf, daß ihre Ordensmitglieder sich auch in der praktischen *Liebestätigkeit* übten, zumal wenn außergewöhnliche Situationen darnach verlangten — etwa Seuchen oder Naturkatastrophen; oder auch wenn sie sahen, daß irgendwo sich niemand um Arme, Kranke, Waisen und Verwahrloste kümmerte. Hier leisteten sie allenthalben Samariterdienste. Friedrich v. Spee z. B., der große Lyriker, der zugleich Theologieprofessor war und das psychologisch wirksamste Buch gegen den Hexenprozeß verfaßt hatte, starb in Trier als Pfleger im Spital, wo er bei einer Pestepidemie als Krankenwärter arbeitete.

Zusammenarbeit mit weltlichen Regierungsstellen

Die äußere Möglichkeit zu wirken, vermittelten den Jesuiten gewöhnlich weltliche oder geistliche Obrigkeiten, denen daran gelegen war, die katholische Kirche ihres Landes auf einen besseren Stand zu bringen. Diese Obrigkeiten oder sonstige Machthaber, Ortsgewaltige, Magnaten, Städte, Stände, halfen ihnen gewöhnlich auch, die nötige wirtschaftliche Grundlage zu bekommen. Sofern die Hochmögenden nicht aus eigenen Mitteln eine auskömmliche Stiftung machten oder ein Jahrgeld versprachen, vermittelten sie Zuschüsse von anderen Seiten oder übertrugen der Societas Jesu die Gebäude, Einkünfte, Pfründen und wirtschaftlichen Privilegien von älteren verwahrlosten Klöstern, etwa der Franziskaner, Dominikaner, Benediktiner oder Zisterzienser — worüber sich bei den von solcherart Verlust Betroffenen begreiflicherweise ein Jammern erhob. Sachlich gesehen, war es im Sinne der Reform natürlich das Vernünftigste, was man tun konnte, wenn man den verwahrlosten Nichtstuern ihre Einkünfte wegnahm. Psychologisch gesehen, war es kein Wunder, sondern ganz natürlich, daß solche Transaktionen die Stimmung gegenüber den Jesuiten nicht gerade immer hoben. Sie gerieten in den Geruch, die wohlerworbenen Rechte, oder wie man es sonst bezeichnen mochte, ihren ursprünglichen Besitzern wegzunehmen und durch gute Beziehungen zu Höfen und Staatsmännern obrigkeitliche Konfiskationen zu veranlassen.

Weshalb und wozu Schul- und Erziehungstätigkeit?
Aufbau des jesuitischen Schulsystems

Mehrere Gründe trafen zusammen, daß sich die Societas Jesu fast aus ihren ersten Anfängen heraus auch zu einem ausgesprochenen Schul- und Erziehungsorden entwickelte und gleichzeitig auch ein Orden der Wissenschaftspflege wurde. *Erstens:* Wenn die Ordensmitglieder in der damaligen Welt etwas Tüchtiges und Ersprießliches leisten wollten, dann konnten sie das auf die Dauer nur auf der Grundlage einer gediegenen theologischen und philosophischen Bildung. Also mußten sie den Ordensnachwuchs in diesem Sinne sorgfältig erziehen. *Zweitens* sah sich der Orden sehr bald veranlaßt, um den Pfarrklerus zu heben, eigene Stätten für die Ausbildung der Geistlichen zu schaffen. Ein Institut dieser Art war z. B. das noch von Ignatius selbst ins Leben gerufene, von Gregor XIII. zu großer Bedeutung gebrachte Collegium Germanicum. Um solche Institute mit geeigneten Lehrern aus den eigenen Reihen zu versehen, mußte der Orden seine besten Kräfte in den Wissenschaften ausbilden lassen. *Drittens* lag das Schul- und Erziehungswesen des Katholizismus, desgleichen das Universitätswesen in den katholischen Ländern Mittel- und Osteuropas gegenüber der Reformation sehr im argen. Um es wiederaufzubauen, verlangte man fast von überallher nach Jesuiten.

In seinem letzten Lebensjahrzehnt beschäftigte sich Ignatius nachhaltig und immer mehr mit Erziehungsfragen. Sie hatten ihm bei der Ordensgründung noch fern gelegen. Später ging ihm ihre Bedeutung auf. Um es mit seinen eigenen Worten zu sagen: „Somit wäre die Vervielfältigung von *Schulen* der Gesellschaft über viele Gegenden, hauptsächlich an den Punkten, wo sich ein guter Zulauf von Schülern erwarten läßt, *das beste Mittel*, um der *Kirche* in ihrer bedrängten Lage *zu Hilfe zu kommen.*“ So wurden denn allenthalben Schulen unter Leitung von Jesuiten eingerichtet. Der zweite Ordensgeneral Jacob Laýnez nahm die Jugenderziehung offiziell in das Aufgabenprogramm des Ordens auf.

Wie Melanchthon und seine Schüler um die gleiche Zeit das protestantische Schulwesen begründeten und für die nächsten zweieinhalb Jahrhunderte festlegten, so die Jesuiten das katholische. Und zwar sowohl das höhere Schulwesen als auch den Universitätsunterricht. Melanchthon und die Jesuiten schufen übrigens vergleichbare Typen; die Jesuiten scheuten sich nicht im geringsten, sich die Erfahrungen der protestantischen Pädagogen zunutzezumachen — wie umgekehrt bald darauf die Protestanten geeignete Lehrbücher der Jesuiten übernahmen. Das Bildungsziel war auf beiden Seiten dasselbe und hieß Frömmigkeit, Gelehrsamkeit und sichere, elegante Fähigkeit des lateinischen Ausdrucks: sapiens et eloquens pietas! Neben Bibel, Katechismus und Dogmatik bildeten namentlich Griechisch und Latein den Lehrstoff, bei den Protestanten kam noch etwas Geschichte und Geographie dazu, bei den Jesuiten statt dessen Leibesübungen und Theateraufführungen, die kultur- und konfessionsgeschichtlich eine nicht ganz unbedeutende Rolle spielten. Die Mitwirkung am Gottesdienst war ebenso selbstverständlich wie die Teilnahme an den wöchentlichen lateinischen Disputationen.

Diese Schulen gliederten sich in einzelne Klassen (in der Regel fünf bis sechs) mit bestimmtem Pensum. Sie verfügten oft noch über einen universitätsähnlichen Überbau, welcher in Philosophie und Theologie bis zum akademischen Abschluß führte. Um die Lernfreudigkeit zu steigern, arbeiteten die Jesuiten mit Anreizen, wie Belobigungen und Belohnungen, und veranstalteten, wenn die Gelegenheit es zuließ, Schülerwettkämpfe. Weil sie grundsätzlich unentgeltlich unterrichteten, waren ihre Schulen überlaufen und wurden auch von Protestanten besucht.

Ein vollständiger Lehrgang an den Jesuitenschulen bestand aus sechs Jahren Gymnasium, drei Jahren Philosophie mit Hauptakzent auf Aristotelesstudium und vier Jahren Theologie, maßgeblich an Thomas von Aquin, in der Gnadenlehre an Molina orientiert. Nachteilig nach heutigen Maßstäben war die Vernachlässigung der Geschichte und der Naturwissenschaften. Nach den Erfahrungen eines halben Jahrhunderts legte der General Claudius Aquaviva 1599 den Studiengang in der berühmten Ratio atque Institutio Studiorum fest, die bis Ende des 18. Jahrhunderts den Lehrplan der katholischen Schulen in ganz Europa bestimmte — eine Tatsache, der man den unermeßlichen Einfluß des Schulwesens der Jesuiten auf die Jugenderziehung in den katholischen Ländern Europas in etwa entnehmen mag.

Jesuiten an den Universitäten; einzelne bedeutende Gelehrte

Zu ähnlichem Einfluß wie auf den höheren Schulen gelangten die Jesuiten auf dem Gebiet der Universitäten. Die Reorganisation des katholischen Hochschulwesens in Deutschland lag, von wenigen Ausnahmen abgesehen, ganz in ihren Händen. Im Gefolge der konfessionellen Entzweiung wandelten sich die Hochschulen überhaupt und sanken von ihrer einstigen Höhe in humanistischer und vorreformatorischer Zeit stark herab. Sie wurden mehr oder weniger zu konfessionellen Bildungsanstalten im Dienste dieses oder jenes landesfürstlichen Territoriums und zu Erziehungseinrichtungen für denjenigen akademischen Nachwuchs, den der Landesherr für seine Verwaltung und Landeskirche benötigte. Das schloß nicht aus, daß einzelne Lehrstühle an einzelnen Universitäten mit hervorragenden Leuten besetzt waren. Ingolstadt und Wien, Freiburg und Mainz, Trier, Würzburg, Bamberg und Passau, Paderborn, Prag, Braunsberg, Graz, Innsbruck, Dillingen und andere Hochschulen mehr kamen zu einem geregelten Lehrbetrieb erst, nachdem man Jesuiten auf einzelne Lehrstühle berufen oder die ganze theologische Fakultät, gelegentlich sogar die ganze Universität ihnen zur Besetzung übergeben hatte. An bedeutenden Gelehrten wirkten in Deutschland: in Dillingen der Spanier *Gregor de Valencia*, in Ingolstadt, Prag und Wien Adam *Tanner*, in Ingolstadt und Dillingen Paul *Laymann*. Alles Männer, die in Dogmatik und Moraltheologie etwas zu bieten hatten, was über den Durchschnitt wenigstens etwas hinausging, und teilweise durch Lehrbücher über Generationen hinaus gewirkt haben.

Über die wissenschaftliche und erzieherische Tätigkeit der Jesuiten sollte sodann noch Folgendes bemerkt werden. *Erstens* gelangten sie nach der *katechetischen* Seite hin gerade dadurch zu überragendem Einfluß, daß einige der bedeutendsten Geister, über die der Orden verfügte, sich nicht zu schlecht waren, Leitfäden und Lehrbücher für den Religionsunterricht abzufassen. Petrus *Canisius*, der Reorganisator der katholischen Kirche in Deutschland, und Robert *Bellarmin*, als Dogmatiker, Staatstheoretiker und Berater der Päpste eine der überragenden geistigen Erscheinungen seiner Zeit, haben ihre besten Kräfte darauf verwendet, Katechismen verschiedenen Zuschnitts und Umfangs für Kinder, für Erwachsene, für Studenten und Geistliche zu verfassen. Diese Katechismen erlebten Auflage über Auflage und erwiesen sich mit ihren einprägsamen und faßlichen Formulierungen in wohldurchdachter Folge von Frage und Antwort als wirksame Instrumente, die katholische Bevölkerung über die Dinge des Glaubens zu belehren und sie darin zu befestigen.

Zweitens gewannen die Jesuiten, gewiß auch infolge ihrer Lehrtätigkeit an den Hochschulen, eine führende Position im *wissenschaftlichen* Leben der damaligen Zeit überhaupt. Die spanischen Jesuiten, meistens an einheimischen Universitäten ausgebildet, trugen das hohe Niveau der damals hauptsächlich in Salamanca blühenden barockscholastischen Theologie und deren Traditionen hinein in die übrigen katholischen Länder Europas.

Durch ihr Collegium Romanum, die später von Gregor XIII. zur Universität erhobene Hochschule des Ordens, die Gregoriana, an der ihre vorzüglichsten Kräfte lehrten, machten sie Rom zu einer wissenschaftlichen Metropole — was es bislang durchaus nicht gewesen war! Die größten schöpferischen Gestalten stellten die Jesuiten spanischer Herkunft in *Molina*, *Suárez* und vielleicht neben ihnen noch in *Mariana*.

Mariana kommt Bedeutung zu bis auf den heutigen Tag als Historiker. Sein Hauptwerk, eine immer wieder bis ins 19. Jahrhundert aufgelegte und übersetzte Geschichte Spaniens, trug ihm den Namen eines spanischen Livius ein. Als Staatstheoretiker und politischer Denker beunruhigte er einen Teil seiner Zeitgenossen, weil er es wagte, von den Grenzen der absoluten fürstlichen Gewalt zu sprechen, und ihr ein gewisses politisches Recht des Volkes gegenüberstellte. Eine Gestalt von europäischem Rang, zugleich von weitester und nachhaltigster Wirkung war Francisco *de Suárez* (1548–1617), aus Granada gebürtig und u. a. in Rom, Salamanca, Coimbra lehrend. Als Rechts- und Staatsdenker, als Philosoph und Theologe in einer Person stellte er eine Begabung von stärkster systematischer Kraft dar; seine philosophischen Lehrbücher wurden auch an den protestantischen deutschen Hochschulen benutzt. Die Bedeutung Luis de *Molinas* lag mehr innerhalb der Theologie, in dieser aber spielte er sehr lange eine wichtige Rolle. Er konzipierte eine von Thomas von Aquin etwas abweichende Gnadenlehre, mit der er ungeheures Aufsehen erregte und geradezu fanatische Streitigkeiten hervorrief, in denen sich die Dominikaner und Jesuiten auf das Schlimmste miteinander verfeindeten. Molina vertrat theologisch die Gegenposition zu Calvins Prädestinationslehre. Der entscheidende Traktat seines Thomaskommentars — „Vom Einklang des freien Willens mit den Gaben der Gnade, des göttlichen Vorherwissens, der Prädestination und der Verwerfung" betitelt und 1588 gesondert veröffentlicht — schlug als Lösung die scientia media oder den „mittleren Weg" vor, indem er lehrte, daß Gott die, vom Menschen aus gesehen, zukünftige Entscheidung in seinem göttlichen Wissen vorherwisse. Diese Auffassung, kurz der Molinismus genannt, stellte die vielleicht originalste geistige Leistung des Katholizismus im 16. Jahrhundert in Dingen des von den Reformatoren aufgeworfenen Gnadenproblems dar.

4. Abwehr des Protestantismus

Es kam der katholischen Kirche bei der Abwehr gegen den Protestantismus auf folgende Dinge an: *Erstens* in den *Ländern*, wo der Konfessionskampf noch *nicht* eindeutig entschieden war, den Katholizismus mit allen inneren und äußeren Mitteln widerstandsfähig zu machen. Das traf für große Teile Deutschlands, Hollands, Belgiens, der Schweiz und Ostmitteleuropas zu. *Zweitens* in *protestantischen* Herrschaftsgebieten die katholischen Reste zu *stärken* (so in England, Schottland, Norddeutschland). Hierfür erwies es sich, bei der herrschenden Verfassungslage, als wirksames Mittel, die regierenden Fürsten zum Katholizismus zurückzuführen oder es wenigstens zu versuchen (so in einzelnen deutschen Territorien und zeitweilig in Schweden). *Drittens:* darüber hinaus dachten die Päpste seit Gregor XIII. daran, die Länder der Ostkirche (Teile Polen-Litauens, ferner Rußland) zur Einheit mit der römisch-katholischen Kirche zurückzuführen: die Unionsbestrebungen mit den sogenannten Orientalen und Orthodoxen (ausgedehnt bis nach Moskau, erfolgreich in der Ukraine, in Weißrußland und Galizien) gingen darauf zurück.

Der Zusammenstoß der Jesuiten mit dem Protestantismus erfolgte in der Mehrzahl der Fälle in solchen Ländern, wo die Regierung zwar katholisch, Teile der Bevölkerung und der politisch starken Kräfte aber protestantisch waren. Insonderheit erfolgten Zusammenstöße da, wo ein Fürst vom Protestantismus zum Katholizismus zurücktrat und nach dem Prinzip des Konfessionszwangs seine Untertanen gleichfalls wieder katholisch werden ließ. Da die Jesuiten im Sinne ihres Stifters sehr stark ein Orden der unmittelbaren Seelsorge und des persönlichen Umgangs mit Menschen waren, ferner in der Hauptsache mit einem seelsorglich verwahrlosten, halbprotestantischen, aber konfessionell ungeformten Volk in Ländern katholischer Herrscher zu tun hatte, liefen ihre Methoden zwangsläufig darauf hinaus, sofern es sich um die Bekehrung von Protestanten handelte, mit diesen entweder in persönlichen Kontakt zu kommen oder sie in den mehr allgemeinen Formen der Seelsorge, durch Predigt und Katechese, elementar über den Katholizismus zu belehren.

Eine Reihe von Anweisungen hat sich erhalten, in denen Ignatius seinen Ordensbrüdern Ratschläge vor ihrer Aussendung in Länder mit evangelischen Bevölkerungsteilen mitgab. Er drängte auf schnelles Handeln, verlangte aber, daß die Jesuiten wohlvorbereitet auf den konfessionellen Kampfplatz gingen. Er empfahl zunächst direkte Gegenwirkung durch Flugschriften, kleine Traktate und alle solche Mittel, welche die Neuerer, wie er sich ausdrückte, mit solchem Erfolg benutzten, daß man methodisch von ihnen nur lernen könnte. Er empfahl, die katholische Lehre in jedem Fall faßlich und bescheiden, aber lebendig vorzutragen, einerlei ob in Wort oder Schrift. Vor allem aber nannte er als Voraussetzung des Lehrerfolgs das gute Beispiel eines vorbildlichen Lebenswandels, ein hochherziges Gottvertrauen und ein Leben aus dem Gebet. Der Jesuit sollte sich nach dem Willen des Ignatius so aufführen, daß diejenigen, die er seelsorglich zu betreuen hätte, auch wirklich einen Eindruck davon erhielten, daß er nicht das Seine suche, sondern sich aus wirklicher Liebe um die Andersgläubigen kümmere. Mit anderen Worten: ohne aufrichtige und herzliche Liebe sei der Jesuit unglaubwürdig. Das hinderte Ignatius nicht, seiner Art entsprechend ein kluges, rationelles Vorgehen vorzuschlagen. Er empfahl, man solle sich vor allem an die Führer unter den Andersgläubigen und an zweifelnde Katholiken halten, also an die Personen von Einfluß, selber aber den Eindruck erwecken, nicht völlig verbohrt, sondern halbwegs zugänglich zu sein: „Der Eifer gegen die Neuerung darf Sie nicht hindern, den Andersgläubigen in Liebe zu begegnen. Das Verlangen nach ihrem Heil flößt eher Mitleid ein als etwas anderes." Er warnte vor Unbesonnenheit und verlangte ein sorgfältiges Studium der Unterscheidungslehren. Der Jesuit sollte in den strittigen Glaubensmeinungen beschlagen sein, sich in Predigt und Unterricht aber nicht auf die Widerlegung der Irrtümer kaprizieren, sondern auf die Begründung und Befestigung des katholischen Glaubens den Nachdruck legen. Im übrigen empfahl er in seinen Richtlinien, allen Streitereien aus dem Wege zu gehen, die Andersgläubigen nicht zu verprellen, sondern ihnen mit Freundlichkeit zu begegnen und ihnen in der rechten Weise zu verstehen zu geben, daß es letztlich das Verlangen nach ihrem Heil sei, was die Jesuiten treibe, sie zum Verständnis des katholischen Glaubens hinzuführen.

Nicht alle diese Richtlinien des Ignatius sind in späteren Zeiten beobachtet worden. Zum Beispiel gingen dem Zuge der Zeit und der Methode ihrer Gegner folgend auch die Jesuiten dazu über, grobes Geschütz aufzufahren, die Andersgläubigen zu beschimpfen, sie lächerlich zu machen und polemisch abzufertigen. Andererseits hat, von diesen Umgangsmethoden abgesehen, die Auseinandersetzung mit den Protestanten die Jesuiten veranlaßt, auch allerhand positive Dinge von ihren Gegnern zu übernehmen: Sie stellten ganz bewußt die Predigt in den Vordergrund und brachten sie wieder zu Ehren; desgleichen auch das Kirchenlied; sie rückten die Heilige Schrift stark in den Mittelpunkt der theologischen Arbeit wie auch der pastoralen Unterweisung. Sie stellten Schule und Hochschule bewußt in den Dienst der Glaubenspflege und suchten durch populärreligiöse, faßlich geschriebene Traktate Einfluß auf die öffentliche Meinung zu gewinnen. Gewiß wurden die Kontroverspunkte in der Glaubenslehre hochgespielt und die Gegensätze in den religiösen Lebensformen, in Kult und Sakramentsverständnis, Heiligenverehrung grell herausgestrichen. Doch läßt sich auf der anderen Seite überhaupt nicht verkennen, daß die konfessionellen Gegner, vielleicht ihnen selber unbewußt, auch in manchen positiven Dingen voneinander lernten.

VIERTER ABSCHNITT

DAS KONZIL VON TRIENT UND DAS NACHTRIDENTINISCHE PAPSTTUM

Die aus dem Innern aufbrechende katholische Reform nahmen seit der Mitte des 16. Jahrhunderts die *Päpste* von *oben* in die Hand, während die *Fürsten* und politischen Obrigkeiten, soweit sie katholisch waren, sie von *außen* kommandierten und ihr mit den Mitteln staatlicher Zwangsgewalt Raum schafften und nachhalfen. Im Schnittpunkt all dieser Bestrebungen von außen, oben und innen stand das *Konzil von Trient.* Kaiser und Papst hatten es 1545 zustande gebracht, die Reformbewegung hatte es gefordert. Für den Fortgang der Reform schuf es die dogmatischen und gesetzlichen Grundlagen. Die organisatorische und politische Durchführung des Reformprogramms ging nach dem Abschluß des Konzils an den Papst und an die politischen Souveräne über. Die Päpste erklärten sich mit ihm identisch; die Fürsten hinderten es wenigstens nicht; und manche förderten es. Die in der Kirche tätigen religiösen Kräfte aber waren aufgerufen, sich zu entfalten und zu betätigen, um das Reformprogramm, wie es in den Dekreten niedergelegt war, substantiell zu erfüllen.

Hierin trat die Bedeutung des Konzils offen zutage: Es beseitigte die Schranken, die einer Reform im Wege standen, und es stellte positive Ziele auf. Beides freilich hätte nichts genützt, wenn sich nicht Kräfte, wie die von Ignatius erweckten, ans Werk gemacht hätten, die Zielsetzungen zu verwirklichen. Hier trat die Bedeutung der innerkirchlichen Reformkräfte genauso offen an den Tag. Ohne sie hätte auch das Konzil und hätte auch das nachkonziliare Papsttum — vom Fürstentum zu schweigen — nichts zuwege gebracht. Erst das Zusammenspiel *aller* Potenzen — der politischen Gewalten, der Päpste und der in der katholischen Kirche aufgebrochenen Erneuerungskräfte (deren es noch mehr gab als nur Ignatius und den Jesuitenorden) — führte die große geschichtliche Bewegung herauf, die wir gemeinhin die Gegenreformation nennen. Wir befassen uns zunächst mit dem für ihre kirchliche Seite fundamentalen Ereignis, mit dem Konzil von Trient.

Neuntes Kapitel

Das Konzil von Trient 1545–63

Während in unseren Tagen die Christenheit aller Bekenntnisse näher zusammenrückt, brach im 16. Jahrhundert die europäische — bis dahin so gut wie durchweg katholische — Christenheit auseinander. Was sich in Trient versammelt hatte, war eine Repräsentation dessen, was von der katholischen Kirche übriggeblieben war. Die Kirche erkannte, wenn auch, historisch geurteilt, ziemlich spät, als ihre von der Situation gebotene Aufgabe, in ständiger Konfrontation gegen den Protestantismus den Inhalt ihres Glaubens zu präzisieren. Das geschah maßgebend in Trient. Das Konzil leitete auch für den katholischen Teil der gespaltenen Christenheit die längst akute Kirchenreform ein.

Das Trienter Konzil hat 18 Jahre gedauert. Es hat drei jeweils zusammenhängende Sitzungsperioden gehabt, ist nach drei oder vier fehlgeschlagenen Ansätzen 1545 erstmals zusammengetreten, danach einmal verlegt und einmal rückverlegt, zweimal suspendiert und zweimal erneut einberufen worden, hat vier Päpste überlebt und ist nach einer lebensbedrohenden Krise im Dezember 1563 glücklich beendet worden. Es mußte geschickt durch die politischen, dogmatischen und konfessionellen Spannungen der Mitte des 16. Jahrhunderts hindurchgesteuert werden. Es brauchte den äußeren Schutz und Rückhalt der katholischen Mächte: des Kaisers, Spaniens, Frankreichs, Österreichs. Und es mußte sich gleichzeitig des Eingriffs dieser Mächte in den innerkirchlichen Bereich erwehren.

Daß dies alles von seiten der Päpste und Konzilslegaten ein Höchstmaß an Zielsicherheit und diplomatischem Takt verlangte, liegt auf der Hand.

Wenn der Papst ein Konzil konstituieren wollte, so bedurfte er — angesichts der besonders gelagerten Situation des 16. Jahrhunderts — vorher notwendig der Zustimmung und Teilnahme der weltlichen Mächte. Wollte er eine Unio et Reformatio bewerkstelligen, so war dafür die Anerkennung des Konzils durch den Protestantismus und womöglich dessen Mitwirkung vonnöten. Dafür aber, daß die Protestanten positiv mitmachten, war ein deutscher Ort als Tagungsstätte ausgesprochene Vorbedingung; darin aber lag wiederum unausgesprochen ihre Anerkennung als mitsouveräne, gleichberechtigte kirchliche Partei.

Als mit Paul III. (1534–49) das Papsttum sich den Konzilsgedanken zu eigen machte, traten als äußere Hemmungen auf: der politische Gegensatz Habsburg—Frankreich; der Druck des Kaisers auf den Papst; und der Gegensatz zwischen Katholizismus und Protestantismus in Deutschland.

Dreimal hatte Paul III. das Konzil berufen — erst beim dritten Male trat es tatsächlich zusammen, nicht zuletzt dank der tätigen Mithilfe Karls V.

1. Die erste Sitzungsperiode 1545–48

Aufgrund des Friedens von Crépy zwischen Frankreich und dem Kaiser und nach Abschluß der kaiserlich-päpstlichen Vereinbarung, die Protestanten gemeinsam kriegerisch zu unterwerfen und zur römischen Kirche zurückzuführen, war die Basis für das Konzil gewonnen. Im November 1544 erging die offizielle päpstliche Einladung zu demselben auf März 1545. Im Februar 1545 wurden die Kardinäle del Monte, Cervinus und Pole zu Konzilsdelegaten, das heißt zu päpstlichen Vertretern auf dem Konzil, ernannt. Am 13. Dezember 1545 fand die verspätete Eröffnung und die feierliche erste Sitzung statt.

Die Geschäftsordnung des Konzils

Die Leitung des Konzils lag in Händen der päpstlichen Legaten. Am Konzil nahmen teil:

1. Die stimmberechtigten Konzils*väter*, das waren Bischöfe, Ordensgeneräle und Äbte.
2. Die sogenannten „theologi minores“, das waren nicht stimmberechtigte *Theologen* mit beratendem Votum. Sie stellten diejenige Gruppe dar, die die entscheidende Arbeit geleistet hat. Es gab unter ihnen hervorragende Köpfe, wie Laýnez SJ, Salmerón SJ, Domingo de Soto OP und Melchior Cano OP.
3. Die sogenannten „*Oratoren*“. Sie trugen als Gesandte der europäischen Mächte deren Wünsche vor und dokumentierten das Gewicht, das besonders der Kaiser, Spanien und Frankreich auf dem Konzil hatten.
4. Protestantische Abordnungen, die allerdings nur zeitweise zugegen waren.

Die Gegenstände, die auf dem Konzil behandelt werden sollten, wurden durch die Legaten vorgelegt. Diese Legaten standen ständig durch Kuriere mit dem Papst in Verbindung und handelten gewöhnlich mit dessen Einverständnis.

Die Formulierung und Verkündigung der dogmatischen Dekrete und der Reformbeschlüsse geschah aufgrund sorgfältiger Vorberatung und Erörterung durch drei Instanzen, nämlich:

1. Durch die Kongregation der *Theologen*. Sie begutachtete die

jeweils von den Legaten vorgelegten häretischen oder bezweifelten Glaubensartikel.

2. Durch die *General*kongregation; in ihr gaben die stimmberechtigten Konzilsväter ihre Voten ab über die von den Theologen erarbeiteten und in Form von Lehrkapiteln und Canones vorgelegten Gutachten.
3. Durch die *Deputationen*. Es handelte sich dabei um vom Plenum gewählte, von den Legaten zuvor vorgeschlagene Theologen, die in gesonderten Kommissionen zusammengefaßt waren. Hier lag der Schwerpunkt der eigentlichen Arbeit; hier kam es häufig zu erbitterten Auseinandersetzungen, die von den bedeutendsten theologischen Köpfen ausgetragen wurden.

Die in den Deputationen erzielten Ergebnisse bedurften zur Gültigkeit noch der Zustimmung der Generalkongregation. Sie mußten vor dieser ein zweites Mal — manchmal auch öfters — zur Lesung gebracht werden.

Der also durchberatene Text wurde, falls ihn die Generalkongregation gutgeheißen hatte, als endgültige dogmatische Formulierung bzw. als Reformbeschluß in der feierlichen *Session* publiziert. Dieserart Sessionen hat es insgesamt 25 gegeben.

Was die Zielsetzung betraf, so ging es dem Tridentinum um Sicherung und Klärung des Glaubensbestandes, um Umwandlung der teils überalterten, teils lückenhaften Kirchenverfassung in ein festes System; ferner um die Umgrenzung der Aufgabenbereiche innerhalb der gesamten Hierarchie; und um die Abstellung eingewurzelter Mißbräuche. Von daher ergab sich eine generelle Scheidung in dogmatische und reformatorische Beratungen. Innerhalb des dogmatischen Bereichs fielen die wichtigsten Entscheidungen in der ersten, innerhalb des reformatorischen Bereichs in der dritten Tagungsperiode.

Die Veröffentlichung geschah in Form von Canones und Dekreten. Während die Canones die als irrtümlich erkannten Lehren anathematisierten, boten die Decreta positive Darlegungen de fide et de reformatione. Es waren dies zum Teil kurze, zum Teil längere Abhandlungen in meisterlich klarer Formulierung, oft das Ergebnis langer Debatten und scharfer Kontroversen. Zusammen mit dem dogmatischen Dekret erfolgte jeweils die Publizierung des Reformdekrets.

Die Auseinandersetzung mit der evangelischen Glaubenslehre

Sie dokumentierte sich schon im Gesamtthema des Konzils: denn dieses war einberufen zur Reform der Kirche und zur offiziellen Erklärung des rechten Glaubens. Demgemäß vollzog sich die Auseinandersetzung mit dem Protestantismus auf theologischem Felde in Studium und Kritik der zentralen Lehren Luthers. So standen auf dem Programm der ersten großen Sitzungen die von Luther bezeichneten Streitobjekte Glaube, Heilige Schrift, Kirche und Sakramente. Die Behandlung dieser Gegenstände machte den hauptsächlichen Inhalt der ersten Sitzungsperiode 1545 bis 1549 aus.

Zu den Kernpunkten der neuen Lehre von Luther, welche die Fragenkreise Offenbarung, Erbsünde, Rechtfertigung, Sakramente, Priestertum betrafen, nahm das Konzil gleich zu Anfang Stellung. Die Konzilsväter und der Papst sahen völlig klar, daß es hier um Existenzfragen ging. Sie stellten deshalb diese Dinge an den Anfang aller theologischen Konzilsarbeit und hielten sie für noch wichtiger als die Reform. Diese Auffassung führte hart an den Rand eines Bruchs mit dem Kaiser. Für den Grad der Wichtigkeit solcher Fragen der Tagesordnung diene der folgende Vorgang als Beispiel: Karl V. schickte mitten im Schmalkaldischen Krieg Kuriere an seine Gesandten in Rom und Trient, um die Beratung der Rechtfertigungslehre oder, nach dennoch geschehener Beratung, wenigstens deren Publikation zu verhindern.

Von einem Einfluß der Protestanten auf Trient zu sprechen ist insofern durchaus zutreffend, als alle Themen, oder doch die wichtigsten, über die die Konzilsväter berieten, von Luther gestellt waren. Sie wurden allerdings oft im Gegensatz gegen Luther beantwortet. Dies empfand man damals als Schlag gegen den Protestantismus und sah es als endgültigen Trennungsstrich an — und zwar auf beiden Seiten. Heute denkt man teilweise anders darüber. Man hat, jedenfalls von katholischer Seite, die Unterscheidungen wohl scharf zu erfassen, aber nicht nur als schroffe Diskrepanz zu betrachten gelernt und geht dazu über, außer dem Trennenden auch das Gemeinsame zu sehen und positiv zu bewerten. Obwohl an der schlichten Klarheit und Schärfe der Unterscheidungen nicht zu zweifeln ist, ist auf der anderen Seite ebensowenig daran zu zweifeln, daß es sich um Lehrauseinandersetzungen handelte, die von zahlreichen wichtigen gemeinsamen Voraussetzungen (Credo; alte Konzilien; Heilige Schrift) ausgingen. Die moderne katholische kirchengeschichtliche Forschung vertritt die Auffassung, daß in der katholischen Formulierung des Dogmas die weitere Formel und ausgeglichenere Umschreibung der religiösen Wahrheit gelungen sei. Sie enthalte zwar auch einen Teil der protestantischen Anschauungen, verabsolutiere aber nicht einseitig einzelne Aspekte, wie es, wiederum nach katholischer Überzeugung, in der lutherischen oder auch der calvinischen Lehre geschehe.

Zur Beurteilung der ersten Sitzungsperiode: die dogmatischen Dekrete

Man hat auf evangelischer Seite bis zur Gegenwart die tridentinische Arbeit eine starre Restauration der Scholastik genannt und tut damit sowohl dem Tridentinum als der Scholastik Unrecht. Denn das Tridentinum verglich zwar sehr sorgfältig die Arbeit und Meinung der Kirchenväter und Scholastiker mit der Heiligen Schrift, schuf aber gerade in den Dekreten über die *Erbsünde* und über die *Rechtfertigung* (in der fünften und sechsten Session) eine höchst eigene Leistung.

Mit welchem Ernst und Eifer man zu Werke ging, zeigt das Beispiel des Rechtfertigungsdekrets. Es wurden fünf Entwürfe davon angefertigt, es fanden über hundert Sitzungen vorbereitender Art und monatelange intensive Kontroversen statt, ehe die endgültige Formulierung feststand. Wenn sich die tridentinischen Konzilsväter aber für die *Sakramente* tatsächlich auf die Scholastik stützten, dann deshalb, weil gerade hier durch Thomas und das Laterankonzil von 1215 das meiste schon geklärt worden war. Wenn auch die Tridentinische Sakramentenlehre bezeugte, daß man an der Tradition festhielt, so lag in diesem Verhalten aber zugleich auch eine Korrektur Luthers und des Protestantismus. Dieser warf sich aus zeitbedingten Gründen recht forsch zum Richter über die kirchliche Tradition auf. Die Konzilsväter von Trient fügten sich dagegen als lebendige Glieder der Traditionsreihe ein durch ihr Verhalten. Auch erklärten sie prinzipiell in der vierten Session, daß als Glaubensquelle neben der Heiligen Schrift die *Tradition* gleichberechtigt und gleichwertig anzusehen sei. Zugleich trafen sie die wichtige Entscheidung, daß die Erklärung der *Heiligen Schrift* in Übereinstimmung mit den Kirchenvätern und dem Urteil der Kirche zu erfolgen habe.

Die erste Tagungsperiode des Trienter Konzils umfaßte zehn Sitzungen. Als ihr Gesamtertrag zeichnete sich ab:

Erstens eine recht gründliche und gewissenhafte Behandlung der von Luther aufgeworfenen Glaubensfragen; in der Sache und im Ergebnis jedoch

Zweitens eine harte und klare Abgrenzung gegen die von Luther und den Protestanten bevorzugte Auffassung dieser Fragen.

Die Interpretation der Glaubensgegenstände führte gerade infolge der doppelten Kontrolle durch Schrift *und* Tradition zu dogmatischen Beschlüssen, die a) der lutherischen Auslegung widersprachen; b) sich, von außen gesehen, vielleicht deshalb in einem etwas vollerem Sinne als katholisch erwiesen, weil in ihnen sich nicht das Glaubenserlebnis einer individuell-religiösen Begabung (wie Luther) ausdrückte, sondern das objektive Glaubensbewußtsein einer ganzen Kirche, indem die *Übereinstimmung* der kirchlichen Vergangenheit mit der in der Gegenwart zu fällenden dogmatischen Entscheidung grundsätzlich gewahrt wurde.

Als Beispiel sei ein Vergleich von lutherischen Thesen und Trienter dogmatischen Beschlüssen angestellt. Sagte Luther: der Mensch habe keinen *freien Willen*, Gott wirke allein, so lehrte das Tridentinum: Gott wirke zwar alles — aber dem menschlichen Willen lasse er, innerhalb Seiner Allwirksamkeit, seinen Platz und Lauf. Oder für die *Erbsünde*. Sagte Luther: der Mensch sei total verdorben — so lehrte das Tridentinum: wohl sei der Mensch verdorben, aber nicht total, sondern der Heiligung fähig. Sagte Luther von der *Rechtfertigung:* Die Rechtfertigung geschehe durch den Glauben *allein*, so lehrte Trient: sie geschehe durch den Glauben, aber nicht *ohne* das Werk der inneren Zustimmung und Bereitung.

Diese dogmatischen Beschlüsse von hoher Bedeutung wurden von nicht ganz so wichtigen Reformbeschlüssen begleitet — beides wurde aber mitten im Zug abgebrochen durch die Einwirkung der politischen Zeitereignisse.

2. Die Suspension und die zweite Sitzungsperiode 1551–52

Als, infolge eines schweren Zerwürfnisses mit dem Kaiser, Paul III. das Konzil nach Bologna verlegte, stand ein Schisma innerhalb der katholischen Christenheit vor der Tür. In dieser Zeit ermordeten kaiserliche Parteigänger in Italien den Sohn des Papstes, Pier Luigi, und gleichzeitig nahmen kaiserliche Truppen dem Kirchenstaat das Herzogtum Piacenza weg. Der Papst vermochte indessen seinen Zorn durch Klugheit zu dämpfen. Um einen Bruch mit dem Kaiser und ein Schisma der Katholiken zu verhüten und um sich selbst und der Kirche nichts zu vergeben, ließ er von Bologna aus keine Dekrete mehr publizieren und suspendierte das Konzil (1549). Die Auflösung war eine seiner letzten Handlungen; zwei Monate später starb, 83jährig, Paul III.

Das Konzil hing in der Luft; es war mitten in seiner Arbeit abgebrochen. Was aus ihm werden sollte, hing von der Person des zu wählenden nächsten Papstes und von seinem Verhältnis zum Kaiser ab.

Nachfolger Papst Pauls III. wurde einer der Konzilspräsidenten der ersten Sessionsperiode, der Kardinal del Monte. Er bestieg als Julius III. den päpstlichen Thron und regierte von 1550 bis 1555. Im Einverständnis mit dem Kaiser entschloß er sich, das Konzil wieder einzuberufen, und zwar abermals nach Trient.

Die zweite Tagungsperiode (1551–52) wurde gekennzeichnet:

Erstens durch die Weiterführung der dogmatischen Klärung: Es kam zur Definierung der katholischen Lehre von den Sakramenten der Eucharistie, der Buße und der Krankenölung;

Zweitens durch die Gegnerschaft *Frankreichs* gegen das Konzil. Frankreich fehlte nicht nur auf demselben, sondern bewirkte auch mittelbar dessen Auflösung: es schloß sich mit deutschen protestantischen Reichsfürsten zu einem Kriegsbündnis zusammen und setzte diese dadurch in die Lage, sich gegen den Kaiser zu erheben. Karl V. war ungerüstet, wurde überrascht und erlitt eine Niederlage. Diese Vorgänge bildeten den Grund dafür, daß das Tridentinum erneut suspendiert wurde.

Drittens durch die Teilnahme einer Abordnung der deutschen Protestanten.

Letzteres war bemerkenswert als ein später Versuch, eine Einigung zwischen den streitenden Religionsparteien herzustellen. Er ging vom Kaiser aus, der die Teilnahme denjenigen Protestanten, die sich mit ihm nach dem Schmalkaldischen Krieg arrangiert hatten, zur Bedingung gemacht hatte.

Im Herbst 1551 trafen Gesandte der größten protestantischen Reichsstände und Reichsstädte ein; im Frühjahr 1552 erschien eine Anzahl evangelischer Theologen aus Württemberg und Straßburg. Das Bemühen, eine Verhandlungsbasis zu schaffen, führte dazu, daß beide Seiten ihre Auffassungen formulierten. Die Protestanten ließen ihre Ansichten durch ihre Gesandten vortragen. Sie lauteten:

1. Protestanten und katholische Bischöfe hielten sie für je gleichberechtigte Parteien.
2. Die katholischen Bischöfe müßten vom Treueid gegen den Papst entbunden werden.
3. Das Konzil stünde über dem Papst.
4. Sämtliche während der ersten Sessionsperiode erlassenen dogmatischen Dekrete und Reformdekrete müßten neu durchberaten werden.
5. Als alleinige Richtschnur zur dogmatischen Interpretation habe die Heilige Schrift zu gelten. Ihre protestantische Auslegung müßte die Basis für die endgültige Formulierung der Glaubenslehren bilden.

Diese evangelischen Forderungen stellten also in Frage, daß das Konzil ökumenisch sei; sie kritisierten ferner die Bindung der Bischöfe an den Papst; die Superiorität des Papstes über das Konzil und die Verbindlichkeit der bereits publizierten dogmatischen Entscheidungen. Es offenbarte sich darin die vollendete Unvereinbarkeit des katholischen mit dem evangelischen Standpunkt. Daß die Prinzipien stärker waren als der gute Wille auf beiden Seiten — das war das dokumentarische Ergebnis der protestantischen Gesandtschaft nach Trient. Die Unionsfrage war in eine ausweglose Sackgasse geraten. Das ließ bei Papst und Kaiser den Entschluß reifen, das Konzil auf eine bestimmte Zeit — nämlich für zwei Jahre — zu suspendieren. Beschleunigt wurde die Suspension durch die Niederlage Karls V. im Krieg gegen Moritz von Sachsen und Frankreich.

Bis zur nächsten Wiederberufung verging genau ein Jahrzehnt, also eine verhältnismäßig lange Zeit. Dadurch hatte sich auch in der konfessionellen Lage manches entscheidend gewandelt. Denn man hatte es um 1560 nicht mehr allein mit den lutherischen Protestanten zu tun. Vielmehr hatte sich inzwischen der Calvinismus über Westeuropa verbreitet und war mehr und mehr in den Vordergrund getreten. Durch ihn hatte die Reformation gewaltige Fortschritte gemacht. Durch ihn war aber der Protestantismus auch militant geworden — jedenfalls sehr viel mehr als zu Luthers Zeit. Aber auch der politische Hintergrund des Konzils hatte sich verwandelt und sah 1560 wesentlich anders aus als 1545 bei der Eröffnung.

Veränderungen in der politischen Welt

In der zehnjährigen Konzilspause von 1552 bis 1562 hatte sieben Jahre lang — 1552 bis 1559 — ein französisch-habsburgischer Krieg getobt. Er hatte im Endeffekt den Streit um die Vormachtstellung in Europa zugunsten Spaniens entschieden. Das bildete den Inhalt des Friedens von Château Cambrésis 1559. Der Papst hatte sich auf der Seite Frankreichs am Krieg beteiligt, war besiegt worden und hatte durch seine Niederlage das politische Übergewicht des Königs von Spanien vor aller Welt demonstriert.

Inmitten der Konzilspause hatte der wichtigste Partner des Papstes, Kaiser Karl V., abgedankt und sein großes Reich ungleichmäßig zwischen seinem Sohne Philipp II. und seinem Bruder Ferdinand I. geteilt. Aller Sorgen um das Reich ledig, an denen Karl schwer getragen hatte, widmete sich Philipp II. sehr viel konzentrierter den kirchlichen und politischen Interessen seines Königreiches Spanien, als es Karl V. je vermocht hatte.

Außer Karl V., der noch drei Jahre nach seiner Resignation (1555) gelebt hatte, waren auch andere Fürstlichkeiten von der politischen Bühne abgetreten. Die Thronbesteigung *Elisabeths I.* 1558 machte der kurzen, blutigen Reaktion des Katholizismus in England unter Maria Tudor ein Ende und etablierte endgültig den Anglikanismus als englische Staatsreligion. Und in *Frankreich* eröffneten die *Minderjährigkeitsregierungen* nach König Heinrichs II. Tod 1559 eine Kette von Streitigkeiten um die Regierungsführung, in deren Gefolge es zum Ausbruch der *Hugenottenkriege* kam, die das Land für dreißig Jahre in den Bürgerkrieg stürzten. In *Deutschland* hingegen hatte die erste Etappe der Religionskriege mit dem Augsburger *Religionsfrieden* 1555 einen vorläufigen Abschluß gefunden. Dennoch waren hier ebenso wie in England so viele Probleme ungelöst geblieben, daß es dauernd im Gebälk knisterte und die Gefahr weiter bestand, daß es aus geringem Anstoß zu Unruhen, Aufstand oder Krieg kam.

Julius III. Die beiden Papstwahlen von 1555

In die zehnjährige Konzilspause fiel ein viermaliger Wechsel im Papsttum. Die Wahl der Päpste zeigte, daß man an der Kurie im ganzen mehr oder weniger gesonnen war, auf dem von Paul III. vorsichtig eingeschlagenen Weg der Erneuerung weiterzumarschieren. Freilich: *Julius III.* (1550–55) liebte ein bequemes, schönes Leben, hatte sich eine schön gelegene, bis heute vielbewunderte Villa bauen lassen und war ein gebildeter Renaissanceprälat. Dem Trienter Konzil hatte er in der ersten Sessionsperiode präsidiert. Und obwohl er kein Aktivist der Reform war, so führte ihn doch die reformerische Strömung mit. Im Kardinalskollegium befanden sich Repräsentanten eines weltlichen Lebensstils, darunter Prinzen aus großen europäischen und Fürstensöhne aus kleinen italienischen Dynastien, und Verfechter einer strengen geistlichen, reformatorisch-eifrigen Richtung. Überwogen die letzteren auch nicht zahlenmäßig, so doch nach Geltung und Einfluß. Seit den fünfziger Jahren saugte die reformerische Bewegung innerhalb des Kardinalkollegs allmählich alle anderen Richtungen auf. Dies zeigten nach Julius' III. Tode die beiden Wahlen des Jahres 1555 in aller Deutlichkeit. Aus dem ersten Konklave ging ein anerkanntes Vorbild heiligmäßiger Lebensführung und reformerischer Gesinnung hervor, Marcello Cervini, als Papst *Marcellus II.* Drei Wochen nach seiner Wahl starb er. „Die Welt war seiner nicht wert", sagten die Zeitgenossen.

Die Kardinäle erhoben in dem unmittelbar darauf zusammengetretenen Konklave einen extremen Vertreter der Kirchenerneuerung, den persönlich asketischen und frommen, aber übermenschlich strengen und herrischen Eiferer Carafa zum Papst: geboren 1476, gehörte er noch zu den engeren Altergenossen Pauls III., Leos X., Dürers, Raffaels. Eine Generation älter als Karl V., bestieg er den Stuhl Petri im gleichen Jahre, in welchem der Kaiser dem Thron entsagte. Als Papst nannte er sich *Paul IV.* Seit diesem Jahre 1555 wurde, was immer man auch mit Recht gegen das Regiment Pauls IV. einwenden darf, das Papsttum von der Reform nicht nur berührt und mitgerissen, sondern es nahm sie nunmehr selbst in die Hand. Die Wendung, welche mit Paul III. zwanzig Jahre zuvor zaghaft begonnen hatte, wurde erneut bekräftigt und gewissermaßen stabilisiert. Daran änderten auch die politischen Torheiten und die Schreckensherrschaft Pauls IV. nichts.

Das Regiment Pauls IV. 1555–59

Der neue Papst konnte auf ein bedeutendes Lebenswerk zurückblicken. In der Blüte des Renaissancepapsttums war er in den ersten Jahrzehnten des 16. Jahrhunderts vorbildlicher Bischof und Erzbischof gewesen — und das heißt etwas! Er hatte das Johanniter-Oratorium und den Theatinerorden mitbegründet und zu den engeren Freunden und Mitarbeitern Contarinis gezählt, mit dem er auch als Mann der Reform Kardinal geworden war. Trotz seiner 80 Jahre besaß er ein unverwüstliches Temperament: Er war furchtbar in seinem Zorn, in seiner Leidenschaft, in seinem Patriotismus; aber auch staunenswert in seiner Schaffenskraft. Als Papst neigte er zu einer sehr absoluten Herrschaftsweise. Paul IV. war ein Asket und glühender Glaubenseiferer, aber ein unbeherrschter Charakter; ein Absolutist, Fanatiker und Liebhaber von Gewaltlösungen. Er wollte die Kirche persönlich, d. h. ohne Konzil, reformieren und geriet darüber in die Hand seines gewissenlosen Nepoten; so wurde sein vierjähriges Pontifikat für ihn eine persönliche Tragödie, für die Allgemeinheit ein katastrophales Experiment.

Als Neapolitaner haßte er die spanische Fremdherrschaft, die es in seiner Heimat zur Zeit seiner Geburt noch nicht gegeben hatte. Und sein grandioser Spanienhaß trieb ihn dazu, sich mit Frankreich zu verbünden, als dieses im Krieg mit Spanien lag. Die Welt sah als denkwürdiges Paradoxon: den fanatischen Eiferer für die Reinheit des Glaubens im Bunde mit Franzosen, Protestanten, Türken ein päpstliches Heer, in dem es von deutschen protestantischen Landsknechten wimmelte, zum Kampf gegen die katholische Vormacht Europas ausrüsten.

Der Krieg Pauls IV. gegen König Philipp II. endete zum Glück für den Katholizismus mit einer totalen Niederlage des Papstes. Der Herzog von Alba besetzte Rom, betrug sich jedoch auf Weisung seines Königs außerordentlich dezent gegen das Oberhaupt der katholischen Kirche.

Was die Regierung des *Kirchenstaats* betraf, so hatte Paul IV. seinen Neffen Carlo Carafa zum Kardinal, Feldherrn und Staatskanzler gemacht, ohne zu wissen, daß dieser ein Wüstling und Freibeuter schlimmster Sorte war. Als der Papst es endlich entdeckte, stürzte er seinen Nepoten, durch den er sich schändlich hintergangen fühlte, mit einer Rücksichtslosigkeit gegen familiäre Bindungen, die der Größe nicht ermangelte. Ranke datiert mit diesem Ereignis das Ende des fürstlichen Nepotismus der Päpste, denn mit Carlo Carafa fielen gleichzeitig seine zwei weltlichen und gefürsteten Brüder. Pius IV. ließ etwas später den Kardinal und den Herzog Carafa hinrichten.

Obwohl für seine Person ein dezidierter Mann der Kirchenreform, wollte Paul IV. doch von *Konzil* nichts wissen. Als autokratische Natur meinte er, es genüge, wenn er allein die Reform in die Hand nehme, und machte auch bald von sich reden als energischer Tempelreiniger. Er verschärfte die Disziplin im Gottesdienst; vergab Ämter und Stellungen nur nach Würdigkeit, ohne politische oder fiskalische Gesichtspunkte; wurde aber bald zum Schrecken seiner Umwelt wegen seiner unmenschlichen Ketzerriecherei und wegen seiner Vorliebe für die *Inquisition*.

Diese Behörde hatte ursprünglich nur die Aufgabe gehabt, in reinen Glaubensfragen mitzureden. Paul IV. erweiterte ihre Kompetenz schier unerhört. Nicht nur daß er ihr die Befugnis übertrug, sittliche Vergehen und Disziplinwidrigkeiten, angefangen bei Übertretungen des Fastengebots, zu verfolgen und zu bestrafen — er beauftragte sie auch mit Aufgaben der allgemeinen Kirchenreform, Abschaffung kirchlicher Mißstände, der Simonie usw. Ferner führte er zur Ermittlung von Mitschuldigen die Tortur in den Inquisitionsprozeß ein. Unter denen, die er verdächtigte, irrige Glaubensansichten zu hegen, befanden sich höchste Würdenträger: Den Erzbischof von Toledo und einige Reformkardinäle von Rang und Namen, wie Sadoleto und Morone, sperrte er ins Gefängnis, und dem englischen Kardinal Pole, damals Erzbischof von Canterbury, machte er in Abwesenheit den Prozeß. So war es kein Wunder, daß sein Tod der Bevölkerung in Rom erwünscht kam. Sie trauerte nicht, sondern jubelte. Seine Strenge und seine Ketzerschnüffelei ließen jedes Maß vermissen und machten ihn deshalb maßlos verhaßt. So groß war der allgemeine Unmut über Paul IV. geworden, daß auf die Nachricht von seinem Tode 1559 der römische Straßenpöbel seine Statue schleifte und zerschmiß und ihr das Haupt abschlug.

Wandlungen im Papsttum unter Paul IV. Wahl Pius' IV.

Trotz allen Vorbehalten gegen Paul IV. war sein Pontifikat dennoch von symptomatischer Bedeutung: Das Haupt der Kirche setzte sich seit Paul IV. zum Ziel, über den rechten Glauben der Kirche zu wachen und sie in Sitte und Frömmigkeit zu erneuern. Dieses Ziel rückte nunmehr für zwei bis drei Generationen in die Mitte des päpstlichen Sinnens und Trachtens und bildete den Leitgedanken der Vorhabungen und Unternehmungen des Papsttums seit der Mitte des 16. Jahrhunderts. Damit schuf er den Typ des *Reformpapstes*, wie er seit Pius V. vorherrschte. So hatte sich während der Konzilsvakanz auch im Papsttum manches geändert. Denn während ursprünglich gegen den Widerstand des Papsttums das Konzil gefordert und quasi erzwungen worden war, stellte die dritte Sessionsperiode und der ergebnisreiche Abschluß des Konzils ganz entschieden ein Werk des Papsttums dar und ging auf dessen Initiative zurück.

Nach Pauls IV. Tode 1559 wählte das Kardinalskolleg zum Papst den Mäiländer Angelo Medici, der als *Pius IV.* von 1559 bis 1565 regierte; eine leutselige und weltmännische Persönlichkeit, ein elastischer Politiker, aber doch auch ein Mann, der der Würde und Prärogative seines Amts nichts vergab. Das überragende Werk seines Pontifikats wurde die Einberufung und Durchführung der dritten Tagungsperiode des Konzils. Er beschloß damit das Trienter Konzil und bestätigte 1564 seine Dekrete.

Der neue Papst erhob, der Sitte der Zeit entsprechend, sogleich einen Neffen zum Kardinal und machte ihn in der Art eines Staatssekretärs zum ausführenden Organ seiner Politik und Kirchenpolitik. Mit dieser Ernennung tat Pius IV. einen Griff, wie er ihn glücklicher gar nicht hätte tun können. Denn dieser Neffe war ein Helfer von höchstem Persönlichkeitsrang, ein Mann der Tat und ein Heiliger. Er löste Verwaltungsaufgaben, beriet den Papst in vielen Dingen, besonders bei der Einberufung des Konzils, reformierte die Erzdiözese Mailand und wurde außerdem als bischöflicher Oberhirte zum bis heute gepriesenen Vorbild. Es war der 1610 heiliggesprochene *Carlo Borromeo*. Im Zusammenwirken des Papstes mit diesem Kardinal kam es zur dritten Einberufung des Konzils nach Trient.

Die dritte Tagungsperiode 1562–63

Auf die Berufung und Arbeit der dritten Konzilsperiode nahmen die großen katholischen Monarchen Europas intensiven, zum Teil direkten Einfluß — gleichzeitig stand das Konzil aber auch unter der starken Direktive des Papstes und seiner Konzilspräsidenten. Innerhalb des Katholizismus wurde das Konzil zu einer exemplarischen Kraftprobe zwischen Staat und Kirche, welche die Kirche gewissermaßen nach Punkten gewann.

Es tauchten die antipäpstlichen, demokratischen Forderungen aus der konziliaren Epoche des frühen 15. Jahrhunderts mehr als einmal wieder auf — aber es kam diesmal nicht zu Krach und Auflösung wie in Basel 1438, sondern zu Vermittlung und Versöhnung.

Das Zusammentreffen von politisch-staatskirchlichen Gesichtspunkten und dogmatisch reformatorischen Absichten komplizierte die Konzilsarbeit oft nicht wenig. Dennoch kam sie voran. Wir verfolgen sie in ihrem zeitlichen Ablauf.

Wiederberufung

Schon vor dem Zusammentritt machten die katholischen Fürsten von Spanien, Frankreich und Österreich Schwierigkeiten. Strittig war die Formfrage, ob es sich um eine Fortsetzung des 1552 suspendierten Konzils oder um ein neues Konzil handle. Und wie so oft war auch hier der Formstreit nur Ausdruck einer ins Grundsätzliche führenden Meinungsverschiedenheit. Fortsetzung hieß: Vollendung der ersten zwei Tagungsperioden. Ein *neues* Konzil hieß: Ungültigkeit der gesamten auf diesen beiden Sessionsperioden geleisteten dogmatischen Arbeit. Die letztere Auffassung vertraten Kaiser Ferdinand I. und der König von Frankreich mit Rücksicht auf die deutschen Lutheraner und die französischen Calvinisten, die für das Konzil gewonnen werden sollten. Für die erstere Auffassung entschieden sich der Papst und König Philipp II. Nur durch die meisterhafte Umsicht der Kurie — die Einberufungsbulle wurde vieldeutig formuliert — gelang es, diese Differenz zu überbrücken.

Hinzu kamen noch weitere Widerstände: Frankreich wollte durch die Berufung eines französischen Nationalkonzils (nach Poissy 1561) das allgemeine Konzil überflüssig machen; aber auch der römisch-deutsche Kaiser und die deutschen katholischen Fürsten erwiesen sich als Konzilsgegner, weil sie eine Gefährdung des Religionsfriedens durch das Konzil befürchteten.

Immerhin: Nach zweijähriger diplomatischer Vorarbeit und nach recht schwierigen Verhandlungen der päpstlichen Legaten an den europäischen Höfen kam es am 18. Januar 1562 zur Wiedereröffnung des Konzils im Dome zu Trient.

Aber schon über dem ersten Beratungsgegenstand drohte die Versammlung auseinanderzubrechen. Anläßlich der Abfassung eines Reformdekrets über die Residenzpflicht der Bischöfe gelangte die Frage zur Diskussion, ob das Bischofsamt göttlichen Rechts oder Ausfluß der päpstlichen Gewalt sei, das heißt, ob es nur eine Funktion sei, im Auftrag des Papstes auszuüben, oder aber ein eigenständiges, sakramentales Amt darstelle. Diese Frage rührte an die Fundamente der Kirche. Je nachdem, wie sie entschieden wurde, bedeutete sie entweder Bewegungsfreiheit der Bischöfe gegen die Kurie oder Absolutismus des Papstes.

Leidenschaftlich und unnachgiebig setzten sich die spanischen Bischöfe für den Episkopalismus ein; die italienische Mehrheit des Konzils verfocht dagegen den Papalismus. Weil eine Einigung unmöglich war, blieb die Frage unentschieden. Eine Lösung scheint sich erst heute einzupendeln durch die komplementären Akzentsetzungen des Zweiten Vatikanums gegenüber dem Ersten — stark papalistischen — Vatikanischen Konzil. Neben den Spaniern bildeten die Deutschen und Franzosen ihre gesonderte Opposition gegen die italienisch-päpstliche Konzilsmehrheit. Als Führer beider Nationen traten Kardinal Guise, Erzbischof von Reims, auch Kardinal von Lothringen genannt, und der deutsche Kaiser Ferdinand I. auf. Die Forderungen beider Nationen zeigten, wie sehr man bei ihnen auf den Protestantismus Rücksicht zu nehmen gelernt hatte.

Was die Vertreter beider Nationen forderten: Laienkelch, Priesterehe, Landessprache im Gottesdienst, Reform der Kurie durch das Konzil und dessen Superiorität über den Papst; ferner Abstimmung nach Nationen, um die italienische Majorität zu brechen — waren zum Teil alte Konstanzer und Basler Traditionen, zum Teil in die Zukunft weisende Tendenzen, die damals aber aus vielen Gründen noch nicht spruchreif waren.

Die durch solch fundamentale Gegensätze erzeugte Uneinigkeit erreichte ihren Höhepunkt, als die drei nichtitalienischen Oppositionsgruppen der Deutschen, Franzosen und Spanier sich in einem Beschwerdepunkt zusammentaten: Im Angriff auf das Vorschlagsrecht der päpstlichen Konzilslegaten.

Hier ging es um die Prärogative: Ist der Papst oder sind die weltlichen Fürsten die eigentlichen Leiter des Konzils? Weil weder die päpstlich gesinnten Väter noch die fürstlich-staatskirchlich gesinnten Nichtitaliener nachzugeben gewillt waren, spaltete sich das Konzil in zwei Blöcke und lähmte damit die positive theologisch-reformerische Arbeit: zehn Monate lang fand keine Session statt.

Das ganze Dilemma war eine Frucht des Staatskirchentums, das im Spätmittelalter die Kurie selbst aus taktischen Gründen gefördert hatte. Die katholischen Bischöfe von Spanien, Frankreich, Österreich und aus den deutschen Ländern befanden sich völlig in der Hand ihrer Monarchen (bzw. Kapitel). Diese empfanden daher jede Beschneidung der bischöflichen Macht durch den Papst als einen Eingriff in ihre fürstliche Macht. Der Fels des Widerstandes war Kaiser Ferdinand I. An den von ihm vorgetragenen Reformforderungen drohte das Konzil zu zerschellen. Aber der Papst hat diesen Felsen am Ende doch bezwungen, und zwar durch seinen überragenden Diplomaten *Morone*. Dieser brachte in mündlicher Unterhaltung mit Kaiser Ferdinand eine Einigung zustande — insofern ein Meisterwerk, als Morone sowohl den deutschen Kaiser durch verständiges Entgegenkommen zufriedenstellte als auch für die Dinge, in denen er widersprach, eine so verständige Begründung des Widerspruchs vorlegte, daß der Kaiser sich dem Gewicht der Gründe nicht verschloß.

Durch Versprechungen und Konzessionen in den Streitfragen des fürstlichen Vorschlagsrechts und in der vom Kaiser vertretenen Reformauffassung wurde Ferdinand so weit gebracht, die päpstliche Autorität in Dingen des Konzils anzuerkennen. Das Beispiel des Kaisers wirkte auf Spanier und Franzosen: Die innere Staatsführung und die für Frankreich akute Gefahr des Calvinismus ließ es geraten erscheinen, das Konzil zu einem guten Ende zu bringen, und das tat man denn auch. Beide Parteien hielten sich fortan an den klugen Ausweg, Fragen, die zur Verbitterung reizten, in den Konzilsverhandlungen peinlichst zu übergehen und durch elastische Formulierung der Dekrete offenzulassen.

Resultate der dritten Sessionsperiode

Bis zum Abschluß (4. Dezember 1563) gelangte das Konzil in Fragen des Dogmas, der Reform und des Papsttums zu brauchbaren Resultaten. Wir resumieren sie kurz.

1. Dogmatische Dekrete: Das Konzil führte die Formulierung der katholischen Auffassung von den Sakramenten zu Ende, das Sakrament der Priesterweihe wurde beibehalten. Darin sowie in der Gutheißung der Lehren von Fegefeuer, Ablaß und Heiligenverehrung lag ein Bekenntnis zur traditionellen Gestalt und Befugnis der Kirche.

2. Reformatorische Richtlinien: Es ergingen bindende Vorschriften für die Ausbildung und Erziehung der Priester, für die Errichtung von Priesterseminaren in jeder Diözese, für die administrative und geistliche Verwaltung der Bistümer durch die Bischöfe, für die Abhaltung von Visitationen und Diözesansynoden. Das Konzil erließ Anweisungen über die praktischen Aufgaben der Pfarrer, namentlich über die Art und Weise, wie Predigt, Unterricht u. a. m. zu gestalten seien.

3. Die Stellung des Papsttums: Das Konzil erkannte die Autorität des Papstes als Haupt der Kirche offiziell und feierlich an, indem es bat, der Papst möge die Konzilsbeschlüsse bestätigen, und ausdrücklich erklärte, alle Anordnungen des Konzils betreffs Sittenverbesse-

rung und Kirchenzucht sollten nur insoweit gültig sein, als die Autorität des Apostolischen Stuhles dadurch nicht angetastet würde. Dies war der Inhalt der feierlichen Schlußsitzung am 3. und 4. Dezember 1563.

Diese Sitzung schloß die Arbeit des Trienter Konzils ab. Jedenfalls hatten damit die in der reichsfürstlichen Bischofsstadt Trient versammelten Konzilsväter ihr Werk getan. Was übrigblieb, lag beim Papst. Pius IV. gab zu verstehen, daß er die Canones und Dekrete legitimieren werde. Gegen mancherlei Widerstände im Kardinalskolleg sprach er am 26. Januar 1564 zunächst in mündlicher Form aus, daß er das Konzil bestätige. Die entsprechende Bulle wurde jedoch erst im Juni 1564 publiziert. Mit ihr fand das Konzil seinen gültigen Abschluß. Einen Monat zuvor war, am 27. Mai 1564, in Genf Calvin gestorben. 1564 war ein ereignisschweres Jahr für die Kirchengeschichte geworden.

5. Zur geschichtlichen Beurteilung des Konzils

Allgemeine Auswirkungen des Konzils auf den neuzeitlichen Katholizismus

Durch den weiten Umkreis, auf den sich seine Lehrbestimmungen und Disziplinarverfügungen erstreckten, ist das Tridentinum zur Plattform des neuzeitlichen Katholizismus, zum theologischen Wegweiser und zur administrativen Zuchtrute geworden. Es faßte straffer zusammen und umriß scharf, was in Glaubenslehre, Disziplin und religiösem Brauchtum als katholisch zu gelten habe.

Es klärte das Verhältnis von Papst und Konzil und wies den einzelnen Ständen und Ordnungen innerhalb der Hierarchie ihre Pflichten, Arbeitsgebiete und Rechte sehr genau zu. Auffallend ist die bis ins Uniforme gehende Normierung des geistlichen Lebens, wofür „professio fidei", Brevier, Missale, Bibelausgabe, Index usw. sprechende Beispiele bieten. Dadurch wurde eine enorme geistliche Zucht und geistlich-politische Schlagkraft entwickelt, zugleich aber auch eine erhebliche geistige Verengerung hervorgerufen, die gegenüber dem Mittelalter erschreckend wirkt. Es kam hier und da zur Verkümmerung der geistigen oder sogar der persönlichen Freiheit; der wissenschaftliche Wagemut ließ nach; es kam zum ängstlichen Sich-Klammern an Vorschriften oder gar zur Buchstabenreligiosität; zur straffen, gelegentlich unwürdigen Bevormundung der Laien durch den Klerus; zu massivem Apologetentum gegen Protestantismus, Aufklärung und moderne Geistigkeit überhaupt. Es ist unter diesen Umständen kein Wunder, daß das populäre und weitverbreitete Urteil über den Katholizismus vom Ende des 16. bis zum Anfang des 20. Jahrhunderts vielfach sehr negativ lautete: er sei eine gefährliche Partei mit starrem Programm und absolutistischem Oberhaupt; Widersprüche und

Widerstände würden in den Reihen seiner Anhänger durch theologische Thesen und geistliche Drohungen niedergeknüppelt. Dieses Urteil ist gewiß nicht richtig — aber daß es dazu kommen konnte, hatte seine konkreten Anlässe im Verhalten der Katholiken.

Gesichtspunkte zur weiteren Beurteilung des Konzils

Zahlreich sind die Gesichtspunkte, unter denen sich innerhalb einer Geschichte der gesamten Christenheit die Bedeutung von Trient hervorheben läßt. Wir begnügen uns mit deren zwei:

1. Als Parallel- oder Konkurrenzaktion zu Luthertum, Calvinismus und Anglikanismus schuf es die für die europäische Neuzeit typische Form der katholischen Kirche oder legte vielmehr den Grund dazu.
2. Als einer der wenigen gelungenen Versuche, Einheit und Unabhängigkeit der christlichen Kirche gegenüber der Staatsgewalt auf die Dauer im Prinzip zu konstituieren, setzte es die katholische Kirche in den Stand, den meisten Richtungen des Protestantismus faktisch den Rang abzulaufen. Beides sei kurz betrachtet.

Eigenart der Trienter Reformen gegenüber der Reformation

Worin unterscheiden sich diese katholischen Reformen von ihren Parallelerscheinungen auf evangelischer Seite?

In Reform und Dogma nahmen sie polemische Gegenposition zum jeweils protestantischen Standpunkt ein.

In der kirchlichen Verfassung: Es kam zur Aufrichtung eines neuzeitlichen Kirchenbaus konservativen Typs, der im Zusammenhang mit Gestalt und Glauben der Kirche des Mittelalters und der Antike lebte. Das Konzil baute mit seinen normativen Weisungen für Recht und Verfassung die katholische Kirche nach innen hin weitgehend um; die Kompetenz der Bischöfe, der Orden, der Geistlichen wurde nach Rechten und Pflichten hin neu umschrieben. Das bildete den Hauptinhalt der sogenannten Reformdekrete. Sie betrafen mit ihren Rechts- und Verfassungsbestimmungen nicht nur den geistlichen, sondern auch den weltlichen Bereich. Insonderheit berührten sie die Staatsgewalt und sonstige weltliche Rechtsträger hinsichtlich ihres Verhaltens zur Kirche. Soweit die Staats- und Rechtsordnung davon betroffen wurde, war der Papst nicht imstande, von sich aus in eigner Vollmacht die Verbindlichkeit der neuen Normen für die Katholiken in aller Welt zu deklarieren. Es bedurfte dazu der Zustimmung der weltlichen Obrigkeiten und Souveränitätsinhaber in den einzelnen Ländern und Reichen. Hier lag eine der wesentlichen Ursachen, weshalb sich das Papsttum mit den weltlichen Mächten ins Benehmen setzen mußte.

Gegenüber dem Protestantismus war der Katholizismus insofern in anderer Lage, als die durch Trient neugeformte katholische Kirche über die nicht zu unterschätzenden Mächte der Überlieferung und

Kontinuität verfügte. Das bedeutete in Sachen des Glaubens eine *Möglichkeit* der *Kontrolle* durch die *Tradition.* Woraus das ebenfalls nicht zu unterschätzende Bewußtsein entsprang, gegenüber dem Protestantismus die zuverlässigere Bürgschaft für die Richtigkeit des Glaubens zu haben.

Schließlich hat Trient dadurch, daß es der Kirche ihr Oberhaupt erhielt, die *Freiheit* der Kirche statuiert. Denn: die Unterwerfung der Gläubigen unter den Papst — das überwältigende Resultat von Trient 1563 — bedeutete Unabhängigkeit der Kirche vom weltlichen Einspruchsrecht. Das ist faktisch oft überdeckt worden — prinzipiell bestand diese Freiheit aber nicht nur, sondern hat sich im Lauf der Zeit auch manifestiert. Nicht zuletzt beruhte hierauf, und zwar im positiven Sinne, der Sondercharakter des Katholizismus in der Neuzeit — im Unterschied etwa zu den großen Kirchengemeinschaften der Anglikaner und der Lutheraner.

Das Resultat: innere und äußere Festigung des neuzeitlichen Katholizismus. Seine Ergänzungsbedürftigkeit

Mit dem Trienter Konzil leitete die katholische Kirche in dem reduzierten Umfang, der ihr verblieben war, ihre eigene Reformation ein und nahm sie in die Hand. In vielen Dingen verhielt sie sich dabei ziemlich ähnlich wie Luthertum und Calvinismus, in vielen dagegen aber auch sehr anders. Der große Unterschied lag darin, daß sie in lebhafter Auseinandersetzung mit ihrer eigenen Vergangenheit die geschichtlichen Formen der Kirche — die Hierarchie und das Kirchenrecht — beibehielt und die dogmatische Überlieferung strenger bewahrte.

Die institutionelle Festigung und dogmatische Klärung, die man beide als das Werk von Trient ansehen darf, bewirkten es, daß die katholische Kirche den Stürmen der Neuzeit einigermaßen gerüstet entgegentreten konnte — und sogar in den zum Teil heftigen Auseinandersetzungen nicht nur des 16. und 17. Jahrhunderts, sondern auch des 18. und 19. Jahrhunderts eine gewisse Einheitlichkeit und Geschlossenheit entwickelte. Dieser Sondercharakter der Einheitlichkeit und Unabhängigkeit aber trat jedermann sichtbar in Erscheinung im *Papst:* denn in ihm besaßen die katholischen Christen in aller Welt ihr souveränes und gemeinsames Oberhaupt. Daß dieser Charakter als character indelebilis gegen den Protestantismus und Konziliarismus mit Erfolg verteidigt und für die Neuzeit durchgesetzt wurde — darin darf man eine der wichtigsten geschichtlichen Wirkungen des Konzils von Trient sehen.

Es tut der in Trient geleisteten reformerischen und theologischen Arbeit keinen Eintrag, wenn man behauptet, das Konzil habe sich um die Hälfte seiner Wirkung gebracht, weil es knapp dreißig Jahre zu spät zusammentrat. Der Protestantismus hat sich in diesen drei Jahrzehnten von 1517 bis 1546 lehrmäßig entfaltet und institutionell gefestigt. Das Konzil erreichte ihn nicht mehr, jedenfalls nicht in dem angestrebten Sinne. Auch das war nicht die Schuld der Konzilsväter, sondern ging auf das Konto der Umstände und derer, die für eine Einberufung des Konzils verantwortlich gewesen wären.

Das Geschehene kann man, wie jedermann weiß, nicht rückgängig machen, Trient richtete sich an eine katholische Kirche, die phänomenologisch nur noch eine Konfession neben anderen war und nur einen Teil der westlichen Christenheit umfaßte.

Aber wie das Vatikanum II das Vatikanum I, ohne es umzuwerfen, an wichtigen Stellen zu ergänzen im Begriff zu sein scheint, so scheint es auch, daß sowohl jetzt als auch in Zukunft manches an Trient ergänzt werden wird. Insbesondere handelt es sich da um evangelische Ansätze, die — aus der Zeitsituation verständlich, aber, von der Sache her gesehen, bedauerlicherweise — das Trienter Konzil gemeint hat nicht rezipieren zu dürfen, und die den neuzeitlich-modernen Katholizismus doch nur vollständiger und weniger romanisch und formalistisch gemacht hätten. Hier hat das 20. Jahrhundert manches noch einzubringen (und auch schon manches eingebracht), was das 16. Jahrhundert unterlassen hat (etwa die Muttersprache und die Kenntnis der Heiligen Schrift).

Aber neben diesen Vorbehalten ist doch auch eine positive Leistung und Wirkung Trients zu vermelden. Denn alles in allem war dieses Konzil doch wohl der wichtigste Akt innerhalb der katholischen kirchlichen Reform.

Pius IV. bestätigte nach dem Abschluß des Konzils rasch und von Skrupeln nicht geplagt dessen Dekrete und Canones. Damit brachte er den Ertrag des Konzils 1564 unter Dach und Fach und wies den folgenden Päpsten die Richtung, in welcher diese auf der von Trient geschaffenen Basis die innerkirchliche Reform zu vollenden haben würden. Dann starb er 1565.

Der Durchsetzung dessen, was man in Trient auf dem Konzil beschlossen hatte, galt seit 1564 die Haupttätigkeit des langsam wiedererstarkenden Papsttums. Die diesbezüglichen Anstrengungen waren so umfassend und von solchen Energien getragen, daß sie der Geschichte des ganzen Zeitalters den Namen gegeben haben: Gegenreformation. Deren Geschichte haben bedeutend mitbestimmt und vorangetrieben die sehr tatkräftigen Päpste nach dem Trienter Konzil. Von ihnen soll im folgenden Kapitel die Rede sein.

Zehntes Kapitel

Das nachtridentinische Papsttum. Seine Stellung zu den großen Mächten und seine reformerischen Bemühungen

1. Die Päpste der tridentinischen Reform

Die Geschichte aller westeuropäischen Staaten zeigte, wie stark sich im ausgehenden 16. Jahrhundert politische Motive mit religiösen und kirchenpolitischen Motiven vermengten. Der religiöse Einschlag war ein Symptom der Zeit und ein Erbteil des Mittelalters. Aus dieser Lage der Dinge ergab sich deshalb von selber, daß das Papsttum, nachdem es während des Trienter Konzils und seither wieder etwas zu Kräften gekommen war, sich lebhaft für die Entwicklung der Angelegenheiten in Spanien und Frankreich, in England, Irland und den Niederlanden interessierte — nicht weniger als für die Entwicklung der Dinge in Polen, Ungarn, Schweden und Deutschland, inklusive Österreichs, Savoyens und der Schweiz. Aber es war ein *aktives* Interesse, das das Papsttum beseelte und bewegte. Es griff in die Ereignisse ein und suchte sie mitzulenken.

Sehr verschieden waren die Angelegenheiten nach Art und Charakter, mit denen es sich befaßte. Auch gab es in dem halben Jahrhundert zwischen Trient und dem Dreißigjährigen Krieg wenigstens *fünf* länger regierende Päpste, deren jeder ein recht eignes Profil besaß und einen eigenen Stil in Sachen der Kirchenreform und der europäischen Politik entwickelte. Schließlich lagen auch die Probleme und Verhältnisse fast in jedem Land wieder anders. Das Papsttum war unter *diesem* Gesichtspunkt von Pontifikat zu Pontifikat verschieden — und dennoch gab es andererseits wieder einige durchgängige zügige Linien, welche sämtliche Pontifices fast in der gleichen Weise innehielten. *Pius V.* 1566–72; *Gregor XIII.* 1572–85; *Sixtus V.* 1585–90; *Clemens VIII.* 1592–1605 waren getragen von den Grundanschauungen ihrer Zeit nicht mehr und nicht weniger als die Fürsten und Könige und als die streitbaren Nachfolger Luthers und Calvins auf Kanzel und Katheder. Die Erledigung kirchlicher Geschäfte in enger Fühlungnahme mit der staatlichen Gewalt waren für sie genauso selbstverständlich wie die Praxis des Glaubenszwangs. Im kirchlichen Bereich setzten sie allesamt das Reformwerk von Trient fort. Sie waren Reformer und Gegenreformatoren in *einer* Person. Als Eiferer waren sie sich insofern gleich, als jeder von ihnen eine nicht geringe Initiative entwickelte, die kirchliche Reform voranzutreiben. Freilich griff sie jeder auf seine Art an, und so erhielt jeder Pontifikat seine individuelle Färbung. Der zeitlich letzte von ihnen, *Clemens VIII.*, war wohl der mildeste, zugleich aber auch derjenige, der in Dingen der Politik und der Kirchenpolitik die behutsamste Hand hatte und vielleicht deshalb am meisten erreichte. An persönlicher Frömmigkeit ragte *Pius V.* hervor: der vorletzte Papst, welcher heiliggesprochen worden ist. Ranke sagt, infolge der Demut, die ihm eigen war, habe er durch seinen bloßen Anblick Protestanten bekehrt. Auf der anderen Seite war er jedoch ein harter Inquisitor und deshalb wohl auch vielen verhaßt. Politisch war dieser Dominikaner am wenigsten glücklich. Er dachte noch, auch als Politiker, in den universalen Kategorien des Hochmittelalters. Aus dieser Einstellung heraus meinte er, Elisabeth von England bannen und ihre Untertanen vom Gehorsam gegen sie entbinden zu sollen. Er tat es in einer ebenso berühmten wie wirkungslosen Bulle (sie wird noch heute im Britischen Museum in London gezeigt). Die einzige Wirkung, welche er erzielte, war die, daß von nun an eine staatliche Verfolgung der englischen Katholiken einsetzte und deren große Leidenszeit begann. Anderseits ist es gerade der Energie dieses Papstes zu verdanken gewesen, daß eine Liga gegen die Türken zustande kam, deren Flotte unter Führung Don Juans von Österreich 1571 die Türken in der großen Seeschlacht bei Lepanto so entscheidend schlug, daß sie sich endgültig aus dem westlichen Mittelmeer zurückzogen. Politisch waren die andern Päpste wohl begabter. Jedenfalls erzielten sie bessere Erfolge. In weitausgreifenden Plänen setzte sich Gregor XIII. mit den Kaisern und Königen und sonstigen Fürsten in Verbindung und streckte seine Fühler bis Schweden und Rußland hin aus, um deren Völker für den Katholizismus zu gewinnen. Unter ihm begann eine Rekatholisierungswelle größten Ausmaßes anzurollen. *Sixtus V.* und *Clemens VIII.* sahen sich durch die doppelte Aufgabe in Anspruch genommen, Frankreich als Nation katholisch zu erhalten und das Papsttum vom übermächtigen Druck Spaniens zu befreien, was sie beides bis zu einem gewissen Grade auch erreichten.

2. Die politische Rolle des Papsttums im Zeitalter der Gegenreformation

Die Politik wird wieder kirchliche Politik

Auch dem nur oberflächlichen Blick kann nicht entgehen, daß sich die römischen Päpste im Zeitalter der Gegenreformation politisch ganz enorm engagierten. Aber niemand, der sich auch nur einigermaßen mit diesen Dingen befaßt, wird sich dem Eindruck entziehen können, daß zwischen dem politisierten Papsttum der Renaissance im ausgehenden Mittelalter und dem politisch aktiven Papsttum der Gegenreformation ein himmelweiter Unterschied besteht. Auch für das Papsttum als politische Macht bedeutete Trient eine fundamentale Wende. Der Unterschied bestand, wenn man ihn auf den einfachsten

Nenner reduziert, darin, daß die Päpste der Renaissance sich der Machtmittel der Kirche bedienten, um für den Kirchenstaat, mehr aber noch für sich selbst und ihre Nepoten, etwas herauszuwirtschaften. Seit Trient kehrte sich dieses Verhältnis um: die Päpste bedienten sich der Macht- und Geldmittel des Kirchenstaates, um für die katholische Kirche Politik zu machen.

Diese Kehrtwendung ist in der Tat vollzogen worden — aber in der Weiträumigkeit und mit dem langen Atem, den weltgeschichtliche Wendungen für gewöhnlich haben. Das heißt, die Wendung vollzog sich inmitten von Übergangserscheinungen und retardierenden Gegenbewegungen — auch zeigten sich besonders eifrige Päpste, wie zum Beispiel *Pius V.*, auch in ihren besten Absichten von überholten Vorstellungen gerade auf politischem Gebiet nicht eben immer frei. Dennoch waren die neuen Perspektiven gar nicht zu verkennen. Im Gegenteil: gerade daß die Politik in ihre dienende Funktion zurücktrat und aufhörte, fragwürdiger Selbstzweck zu sein, machte das eigentliche Charakteristikum der gegenreformatorischen Epoche des Papsttums gegenüber der Renaissance-Epoche aus.

Politisch ist das Papsttum kaum je mit solcher Intensität aktiv geworden wie in dem halben Jahrhundert zwischen dem Tridentinum und dem Dreißigjährigen Krieg. Am sinnfälligsten deutete sich diese neue Aktivität und die neue von kirchlich-pastoralen Motiven bestimmte Zielsetzung politischen Handelns in der wichtigsten diplomatischen Schöpfung *Gregors XIII.* aus: in der Einrichtung *ständiger* Nuntiaturen; worunter Gesandtschaften oder Botschaften bei den europäischen Regierungen und Höfen zu verstehen waren. Nuntiaturen, das heißt Sendungen kurialer Geschäftsträger mit diplomatischen Aufträgen, gab es schon länger. Gregor aber erhob sie aus Einrichtungen von Fall zu Fall zu permanenten Institutionen. Auch vermehrte er sie beträchtlich. Für das deutsche Sprachgebiet richtete er zum Beispiel gleich drei ein: in Luzern, in Graz und in Köln. Die Berichte der Nuntien sind erhalten. Sie bilden eine historische Quelle ersten Ranges für die europäische Geschichte im Zeitalter der Gegenreformation. Diesen Gesandten der Kurie übertrug Gregor nun über ihre diplomatische Aufgabe hinaus die Sondervollmacht, im päpstlichen Auftrage die Diözesen ihres Geschäftsbereiches zu visitieren, die Bischöfe zu beaufsichtigen, gottesdienstliche und pastorale Funktionen wahrzunehmen. Mit anderen Worten: es oblag ihnen, die Durchführung der Trienter Reformdekrete zu überwachen und gegebenenfalls selbst einzuleiten oder auch auf längere Sicht in die Hand zu nehmen. Auf solche Weise entwickelten sich die Nuntien zu den wichtigsten konfessionspolitischen Ratgebern des Papstes. Sie unterrichteten ihn über die an Ort und Stelle vorgefundenen Verhältnisse, zum Beispiel in Kapiteln und Ordensgemeinschaften, und machten ihn auf zuverlässige oder sonst ausgezeichnete Leute aufmerksam, an die man bei Besetzung künftiger Schlüsselstellen denken könnte.

Diplomatische Kontakte mit den europäischen Mächten. Verhältnis zu Spanien, England und Frankreich

Besonders rege gestaltete sich aus vielen Gründen der diplomatische Kontakt der römischen Kurie mit Spanien und mit Frankreich. Aber auch Deutschland, Polen, Ungarn und die Niederlande ließen die Päpste nicht aus den Augen und beobachteten, obwohl keine diplomatische Verbindung bestand, sorgfältig die Vorgänge in England. Im übrigen wirkten nicht nur die Päpste auf die Regierungen ein, sondern umgekehrt bearbeiteten auch die weltlichen Fürsten die Kurie und suchten, sie sich ihren Zwecken dienstbar zu machen. Im ganzen stellte sich während der über vierzigjährigen Regierung Philipps II. heraus, daß Spanien der römischen Kirche zwar starke Dienste leistete, manche davon aber auch ungebeten. Anderseits verspürte der König von Spanien die größte Neigung, sich des Papstes als eines Satelliten zu bedienen, und stellte laufend Versuche an, wie weit er's in diesem Punkte treiben durfte.

Was England anging, so hielten sich Gregor XIII. und Sixtus V. auf der 1570 von Pius V. eingeschlagenen Bahn (s. oben S. 189). Sie setzten auf Maria Stuart und unterstützten mehrfach Versuche, die Position Elisabeths I. zu unterminieren oder die Königin zu beseitigen. *Gregor XIII.* erneuerte die Exkommunikation, die Pius V. über die Königin ausgesprochen hatte. Er drängte kontinuierlich den König von Spanien, den päpstlichen Bann an Königin Elisabeth zu vollstrecken. Später animierte er ihn, die irische Insurrektion militärisch zu unterstützen. Am weitesten ging er zweifellos, als er sich herabließ, Attentatsvorhaben auf Elisabeth, die ihm zu Ohren kamen, seinen Beifall zu spenden. In einem anderen Fall ließ er durch seinen Kardinalstaatssekretär verlautbaren, daß, wer Elisabeth aus der Welt schaffe, nicht nur nicht sündige, sondern sich im Gegenteil ein Verdienst erwerbe — in Anbetracht des Umstandes, daß Elisabeth die Schuld daran trage, daß Millionen von Seelen dem katholischen Glauben gewaltsam entfremdet würden. Solches Ansinnen war nun freilich kein Ruhmesblatt für den Papst. Ihn aber deshalb vom Podest des 20. Jahrhunderts herab zu loben oder zu tadeln wäre in gleicher Weise unangemessen und eine unhistorische Bewertungsweise. Die Kritik hat sich, wenn schon, gegen die Denkweise des Zeitalters zu richten. Und hier sind Vorbehalte allerdings angebracht. Wenn Gregor XIII. den politischen Mord für akzeptabel hielt, so war das nur ein Symptom. Philipp II. und Elisabeth dachten genauso und sind beide im gleichen Sinne auch aktiv geworden.

Wie gegen England (s. unten Kapitel 15 S. 273 ff.) so wechselte auch gegenüber Frankreich *Sixtus V.* im Lauf seiner fünfjährigen Regierung seine Position. Zunächst drängte er den König von Spanien zum Kampf gegen das Inselreich und genehmigte ihm reiche kirchliche Einkünfte, wie sie sonst zu Kreuzzügen bewilligt wurden. Als Maria Stuarts Hinrichtung das Zeichen zum Krieg gab, verbündete sich der Papst mit Philipp II. Er stellte ihm außerordentlich hohe Gelder aus der päpstlichen Kasse zur Verfügung, aber erst für den Moment, wo die spanischen Truppen den Boden Englands betreten haben würden. Da es dazu nicht kam, hielt Sixtus V. mit seinen Dukaten zurück. Allen Ernstes hatte der Papst daran gedacht, England zum katholischen Glauben zurückzuführen, und sich dafür zuvor der spanischen Hilfe versichert. Als 1588 alles anders verlaufen war, steckte Sixtus in Anpassung an die gegebene Lage seine Ziele um. Er gab die Illusion einer Rekatholisierung Englands auf, nahm zur Kenntnis, daß der König von Spanien nicht unbesieglich sei, und suchte sich der drückenden Vorherrschaft des Hofes von Madrid langsam zu entledigen.

In der gleichen Zeit bahnte sich ein politischer Umschwung in Frankreich an. Auch hier meinte der Papst, zunächst mit dem König von Spanien gleichziehen zu sollen. Mit anderen Worten: er schloß sich der katholischen Liga an, die Spanien und die französische Partei der Guisen miteinander auf die Beine gestellt hatten. In Frankreich lautete das mit der Erbfolge untrennbar verkoppelte Problem: Auf welche Weise kann der Staat nach dem Ableben des kinderlosen letzten Valois einen erbberechtigten und zugleich seinem Bekenntnis nach katholischen König erhalten? Philipp II. selber durfte sich weniger für seine Person als für seine Töchter Hoffnung machen, die katholische Thronfolge anzutreten. Dem Papste war vorläufig ein katholischer König von Frankreich, selbst wenn er unter spanischem Protektorat stünde, lieber als ein calvinistischer König. Als nach Heinrichs III. Ermordung Heinrich von Navarra verlautbaren ließ, er werde als König der katholischen Kirche seinen Schutz und Schirm anbieten, traute man ihm nicht so recht. Als aber 1590 katholische Anhänger Heinrichs von Navarra beim Papste zugunsten des Bourbonen vorstellig wurden, hielt es der Papst für gut, gegenüber Spanien Distanz zu wahren. In diesem Moment überzog Philipp II. oder genauer sein Botschafter Olivares in Rom sein Konto. Er glaubte, den Papst in die Kur nehmen zu sollen, und diktierte ihm sein Verhalten zu Frankreich: er verlangte von Sixtus, den Abgesandten Frankreichs, einen Herzog von Luxemburg, aus Rom auszuweisen, Heinrich von Navarra die Regierungsfähigkeit abzuerkennen und alle Katholiken, die sich dem Bourbonen anschlössen, zu exkommunizieren. Zuletzt drohte Olivares, falls der Papst sich den Wünschen seines Königs versage, mit einem Schisma der spanischen Kirche. Der Papst ließ dagegen durchblicken, er werde gegebenenfalls den König von Spanien selber exkommunizieren, weil dieser durch seinen Botschafter das Oberhaupt der Kirche beleidigt habe. Was dem Papst aber die Gelegenheit verschaffte, sich dem König von Spanien in dieser Sache weiterhin aussichtsreich zu widersetzen, das war der Fortgang der Dinge auf den Schlachtfeldern Frankreichs. König Heinrich von Navarra machte Fortschritte und erhielt weiter Zuzug von Mitgliedern der katholischen Liga. Sixtus erkannte die günstige Lage, die sich aus dieser Konstellation für das Papsttum möglicherweise ergeben würde — indem das Aufkommen einer *zweiten* starken katholischen Macht der römischen Kurie die Chance eröffnete, sich von dem übermächtigen Druck der spanischen Protektion zu befreien, in die sie sich seit der Mitte des 16. Jahrhunderts aus Gründen der Selbsterhaltung hatte notwendig begeben *müssen.* Eben diese Linie festzulegen, war Sixtus V. in der ersten Hälfte des Jahres 1590 noch vergönnt. Danach ist er, anscheinend völlig überarbeitet, im August 1590 gestorben.

Das Papsttum entzieht sich dem spanischen Druck durch Annäherung an Frankreich

Im Sinn und Geist dieser von Sixtus V. zuletzt vorgezeichneten Linie verfuhr dann *Clemens VIII.* verhältnismäßig glücklich. Wenn eine gewisse Frankophilie bei den Päpsten bis in die Mitte des 17. Jahrhunderts hinein überhandnahm, ganz ausgeprägt und überdies sehr zum Schaden des deutschen Kaisertums unter *Urban VIII.* im Dreißigjährigen Krieg, so hatte dies seine Ursache in der schmerzlichen Erfahrung von den Pressuren, denen sich ohne das Gegengewicht Frankreichs die Päpste von seiten Spaniens hatten beinahe wehrlos aussetzen müssen. Wieweit der König von Spanien in die Kurie hineinregierte — davon lieferten die Papstwahlen des ausgehenden 16. Jahrhunderts, deren es zwischen 1590 und 1592 nicht weniger als vier gab, ein ausgezeichnetes Bild:

Die großen weltlichen Mächte unterrichteten einer älteren Gepflogenheit zufolge die im Konklave versammelten Kardinäle davon, welche Kandidaten ihnen nicht genehm waren — mit anderen Worten: sie bezeichneten diejenigen Persönlichkeiten, von denen sie wünschten, daß sie nicht zum Papst gewählt werden sollten. Das war die sogenannte Exklusive, ein Gewohnheitsrecht, von dem zum letztenmal 1903 Kaiser Franz Joseph von Österreich Gebrauch machte. 1590 bis 1592 ging Philipp II. über das negative System der Exklusive hinaus. Und zwar dadurch, daß er dem Konklave positive Vorschläge machte. Er ließ eine Liste mit den Namen von ein paar Kardinälen überreichen, von denen er einen zum Papst zu wählen verlangte. Und setzte sich damit auch viermal durch. Immerhin: dreimal starben die aus dem Kreis der spanischen Favoriten gewählten Päpste innerhalb kürzester Zeit. Beim vierten Anlauf, 1592, einigte sich das Konklave auf den siebten und letzten Mann der spanischen Vorschlagsliste. Also auf den, der dem König noch gerade tragbar schien; und eben *der* tat als Papst das Entscheidende, um die Kurie aus der spanischen Umklammerung zu lösen: Clemens VIII., zuvor Kardinal Aldobrandini.

Clemens VIII. wies die vorsichtigen Annäherungsversuche der Vertrauensleute König Heinrichs von Navarra nicht zurück. Und als der König vor aller Öffentlichkeit seinen Willen bekundet hatte, zur katholischen Kirche überzutreten oder genauer: wieder zurückzutreten, sprach ihn der Erzbischof von Bourges, vorbehaltlich der Zustimmung des Papstes, 1593 vom Banne frei. Der Papst wartete ab und nahm sich zwei Jahre Zeit. Er nutzte diese kostbare Zeitspanne, um sich von Heinrich von Navarra bindende Versprechungen über den Status der katholischen Kirche in Frankreich geben und die unendlich vielen und komplizierten Fragen im Grundsatz zuvor klären zu lassen, die sich aus den 30 Jahren religiösen Bürgerkrieges ergeben hatten. Danach löste er ihn 1595 vom Banne. Dies alles stand im engsten Zusammenhang mit dem Fortgang der Kämpfe zwischen Frankreich und Spanien und im schärfsten Gegensatz zu den Wünschen und Drohungen, mit denen König Philipp den Papst bombardierte. Anderseits kehrten sich durch die Aussöhnung des französischen Königs mit dem Papste binnen weniger Jahre die Verhältnisse beinahe um: Die militärischen Erfolge Frankreichs und der Tripelallianz, zu der es sich mit Holland und England verbunden hatte, blieben auf Spanien nicht ohne Eindruck. Desgleichen das gute Einvernehmen des Papstes mit Frankreich. Alles zusammen machte König Philipp II. zum Frieden geneigt. Es war nicht ohne Bedeutung und nicht ganz ohne Ironie, daß der Papst selber es war, der durch seine Vermittlung den Abschluß des spanisch-französischen Friedens 1598 zu Vervins zustande brachte.

Heinrich IV. von Frankreich, der sein Land mit sicherer Hand aus den Wirren der Religionskriege herausführte und ihm auch in der europäischen Staatenwelt rasch wieder zu einer gewichtigen Position verhalf, verhielt sich in der Folge dem Papst und der katholischen Kirche in Frankreich gegenüber durchweg loyal. Nach außen hin zum Teil auch mit dem verständlichen Nebengedanken, sich nach seinem viermaligen Konfessionswechsel die Reputation eines zuverlässigen Katholiken zu verschaffen, woran ihm aus manchen Gründen gelegen war.

Frankreich selber blieb trotz aller Katholizität, die in ihm steckte, dem Papsttum gegenüber, was es schon immer gewesen war: ein Land, das außerordentliche Schwierigkeiten machte, wenn man mit ihm zurechtkommen wollte. Uralte Tendenzen kirchlicher Selbständigkeit steckten ihm gewissermaßen tief in den Knochen. Das kirchliche Frankreich fühlte sich seit unvordenklichen Zeiten mit kirchlichen Sonderrechten von Gott selbst bedacht. Seine Eigenständigkeit zu wahren, fand es sogleich nach Abschluß der Religionskriege wieder Gelegenheit. Anfangs des 17. Jahrhunderts waren es namentlich Franzosen, die innerhalb der damals blühenden staatstheoretischen Diskussion für eine möglichste Einschränkung der päpstlichen Gewalt im staatlichen Bereich plädierten und aus gallikanischen Traditionen heraus mit der episkopalistischen Theorie auftraten, um der Gewalt des Papstes auch innerhalb der Kirche einen Riegel vorzuschieben. Edmond Richer, Syndikus der Sorbonne, legte diesen letzten Standpunkt 1611 in einem wichtigen Traktat dar: Libellus de ecclesiastica et politica potestate.

Überhaupt mehrten sich in der katholischen Welt jetzt die Stimmen, die einer Eingrenzung des Papsttums zugunsten der Staatsgewalt das Wort redeten. Eine der wichtigsten war die des venezianischen Mönches und Staatsschreibers Paolo *Sarpi* in seinem ebenso glänzend wie gehässig geschriebenen Buch über das Trienter Konzil. Sarpis schneidiger Angriff hing zusammen mit dem Konflikt zwischen dem Papst und der Republik Venedig. Dieser stellte gewissermaßen einen Musterprozeß dar, in welchem sich die neue — nicht mehr ganz unabhängige — Position paradigmatisch abzeichnete, in die gegen Ende der gegenreformatorischen Kämpfe das Papsttum vornehmlich durch das empfindliche Souveränitätsdenken der katholischen Staaten Europas gedrängt werden sollte.

3. Innerkirchliche Wirksamkeit

Reformen Pius' V. und Gregors XIII.

Im kirchlichen Bereich setzten die Päpste von Pius V. an allesamt das Reformwerk von Trient fort. In reinen Glaubensangelegenheiten war das Papsttum frei. Über die dogmatischen Dekrete von Trient diskutierte denn auch kein einziger weltlicher katholischer Souverän, nachdem der Papst sie bestätigt hatte. Ähnliches galt für weite Räume des innerkirchlichen Lebens, für die Liturgie, die Seelsorge, die Verwaltung der Sakramente, jedenfalls bis zu einem gewissen Grade — nur das Ehesakrament machte eine Ausnahme, weil die Eheschließung zugleich eine Angelegenheit war, die ihre rechtlich-soziale und weltliche Seite hatte.

Pius V. (1566–72) nahm sich vor allem der innerkirchlichen Seite der Reform an; dies schien unmittelbar im Anschluß an das Konzil auch das dringlichste zu sein. Er gab die liturgischen Bücher heraus (Missale und Brevier) und veranlaßte die Abfassung eines auf den Dekreten von Trient basierenden Katechismus. Um die kirchliche Disziplin zu heben, scheute er notfalls auch vor drakonischen Maßnahmen nicht zurück. Sein Nachfolger *Gregor XIII.* (1572–85), als Persönlichkeit nicht gänzlich unbestritten, im ganzen aber doch eine imponierende Figur, wirkte auf dem inneren Sektor wie in der großen Politik gleichmäßig umfassend. Auf ihn namentlich gingen und gehen ungezählte Bildungsanstalten zurück, in Rom und außerhalb, vor allem auch in Deutschland. Damit traf er einen Nerv der Dinge. Der katholischen Kirche fehlte es nicht an Priestern; aber es fehlte ihr an *qualifizierten* Priestern; an Geistlichen von einigem Niveau in ihrer Bildung und in ihrem sittlichen Habitus. Um solcherart Leute heranzuziehen, errichtete der Papst Kollegien, Priesterbildungsanstalten und nationale Theologenseminare. In Rom gründete er eine Universität, die nach ihm benannte Gregoriana, und einige Studienkollegs, darunter solche für Engländer, für Griechen und für Deutsche. Die Mitglieder des deutschen Kollegs, des Germanicums, desgleichen die Engländer waren verpflichtet, nach Studienabschluß in ihre Heimat zurückzukehren und dort in die Seelsorge zu gehen. Für die Engländer bedeutete das, sich heimlich in ihr Land zu begeben und den wenigen Katholiken dort im Untergrund Gottesdienst zu halten und sonstige priesterliche Dienste zu leisten. Für den Fall ihrer Entdeckung hatten sie mit Gefängnis, Folter und Tod zu rechnen. Das englische Kolleg in Rom hieß deshalb bald das Seminar der Märtyrer.

Durch die Nuntiaturen (s. o.), die Gregor XIII. in Deutschland, Österreich und der Schweiz errichtete, leitete er mit Schwung, System und Nachdruck die Rekatholisierung am Niederrhein ein, in der Eidgenossenschaft, in Österreich und in Bayern und überhaupt in weiten Teilen Süddeutschlands. Gregor XIII., der Organisator des neuzeitlichen päpstlichen Gesandschaftswesens, war aber auch der bedeutendste Protektor des Jesuitenordens. Kein Papst hat so wie er die Societas Jesu gefördert. Aber er wußte warum. Ohne diesen Orden hätte er niemals seine mächtigen Konzeptionen auszuführen vermocht.

Schließlich machte er sich auch noch auf einem ganz anderen Felde einen Namen: er ließ durch seine Astronomen den Kalender redigieren; er heißt nach ihm der gregorianische und ist bis heute in Gebrauch.

Kirchenstaat und Kurienreform unter Sixtus V.

Sixtus V. (1585–90), der eiserne Papst genannt, aus kleinen Verhältnissen stammend, ein Mann von größter Energie, war ein glänzender Regent. Um der genannten Bildungsanstalten willen hatte Gregor XIII. die päpstlichen Kassen über ihre Verhältnisse strapaziert; denn er gründete nicht nur diese Schulen und Kollegien, sondern dotierte sie auch großzügig und finanzierte darüber hinaus auch mit System das Studium von unbemittelten begabten Studenten. Sixtus V. brachte durch eiserne Sparsamkeit die Finanzen des Kirchenstaates wieder in Schuß. Aber nicht nur dessen Finanzen, sondern den Kirchenstaat überhaupt. In diesem pflegten sich periodisch, sobald ein milde regierender Papst das Steuer führte, Straßenräuber und Banditen anzusiedeln oder breitzumachen. Deren Unwesen war unter Gregor XIII. üppig gediehen. Sixtus griff hier rücksichtslos durch und hatte den allergrößten Erfolg, weil er sich der richtigen Mittel und Praktiken bediente, die — obwohl sie höchst instruktiv sind — zu schildern hier zu weit führen würde. Die Banditen, um nur dies eine zu nennen, besaßen Verbindungen, die durch Mittelsmänner und Komplizen gar nicht selten bis in die Häuser der Barone des Patrimonium Petri hineinreichten, gelegentlich sogar auch in dasjenige eines Kardinals. Sixtus bedrohte dieserart hochmögende Helfershelfer mit der Engelsburg, mit Landesverweisung und Güterkonfiskation und ließ es nicht bei der Drohung bewenden. Banditen, die geschnappt wurden, ließ er vor aller Augen am Galgen aufhängen; wer aber einen Komplizen verriet oder zur Strecke brachte, bekam Straffreiheit zugesichert.

Dieser energische Herr war ein Verwaltungsgenie und formte die Kurie in ihrem Geschäftsbereich zu einem vorzüglich arbeitenden Administrationsinstrument um. Und zwar so trefflich, daß man den sixtinischen Modus bis ins 20. Jahrhundert beibehielt. Er erweiterte und begrenzte die Zahl der Kardinäle auf siebzig. Mit diesem Prinzip hat erst Papst Johannes XXIII. gebrochen, als er das Kardinalskolleg, ohne es nach oben hin zu begrenzen, auf beinahe neunzig Mitglieder erweiterte. Vor allem aber beseitigte Sixtus die ältere umständliche Gepflogenheit der Päpste, sich vor wichtigen Regierungsentscheidungen mit einem Konsistorium aller in Rom anwesenden Kardinäle zu beraten. Er schuf statt dessen eine Reihe von ständigen Kardinalskommissionen mit fest umgrenztem Arbeitsbereich; sie waren der Sache nach Zentralbehörden oder Ministerien und eine sehr moderne Einrichtung, als sie durch eine päpstliche Bulle am 22. Januar 1588 ins Leben traten. Ohne ihr System umzuwerfen, hat sie Pius X. im frühen 20. Jahrhundert modifiziert. Im Grunde arbeitet die Kurie immer noch nach dem System Sixtus' V.

Die Umgestaltung des kurialen Geschäftsganges durch Sixtus wirkte sich sowohl auf die päpstliche Diplomatie und Kirchenpolitik aus als auch auf die innerkirchliche Reform, und zwar insofern positiv, als der Geschäftsgang rascher und weniger reibungsvoll ablief. Man konnte mit den gleichen Kräften ungleich mehr erledigen, die Dinge stockten nicht, Bescheide und Impulse gingen ungebrochen dorthin, wohin sie sollten. Direkt griff Sixtus in den wenigen Jahren seiner Regierung in den innerkirchlichen Reformprozeß sonst kaum ein. Die anderweitigen Aufgaben, die auf ihn zukamen, namentlich auch die ausgesprochenen politischen, ließen ihm dazu kaum Zeit.

Auf Sixtus folgten drei Päpste, die rasch nacheinander starben: Urban VII., Gregor XIV., Innozenz IX. So blieb ihnen keine Gelegenheit, die Zügel überhaupt nur so lange in die Hand zu nehmen, daß man von einer geschichtlichen Wirkung sprechen kann. Sehr wohl kann man das jedoch von dem 1592 zum Papst gewählten *Clemens VIII.* (1592–1605) sagen. Unter ihm gediehen kirchenpolitisch wie innerkirchlich einige Dinge zur Reife, die von allerhöchster Bedeutung waren. Die Verhältnisse zwangen Clemens, der ein abwägender, eher zaudernder und ängstlicher als entschiedener Mann war, sich ganz gegen seine Natur zu stellen und zu entscheiden. Eben dadurch aber, daß er gezwungen war, Entscheidungen zu treffen, die weitestreichende Konsequenzen hatten, wurde sein Pontifikat einer der bedeutenderen in der allgemeinen neueren Geschichte.

Der Pontifikat Clemens' VIII.: Frankreich; die Ostkirche; der Gnadenstreit

Wir fassen hier nur die innerkirchlichen Dinge ins Auge: Für den Fortgang oder zum Teil auch erst für den Beginn der katholischen innerkirchlichen Reform in Frankreich zog das Edikt von Nantes — 1598 von König Heinrich IV. erlassen — in gewissem Sinne den Rahmen. Darüber hinaus gelang es dem Papst zu erreichen, daß der französische König die Jesuiten, nachdem sie fast ein Jahrzehnt daraus verbannt gewesen waren, wieder in sein Land hineinließ. Auch stellte Heinrich IV. dem Papst für die Zukunft, allerdings, ohne sich durch einen festen Termin zu binden, die offizielle Annahme der Trienter Reformdekrete in Aussicht.

Bedeutendes gelang Papst Clemens VIII. auch in Polen-Litauen. Die östlichen Teile dieses Königreiches gehörten bekenntnismäßig überwiegend der griechisch-russischen Orthodoxie an. Nach langwierigen Vorbereitungen faßte eine Synode der östlichen Riten zu Brest den Beschluß, die ruthenischen und ukrainischen orthodoxen Kirchen mit der römischen Kirche auf der Grundlage des Konzils von Florenz (1439) zu vereinigen. Den Ruthenen blieb der alte ostkirchliche Ritus des Gottesdienstes erhalten, auch durften ihre Priester heiraten. Trotz momentaner Bedrängung durch Unionsgegner und trotz laufender Belastungsproben, für welche die Überheblichkeit der römisch-katholischen polnischen Kirche sorgte, hat diese Union sich gehalten, bis ihr 1945 Stalin den schwersten Schlag versetzte, indem er unter Anwendung der Gewaltmethoden eines zeitgenössischen totalitären Staates die Unierten zwang, sich der russisch-orthodoxen Kirche anzuschließen.

Im Bereich der *Theologie* kam es unter Clemens zu einer der heftigsten Kontroversen, die der neuzeitliche Katholizismus überhaupt erlebte, im sogenannten Gnadenstreit. Er ging dem nachprüfbaren Sachverhalt nach aus von der Gnadenlehre des als theologischer Denker überragenden spanischen Jesuiten *Luis de Molina* (1535–1600), der an der portugiesischen Universität Evora als Professor lehrte (s. oben S. 164f.).

Molina suchte bei der Auslegung des Trienter Rechtfertigungsdekrets die Freiheit des Willens im Rechtfertigungsakt genauer zu bestimmen. Nachdem er mit seiner Lehrmeinung an die Öffentlichkeit getreten war, erregte er damit mancherlei Widerspruch, vor allem bei den spanischen Dominikanern. Diese wagten in ihrer an Thomas orientierten Lehrmeinung in allen Dingen, welche die Freiheit und die Wirksamkeit des Willens gegenüber der Gnade betrafen, nicht entfernt so weit zu gehen wie Molina. Der Gegensatz erweiterte sich zu einem Streit der beiden Orden, die seit je in gespanntem Verhältnis zueinander gestanden hatten. Die Dominikaner bezichtigten die Jesuiten des Pelagianismus, während die Jesuiten den Dominikanern (!) vorwarfen, lutherisch zu lehren. Die Hauptsprecher beider Richtungen verklagten einander überdies wechselseitig bei der spanischen Inquisition. Traktate für und wider wurden auf den Markt geworfen; auch die Kanzeln blieben nicht verschont. Eifer und Hitze des ursprünglich recht geistigen Gefechts griffen auf die Öffentlichkeit über.

Bei diesem Stand der Dinge zog der päpstliche Nuntius in Madrid die ganze Sache 1594 nach Rom. Dort ließ Clemens die Bücher Molinas in formell und sachlich unanfechtbarer Weise untersuchen; die dazu bestellte Kommission schlug nach eingehender Prüfung vor, zwei seiner Bücher zu verbieten. Darüber regten sich die Jesuiten auf — und durch sie inspiriert, intervenierten renommierte politische Persönlichkeiten, unter anderen König Philipp III. von Spanien, für Molina. Inzwischen wuchs sich die Sache zu einem offenen Rivalitätskampf zwischen den beiden Orden aus. Es kam zu Verhandlungen und Disputationen, die sich über Jahre hinauszogen und den Pontifikat Clemens' VIII. überdauerten. Das Ende lief unter *Paul V.* (1605 bis 1621) darauf hinaus, daß die von Thomas abweichende Willenslehre Molinas als Lehrauffassung so lange dargelegt werden durfte, bis zu einem geeigneten Zeitpunkt der Papst sich autoritativ darüber aussprechen werde. Diese Entscheidung Pauls V. von 1607 ging im wesentlichen auf einen Rat des in Savoyen amtierenden, später heiliggesprochenen Bischofs *Franz von Sales* zurück. Auch diese Entscheidung, die eigentlich eine Nicht-Entscheidung war, zeitigte reiche Folgen: eine autoritative päpstliche Äußerung unterblieb nicht nur unter Paul V., sondern bis heute, so daß bis zur Stunde *beide* Auffassungen von der Freiheit des Willens im Raum der katholischen Kirche nebeneinander dastehen.

Frankreich nimmt die Trienter Reformdekrete an unter dem Pontifikat Pauls V.

Paul V., der nach dem 27tägigen Pontifikat Leos XI. von 1605 bis 1621 regierte, ist im übrigen nicht wegen des Gnadenstreits, sondern wegen seines großen Prinzipienstreites mit Venedig über die Grenzen der staatlichen und der kirchlichen Gewalt in die allgemeine Geschichte eingegangen. Innerkirchlich war es von größerem Belang, daß es ihm mit Unterstützung des als Stand organisierten französischen Klerus auf höchst komplizierten Wegen gelang, die Anerkennung und Rezeption der tridentinischen Reformdekrete in Frankreich zu erreichen.

1614 hatte die Versammlung der französischen Generalstände den Antrag des französischen Klerus auf Publikation der Trienter *Reform*dekrete zu behandeln (womit sie rechtskräftig geworden wären). Der Antrag ging nicht durch. Er scheiterte am Widerstand des Dritten Standes. Dieser zeigte sich durchaus von gallikanischen Tendenzen erfüllt und wurde darin durch das Pariser Parlament bestärkt. Da kam die Versammlung des französischen Klerus im Jahre 1615 auf den Ausweg, die Trienter Dekrete jeweils in den einzelnen französischen

Diözesen durch Synoden annehmen zu lassen. Die Königin-Regentin machte mit und ließ es stillschweigend geschehen. 52 Jahre waren seit der Beendigung des Konzils vergangen, und man befand sich in Europa bereits am Vorabend des Dreißigjährigen Krieges, als solchergestalt das nächst Spanien und Italien wichtigste Land der katholischen Christenheit die Trienter Dekrete rezipierte und dadurch die Normen in Kraft setzte, nach denen der strukturelle Umbau des Verfassungskörpers der katholischen Kirche nunmehr auch in Frankreich vorgenommen werden konnte. Damit hatte sich jedenfalls äußerlich der Kreis derjenigen Länder und Staaten geschlossen, die das Tridentinum etwas anging. Die Staaten mit katholischer Obrigkeit oder mit dem Katholizismus als Staatsreligion standen nunmehr vollständig auf dem Boden des großen Reformkonzils und anerkannten dessen normative Weisungen für die innerkirchliche Reform. Welchergestalt von *dieser* Basis aus die Reformen dann tatsächlich ins Werk gesetzt wurden, war eine weitere Frage. Sie wurde fast in jedem Lande anders gelöst.

Für Frankreich ganz allgemein mag nur noch so viel angedeutet werden, daß einer durchgreifenden Besserung und Gesundung der katholischen Kirche im Wege standen:

erstens: das königliche *Staatskirchentum*, welches die kirchlichen Spitzenstellungen, Bistümer, Abteien usw. als Geschenke und Gunsterweisungen an Standespersonen, Honoratioren und politisch renommierte Persönlichkeiten usw. vergab;

zweitens der vom nationalkirchlichen Bazillus befallene *Gallikanismus* und als Folge von beidem

drittens ein *kritisches* Verhältnis zum Papste, das zu Übergriffen in Anspruch und Praxis neigte;

viertens ein elend bezahlter und übel versorgter *niederer* Klerus.

Auf der anderen Seite aber kamen der Reform entgegen: eine noch unverbrauchte Religiosität in breiten, namentlich bäuerlichen Volksschichten; eine religiöse Welle, die auch und gerade in der Welt der Gebildeten und des Adels ankam; vor allem aber der Umstand, daß in größerer Zahl religiöse Persönlichkeiten von überdurchschnittlichem Zuschnitt auftauchten, die das 17. Jahrhundert in Frankreich zu einem Jahrhundert der Heiligen machten. Wenn Männer wie Vinzenz von Paul oder Franz von Sales oder Kardinal Berylle eine Reform von innen her ins Leben riefen und zur Entfaltung bringen konnten, dann nicht zuletzt auch deshalb, weil die nötigen äußeren und rechtlichen Voraussetzungen nunmehr geschaffen worden waren, die den Raum dafür freigaben.

4. Die Situation des Papsttums am Ende der Gegenreformation

Wir lenken den Blick von Frankreich wieder auf das Papsttum zurück.

Das Trienter Konzil hatte die Autorität der Päpste angesichts des massiven Trommelfeuers der Reformatoren wieder ganz erstaunlich aufgewertet. Die Päpste der nachtridentinischen Zeit setzten alles daran, die Führungsrolle, die ihnen die katholische Welt durch das Konzil wieder zuerkannt hatte, auch tatsächlich zu übernehmen und ihre Autorität im kirchlichen Raum weiter zu befestigen. Das war nicht nur sehr natürlich, sondern im Sinne der allgemeinen Reform auch sachlich geboten. *Vor* dem Konzil war die Position des Papstes umstritten, und wenn er von Reform sprach, dann nahm ihm das niemand ab. Davon war *nach* dem Konzil keine Rede mehr. Der Papst hatte wieder etwas zu sagen, und wenn er von Reform sprach, dann glaubte man ihm, weil jedermann sah, daß er in dieser Richtung eine ganze Menge tat. Die Päpste stellten sich hinter das Trienter Programm und gingen im Geiste des Konzils an dessen Ausführung. Damit wurden sie zu Reformpäpsten, aber auch bei der damaligen Zeitlage zu Päpsten der Gegenreformation — Gegenreformation als Verteidigung und Wiederaufrichtung der katholischen Kirche mit politischen Mitteln verstanden.

Zu einer Zeit, wo das religiöse Bekenntnis von der Staatsgewalt gesetzlich vorgeschrieben und erzwungen wurde, konnte sich kein Papst politische Abstinenz erlauben, sondern mußte sich im Gegenteil gerade um der kirchlichen Dinge willen mit den politischen Gewalten dauernd ins Benehmen setzen. Die Päpste bemühten sich daher um ein Zusammenspiel mit den großen Mächten in der internationalen Politik. Nicht weniger aber kümmerten sie sich um die kirchlichen Dinge im Hoheitsgebiet der einzelnen Staaten — und zwar nicht nur der großen, sondern auch der mittleren und kleinen.

Kirchenreform, Engagement in der internationalen Politik und Vertretung der kirchlichen Interessen in den Ländern mit katholischer Obrigkeit liefen daher praktisch Hand in Hand. Das eine diente dem anderen, Es war ein dreifacher Aspekt derselben Sache.

In der internationalen Politik machten sich die Päpste anfangs noch Hoffnungen, wenn katholische Mächte mit protestantischen Mächten im Kriege lagen. Sie unterstützten die katholischen Kriegführenden, weil sie sich im Falle eines Sieges eine Bekehrung der Besiegten versprachen. Auch bei Friedensschlüssen hielten sie sich nicht immer abseits. Sie protestierten beispielsweise gegen Religionsabmachungen, die sie für abträglich hielten, und monierten auch politische Entscheidungen und Verhaltensweisen, welche sie unter kirchlichem Gesichtspunkt nicht billigten.

Anders lag es, wenn katholische Mächte sich gegenseitig bekriegten. Zwar verschaffte der Streit der Großmächte dem Papsttum etwas Bewegungsfreiheit, brachte es aber auch in prekäre Situationen. Seit dem Ausbruch des Dreißigjährigen Krieges (1618) gingen die katholischen Mächte langsam dazu über, auf den Papst nur zu hören, wenn es ihnen ins Konzept paßte, seine Einsprüche und Meinungen im übrigen aber zu ignorieren.

Seit der Mitte des 17. Jahrhunderts bedienten sich die katholischen Mächte des Papstes — soweit es sich machen ließ —, wenn sie ihn brauchten, gingen aber sonst über ihn hinweg, wenn sie ihn nicht gar attackierten wie Ludwig XIV. Die Staatsraison manövrierte den Papst in den Hintergrund.

Auch in der inneren Politik, zu der herkömmlicherweise die kirchlichen Dinge gehörten, glaubten die Staaten mit wachsendem Selbstbewußtsein, päpstliche Vorbehalte und Wünsche und dergleichen beiseite schieben zu sollen. Das Bewußtsein von ihrer Hoheit trieb die Inhaber der Staatsgewalt dazu, die Ansprüche der durch den Papst repräsentierten Kirche kräftig einzudämmen. Ein Paradebeispiel bot dafür der Zusammenstoß Papst Pauls V. mit der Republik Venedig.

Der Zusammenstoß Pauls V. mit der Republik Venedig. Prinzipienstreit über die Grenzen der geistlichen und staatlichen Gewalt

Wegen einiger akuter Vorfälle, die ihm Anlaß zur Beschwerde gaben, verlangte Paul V. von der Republik, zwei der Geistlichkeit nachteilige Staatsgesetze aufzuheben, die sich gegen den kirchlichen Grundbesitz und gegen die Exemtion der Klöster richteten. Paul V. stellte sich auf den Standpunkt, daß der weltlichen Gewalt kein Recht über Angehörige des geistlichen Standes zustünde; daß die Staatsgewalt ihnen also weder befehlen noch sie richten und strafen dürfe. Er erinnerte daran, daß solches alles dem Papste zukomme; aber er erreichte nur, daß die Venezianer ihn des vollkommenen Gegenteiles versicherten — indem sie selbst die Veröffentlichung einer päpstlichen Bulle innerhalb ihres Staatsgebietes nur nach vorheriger Gutheißung durch die Regierung von Venedig für statthaft erklärten. Als Paul V. mit dem schärfsten kirchlichen Strafmittel gegen die widerspenstige Republik vorging, das es überhaupt gab, indem er über ihr gesamtes Staatsgebiet das Interdikt verhängte, erklärten die Venezianer die Anwendung päpstlicher Strafzensuren gegen ein Staatswesen für einen Mißbrauch der geistlichen Gewalt und aus diesem Grunde für unwirksam (nämlich ohne verpflichtende Kraft). Sie verboten daher sämtlichen Untertanen, die Geistlichen eingeschlossen, bei Strafe der Verbannung, sich um das Interdikt zu kümmern und sich ihm entsprechend zu verhalten. Die durch das Interdikt generell untersagten gottesdienstlichen Handlungen — Meßfeiern, Sakramentsspendungen usw. — mußten auf staatliches Geheiß so vorgenommen werden, als ob nichts geschehen wäre.

Venedig praktizierte also den Standpunkt der uneingeschränkten staatlichen Souveränität und erhielt starken Beifall bei einigen zeitgenössischen Mächten. Als sich aus dem Zusammenstoß mit dem

Papste ein Krieg mit dem Kirchenstaat zu entwickeln drohte, bot England Venedig ein Bündnis an (während sich Spanien auf die Seite des Papstes schlug). Der Krieg wurde vermieden, weil sich König Heinrich von Frankreich als Vermittler einschaltete und ein Gentleman's Agreement zustande brachte, das beiden Parteien erlaubte, ihr Gesicht zu wahren. Der Sache nach hatte Venedig (und mit ihm die Staatsräson des modernen weltlichen Staates), obwohl es nach außen hin einlenkte, nicht nachgegeben und schon rein dadurch gesiegt. Der Papst hatte laut gedonnert, aber in der von ihm betriebenen Grundsatzfrage nichts erreicht. Die katholischen Staaten zeigten ihm fortan wie Venedig in aller Deutlichkeit, wo sie ihm seine Grenzen zu setzen gedächten. Sie gestatteten ihm nicht, auf Landesgesetze einzuwirken, die nach päpstlicher Auffassung die Freiheit der Kirche verletzten. Gegenüber der Omnipotenz der Kirche erhob sich eine Omnipotenz des weltlichen Staates, welche sich zwar auf das Territorium beschränkte, in dieser Beschränkung aber die höchsten Ansprüche erhob und die stärksten Wirkungen erzielte.

Das Papsttum weicht dem Anspruch der Staatsräson

Der Gedanke von der Staatsräson und von der uneingeschränkten Hoheit der weltlichen Gewalt wurde im Laufe des 17. Jahrhunderts zur beherrschenden Idee im politischen Denken und in der politischen Praxis der europäischen Staatswesen. Er überspielte im Laufe desselben 17. Jahrhunderts den konfessionellen Gedanken, der im 16. Jahrhundert solche Brisanz entwickelt und Phänomene wie Calvinismus und Gegenreformation überhaupt erst möglich gemacht hatte. Im Zuge dieses Wandels der Strömungen hörten die Päpste auf, die Dinge der Welt zu lenken und zu bewegen, wie sie es seit dem Trienter Konzil für mehr als ein halbes Jahrhundert getan hatten. Sie wurden in eine Nebenrolle gedrängt. Die Kirche aber, die sie regierten, mußte jetzt sich mehr und mehr gefallen lassen, zu Dienstleistungen und Hilfsfunktionen herangezogen zu werden, welche die katholischen Obrigkeiten unter nicht immer geistlichen Aspekten ihr zudachten oder von ihr erwarteten.

Mit dieser neuen Ortsbestimmung, mit der regionalen Abhängigkeit der katholischen Kirche von den regionalen Machthabern, erlosch die Dynamik der militanten Gegenreformation nach außen. Das bedeutete aber noch lange nicht, daß nun auch im Innern alles Reformieren und Gegenreformieren aufhörte. Im Gegenteil: Im Einvernehmen mit der Staatsgewalt konnte da noch sehr viel passieren. In der Tat legten denn auch viele katholische Fürsten und Herrschaften einen betonten Eifer an den Tag, die Kirche ihres Landes in Schuß zu bringen und die Andersgläubigen in Schach zu halten und zu schikanieren. Sie taten es hierin den zeitgenössischen protestantischen Fürsten gleich. In einzelnen Fällen griffen sie auch zu den Gewaltmitteln der Austreibung und Zwangsbekehrung. Aber diese

Methoden bildeten nach dem Westfälischen Frieden mehr die Ausnahme als die Regel. Und als sich Ludwig XIV. von Frankreich ihrer gegen Ende des 17. Jahrhunderts bediente, da war das schon nicht mehr zeitgemäß, sondern ein Anachronismus, den die Mehrheit der Zeitgenossen verurteilte.

Im Kreis der politischen Mächte hatte das Papsttum seit der Mitte des 17. Jahrhunderts nicht mehr viel zu sagen. Es erhob zwar noch weiter seine Stimme, aber man hörte nicht immer darauf. Wie in der internationalen Politik, so trat es auch gegenüber den Staaten als Einzelwesen den Rückzug an. Das geschah aber alles erst, nachdem der Ansturm des Protestantismus überstanden war und sich in der katholischen Kirche wieder einigermaßen geordnete Zustände einzustellen begannen. Als sich das Papsttum solchergestalt zurückzog, hatten sich die innerkirchlichen Zustände aus dem Verfall des 16. Jahrhunderts soweit erholt und hatte sich die Position des Papstes als *geistlichen* Oberhauptes aller Katholiken so unmißverständlich gefestigt, daß die Einbuße an äußerer Macht die inzwischen weit vorangeschrittene und weithin vollzogene Reform nicht mehr nachteilig zu beeinflussen vermochte, die seinerzeit durch das Konzil von Trient und die Energie der ersten nachtridentinischen Päpste für den Gesamtorganismus der katholischen Kirche ins Rollen gebracht worden war.

FÜNFTER ABSCHNITT

GLAUBENSKÄMPFE UND KONFESSIONELLE BEWEGUNG

AUSBREITUNG UND ENTFALTUNG DER KONFESSIONEN IM ZEICHEN DES STAATSKIRCHENTUMS UND DER RELIGIONSKRIEGE

Nach der Darstellung der treibenden Kräfte, wie sie uns in Calvin, in Ignatius und im nachtridentinischen Papsttum begegneten, wenden wir uns nunmehr den Konfessionen selber zu.

Elftes Kapitel

Konfessionelle Konsolidierung seit der Mitte des 16. Jahrhunderts

Kirchenspaltung, Glaubensspaltung, Konfessionskämpfe

Im Kampf um die Kirchenreform spaltete sich die abendländische Kirche in mehrere Teilkirchen. Diese orientierten sich an unterschiedlichen Glaubensbekenntnissen und begannen etwa seit der Mitte des 16. Jahrhunderts, sich schärfer gegeneinander abzugrenzen: in Dogma, Kult und Kirchenverfassung. Der Reformation folgten Glaubensspaltungen und Religionskriege auf dem Fuße: Die Konfessionen traten in ihren geschichtlichen Anfängen als Versuche ins Leben, die Kirche zu reformieren und sich selbst gegen Konkurrenzreformationen zu wehren, abzuschirmen und zu behaupten: im Angriff und in der Verteidigung.

Sie bekämpften sich also gegenseitig nicht etwa nur theologisch und publizistisch, sondern sie arbeiteten gegeneinander mit allen Mitteln, deren sie habhaft werden konnten oder die sich ihnen anboten. Auch die Gesetzgebung und Polizei wurden zugunsten jeweils *einer* Konfession tätig und nahmen die anderen in die Zange. Selbst Kriegführung und Politik spannten Fürsten und Machthaber für das von ihnen bevorzugte Glaubensbekenntnis ein — jedenfalls bis zu einem beträchtlichen Grade, der manchmal sehr weit ging. Der Kampf der Konfessionen zog *alles* in seinen Sog. Aufs Ganze gesehen, suchte *ein* Bekenntnis dem anderen Länder und Menschen zu entreißen, Rechte und Positionen streitig zu machen.

Was den Protestantismus betraf, so trat dieser vielschichtig und teilweise in sich widerspruchsvoll in die geschichtliche Wirklichkeit ein, wenn man etwa an Luthers Kampf gegen die Schwärmer denkt. Freilich: die *Gemeinsamkeiten* waren stark und nicht zu übersehen.

So gut wie alle Bewegungen, die sich von der römischen Kirche trennten, bekannten sich zum Grundsatz der Alleinverbindlichkeit der Heiligen Schrift in Sachen der Religion. Aber: als sie darangingen, die kirchliche Gemeinschaft auf dem Fundament des *reinen* Bibelverständnisses zu konstituieren oder — nach ihrer Überzeugung — zu rekonstituieren, entstanden zwischen ihnen bald solche Differenzen, daß ihre Wege auseinanderliefen: Die evangelischen Bewegungen sonderten sich voneinander ab.

Wenn man von feineren Unterscheidungen einmal absieht, so gingen aus der großen Kirchenspaltung zwei grundverschiedene Erscheinungen hervor: Konfessionskirchen und kleinere Sondergruppen oder Sekten. In den Sondergemeinschaften der Sekten, die als Nebenströmungen der Reformation ans Licht gekommen waren, tauchte manches mystische, spiritualistische und rationalistische Gedankengut auf, das sich im Mittelalter unter der Decke des allgemeinen Kirchentums bewegt oder auch verborgen hatte. Die Täufer, Antitrinitarier, Sozinianer, Schwenckfelder, Sakramentierer und wie sie sonst noch hießen, fanden im 16. Jahrhundert eine bedingte Existenzmöglichkeit im östlichen Europa: in Mähren, Polen, Ungarn und Siebenbürgen, im 17. Jahrhundert in England und den Niederlanden und später in Amerika. Aber die *Reformatoren* setzten ihnen nach und suchten sie auszulöschen. Die größeren Konfessionskirchen — in diesem Punkte untereinander einig — verfolgten sie allesamt und wurden dabei noch von der Staatsgewalt unterstützt. Die Gesetzgebung kam ihnen in der Regel zu Hilfe und machte sich zu ihrem Büttel.

Aus den Reformationsbewegungen mit kirchenbildender Kraft gingen als die großen Konfessionen hervor die Anglikaner, die Lutheraner und die Calvinisten. Sie entwickelten sich zu jeweils besonderen Kirchentypen. Sie respektierten sich bis zu einem gewissen Grade und sahen sich gegenseitig wohl für einigermaßen evangelische Kirchengemeinschaften an — aber auch nicht für mehr. Denn wenn sie sich auch einig waren in der Feindschaft gegen den römischen Katholizismus, so machten sie doch auf der anderen Seite allerlei Vorbehalte gegeneinander. Und wo sie sich auf demselben Terrain begegneten, da kämpften sie unter Umständen sehr hart miteinander und bekriegten sich.

Anfänge der Konfessionsbildung

Meinungsverschiedenheiten in dogmatischen Fragen zogen im Calvinismus und Luthertum gelegentlich größere Kreise und ließen die Gefahr weiterer Lehrzersplitterung am Horizont aufziehen. Diesen Gefahren zu begegnen und um überhaupt die jeweilige Glaubensauffassung genauer festzulegen, gingen alle Kirchen etwa ab 1560 dazu über, ein schriftliches Bekenntnis ihres Glaubens oder eine „Konfession“ zu formulieren. Damit begann das im engeren Sinne „konfessionelle“ Zeitalter, nachdem es sich schon längst seit den

Auseinandersetzungen Zwinglis mit Luther über das Abendmahl und mit den Urkantonen über den politischen und religiösen Status der Eidgenossenschaft vorbereitet hatte. Die nächsten drei Generationen, von 1560 an gerechnet, lebten nicht nur geistig und religiös, sondern auch politisch im Klima des Konfessionalismus.

Was nun die schriftliche Formulierung der „Konfessionen" betraf, so traten sie in überraschend dichter Folge ins Licht der Geschichte. Die Lutheraner waren zeitlich mit der Confessio Augustana vorangegangen, standen aber vor der Notwendigkeit, deren weitmaschige Aussagen dogmatisch genauer zu präzisieren und mühten sich über zwanzig Jahre darum, bis sie 1580 mit der Formula Concordiae und dem Konkordienbuch so etwas wie einen Kanon der lutherischen Glaubenslehre zustande brachten, den die Mehrheit der protestantischen Fürstentümer und Städte in Deutschland zur verbindlichen dogmatischen Norm erhob und auch von ihren Geistlichen bei Strafe der Amtsenthebung unterschreiben ließ.

Die Bekenntnisschriften des Calvinismus kamen in Westeuropa fast durchweg als protestantische Nationalbekenntnisse heraus: 1559 erschien in Frankreich die Confessio Gallicana, 1560 in Schottland die Confessio Scoticana, 1566 in der deutschen Schweiz die Confessio Helvetica Posterior und 1561 in den Niederlanden die Confessio Belgica. Gleichfalls 1561 erschien, noch von Calvin selbst revidiert, die überarbeitete Fassung der Genfer Kirchenordnung, mit der die dortige paradigmatische Kirchenverfassung ihre endgültige Gestalt erhielt. Sie gehörte deshalb zu den reformierten Glaubenszeugnissen im engeren Sinn, weil Kirchenverfassung und Glaube im Calvinismus (nach dessen Überzeugung) sehr viel näher beisammenlagen als im Luthertum. 1563 publizierte Kurfürst Friedrich III. von der Pfalz den auf sein Geheiß verfaßten Heidelberger Katechismus.

Um die gleiche Zeit gewann, nach einer Periode permanenter Schwankungen, auch die anglikanische Kirche auf lange Sicht ihre bleibende Gestalt. Die „39 Artikel" von 1563 legten ihre Lehre fest.

Schließlich erhielt 1563 auch die *katholische Kirche* ihr formuliertes Lehrbekenntnis in Gestalt der dogmatischen Dekrete des Trienter Konzils. Eine durchgehende Zeitströmung offenbarte sich in der Tendenz zur Fixierung der Glaubenslehre. Sie überspülte die Konfessionsgrenzen und führte auf allen Seiten zur Dogmatisierung. Hierin lag eines der großen Kennzeichen der Zeit. Rückwärts gesehen, war es die Antwort auf die erschreckende dogmatische Unsicherheit und Unklarheit des ausgehenden Mittelalters. In die Zukunft gesehen, war es die Zementierung der Glaubensspaltung. Dank den formulierten Bekenntnissen wußte die Christenheit nun, was sie zu glauben hatte — aber sie hatte im Geltungsraum jedes Bekenntnisses etwas *anderes* zu glauben. So lag in der Bekenntnisbildung mit Absolutheitsanspruch die Möglichkeit zu gleichzeitiger Entfaltung in mehreren Richtungen: zur Befestigung nach außen und zur Vertiefung nach innen; zur Distanzierung gegen die Andersgläubigen und zur Disziplinierung der Rechtgläubigen. Oder, mit anderen Worten, bei der damaligen Zeitlage: zu Kampf und Reform.

In der ersten Hälfte des 16. Jahrhunderts hatte sich die abendländische Kirche im Kampf *um* die Reform gespalten. *Seit* der *Mitte* dieses Jahrhunderts war jede Konfession bemüht, ihr jeweils spezielles Bekenntnis zu formulieren und eine mehr oder weniger deutliche dogmatische Basis zu gewinnen. Auf dieser Grundlage konsolidierten sie sich. Von dieser Grundlage aus griffen sie aber auch aggressiv aufeinander über, verbreiteten, bekämpften und verteidigten sich.

Sie breiteten sich aus und verfestigten sich gewiß auch aus eigenen Kräften. Ohne religiöse Substanz und kirchenbildende Kraft hätten sie kaum von sich reden machen können oder gar Religionskämpfe hervorgerufen. Aber was sich auf dem Gebiet der konfessionellen Kirchenbildung abspielte, war weitestgehend auch ein Werk der Staatsgewalt. Die christliche Obrigkeit, die sich moralisch, rechtlich und politisch für die Kirche ihres Herrschaftsbereiches verantwortlich fühlte, regierte in diese hinein nach allen Regeln der Kunst. Die politische Gewalt steckte den Spielraum ab, in dem sich die Kirche bewegen durfte. In der Regel engte sie ihn dadurch ein, daß sie das Bekenntnis vorschrieb.

So ist es geboten, vorerst den Stil und die Formen der staatlichen Machtpolitik zu betrachten. Es wird dann leichter sein, einen Blick für die Möglichkeiten und die Grenzen der konfessionellen Bewegung im Zeitalter der Glaubenskämpfe zu gewinnen.

Zwölftes Kapitel

Stil und Formen staatlicher Machtpolitik im Zeitalter der Glaubenskämpfe

Vielfalt der Interessen und Bindungen

So wie die politischen Gemeinwesen, die wir „Staat“ zu nennen pflegen, nach Gestalt und Reichweite keineswegs immer die gleichen gewesen sind, sondern sich darin sehr erheblich gewandelt haben im Lauf der Jahrhunderte und im Wechsel der Epochen — ebenso steht es mit den Lebensregungen dieser „Staaten“, eben mit dem, was wir „Politik“ nennen. Wir verstehen unter diesen Lebensregungen die Bewegungen dieser Staaten nach innen und außen auf bestimmte Zwecke und Ziele hin, mit oder ohne Leitgedanken einer bestimmten Sinngebung (zum Beispiel einer Regierungsführung zur Ehre Gottes, zur Verbreitung des Christentums, zur Wohlfahrt und Glückseligkeit der Menschheit oder eines Teiles derselben, zur Ausbreitung der Zivilisation, zur Reform, zur Revolutionierung oder zur Erhaltung einer bestimmten Gesellschaftsordnung oder um irgendwelcher andrer Dinge willen).

Je nachdem, welche Sinngebung dominierte oder welche Mischung von Auffassungen vom Auftrag der Staatswesen vorherrschte, gestalteten sich das Leitbild und die Praxis politischen Handelns in den geschichtlichen Zeitaltern verschieden, sei es in der abendländischen Menschheit, sei es in der außereuropäischen Welt. Diese Leitbilder und — wo vorhanden — ihre tiefere Begründung standen also seit je in engstem Zusammenhang mit der politischen Geschichte eines jeden Zeitalters und eines jeden größeren Epochenraums. Und zwar standen sie zu dem eigentlichen politischen Geschehen im Verhältnis einer gewissen Urheberschaft. Sie setzten Gedanken in Bewegungen um, gaben eine Richtung an oder riefen eine Tendenz hervor. Freilich wurde nur in den seltensten Fällen die *eine* ursprüngliche Richtung rein und ungetrübt innegehalten. Denn kaum je pflegte eine *einzige* Leitidee die Politik eines Staates oder Staatenverbandes oder Bündnissystems zu beherrschen. Vielmehr pflegte sich, wie schon im Leben jedes Individuums, so noch viel mehr im Leben eines größeren Gemeinwesens allerlei Komplementäres und Widersprüchliches zu kreuzen: überwogen auf der einen Seite massiv materielle Interessen und reine Machtgedanken, so standen gleichzeitig auf der andern Seite vielleicht die Hingabe an die Pflicht eines höheren ideellen Auftrages oder der Glaube an irgendeine auf dem Wege über die Politik zu verwirklichende Sendung. Dazu füllte sich der Zwischenraum zwischen den materiellen und den geistigen Zielen mit einem ganzen Bündel von Dingen, die ein Staatsmann nicht außer acht lassen durfte: Er mußte vielmehr an seine Verbündeten denken und überlegen, ob er es sich leisten konnte, sie auf den Fuß zu treten; er mußte den Spielraum der eigenen Handlungsfreiheit richtig abschätzen und seine Pläne und Vorhaben darauf abstimmen oder auch diese und jene ideale Absicht revidieren. Er mußte unter Umständen fern von allen konfessionellen Gesichtspunkten in sehr unorthodoxer Weise an die Sicherheit des Staates denken und durfte sie nicht gefährden durch religiöse Grundsatztreue in der Außenpolitik: in dieser Situation befand sich laufend Wilhelm von Oranien; er mußte ein Auge haben auf momentan auftauchende Chancen; Kardinal Richelieu erblickte eine solche Chance für Frankreich im Feldzug des Königs von Schweden; während er in Frankreich die Protestanten bekriegte und sie danach äußerst kurz hielt, finanzierte er die Armee, mit welcher Gustav Adolf dem Katholizismus in Deutschland die schwersten Schläge versetzte.

Politische Leitgedanken und Zielsetzungen. Kirchenregiment und Dienst an der Konfession

Was nun den Stil und die Formen staatlicher Politik im Zeitalter der Glaubenskämpfe betrifft, so wird man vor dessen Betrachtung im einzelnen vorab zu fragen haben nach den Leitgedanken und Zielsetzungen, von denen die damals politisch verantwortlich Handelnden erfüllt, getragen oder doch wenigstens berührt worden sind. Wie zu jeder Zeit gab es nicht bloß *einen* oder *zwei* allgemeine Leitgedanken, denen die verantwortlichen Politiker nachlebten, sondern es gab deren eine ganze Anzahl. Sie durchdrangen sich gegenseitig, stützten, hinderten oder durchkreuzten sich. Auch die kämpfenden Fronten überschnitten sich. Staatswesen und politische Gruppen, die sich in tödlicher Feindschaft bekämpften, glichen sich dennoch oft wieder überraschend. Im Grunde genommen unterschieden sie sich manchmal nur durch auswechselbare Vorzeichen. Sie repräsentierten auf weite Strecken den gleichen politischen Stil: Fast überall begegnen wir einer konfessionell überdeckten rücksichtslosen Macht- und Sozialpolitik.

Innerhalb der Leitgedanken und Zielsetzungen europäischer Politik schob sich seit der Mitte des 16. Jahrhunderts der *konfessionelle Gedanke* in den Vordergrund. Er verband sich in verschiedener Stärke und auf vielfache Art mit den Bemühungen der Regierungen. Er zeigte ein anderes Gesicht, je nachdem ob er in der inneren Politik dominierte, auf die auswärtigen Beziehungen drückte oder auf das gegenseitige Verhältnis von Staat und Kirche einwirkte. Das konfessionelle Element, welches sich der Politik beimengte, nahm solchergestalt ganz verschiedene Färbung an, je nachdem ob es auf polizeiliche Anordnungen, auf außenpolitische Unternehmungen oder auf kirchenpolitische Vorhaben einen Einfluß gewann. Das konfessionelle Element färbte die politischen Dinge aber auch unterschiedlich ein je nach dem Grade, bis zu dem es sich darein einmengte (oder einmengen durfte). Eine auswärtige Politik konsequent nach rein katholischen oder reformierten oder lutherischen Gesichtspunkten zu führen wollte trotz wiederholter Versuche weder Philipp II. noch Gustav Adolf rein gelingen, weder dem lutherischen Kursachsen noch dem reformierten Wilhelm von Oranien, ja nicht einmal dem Papste. Versuche, die Staaten nach innen hin konfessionell einheitlich durchzugestalten, waren an der Tagesordnung; und in diesem Punkte brachten es die Regierungen oft auch ziemlich weit. Sobald aber die eine oder andere Kirche in Gestalt ihrer führenden Repräsentanten einen gewissen Freiheitsraum zaghaft zu beanspruchen suchte, zeigte ihr die Regierung gewöhnlich rasch die Zähne. Fürst und Regierung beteuerten in der Regel in überschwenglichen Worten ihre katholische oder evangelische Rechtgläubigkeit. Sie ließen jedoch keinen Zweifel darüber aufkommen, daß sie ihre vermeintlichen oder tatsächlichen kirchlichen Vorrechte als unantastbar betrachteten und auch nicht das Geringste davon aufzugeben gedächten. Was sie in diesem Punkte als ihrer Zuständigkeit unterworfen ansahen, war ein weites Feld. Sie fühlten sich befugt, für die Kirche ihres Landes Gesetze zu erlassen; sie kontrollierten, besteuerten und visitierten sie; sie beaufsichtigten ihre Finanzen und griffen auch sonst überhaupt in geistliche Dinge ein. Wir bezeichnen dieses Wesen summarisch als obrigkeitliches Kirchenregiment.

Mit dem Kirchenregiment taucht nun bereits ein *zweiter* Leitgedanke auf, der sich mit dem Herrschaftsanspruch des konfessionellen Gedankens nicht immer so recht vertrug, sondern sich im Gegenteil fast in der Regel mit ihm kreuzte und sich an ihm stieß und ihn in Grenzfällen grundsätzlich in Frage stellte: es war dies der Gedanke von der unantastbaren *Hoheit* des Herrschers oder der Obrigkeit, aus dem sich gerade im 16. Jahrhundert die Idee der politischen *Souveränität* entfaltete. Wir haben es hier mit einem wechselseitigen Verhältnis zu tun, in welchem sich politische Hoheit und religiöser Anspruch gegenseitig bedingten. Ich versuche, es darzulegen: In ihrer berühmten Präzisierung durch Jean Bodin behielt die Souveränitätsidee zwar durchaus noch manche Einschränkung aus der religiösen Gebundenheit der Epoche. Der Herrscher, obwohl Souverän und damit einer irdischen Instanz nicht verantwortlich, blieb dennoch gebunden: Er blieb gebunden an das der Schöpfungsordnung zugrunde liegende und durch die christliche Offenbarung bestätigte Sittengesetz; und er blieb den Ansprüchen unterworfen, die sich aus dem Bekenntnis zum christlichen Glauben ergaben. Aber eine kirchliche Instanz als Richterstuhl nahmen die christlichen Obrigkeiten meistens nicht nur nicht an, sondern wiesen sie mit harten Worten zurück. Anderseits umgaben sich die Souveräne mit Hofpredigern und Beichtvätern, die sie nicht einmal auf ihren Feldzügen und Reisen entbehren mochten. Selbst vor ausgesprochen *politischen* Entscheidungen holten sie den Rat der Hofgeistlichen ein, insbesondere auch wenn es sich darum handelte, einen Krieg zu beginnen oder einem Bündnis beizutreten. Außer den Hofgeistlichen zogen die politischen Machthaber in vielen Fällen übrigens auch die theologischen Fakultäten heran. Sie ließen von ihnen Gutachten darüber erstatten, ob unter dem Gesichtspunkt des rechten Glaubens ein spezieller Krieg oder ein in Aussicht genommenes Bündnis erlaubt, anzuraten, abzuraten oder unzulässig sei. Falls es sich ein Fürst politisch unmöglich leisten konnte, neutral zu bleiben, ließ er außer seinen politischen Beratern wohl auch ein Theologengremium darüber befinden, welcher von den streitenden Parteien er sich am ehesten zuwenden solle oder dürfe. So geriet auch die alte Frage des gerechten oder erlaubten Krieges unter das Vorzeichen des konfessionellen Gedankens.

Der konfessionelle Gedanke als Begleitmotiv bei den Kämpfen um die Macht im Staate

Im 16. und 17. Jahrhundert rangen in fast allen Ländern Europas Fürsten und Stände erbittert um die Ausübung der *Macht* im Staate. Hier tauchte ein weiteres Hauptproblem des Zeitalters auf: Es war die Frage der Legitimation zur Ausübung der politischen Herrschaft im Lande. Die Zwischengewalten, Adel, Städte und sonstige Stände, in eigenen Organisationsformen — wie Landtagen, Ritter- und Städtetagen — institutionell etabliert, meldeten kraft Gewohnheitsrechts Ansprüche auf Mitregierung an — der Monarch machte sie ihnen dagegen, so gut er konnte, streitig. Die Fürsten und ihre Minister suchten die halbwegs selbständigen oder irgendwie konkurrierenden Gewalten im Lande aber nicht nur kleinzuhalten und in ihrem Bewegungsraum einzuengen, sondern sie sich auch in wirtschaftlicher und steuerlicher Hinsicht dienstbar zu machen. Die Stände ließen sich das nicht immer gefallen. Sie wehrten sich dagegen, wo sie es konnten, mit Händen und Füßen und suchten umgekehrt ihrerseits, die Kompetenzen des Monarchen zu mindern. Auf dem Wege über ihr Recht, die Steuern zu bewilligen (und damit auf die Politik und Gesetzgebung zu drücken), versuchten sie, die Regierung und den Fürsten selbst unter Kontrolle zu bekommen. Das politische Problem der ständischen Mitregierung oder auch Nicht-Mitregierung war zugleich eine gesellschaftliche Frage ersten Ranges: denn mit der Entscheidung über *dieses* politische Problem fiel der Sache nach zugleich auch eine Entscheidung über die soziale Struktur der Regierung. Davon hingen wieder, wenigstens indirekt, sehr viele Sachfragen der inneren Staatsregierung ab, wie Steuerpolitik, Wirtschaftspolitik, Behandlung der Privilegien und anderes mehr.

In dieses harte Ringen zwischen Monarchie und Hocharistokratie oder überhaupt zwischen Fürst und ständisch-korporativen Zwischengewalten schoß nun die konfessionelle Bewegung hinein.

Zwar war sie an sich in sozialer Hinsicht wertneutral. Ein Magistrat oder ein Landesherr, ein monarchisches oder ein ständisches Regiment war den Lutheranern, den Calvinisten und den Katholiken im Prinzip (jedenfalls zu Anfang) gleich lieb und gleich unlieb. Lieb war allen Konfessionen, wer mit ihnen mitmachte, und unlieb, wer sich ihnen widersetzte. In der Praxis optierten die Konfessionen freilich sehr bald für diejenige Seite, von der sie sich am meisten versprachen oder die ihnen am weitesten entgegenkam. Die Lutheraner optierten im Bauernkrieg gegen die Bauern für ein politisch uneingeschränktes Fürstenregiment in den Territorien; die Calvinisten optierten in Frankreich nach 1559 gegen die absolute Königsherrschaft für eine ständisch beschränkte Monarchie. Die Stände oder sozialen Schichten, die innerhalb der einzelnen Staatswesen im Kampf um die Regierungsführung miteinander konkurrierten, erweiterten ihren Gegensatz gern noch dadurch, daß sie ihm einen konfessionellen Anstrich gaben — und profilierten ihn damit auch. Solchergestalt um die konfessionelle Note bereichert, bekamen die innenpolitischen Konfessionsauseinandersetzungen den Charakter oder doch den Anschein von Religionskämpfen — so in Österreich, Frankreich, Ungarn und so auch im England Cromwells und der frühen Stuarts. Die echte oder vorgebliche Leidenschaft für das eine oder andre Bekenntnis schürte vortrefflich die politischen Leidenschaften im Kampf um die politische Führung und um die verfassungsmäßige Struktur des Staatswesens.

Die Konfession als treibende Kraft, Begleitmotiv oder Vorwand in auswärtigen Auseinandersetzungen

Wieder *anders* lagen die Lebensgesetze, von denen sich die Staaten in der *auswärtigen Politik* leiten ließen. Nach innen und gegen die Kirche hin orientierten sich die Inhaber der Staatsgewalt an der Idee von der Souveränität des Herrscheramts. Sie trachteten danach, die Befehls- und Zwangsgewalt des Monarchen im Lande zu stabilisieren und möglichst alles, was hier bremsen konnte, abzuschütteln. Nach außen hin ließen die größeren unter den europäischen Staaten — aber nicht allein sie — die Absicht durchblicken, ihre Macht auf Kosten schwächerer Nachbarn oder auch anderer Konkurrenten auszudehnen. Jedenfalls läßt sich dieser Anspruch oder diese Tendenz aus der naiven Praxis der damaligen auswärtigen Politik in etwa erschließen. Zunächst handelte man hier nach einem natürlichen Selbsterhaltungsprinzip. Aber: mit ihm *allein* begnügten sich doch nur die wenigsten Staaten und Länder: Die Schweiz gehörte dazu, dann nolens volens vielleicht auch noch der eine und der andere deutsche oder italienische Stadtstaat. Denn meistens blieb es nicht beim Prinzip der Erhaltung der eigenen Freiheit und Selbständigkeit, sondern gewöhnlich griffen die Staaten bei guter Gelegenheit über die Grenzen hinüber, schlossen Kriegsbündnisse und annektierten. Dabei standen die

Annexionswünsche gewöhnlich in einem proportionalen Verhältnis zur Größe der ausdehnungshungrigen Länder: Philipp II. steckte Portugal ein samt seinen Kolonien und machte zum Schluß Anstalt, ganz Frankreich zu schlucken; Polen und Schweden eigneten sich wenigstens ganze Provinzen im Baltikum an; ein durchschnittlicher Landesherr war es dagegen schon zufrieden, wenn er durch den Grundbesitz eines Klosters oder ein paar Zoll- und Vogteirechte seinen Duodezstaat auf einen grüneren Zweig bringen konnte. Die Fürsten und Staatslenker verbrämten solch naiv-naturhaftes Machtverlangen in der Regel mit einem anständigen Vorwand, unterstellten ihm aber auch gern eine höhere Idee. Als solche figurierte sehr häufig der Gedanke an den Schutz der wahren Religion oder der Verteidigung des Christentums — zum Beispiel gegen die Türken. Aggressionen rechtfertigte man mit der höheren Absicht, den wahren Glauben in die Territorien irgendwelcher Abtrünniger, Ketzer oder Feinde des Evangeliums hineinzutragen — was man nach außen als ein Gott wohlgefälliges Werk hinstellen konnte oder auch tatsächlich dafür hielt. Hier figurierte der konfessionelle Gedanke als Begleitmotiv für auswärtige Unternehmungen. Die Kriegführenden bedienten sich seiner für machtpolitische Konzeptionen, für Verteidigungspläne oder spannten ihn ein in Dingen überseeischer Kolonisationsvorhaben.

Doch brauchte er nicht unbedingt Begleitmotiv zu sein, er konnte auch Pate stehen oder Urheber sein. Das religiöse Motiv durchwirkte offensichtlich die Kolonialgesetzgebung der spanischen Könige. Es kam aber auch in Europa vor, daß die auswärtige Politik den Richtlinien des konfessionellen Gedankens folgte und sich bemühte, diesem mit dem Schwerte Bahn zu brechen. So war es zum Beispiel jedenfalls bis zu einem gewissen Grade bei der Unterstützung der französischen Hugenotten durch die deutschen protestantischen Fürsten von der Pfalz und von Nassau. Umgekehrt kam es freilich auch vor, daß man den konfessionellen Gedanken für eine bestimmte Machtpolitik glatt mißbrauchte. Ebenso gab es Fürsten und Staatsmänner, die innerhalb ihres Landes Glaubenszwang und Ketzerverfolgung betrieben, nach außen aber Fürsten und Länder des daheim unterdrückten andersgläubigen Bekenntnisses offen unterstützten, weil sie ihnen ein politisches Konzept zu verwirklichen halfen. In diesem Sinne haben sich zum Beispiel die protestantischen deutschen Fürsten stetig der Gunst der im eigenen Land protestantenverfolgenden Könige von Frankreich zu erfreuen gehabt. Oder aber: es verband sich ein absoluter Souverän mit der frondierenden Ständepartei seines Nachbarlandes gegen dessen Souverän aus Gründen der konfessionellen Sympathie — so Philipp II. mit der katholischen Partei der Guisen in Frankreich.

Summe der Leitgedanken.
Staatliche Lebensregungen und Konfessionsbildung

Es waren also verschiedene Leitlinien, die das politische Geschehen bestimmten: *Erstens* der *konfessionelle* Gedanke. *Dann* der Gedanke der fürstlichen oder der *obrigkeitlichen Souveränität*, das ist die Idee einer weltlichen politischen Hoheit, die sich gegen die geistliche Hoheit weitgehend durchzusetzen trachtete. *Drittens*, mit der Hoheitsidee nicht identisch, aber praktisch mit ihr verbunden, drang zugleich langsam durch der Gedanke der *fürstlichen* Allgewalt. Die Fürsten zeigten sich gewillt, sich gegen alle historischen Sondergewalten, die ihnen im Wege standen, durchzusetzen und sie notfalls auszuräumen. Wo ihnen das gelungen war, dort betrat der fürstliche *Absolutismus* die geschichtliche Bühne — eine nach außen glanzvolle, nach innen abgründige Erscheinung. *Viertens* gründeten sich der staatliche Hoheitsanspruch wie der Anspruch der fürstlichen Vollgewalt auf den Gedanken der *Schutzpflicht* und der Sorge für die *allgemeine Wohlfahrt* der Untertanenschaft oder rechtfertigten sich damit. Der Gedanke der salus publica oder der allgemeinen *Wohlfahrt* dominierte zum Beispiel in der Vorstellungswelt der deutschen Territorialfürsten. Er vermochte sich aber auf die mannigfachste Art zu vereinigen sowohl mit dem Grundsatz konfessioneller Regierungspolitik wie mit dem Absolutheitsanspruch des Fürsten wie auch mit dem Gedanken der obrigkeitlichen Hoheit. Die Obrigkeit, so wurde argumentiert, sei mit der Hoheit belastet, um der ihr zukommenden Wohlfahrts- und Fürsorgepflicht nachzukommen; zur seelischen Wohlfahrt, die durchaus nicht ausgeklammert wurde, gehörte nach damaliger Auffassung aber auch das ewige Heil, zu dem den Weg zu weisen der Staatsgewalt aufgetragen sei — daher der kirchlich-konfessionelle Rigorismus mit Gewissenszwang und dergleichen mehr. Denn eine gute Obrigkeit glaubte damals besser zu wissen als das Gros ihrer Untertanen, auf welchem Wege dieselben am besten zum Heil gelangten, und schrieb ihnen daher kurzerhand Glaubensbekenntnis und Gottesdienstordnung gleich unter Androhung von Polizeistrafen vor. Als ein weiteres Problem, in welches sich gleichfalls religiöse Leidenschaften und konfessionelle Gesichtspunkte einmischten, präsentierte sich *fünftens* die Frage der *Staatsform* und der Regierungsführung. Im allgemeinen neigte die europäische Menschheit des 16. und besonders des 17. Jahrhunderts dazu, die Monarchie für die gottgegebene Form des obrigkeitlichen Regiments zu halten. So hatten die Monarchen die Zeitstimmung für sich und fanden ein günstiges Echo in der Denkweise der Epoche, als sie, Zug um Zug zum Absolutismus vorschreitend, den Widerstand der Stände unter anderem auch mit religiöser Begründung niederkämpften und ihr Gottesgnadentum als Argument verwendeten. Freilich waren die Meinungen geteilt. In England stritten die politischen Gegner des Absolutismus *auch* unter der Fahne der Religion gegen den König und besiegten ihn nicht nur, sondern hatten auch die stärkere populäre Resonanz für sich.

Diese angedeuteten Tendenzen und Leitgedanken tauchten in der europäischen Geschichte in der Epoche der Religionskämpfe im einzelnen in den verschiedensten Brechungen, Färbungen und Mischungen auf, im ganzen durchwirkten sie das Geschehen allenthalben und beherrschten es so kräftig, daß man das ganze Zeitalter mit Rücksicht auf die Kooperation der dominierenden staatlichen und religiösen Kräfte ein „Zeitalter des konfessionellen Absolutismus" (Karl Eder) genannt hat.

Es war gar nicht anders möglich: Den konfessionellen Kräften, wenn sie sich äußerlich entfalten und stabilisieren wollten, blieb gar nichts anderes übrig, als sich mit den politischen Führungskräften in den einzelnen Ländern ins Benehmen zu setzen; das Engagement der Staatsgewalt auf dem kirchlichen Sektor hinzunehmen; oder, wenn sie sich mit ihr nicht zu arrangieren vermochten, sich Rückendeckung, Schützenhilfe oder Bundesgenossen zu suchen — sei es im Ausland, sei es bei politisch unabhängigen oder oppositionellen Kräften im eigenen Lande, sei es in zwischenstaatlichen Verträgen oder sei es schließlich im Untergrund (in den sich die Katholiken in England und die Reformierten in Frankreich für lange Zeit zurückziehen mußten).

Dies waren die äußeren Voraussetzungen und politischen Bedingungen, unter denen die von der Reformation geweckte evangelische Bewegung und unbeabsichtigt hervorgerufene katholische Gegenbewegung sich in Kampf und Reform zu den konfessionell getrennten Kirchentypen der europäischen Neuzeit entwickelten.

Von ihrer Verbreitung und der Entwicklung ihrer Eigenart sei nunmehr die Rede. Wir beginnen mit einem kurzen Blick auf die konservativen protestantischen Kirchengemeinschaften der Lutheraner und Anglikaner, die als geschichtsbildende Kräfte im Zeitalter der Gegenreformation aus verschiedenen Gründen verhältnismäßig wenig hervortraten — die Anglikaner beschränkten sich auf den politischen Bereich der englischen Herrschaft, und die Lutheraner begnügten sich mehr damit, Sektierer, Katholiken und Calvinisten abzuwehren, als in neues Terrain vorzustoßen. Im Gegensatz zu ihnen zeigten sich Calvinisten und Katholiken ganz anders vom Geist der Eroberung beseelt. Mit dem Temperament des hingebungsvollen Glaubenskämpfers beherrschten sie die Szene des Konfessionskampfes und trieben die Dinge voran. Von ihnen wird daher sehr viel mehr zu sagen sein.

Dreizehntes Kapitel
Die anglikanische Kirche und das Luthertum

1. Die anglikanische Kirche

Als Kirche von England unterschied sich die anglikanische Staatskirche von den übrigen Konfessionskirchen darin bemerkenswert, daß sie sich auf den Herrschaftsbezirk der englischen Krone beschränkte. So etablierte sie sich lediglich im Königreich *England* und wurde auch auf der politisch dem Königreich England unterworfenen Nachbarinsel *Irland* zwangsweise eingeführt. Allerdings gewann sie, obwohl sie herrschte, keine sonderlichen Sympathien bei der Hauptmasse der Iren. Die *Iren* blieben in großer Mehrheit *katholisch*, woran auch die periodischen Blutbäder und Massenhinrichtungen nichts änderten, mit denen die Engländer die periodischen irischen Aufstandsversuche zu beantworten pflegten. Als die Engländer im 17. Jahrhundert eine Kolonialmacht wurden, folgte ihnen die anglikanische Kirche in die verschiedenen Erdteile nach, so daß fast überall, wo England politische Herrschaft gewann oder sich englische Siedlungskolonisten niederließen, mit der Zeit auch ein anglikanisches Kirchenwesen eingerichtet wurde.

Die anglikanische Kirche unterschied sich von den anderen großen evangelischen Konfessionen aber nicht nur dadurch, daß sie sich auf die Territorien der politischen Herrschaft Englands beschränkte. Sondern sie hob sich auch darin eigentümlich von ihnen ab, daß sie das äußere Gewand der katholischen Kirche anbehielt. Sie entstand übrigens als schismatische Kirche. Denn als sie sich auf Befehl König Heinrichs VIII. 1531 endgültig von Rom trennte, standen nicht Gründe der *Glaubensverschiedenheit* im Vordergrund. Erst unter Eduard VI. (1547–53) öffnete sich die Staatskirche evangelischen Einflüssen. Nach einer kurzfristigen Rückkehr unter die Jurisdiktion des Papstes während der Regierung der Königin Maria I. Tudor (1553–58), die von heftigen Säuberungswellen begleitet war, gab ihr Königin Elisabeth I. (1558–1601) einen Verfassungsstatus, der sich, kleinere Modifikationen abgerechnet, für einige Jahrhunderte erhielt. Er sah vor: königliche Leitung; Bischofsverfassung; katholische Liturgie; verhältnismäßig weiten Spielraum in der Glaubenslehre und damit die grundsätzliche Möglichkeit zum Einströmen protestantischer Einflüsse.

Elisabeth hatte sogleich nach ihrer Thronbesteigung die Regulierung der Kirchenfrage in die Hand genommen. Sie ließ die von ihr angestrebte Lösung durch das erste von ihr einberufene Parlament 1559 gesetzlich verankern. Sie veränderte die Stellung des regierenden Königs — beziehungsweise der Königin — durch eine wichtige Nuance. In kluger Abschwächung nannte sie sich nicht mehr wie ihr Vater „oberstes Haupt der Kirche von England", sondern nur noch „oberster Verwalter". Sie vereinheitlichte den Gottesdienst, indem sie eine am sogenannten Zweiten Prayer Book Eduards VI. orientierte Kirchenordnung herausgab und sie durch das Uniformitätsgesetz (Act of Uniformity) zur einzigen Grundlage des Gottesdienstes in England bestimmte. Ritus und innere Verwaltung blieben wie in der katholischen Zeit; nur daß die Königin — gegebenenfalls der König — die Bischöfe ernannte und die Messe in englischer Sprache gefeiert wurde. Die Kirchengesetzgebung war Sache des Parlaments.

Obwohl die Kirche solchergestalt in den Staat eingefügt war, daß keine Lücke offenblieb, durch welche Andersgläubige sich dem Zwang zum anglikanischen Gottesdienstbesuch entziehen konnten, ließ die Königin in der Praxis fünf gerade sein und sah den Andersgläubigen so lange durch die Finger, wie diese sich sonst loyal verhielten. Es gab keine dogmatische Inquisition im Sinne Calvins und Carafas, aber immerhin mußte man vorsichtig sein. Wenn man sich zu laut äußerte, konnte das gefährlich werden. Wer die Staatskirche an Feiertagen nicht besuchte, mußte eine geringe Geldbuße zahlen. Sondergottesdienste der Katholiken und Puritaner übersah die Königin so lange großzügig, als sie keinen aufrührerischen Charakter annahmen. Als die Gefahr eines Katholikenaufstands am Horizont heraufzog, wurden die Kirchenbußen allerdings beträchtlich erhöht: Wer den Gottesdienst der Staatskirche versäumte, mußte fortan statt einem Schilling zwanzig Pfund Sterling zahlen.

Diese im Grunde milde Regierungspraxis ging auf den Wunsch der Herrscherin nach konfessionellem Frieden in ihrem Königreich zurück, war aber zugleich auch Ausdruck einer weltlichen, humanistischen Gesinnung. Elisabeth kümmerte sich nicht um die innerreligiöse Einstellung ihrer Untertanen, sondern nur um die Art ihres Verhaltens gegen die Obrigkeit. Man hat gesagt, ihr habe wenig daran gelegen, Seelen aus dem Höllenfeuer zu retten; sehr viel aber daran, ihr Reich in Sicherheit zu wissen und sich dafür zu regen. Und wenn sie Andersgläubige verfolgte, dann tat sie es aus politischen Gründen.

In ihren späteren Jahren entschloß sie sich, ungern genug, aus solchen Erwägungen heraus, gegen Sektierer und Katholiken vorzugehen und sie zu bestrafen; im übrigen verfolgte sie auch die Calvinisten, als sie herausgefunden hatte, daß diese den anglikanischen Klerus unterwanderten und sich subversiv betätigten. In der großen Revolution des 17. Jahrhunderts (1640–49) unterlagen Königtum und Staatskirche gemeinsam dem opponierenden Parlament und der religiösen Revolution, welche von den Calvinisten (Puritanern) und den Independenten mit großer Leidenschaft vorangetrieben wurde. Die Restauration des Königtums (1660) kam dann auch der Staatskirche zugute: Sie wurde wiederhergestellt — allerdings mußte sie sich eine gewisse Einschränkung ihrer Rechte gefallen lassen. Obwohl sie als Staatsreligion weiter dominierte, mußte sie fortan den anderen evangelischen Konfessionen und Denominationen bedingte Existenzmöglichkeiten zugestehen. Die „glorreiche" Revolution von 1688/89 ging in dieser Richtung einen großen Schritt weiter: König Wilhelm III. verkündete die Toleranz für den Protestantismus aller Schattierungen und erhob die Gewissensfreiheit zum Gesetz — unbeschadet gewisser Vorrechte der anglikanischen Kirche. Sie trug solchergestalt der veränderten geistigen Lage Rechnung und paßte sich den andersartigen geistigen Bedingungen des auf die Gegenreformation folgenden Zeitalters des Rationalismus und der Aufklärung an.

2. Das Luthertum: seine Verbreitungsgebiete seit dem Augsburger Religionsfrieden (1555)

Nächst der anglikanischen Kirche war das Luthertum diejenige Konfession, die sich in den heftigen Bewegungen der gegenreformatorischen Epoche am stärksten konservativ verhielt. Das betraf sowohl seinen geographischen Besitzstand als auch seine innere Organisation. Wohl gab es bedeutende Ausnahmen, wie den österreichischen Protestantismus oder Gustav Adolf von Schweden. Aber im ganzen hatte das Luthertum etwa um 1560 die wichtigsten Phasen seiner Ausbreitung hinter sich und hatte auch seine Entwicklung als Kirchenkörper abgeschlossen — beides im Unterschied zum gleichzeitig (1550–90) in vollster Entfaltung befindlichen Calvinismus und zum noch gänzlich in Gärung begriffenen Katholizismus.

Sehr im Gegensatz zu den militanten und aggressiven Regungen seiner beiden Konkurrenzkonfessionen richtete sich das Luthertum seitdem mehr aufs Bewahren ein als aufs Ergreifen; mehr auf die Verteidigung als auf den Angriff. Seine streitbarsten Energien verwandte es auf die Theologie. Die rabies theologorum, die Streitsucht der Theologen, ein Charakteristikum des konfessionellen Zeitalters überhaupt, trieb ihre kräftigsten Blüten im Luthertum und wucherte dort in fruchtbarer Üppigkeit. Mit seinem Besitzstand aber hatte es sich in Deutschland abgefunden. Und es schien sich auch mit seinem stattlichen Verbreitungsgebiet im übrigen Europa zu begnügen. Hatten doch die skandinavischen Königreiche und weite Strecken des europäischen Ostens schon früh die Reformation Luthers angenommen.

In *Deutschland* bildete das Luthertum seit jeher die vorherrschende Form des evangelischen Christentums: im Norden, im Osten und in der Mitte des damaligen Reiches, auch in den deutschbesiedelten Regionen jenseits der Ostgrenze war der Protestantismus nahezu ausschließlich lutherisch, in Süddeutschland mehrheitlich.

Nur im Westen, an beiden Seiten des Rheins, und in wenigen Binnenterritorien, vermochte der Calvinismus streckenweis Fuß zu fassen. Bis 1550-60 etwa hatte das Luthertum seine Ausbreitung im wesentlichen vollendet. Es vermochte den äußeren Umfang seines Besitzstands im allgemeinen zu behaupten, mußte allerdings in den folgenden Jahrzehnten einige Verluste an den Calvinismus und an den gegenreformatorischen Katholizismus hinnehmen: in Österreich, Schlesien, Oberpfalz, Pfalz-Neuburg, Kurpfalz und Nordwestdeutschland. Außerhalb Deutschlands drang das Luthertum schon wenige Jahre nach Luthers erstem öffentlichen Auftreten in den baltischen Raum ein, nach Kurland, Estland, Livland, und setzte sich in Skandinavien durch. Über Schweden erreichte es Finnland und über Dänemark Island und Norwegen. In allen Ländern des skandinavischen Nordens beseitigte es auf dem Weg über das Staatskirchentum die katholische Kirche und trat als alleinige Landesreligion an deren Stelle. Im Südosten fand es einigen Widerhall in Slowenien und in der Slowakei, im übrigen überall dort, wo Deutsche wohnten: in Siebenbürgen, in Ungarn, in Böhmen und in den unzähligen Städten des europäischen Ostens, namentlich in Polen. Nach anfänglichem Aufschwung erlitt es den stärksten Rückschlag in Österreich. Hier drängten es die Habsburger systematisch zurück und löschten es nahezu aus. Im Süden und Westen Europas spielte das Luthertum neben dem Calvinismus und Katholizismus keine Rolle und kam über frühe Ansätze in Frankreich und den Niederlanden nicht hinaus. Nur in Teilen des Elsaß fand es eine bleibende Statt. Während sich ihm Italien, Spanien, Portugal, England und Schottland vollkommen verschlossen, gelangte es mit deutschen und skandinavischen Auswanderern später nach Nordamerika. Dort bildete es eine der stärksten Gruppen unter den zahlreichen protestantischen Kirchen der Vereinigten Staaten. Dauerhafte Kirchenbildungen auf lutherischer Grundlage gelangen außer in der Neuen Welt also nur in den genannten europäischen Regionen: in Deutschland, im skandinavischen Norden und in den deutschen Siedlungs- und Herrschaftsräumen des Ostens.

3. Lutherische Bekenntnisbildung und Orthodoxie im 16. und 17. Jahrhundert

Die Lutheraner des 16. Jahrhunderts prägten Worte wie „calvinistisch" oder „Calvinismus" in polemischer Absicht und verwendeten sie im Anfang auch durchaus in diesem Sinne. Ebenso waren aber auch die mit „Luther" zusammenhängenden Vokabeln wie „lutherisch", „Lutherei" in den Anfängen der evangelischen Bewegung von deren Gegnern ursprünglich ebenfalls in polemischer Absicht gebildet worden. „Von dem großen lutherischen Narren" betitelte Thomas Murner eine der frühesten Satiren auf die Reformation. Auch Johann Eck gebrauchte das Wort „lutherisch" im verächtlichen Sinn. Im Lauf der Zeit setzte sich jedoch die Bezeichnung „lutherisch" mit positiver Sinngebung durch — obwohl gerade Luther selbst (zunächst durchaus begreifliche) Vorbehalte dagegen anmeldete. Und obwohl man Bezeichnungen wie evangelisch, apostolisch und katholisch (im Sinne von wahrhaft und substanziell katholisch im Unterschied zur angemaßten Katholizität der „Papisten") auf reformatorischer Seite anfangs bevorzugte. Weil man als den Maßstab für die Zugehörigkeit zum Luthertum die Augsburgische Konfession ansah, hießen die Lutheraner im 16. und 17. Jahrhundert meist schlicht „Augsburgische Konfessionsverwandte".

Theologisch orientierte sich das Luthertum im allgemeinen an der Confessio Augustana (C. A.) oder Augsburgischen Konfession von 1530. Den meisten ihrer grundsätzlichen Auffassungen begegnet man allenthalben dort, wo sich im Inland und im Ausland lutherische Kirchen konstituierten. Die Augustana enthielt im ersten Teil ihrer Ausführungen einen Abriß der lutherischen Lehre; darunter Artikel vom Predigtamt und von der Kirche; von Kirchenordnung, Kirchenregiment und weltlicher Regierung. In ihrem zweiten Teil stellte sie den „Mißbräuchen" des katholischen Kirchentums die evangelische Auffassung von den umstrittenen Punkten gegenüber; so vom Zölibat, von der Messe, von „Menschenlehren", Klostergelübden und vom bischöflichen Amt. Die Confessio Augustana formulierte nicht selten weitmaschig. Sie war damit als allgemeine Bekenntnisgrundlage trefflich geeignet, ließ aus demselben Grunde aber eine präzisere Bestimmung einzelner Lehrfragen offen. Darüber kam es noch zu Lebzeiten des älteren Luther zu Lehrstreitigkeiten. Diese setzten aber erst in voller Wucht nach seinem Tode ein. Abgesehen davon, daß sich die Lutheraner jetzt dezidiert von Calvin distanzierten, stritten sie untereinander über zahllose Einzelprobleme, die teils eng, teils nur am Rande mit Luthers Hauptlehre von der Rechtfertigung zu tun hatten. Freier Wille, Erbsünde, Werke und Heil, Sakramentsbegriff, Gesetz und Evangelium spielten in den Kontroversen eine große Rolle. Gelegentlich wurde in Sonderveranstaltungen tagelang darüber diskutiert, so etwa in der von den ernestinischen Herzögen angesetzten Weimarer Disputation (vom 2. bis 8. August 1560). Infolge der dogmatischen Kontroversen bildeten sich theologische Schulen und Sonderrichtungen heraus, die sich als Flacianer, Philippisten, Synergisten, Adiaphoristen, Antinomer, Osiandristen und so fort gegenseitig nicht nur literarisch bekämpften, sondern auch, mit Hilfe der Staatsgewalt, politisch verfolgten. Während die evangelischen Theologen das Luthertum also lehrmäßig in Sonderrichtungen aufzuspalten drohten, setzten umgekehrt die evangelischen Fürsten in Deutschland alles oder doch sehr viel daran, es auf einer gemeinsamen Basis zu sammeln. Unter Mitarbeit einiger führender Theologen der ersten nachlutherischen Generation (Martin Chemnitz, Jacob Andreae) gelang es, eine einigermaßen haltbare Einigung zustande zu bringen. Die geistigen Väter des Einigungswerkes klammerten die extremen Positionen aus den Sonderlehren aus oder verurteilten sie. Die noch vorhandenen Gegensätze suchten sie, so gut es sich machen ließ, zu überbrücken, zu entschärfen oder auszugleichen: Das Ergebnis dieses Befriedungswerkes wurde niedergelegt in der *Konkordienformel* (s. oben S. 207). Die überwältigende Mehrheit der deutschen Lutheraner, repräsentiert in ihren Fürsten, Städten und Geistlichen, nahm die Formula Concordiae an und bekannte sich zu ihr als Grundlage und Norm ihrer Glaubenslehre.

Ein Drang zu systematischer und exakter Bestimmung des dogmatischen Lehrgehalts und zu zusammenhängender Darlegung der Glaubensauffassung lag im Zug des nachlutherischen Zeitalters und gehörte zur Signatur der Epoche der Glaubenskämpfe. Er führte im Luthertum ein Zeitalter der Orthodoxie herauf, welche im späteren 16. Jahrhundert zum Erblühen kam, im 17. Jahrhundert ihren Höhepunkt erreichte und bis zum Beginn des 18. Jahrhunderts das kirchliche Leben beherrschte. Die geistige Führung lag im gesamten Luthertum von Anfang an bei den deutschen Theologen. Diese stellten die bei weitem stärksten schöpferischen Begabungen.

Was die geschichtliche Funktion der Orthodoxie anging, so zog sie eine Art geistigen Schutzwalls um das kirchliche Leben und schirmte das Kirchenvolk gegen anderskonfessionelle Einflüsse ab. Sie bot den Lutheranern die geistige Form eines biblisch fundierten religiösen Weltverständnisses, das dann auch in der Kunst, im Kirchenlied wie in der geistlichen Lyrik, vor allem aber in der geistlichen Musik seinen die Zeiten überdauernden Ausdruck fand. Auf der anderen Seite verstand sich das Luthertum der Orthodoxie als die alleinige und allein die volle Wahrheit des christlichen Glaubens lehrende Kirche Gottes auf Erden. „Welche Kirche auch immer die unverfälschte Predigt des Wortes und die rechtmäßige Sakramentsverwaltung hat", so lehrte der größte der lutherischen Dogmatiker, Johann Gerhard (1582–1637), „ist die wahre, echte und rechtgläubige Kirche. Die lutherische Kirche predigt aber das unverfälschte Wort und verwaltet die Sakramente rechtmäßig. Also ist die lutherische Kirche die wahre, reine und rechtgläubige Kirche" („Ergo Lutherana ecclesia est vera, sincera et orthodoxa ecclesia"). Mit diesem seinem Anspruch auf Ausschließlichkeit lenkte das Luthertum zu einem quasi-katholischen Kirchentum zurück.

Wiewohl theologisch die Heilige Schrift die Grundlage der Kirche und der Lehre bildete, war es dennoch praktisch kaum möglich, nur von diesem einen Fundament aus die Glaubenslehre zu entwickeln und in ihr eigene Wege zu gehen. Denn weithin dominierte die Überzeugung, daß Gottes Wort und Luthers Lehre miteinander identisch seien. Auf diesem Axiom basierte in der Tat die lutherische Orthodoxie. Es verbot sich von daher jede ernstliche Kritik an Luther. Luther wurde im Gegenteil gewissermaßen kanonisiert und zum evangelischen Kirchenvater gemacht. Als solchen sah ihn jedenfalls die Orthodoxie an. Seine Lehre galt ihr als sakrosankt und unantastbar. Damit überdeckte und unterdrückte sie wesentlich andere Ansätze, die den Anbruch der Reformation mit herbeigeführt hatten, und forderte damit auf die Dauer die evangelische Kritik heraus. Anderseits kamen mit dem 17. Jahrhundert auch in der Orthodoxie mancherlei Reformbemühungen auf. Sie forderten, daß der Glaube sich bewähre und lebensmäßig verwirkliche, also sich glaubwürdig mache, durch eine Frömmigkeit der Tat oder Praxis pietatis. Fortschrittliche Theologen kritisierten die sittlichen und administrativen Gebrechen im Raum der Kirche und suchten zu verhindern, daß die Theologie einseitig in literarische Häretikerbekämpfung und intellektuelle Spitzfindigkeiten abglitt. Die reformerische Strömung, die allerdings nur ein kleines Rinnsal darstellte, hielt das Bewußtsein dafür wach, daß die von Luther vollbrachte Reform der Lehre nach Ergänzung durch eine Reform des Lebens verlange und ihrer bedürfe. Dem Umkreis der reformerisch aufgeschlossenen Theologie entstammte Jacob Spener, der Vater des Pietismus, in dem etwas von der geistlichen Unruhe des reformatorischen Aufbruchs und ein Gefühl für die permanente Reformationsbedürftigkeit der lutherischen Kirche lebte. Mit dem Pietismus setzte die religiös stärkste protestantische Bewegung seit der Reformation und mit der Aufklärung, die ihm auf dem Fuße folgte, die theologisch am tiefsten umbrechende Weiterentwicklung ein, die das Luthertum sowohl in Kontakt als auch in Gegensatz mit der neueren europäischen Geistesentwicklung brachte. Beide zusammen brachten aus eignen Ansätzen heraus die wirksamsten Gegenkräfte zum Zuge, welche die Orthodoxie überwanden, und brachten damit das Luthertum näher an den Calvinismus heran, in welchem sich ähnliche innere Prozesse vollzogen hatten. Die Unterschiede blieben freilich zwischen den beiden großen Konfessionen bestehen — aber sie bestimmten nicht mehr allein ihr gegenseitiges Verhältnis. Sondern sie traten ins zweite Glied oder noch weiter zurück und schliffen sich allmählich so ab, daß beide zusammen schließlich in die Lage versetzt wurden, gemeinsam die *eine* Größe Protestantismus zu repräsentieren. Damit entfiel auch der ausschließliche Charakter des „Lutherischen". Als Zeichen der Unterscheidung wurde es blasser und sein Anspruch auf Alleinbesitz der Wahrheit schwand dahin. Es wurde unter den Auspizien der Aufklärung jetzt eher die charakterisierende Bezeichnung einer evangelischen Lebensform und Kirchenart als der Inbegriff einer exklusiven Konfession.

4. Das Luthertum: sein Erscheinungsbild in Kult, Recht und Verfassung

Während die lutherische Theologie im Zeitalter der Orthodoxie durchaus ihre gegenüber den anderen Konfessionen eigenen Wege ging, verharrte das Luthertum in Dingen des kirchlichen Rechts und der Verfassung in alten Bahnen; es konservierte zahlreiche Einrichtungen des früheren katholischen Kirchentums. Vor allem hielt es auch in seinen gottesdienstlichen Formen an vielen altkirchlichen Traditionen fest. Gewiß hatte sich manches sehr Wichtige verändert: Die Predigt beherrschte den Gemeindegottesdienst — dieser hieß aber immer noch „Messe" oder, wenn er besonders feierlich gehalten wurde, „Amt". Die lutherische Messe hatte das Kernstück der katholischen Messe, den Kanon, beseitigt; auch hatte sie das Kirchenlied stärker in der Liturgie verankert. Im übrigen blieb aber der alte liturgische Rahmen im wesentlichen erhalten — sehr im Unterschied zum Calvinismus. Die lutherische Kirche feierte Metten und Vespern und bediente sich gelegentlich auch des Lateinischen als Kultsprache. Ihre Präfationen, Hymnen und Orationen in den festtäglichen Gottesdiensten gingen gewöhnlich auf katholische Vorbilder zurück. Manchmal hatte sie sie einfach wörtlich übernommen, manchmal etwas modifiziert. Es gab zahlreiche lutherische Landeskirchen, die bei den Taufzeremonien den Exorzismus beten ließen. Dies war ein uralter Ritus der Teufelsbeschwörung (im Sinne von Teufelsaustreibung). Außerdem gehörte die Ohrenbeichte oder Privatbeichte zu den feststehenden Einrichtungen des lutherischen Kirchenwesens. Örtlich verschieden hielten sich auch Heiligenfeste und sonst manches Brauchtum. Besonders konservativ blieb die schwedische lutherische Kirche. Die katholischen Traditionen hielten sich im deutschen Luthertum teilweise erstaunlich lange, bis ans Ende des 18. Jahrhunderts, sofern nicht reformierte Einflüsse oder der Einbruch der Aufklärung sie zuvor schon langsam in Frage gestellt oder abgebaut hatten. Wie die anglikanische Kirche oder fast wie diese entwickelte sich das lutherische Kirchenwesen fast durchgängig zu einer strammen Staatskirche. Die konfessionelle Spaltung bot an sich schon den Inhabern der Regierungsgewalt Chancen genug, sich in die kirchlichen Dinge noch eifriger einzumischen, als sie es sowieso schon taten. Das Luthertum wirkte wohl sittigend auf Vorhaben und Gesinnung einzelner Landesväter, dem Bedürfnis der Staatsgewalt, sich kräftiger zu entfalten und ihre Befugnisse auszuweiten, legte es jedoch kein ernstliches Hindernis in den Weg, sondern es kam ihm im Gegenteil entgegen. Denn das Luthertum vertraute die bis dahin von den katholischen Bischöfen geübte geistliche Jurisdiktion praktisch den Inhabern der politischen Obrigkeit an und übertrug ihnen damit die äußere Führung der Kirche ihres politischen Herrschaftsbezirks.

Bei dieser Entwicklung konnte sich die Unabhängigkeit des Predigtamtes, auf die Luther größten Wert gelegt hatte, auf die Dauer nicht behaupten. Die tatsächliche Entwicklung entsprach aber überhaupt nicht den Grundgedanken Luthers. Denn der Reformator hatte seinem Landesherrn, wie er es 1528 in der Vorrede zum „Unterricht der Visitatoren" in klassisch gewordenen Sätzen formulierte, nur angesichts der damaligen außerordentlichen Situation die Führung der Kirche seines Landes gewissermaßen kommissarisch zuerkannt und ihn dementsprechend einen „Notbischof" genannt. Er verstand darunter ein aushilfsweises „Amt der Liebe", welches infolge momentanen Versagens der ordentlichen kirchlichen Obrigkeit dem Landesherrn in seiner Eigenschaft als vornehmstem Gliede der Gemeinde zufiele. Die Fürsten und die Inhaber der städtischen Obrigkeit handhabten dieses Schutzamt aber durchaus nicht in diesem von Luther umschriebenen Sinne, sondern übten es aus als einen Bestandteil ihrer obrigkeitlichen Gewalt. Das heißt, sie regierten die Kirche kraft des, wie sie meinten, ihnen zustehenden Rechtes der Kirchenhoheit und erweiterten damit ihre Hoheit zum Kirchenregiment.

Nachdem Luther sie vom Papste befreit hatte, bildete sich bei Fürsten und Stadtmagistraten die Überzeugung, daß es ihres Amtes sei, nicht nur für das leibliche Wohl, sondern auch für das ewige Heil ihrer Untertanen zu sorgen. Herzog Christoph von Württemberg sagte dies 1559 in der Vorrede zu seiner großen Kirchenordnung, und Herzog Julius von Braunschweig-Wolfenbüttel sagte dasselbe 1569. Sie waren aber nicht die einzigen, die das meinten. Sondern so wie sie dachte der ganze deutsche evangelische Fürstenstand. Diese ihre Überzeugung institutionalisierte sich gewissermaßen im Ausbau der evangelisch-lutherischen Landeskirchen, deren oberste Behörden (Konsistorium, Kirchenrat, Oberkonsistorium) den Landesherrn zum Chef hatten. Die geistliche Oberbehörde übte für den Bereich einer Territorialkirche in der Regel die Gerichtsbarkeit aus, nahm Angelegenheiten der Verwaltung, der Besoldung und der Bestallung der Geistlichen, der Beaufsichtigung und so weiter wahr und fungierte unter Umständen auch als Appellationsinstanz.

Von gewissen Abstrichen abgesehen, änderten sich die Rechts-, Vermögens- und Besoldungsverhältnisse — Patronat, Kollatur, Stolgebühren, Zehnten, Pfründen, Stiftungen, Filialen — gegenüber dem Spätmittelalter meist nur wenig. Im Eherecht gab es nach wie vor die verbotenen Verwandtschafts- und Schwägerschaftsgrade. Und trotz der Lehre vom allgemeinen Priestertum gehörte der evangelische Geistliche wie der katholische Priester einem rechtlich und sozial herausgehobenen Stande an, der wie im Mittelalter steuerfrei war, von anderweitigen Lasten — Hütepflichten und Stadtmauerdiensten — befreit wurde und das Recht eines gesonderten Gerichtsstands genoß. Auch wo das kanonische Recht, auf welches sich die evangelischen Kirchenordnungen und Kirchengesetze manchmal ausdrücklich bezogen, nicht eigens erwähnt wurde, wurde es doch in der kirchlichen Rechts- und Verwaltungspraxis des Luthertums vielfach sinngemäß angewendet.

Nach Erscheinung und Organisation bot alles in allem das Luthertum das Bild einer konservativen Kirche. Konservativ im Verhalten zur überkommenen geistlichen Ordnung — soweit die Heilslehre dadurch nicht verletzt wurde — und konservativ im Verhalten zu den

Ordnungen und Lebensformen der Welt. Darin lag geradezu ein Grundzug, der das Luthertum charakterisierte, und ein Grundzug, durch den es sich im Zeitalter der Konfessionskämpfe vom Calvinismus unterschied. Es ließ die wirtschaftlichen, sozialen, rechtlichen und politischen Verhältnisse im wesentlichen so, wie sie waren, und engagierte sich vornehmlich für die Sicherung des Bekenntnisses und für die theologische Entfaltung der Lehre, sehr im Unterschied zum Engagement des Calvinismus, dem ganz entschieden daran lag, die politischen Verhältnisse und die innerstaatlichen Ordnungen nach seinen Leitideen zu beeinflussen oder sogar, wenn nötig, umzugestalten. Seiner Verbreitung und Entfaltung wenden wir uns im folgenden Kapitel zu.

Vierzehntes Kapitel
Der Calvinismus

I. ÜBERBLCK ÜBER SEINE EIGENART UND SEINE VERBREITUNG

Wesenszüge und Gesamterscheinung

Abgesehen von einigen dogmatischen Kernlehren (Abendmahl, Prädestination; s. oben S. 48 ff.), unterschied sich der Calvinismus von den anderen protestantischen Kirchen und Gruppen verfassungsmäßig durch sein Gemeindeprinzip, lebensmäßig durch sein Pathos der geistlichen Welteroberung. Er sah es als sein Ziel an, der Herrschaft Christi die Wege zu ebnen und das Reich Gottes auf Erden zu verwirklichen. Im staatlichen Bereich neigte der Calvinismus dazu, politische Ziele grundsätzlich dem höheren Ziel, das Reich Gottes aufzubauen, unterzuordnen. In der politischen Praxis begünstigte er gewöhnlich frondierende Ständeparteien gegen deren Obrigkeiten, soweit diese nicht dem reformierten Bekenntnis angehörten. Weil er sich — nicht anders als Luthertum und Katholizismus — als die gültige, von Gott selbst vorgezeichnete Form der christlichen Kirche verstand, verhielt er sich intolerant. Allerdings kannte er eine abgestufte Intoleranz, je nachdem, mit welchen Konfessionen oder Denominationen er zu tun hatte. Er entwickelte einen missionarischen Bekehrungseifer und stellte hohe Anforderungen an den einzelnen Gläubigen: Er verlangte von ihm eine strenge sittliche Disziplin in Dingen der Berufsausübung und der persönlichen Lebensführung und erzog ihn dazu, Verantwortung zu übernehmen. Vor allem erzog der Calvinismus die kirchliche Gemeinde und die regionalen Gemeindeverbände kraft Verfassung zur Selbstverwaltung und zu verantwortlichem Handeln in der Öffentlichkeit. Er weckte Energien, gab Impulse und erzeugte in den von ihm ergriffenen Menschen ein Gefühl für kritische Selbständigkeit gegenüber den weltlichen Größen der Kultur, des Staates und der Wirtschaft, mit denen sie es je an ihrer Stelle zu tun hatten. Ganz besonders aber wirkte der Calvinismus typenbildend auf die Menschen und Völker seines Verbreitungsgebietes, weil — im Gegensatz zum Luthertum — ihm das Evangelium nicht nur Heilsbotschaft, sondern auch *Gesetz* war. Altes und Neues Testament enthielten für ihn nicht nur Grundsätze und Richtlinien, sondern auch Vorschriften für das zwischenmenschliche Verhalten und für die Ordnung des öffentlichen Lebens überhaupt. Der Calvinismus entwickelte dementsprechend eine kräftige Aktivität auch außerhalb des im engeren Sinne kirchlichen Lebens. Er spannte die Staatsgewalt für seine Zwecke — in seinem Vokabular: für den Dienst Gottes — ein und wurde dadurch selber zum mitbestimmenden Faktor in der europäischen Politik (vgl. oben Kapitel 5, Abschnitt 3, S. 114ff.).

Im Unterschied zu dem dogmatisch ängstlicheren und landeskirchlich eingeengten Luthertum zeigte sich der Calvinismus risikofreudig und von einem dynamischen Missionsdrang beseelt. In diesem Punkte war er viel eher dem Jesuitenorden verwandt. Niemals in seiner Frühzeit verlor er seinen universalen Aspekt aus dem Auge: das Reich Gottes aufzurichten. Und von diesem Aspekte her empfing er einen ökumenischen Einschlag. Calvins Pflichtgedanke und Sittenzucht verliehen ihm einen betont ethischen Akzent. Das Gemeindeprinzip förderte Gemeinschaftssinn, Selbständigkeit, Verantwortungsbewußtsein und Entscheidungskraft. Der Erwählungsgedanke — die Lehre von der Prädestination — hat, geschichtlich geurteilt, nicht lähmend, sondern anspornend gewirkt. Er hat die Tatkraft gesteigert und die Frömmigkeit belebt. Seine fruchtbarste Verbindung ging der Calvinismus mit den Niederländern und den Angelsachsen ein. Mit ihnen erreichte er die politisch aktivsten und wirtschaftlich potentesten Völker des 17. Jahrhunderts und zugleich die beiden ersten Seemächte der Zeit. Sie beherrschten die Weltmeere und damit weite Teile der Welt — ganz abgesehen davon, daß die Holländer auch in Kunst und Wissenschaft an der Spitze lagen. *Diese* Völker trugen den Calvinismus in die Welt hinein: nach Südafrika, nach Amerika und nach Indonesien. Er wurde auf diesem Umwege, wenn auch gewiß nicht nur über diesen Umweg, zu einer Weltkonfession und zur bedeutendsten Repräsentation des europäischen Protestantismus in Übersee.

System seiner Ausbreitung unter der Anleitung Calvins

Was die Ausbreitung des Calvinismus über die Völker, Staaten und Landschaften Europas betrifft, so hatte sie schon zu Lebzeiten Calvins ganz energisch eingesetzt. Der Humanismus und die Kunde von Luthers Reformation hatten die ersten Breschen geschlagen, den Boden gelockert, die Geister geweckt. Dann war gewissermaßen als zweite Welle die calvinistische Bewegung gefolgt: Seit etwa 1545–50 machten Calvins Schriften, Traktate, Sendbriefe die Runde; und seit eben dieser Zeit verbreiteten die Angehörigen der Wanderberufe die Kunde von Calvin in alle Himmelsrichtungen; die Buchdrucker und Buchführer, reisende Kaufleute, Studenten und Handwerker; und schließlich auch Geistliche in zunehmender Zahl. Die straffe Ordnung und die klare, lichtvoll dargelegte Lehre der Genfer Kirche fanden Anklang. Durch sie erhielt die calvinistische Bewegung Zusammenhalt, Einheit und Übersichtlichkeit, durch sie empfing sie aber auch die Kraft, sich zu organisieren, Zellen zu bilden und die neu entstehenden Zellen untereinander in Kontakt zu bringen. Durch die ganze Bewegung ging ein einziger Blutkreislauf; die Gemeinden tauschten untereinander Erfahrungen, Leute, Nachrichten aus. Sie halfen einander; gründeten Filialen; meldeten ihre Sorgen, Hoffnungen, Wünsche und Bedürfnisse nach Genf und wurden aus Genf von Calvin getröstet, ermahnt, unterrichtet und zurechtgewiesen. Solange er lebte, hatte Calvin die Seinigen unter Kontrolle. Er schickte seine Mitarbeiter, Helfer, Schüler, Boten in die einzelnen Länder, an Fürstenhöfe und zu Gläubigen im Untergrund. Er versah sie mit Instruktionen und hielt sie zur Berichterstattung an. Er gab Ratschläge, erteilte Befehle und unterwies in Einzelfragen des Glaubens und der Disziplin. Er unterrichtete die Anhänger seines Glaubens in Frankreich, Deutschland und Polen über die Spielregeln der Gemeindebildung in andersgläubiger Umwelt und über die Reihenfolge der unumgänglichen Schritte: Predigt, Abschaffung der Messe, reformierter Kult, Kirchenzucht. Er verlangte von einer Gemeinde, daß sie sich von ihrem reformierten Pfarrer trennte, weil dieser im Dogma auf Abwege geraten sei; und er bestärkte eine andere Gemeinde in ihrem Widerstand gegen die Lutheraner. Er legte einem Magnaten nahe, eine reformierte Schule zu gründen. Oder er besprach sich mit einem jungen Hofprediger über den rechten Mittelweg zwischen Anpassung und Grundsatztreue bei der Einrichtung des reformierten Kirchenwesens in einem konfessionell gemischten Lande. Kurz, Calvins Organisationsgenie, sein politischer Instinkt, seine einzigartige Kunst, seinen Willen auf seine Glaubensgenossen zu übertragen, sie seiner Autorität zu unterwerfen und im Bekenntnis seiner Lehre auch unter den widrigsten Umständen zu bestärken, standen am Anfang der Ausbreitung des Calvinismus und trugen ihn in seinem ersten Schwung. Als Calvin 1564 starb, stand seine Bewegung — ähnlich wie der Jesuitenorden 1556 beim Tode des Ignatius — in einer solchen Kraft, daß sie jetzt auch ohne ihn weiterwuchs und fortschritt.

Zentrum und Kraftquelle der calvinistischen Ausbreitung blieb noch Jahrzehnte über Calvins Tod hinaus *Genf* mit seiner paradigmatischen Kirchenverfassung und Sittenzucht, mit seiner Hochschule und seiner internationalen reformierten Stadtbürgerschaft. Schließlich war es auch nicht ganz belanglos, das Calvin in Theodor Beza (de Bèze) einen Nachfolger erhielt, der vierzig Jahre lang als ein führender Kopf der Genfer Kirche auch allgemeine Autorität im gesamten reformierten Protestantismus genoß und solchergestalt etwas von dessen Einheit, Dynamik und Bildungshöhe repräsentierte.

Das reformierte Christentum in den Ländern Europas

Die *deutsche* Schweiz hatte sich, soweit sie protestantisch war, bald nach Zwinglis Tod (1531) vom deutschen Protestantismus getrennt.

Zwinglis Nachfolger Heinrich Bullinger hatte sich dogmatisch mit Calvin verständigt (1549) und dadurch ein Einvernehmen der Kirchen von Genf und Zürich erzielt. 1566, also zwei Jahre nach dem Abschluß des Trienter Konzils, wurde das Fundament zu einer reformierten eidgenössischen Kirche gelegt, als sich die Mehrzahl der reformierten Schweizer kantonalen Kirchen entschloß, ein gemeinsames schweizerisches Lehrbekenntnis, die von Bullinger verfaßte Confessio Helvetica Posterior, anzunehmen.

In dieser Zeit hatte der Calvinismus aber die Grenzen der Eidgenossenschaft schon weit überschritten. Im *Osten* war er bis nach Polen, Ungarn und Siebenbürgen gelangt. In Deutschland fand er ein schwächeres Echo, vor allem aber einen sehr viel schwierigeren Boden. Evangelische Geistliche, bei denen Calvins Glaubenslehre Anklang fand, mußten sich vielfach auf Befehl ihrer Obrigkeit davon distanzieren oder ihr Bündel schnüren und auswandern. Auch hatte der Augsburger Reichstag von 1555 den Calvinismus aus dem Religionsfrieden ausgeschlossen. Deshalb mußten selbst Landesfürsten befürchten, daß sie sich Schwierigkeiten auf den Hals zögen, wenn sie den reformierten Glauben annahmen und in ihr Land einführten. Sehr viel anders sah es dagegen in den Ländern westlich und nordwestlich von Deutschland aus. In Frankreich fiel alles, was dort evangelisch war, Calvin zu, geriet allerdings in einen Kampf auf Leben und Tod mit dem Katholizismus. In den Niederlanden wurde der Calvinismus zur beherrschenden evangelischen Konfession, mußte sich freilich auf die Dauer mit dem Katholizismus arrangieren. In England hatte er jahrzehntelange Anfangsschwierigkeiten zu überwinden und gelangte auch nie zur Alleinherrschaft, jedoch zu bedeutender Wirksamkeit. In Schottland dagegen setzte er sich vollkommen durch und wurde zur Staatsreligion.

Im Gegensatz zu Deutschland entwickelte sich der Calvinismus in Westeuropa zur herrschenden Form des Protestantismus. Durch seine Verbindung mit den Seevölkern — den Holländern, Engländern und Schotten —, die eine großartige Rolle in der Geschichte des 17. und 18. Jahrhunderts spielten, gelangte er selbst auch zu größter geschichtlicher Wirksamkeit und gewann eine Weltgeltung, die auf ihre Weise bis heute noch anhält. Obwohl die Entwicklung des Calvinismus in den einzelnen Ländern unterschiedlich verlief, brachte sie doch auch gemeinsame Erscheinungsformen hervor: überall wurden zum Beispiel um 1560–70 nationale Bekenntnisschriften formuliert (mit dem englischen Nachzügler 1646, der Westminster Confession), überall bekam das Erziehungs- und Hochschulwesen Auftrieb — neben den holländischen Universitätsgründungen um 1600 erstanden auch in Deutschland (s. unten S. 235 f.) und Frankreich neue reformierte Akademien, so in Sedan und Saumur. Alle diese Hochschulen, zu denen auch noch die schweizerischen gezählt werden müssen, zeichneten sich aus durch die Pflege internationaler Kontakte. Sie hatten dadurch ihre besondere Bedeutung für die Einheit und das Zusammengehörigkeitsgefühl des Reformiertentums in der Welt. Diesen Zusammenhalt dokumentierte auch — trotz der Verdammung des Arminianismus (s. unten S. 261 f.) — die Synode von Dordrecht 1618–19, eine Art reformierten Weltkonzils. Schließlich beteiligte sich der Calvinismus im Westen auch allenthalben leidenschaftlich an den Bürgerkriegen und den Kämpfen um die Machtverteilung im Staate in Schottland, England, Frankreich und den Niederlanden und mobilisierte hierfür die Sympathien in der gesamten reformierten Welt. Deutsche Fürsten zogen mit kleinen Kontingenten nach Frankreich, um für die Hugenotten zu kämpfen; und die Holländer erhielten im Krieg gegen Spanien gelegentlich Zuzug von deutschen und englischen Truppen.

Wir wenden uns im folgenden der Verbreitung und Eigenart des Calvinismus in den *einzelnen* Ländern zu und beginnen mit einem Blick auf die Völker im Osten.

II. VERBREITUNG UND EIGENART DES CALVINISMUS IN DEUTSCHLAND

Der Calvinismus fand in Deutschland ein sehr viel schwächeres Echo als in Ungarn und in Polen. Dennoch gelangte er zu einiger geschichtlicher Bedeutung. Auf der einen Seite rief er Lehrkämpfe hervor und brachte die Geister theologisch in Wallung. Auf der anderen Seite trug er Leben und Streit in die Reichspolitik und vertrat gegenüber dem Kaiser mit Entschiedenheit eine politische Konzeption. Die reformierten Fürsten entwickelten eine sehr viel größere Aktivität als die Lutheraner. Und schließlich war es ein reformierter Fürst, Friedrich V. von der Pfalz, der durch seinen — allerdings nicht sehr besonnenen — Wagemut den äußeren Anstoß zum Ausbruch des Dreißigjährigen Krieges gab. Nicht zufällig gehörten seine hauptsächlichen Berater ebenfalls dem reformierten Bekenntnis an. Nicht zuletzt schuf der Calvinismus auf dem schmalen Terrain, das er in Deutschland gewann, eine Reihe von guten Hochschulen und sonstigen Bildungsanstalten, darunter in Heidelberg ein geistiges Zentrum des Calvinismus von europäischem Rang. Und schließlich brachte er neben solchen Gemeinden, deren Verfassung an das Genfer Vorbild anschloß, eine Anzahl von Landeskirchen hervor, welche das fürstliche Kirchenregiment auf reformierter Glaubensbasis praktizierten. Ganz abgesehen davon, daß er zeitweilig mit seiner Lehre das Luthertum ein wenig unterwanderte.

Melanchthon und der Kryptocalvinismus

Einige oberdeutsche Städte und Landschaften, die früher zu Zwingli geneigt hatten, zeigten auch für Calvin Sympathien. Darunter an erster Stelle Straßburg. Dessen Gemeindeorganisation hatte Calvin seinerzeit viele Anregungen für seine spätere Genfer Kirchenorganisation vermittelt. Von den deutschen Reformatoren standen Calvin, Martin Buzer und Philipp Melanchthon freundschaftlich nahe; sie berührten sich mit ihm auch in einigen wichtigen Punkten der Lehrauffassung. 1540 hatte Melanchthon die Confessio Augustana einer Revision unterzogen. Sie hieß dementsprechend die Confessio Augustana Variata oder das veränderte Augsburgische Bekenntnis. Seine Abänderungen hatten sich auf die Formulierung der Abendmahlslehre bezogen. Ebendiese Abänderung hieß Calvin aber gut — während sie den strammen Lutheranern verdächtig klang. Mit seinem Abendmahlsverständnis stellte Melanchthon die Brücke oder auch die Abzweigung von Luther zu Calvin dar. Mancher evangelische Theologe des mittleren und späteren 16. Jahrhunderts fand in der Tat über Melanchthon den Weg zu Calvin. Derjenige Flügel des deutschen Protestantismus, der theologisch Melanchthon folgte und gemeinhin Philippismus genannt wurde, geriet in den theologischen Meinungskämpfen der zweiten Jahrhunderthälfte in scharfen Gegensatz zu denjenigen Gruppen, die sich enger an Luther hielten, und wurde verdächtigt, heimlich den Calvinismus in die deutschen lutherischen Landeskirchen einzuschleusen. Man klassifizierte die Anhänger Melanchthons als Kryptocalvinisten und spürte ihnen nach. Zwei kursächsischen Kanzlern wurde im Abstand von dreißig Jahren unter der Beschuldigung, den Kryptocalvinismus begünstigt zu haben, der Prozeß gemacht. Der eine starb unter der Folter, der andere auf dem Richtplatz.

Reformierte Territorien

Anderwärts hatten einzelne Grafen und Fürsten inzwischen den Calvinismus als Landesreligion kraft Regierungsgewalt eingeführt. Wieder anderwärts hatten sich aus ausländischen Glaubensflüchtlingen separate reformierte Flüchtlingsgemeinden in deutschen Städten gebildet. In Ostfriesland hatten sich die dortigen Stände: Bauern, Ritter und die Stadt Emden, im Gegensatz gegen ihren lutherischen Landesfürsten das reformierte Bekenntnis erzwungen. Und am Niederrhein hatten sich, begünstigt durch eine in Prinzip und Praxis milde, fast tolerante Religionspolitik der dortigen herzoglichen Regierung, unter holländischem Einfluß calvinistische Gemeinden aus eigenem Antrieb gebildet.

Diese Gebiete lagen im Westen Deutschlands, ausgenommen das Fürstentum Anhalt. Es gehörten dazu etwa ein Dutzend recht kleiner Grafschaften und Herrschaften zwischen Main und Nordsee (Lippe, Hanau-Münzenberg, Bentheim-Tecklenburg u. a.), von denen allein die Grafschaft *Nassau* zu zeitweiliger geschichtlicher Bedeutung heranwuchs. Es gehörten ferner dazu einige linksrheinische Kleinterritorien zwischen Pfalz und Mosel, darunter Pfalz-Zweibrücken. *Hessen-Kassel*, das spätere Kurhessen, sympathisierte seit dem ausgehenden 16. Jahrhundert mit dem Calvinismus und besetzte die theologischen Professuren seiner Landesuniversität Marburg mit Gelehrten, die dem Reformiertentum nahestanden. Darüber entzweite es sich mit dem streng lutherischen Landgrafen von Hessen-Darmstadt so sehr, daß dieser, um seine studierenden Landeskinder von Marburg fernzuhalten, eine neue Universität mit dezidiert lutherischem Charakter in Gießen (1607) gründete. Das bedeutendste Landesfürstentum, in welches der Calvinismus einzog, war die *Kurpfalz*. Die wichtigsten Städte, die sich ihm öffneten, waren Wesel und Bremen. Zeitweilig schien es so, als ob auch die Oberpfalz zwischen Regensburg und dem Fichtelgebirge für das reformierte Bekenntnis gewonnen würde. Allein die pfälzischen Kurfürsten, die hier mit Zwang und Gewalt vorgingen, stießen auf einen so entschlossenen Widerstand der lutherischen Bevölkerung, daß ihre Religionspolitik nicht zum Zuge kam, sondern nichts als Verwirrung stiftete. Dies zwischen Luthertum und Calvinismus jahrzehntelang hin- und hergerissene Land ist dann schließlich in den zwanziger Jahren des 17. Jahrhunderts durch den Kurfürsten Maximilian von Bayern systematisch rekatholisiert und mit den Methoden der Gegenreformation fast geschlossen zur alten Kirche zurückgeführt worden.

Wie in der Oberpfalz vor der Rekatholisierung, so leistete auch in den Territorien *Kurbrandenburgs* das Luthertum dem Calvinismus beherzt und erfolgreich Widerstand. Dort war Kurfürst Johann Sigismund 1613 zum reformierten Bekenntnis übergetreten. In seinen Hauptprovinzen, Brandenburg und Preußen, hatte sich das Luthertum aber derart eingewurzelt, daß der Fürst nicht daran denken durfte, nach dem Prinzip ‚Cuius regio, eius religio' vorzugehen, was ihm nach dem geltenden Reichsrecht zugestanden wäre. Die Landstände verpflichteten ihn vielmehr zu dem präzisen Zugeständnis, das Land bei seinem bisherigen Glaubensbekenntnis zu lassen und in diesem Punkte keinerlei Änderungen einzuführen. So blieb in Brandenburg-Preußen die Staatskirche lutherisch, obwohl die Dynastie dem reformierten Bekenntnis angehörte. Den Landesfürsten stand es allerdings frei, die Beamtenstellen in der Landesverwaltung, am Hofe usw. mit Reformierten zu besetzen, und das taten sie systematisch. Auch schufen sie den Reformierten gute Existenzmöglichkeiten in ihren Territorien und begünstigten sie in Handel, Handwerk, Wirtschaft und Landwirtschaft. So bildete sich im Lauf des 17. Jahrhunderts in der Bevölkerung des kurbrandenburgischen Herrschaftsbereiches eine reformierte Minderheit. Ihre Angehörigen übten meist qualifizierte Berufe aus und bekleideten innerhalb der Beamtenschaft vielfach die gehobenen Stellungen. Nachdem 1614 das Herzogtum Kleve und die Grafschaften Mark und Ravensberg mit vertraglich fixiertem konfessionellem Sonderrecht (Parität für alle drei Konfessionen) an Brandenburg gefallen waren, verstand es sich von selbst, daß die Kurfürsten die dort ansässigen Calvinisten besonders bevorzugten. Der Große Kurfürst, Friedrich Wilhelm, errichtete ihnen und seinen anderweitigen Reformierten in Duisburg eine calvinistische Landesuniversität.

Fürstliches Staatskirchentum und reformiertes Gemeindechristentum

Von verschwindenden Ausnahmen abgesehen, entwickelte sich nur in Ostfriesland und am Niederrhein ein selbständiges Gemeindechristentum, das den Vorstellungen Calvins und der Genfer Praxis einigermaßen entsprach. Hier schlossen sich auch die Ortsgemeinden nach französischem und niederländischem Vorbild zu Regionalsynoden (sogenannten „Klassen") zusammen, auf welchen alle Dinge von überörtlicher Bedeutung gemeinsam beraten und entschieden wurden. Oberhalb der „Klassen", welche zu periodischen Sitzungen zusammenkamen, gab es dann noch für Dinge von höherem und höchstem Belang eine allgemeine Provinzialsynode, welche von Zeit zu Zeit zusammentrat. Auch pflegten sie Kontakte mit den reformierten Synoden in der weiteren Nachbarschaft in Holland. Die kirchenbildende Kraft, welche in diesen Gemeinden und Gemeindeverbänden steckte, erwies sich noch Jahrhunderte später: im 19. Jahrhundert gingen die wesentlichen Impulse, welche dazu führten, daß die protestantischen Kirchen sich eine Synodal- und Presbyterialverfassung gaben, von den reformierten Gemeinden in Nordwestdeutschland aus.

Wo der Calvinismus aber, anders als am Niederrhein und in Ostfriesland, nicht durch Gemeindebildung aus eigener Initiative, sondern durch die Entscheidung der fürstlichen (oder städtischen) Landesobrigkeit Eingang fand, wurde er von oben her eingeführt kraft des Religionsbestimmungsrechts der Fürsten. Hier nahm der Fürst die Initiative in die Hand, ohne viel nach dem Willen der Gemeinden zu fragen. Von einem Eigenrecht der Gemeinden und von einem Kompetenzbereich ihrer Organe (Presbyterium, Pastorenkonferenz und dergleichen) war hier nur sehr bedingt die Rede. Immerhin: zahlreiche reformierte Fürsten erließen Kirchenordnungen, Kirchengesetze oder Religionsmandate, durch welche sie die Bildung von kirchlichen Einrichtungen vorsahen, die im Wortlaut stark, in der Funktion schwach an die Gemeindeorgane der Genfer Kirche erinnerten.

Beides, die Autonomie einer in ihren Ausschüssen und gewählten Repräsentanten selbsttätigen Kirchengemeinde und das Kirchenregiment eines Fürsten, der sich selbst als das Haupt seiner Landeskirche ansah, ließ sich schlecht vereinigen. Alle reformierten Fürsten behielten sich denn auch in ihren Kirchenverfassungsgesetzen das letzte Wort vor. Die reichhaltige kurpfälzische Kirchengesetzgebung von 1563–70 möge hier als *ein* Beispiel für viele dienen:

Was die dogmatische und liturgische Substanz anging, so stellten die genannten Gesetze die pfälzische Kirche eindeutig auf ein reformiertes Fundament. Was sodann die kirchlichen Verfassungsansätze betraf, so schimmerte bei ihnen das Vorbild der Genfer Ordonnanzen Calvins von 1561 zwar bis in den Wortlaut hinein durch. Aber deren Kernstück, das System der sich selbst regierenden und verantwortenden Gemeinde, übernahmen die pfälzischen Gesetze nicht. Sondern: *Alles*, was sie von den Genfer Einrichtungen im einzelnen, zum Teil wörtlich, übernahmen, unterstellten sie einer kirchlichen Leitung, die als obrigkeitliche Behördenkirche die sogenannte Schlüsselgewalt (das ist Autonomie) der Gemeinde praktisch aufhob und damit dasjenige Verfassungselement beseitigte, das für Calvin ein Wesenszug der Kirche war. Durch diesen Abstrich suchten die pfälzischen Kirchenverordnungen den reformierten Glauben mit dem landesherrlichen Kirchenregiment zu verbinden. Sie schufen damit, was nicht verkannt werden darf, das Paradigma einer Kirchenverfassung, die gerade für Deutschland in seinen reformierten Teilen typisch werden sollte. Lippe, Nassau und viele andere Grafschaften sind hier der Pfalz gefolgt. Gemessen an Genf und den Vorstellungen Calvins bedeutete das allerdings eine weitgehende Reduzierung der Gemeindeverfassung und innerhalb ihrer gerade der Kirchenzucht. Denn hier wurde ein für Calvin alles andere als unerheblicher Bereich kirchlichen Lebens eingeschnürt, wenn nicht gar erstickt.

Hiermit verglichen heben sich die niederrheinisch-nordwestdeutschen reformierten Kirchen bedeutend ab, weil sie es vermochten, die genuin calvinische Gemeindeverfassung schöpferisch fortzubilden und durch Bildung von Klassikal- und Synodalverbänden jene — auf der Schlüsselgewalt basierende — Freiheit der Selbstregierung zu konstituieren, für die sich Calvin seinerzeit in Genf in die schärfsten Kämpfe eingelassen hatte — und die gerade unter dem engagiert calvinistischen Kurfürsten Friedrich III. von der Pfalz wegen der Macht der Verhältnisse so gar nicht recht zum Zuge kam.

Dem genannten Kurfürsten Friedrich, der 1560 zum Calvinismus übertrat, standen einige sehr befähigte Mitarbeiter zur Seite; darunter die beiden Theologen Caspar Olevianus und Zacharias Ursinus. Beide verfaßten im landesherrlichen Auftrag den Heidelberger Katechismus. Dieser wurde 1563 zusammen mit der pfälzischen Kirchenordnung veröffentlicht und fand in kürzester Zeit weiteste Verbreitung. In seiner faßlichen und gegenüber dem Luthertum unpolemischen Diktion sprach er, ähnlich wie Luthers Kleiner Katechismus, Menschen *aller* Schichten an und gelangte eben dadurch zu Weltgeltung. Die Dordrechter Synode (1618–19) erhob ihn später in den Rang eines symbolischen Buches. Er erhielt seinen Platz neben den offiziellen Lehrbekenntnissen des reformierten Protestantismus und bildete den wichtigsten Beitrag, den Deutschland zum Lehrgut des Weltcalvinismus beisteuerte.

Reformierte Hochschulen

Wenn auch keine Hochschule in ihrer Bedeutung an die Universität Heidelberg heranreichte, so entwickelten sich doch die akademischen

Gymnasien und Schulen, welche viele der kleineren reformierten Territorialherren stifteten, zu namhaften Studienanstalten. Unter ihnen ragte Herborn hervor, das Graf Johann von Nassau 1584 gegründet hatte; daneben gab es Gymnasien mit wissenschaftlichem Überbau in Bremen (1585, 1610 Akademie), in Burgsteinfurt (1588) und Hanau (1610). Die Landesobrigkeiten ließen es sich ein beträchtliches kosten, mit den geringen finanziellen Kräften ihres Territoriums diese Hochschulen zu gründen und in Betrieb zu halten. Vor allem scheuten sie auch weder Kosten noch Anstrengungen, um renommierte Hochschullehrer zu gewinnen.

Hier kamen ihnen die unruhigen Zeitläufte paradoxerweise recht entgegen. Die Kurpfalz, die schon *vor* Kurfürst Friedrich III. manche Religionswechsel über sich hatte ergehen lassen müssen, blieb weiter ein Opfer der konfessionellen Meinungsverschiedenheiten im kurfürstlichen Hause. Mehrfach wurden in Heidelberg die Professoren verjagt und gegen andersgläubige ausgewechselt. Die lutherische Welle, welche 1576 das Land erreichte, spülte den calvinistischen Lehrkörper hinweg. So war Olevian, einer der führenden reformierten deutschen Theologen, froh, daß er in Herborn unterkam. Auch übernahm unter Umständen ein flüchtiger reformierter Gelehrter aus dem Ausland, der vielleicht im Zuge der Religionskriege in Frankreich und den Niederlanden sein Amt verloren hatte, nicht ungern bis auf weiteres den Unterricht an einer Hochschule seines Bekenntnisses in Deutschland. Aber auch sonst fand sich aus dem deutschen Sprachgebiet eine ganze Reihe tüchtiger Lehrkräfte ein: Johann Altusius wäre hier zu nennen, der überragende Rechtsdenker und politische Theoretiker, dessen „Politica" (1603) repräsentativ die reformierte Auffassung der ständischen Volkssouveränität formulierte. Ferner der Schweizer Theologe J. H. Heidegger; Wilhelm Zepper (1550–1607), der Organisator des nassauischen reformierten Volksschulwesens, und andere mehr (Piscator, Pezelius, Vorstius, Alsted). Die für das Zeitalter charakteristisch rasche Fluktuation von Studenten und Professoren, die es gewöhnlich niemals sehr lange an *einer* Hochschule aushielten, brachte es mit sich, daß sich rasch, leicht und auf breiter Basis Kontakte vom Inland zum Ausland und auch innerhalb desselben Landes von Hochschule zu Hochschule schlossen. So wurden nicht zuletzt auch durch den häufigen Ortswechsel von Studenten und Professoren diese kleinen Hochschulen in die lebendige Bewegung des Calvinismus in ganz Europa hineingezogen. Sie nahmen unmittelbar an seinen theologischen und politischen Schicksalen teil und wurden oft direkt davon berührt.

Calvinismus und Luthertum im Reich

So war das kleine Häuflein deutscher Reformierter in das Gesamtschicksal des Calvinismus verwoben. Doch während sich der Calvinismus tief in das Wesen der westlichen Völker eindrückte, blieb es ihm versagt, ähnlich bleibende Wirkungen in Deutschland hervorzubringen. In diesem Punkte konnte er sich mit den beiden anderen Konfessionen nicht messen. Selbst seine welthistorische Auseinandersetzung mit dem *Katholizismus*, die das ganze Zeitalter der Gegenreformation in Ost- und Westeuropa zu einem Zeitalter der Glaubenskämpfe, der massiven religiösen Aktionen und der konfessionellen Militanz machte, spürte man in Deutschland nur am Rande. Im Gegenteil, in Deutschland verzehrten sich seine besten Kräfte im Kampf gegen das *Luthertum*.

Die Lutheraner rechneten den Calvinismus zu den beseitigungswürdigen Ketzereien. Sie hielten ihn im Grenzfall — seiner Sakramentenlehre wegen — sogar für schlimmer als den Katholizismus und stritten sich mit ihm in den Formen der Zeit weidlich herum: kontroverstheologisch, literarisch und publizistisch; grob, verleumderisch und aufhetzend. Den Kryptocalvinismus spürten die Lutheraner zäh und beharrlich auf und vernichteten ihn unbarmherzig. Bis 1600 erlag er allenthalben dem Zugriff der lutherischen Obrigkeiten. Anderseits verbreitete sich in Deutschland der Calvinismus kaum auf Unkosten des Katholizismus, sondern fast überall, wo sich das reformierte Bekenntnis etablierte, hatte das *Luthertum* das Nachsehen und mußte gewissermaßen die Kosten tragen: in der Kurpfalz und am Niederrhein, in der Oberpfalz und bei den kryptocalvinistischen Wirren in Kursachsen, in Anhalt und in Brandenburg-Preußen. In Bremen wie in Nassau, Lippe und manchen weiteren Grafschaften im westfälisch-hessischen Raum kam der Calvinismus als zweite Welle der Reformation ins Land und suchte nicht Katholiken, sondern Lutheraner zu Reformierten zu bekehren oder bekehrte sie dazu, teilweise durch Überzeugung, meistens aber mit Zwang. Freilich hatte das Luthertum auch seine Not mit dem gegenreformatorischen Katholizismus. Aber doch wieder in anderer Weise. Denn daß lutherische *Territorien* wieder rekatholisiert wurden, kam nicht häufig vor. Vielmehr wurden gewöhnlich die sehr zahlreichen Lutheraner, die unter einer katholischen Obrigkeit lebten, von der Rekatholisierungswelle betroffen — in Österreich und in vielen geistlichen Fürstentümern. Und *da*gegen ließ sich aus Gründen des Reichsrechts nicht viel machen. So lag also in der Unterwanderung von Gebieten, die der Reformation schon gewonnen waren, und in der nicht immer zwanglosen Hinführung von Lutheranern zum reformierten Bekenntnis die Ursache für die erbitterte Gegnerschaft des Luthertums in Deutschland gegen den Calvinismus.

Was aber den Besitzstand der Reformierten in geographischer und territorialer Hinsicht anging, so war er bis in den Dreißigjährigen Krieg hinein manchem Wechsel unterworfen: Das kurpfälzische Haus verlor für nahezu dreißig Jahre seine Besitzungen in der Unterpfalz beiderseits des Rheins und die Oberpfalz für immer. Und Gustav Adolf griff im westlichen Mitteldeutschland bei der Restituierung des Protestantismus gelegentlich zugunsten des Luthertums und zum

Schaden des Calvinismus ein — von den vielen Veränderungen und Verschiebungen abgesehen, die das Kriegsgeschehen nach sich zog. Diesen Schwankungen setzte der Westfälische Friede 1648 ein Ende. Er fixierte nicht nur Grenzen, Besitzstand und Bekenntnislage, sondern er erkannte nunmehr auch den Calvinismus als im Reiche zulässige christliche Religionsform an und verschaffte ihm damit jene rechtliche Sicherheit, deren er in dem Jahrhundert zwischen dem Augsburgischen und Westfälischen Frieden hatte entbehren müssen.

III. DER CALVINISMUS IM OSTEN

1. Zur Lage des Calvinismus in Osteuropa

Die Wirtschaftsverfassung des europäischen Ostens war durchgängig agrarisch, seine Gesellschaftsordnung aristokratisch, seine politische Lebensform monarchisch. In seinen zahllosen Städten lebte viel deutsches Bürgertum, welches sich vom Handel nährte. Es gab darüber hinaus an einzelnen Stellen geschlossene deutsche Siedlungsgebiete — vor allem in Böhmen, dessen Ränder zum Beispiel zusammenhängend deutsch bevölkert waren. In jedem der östlichen Königreiche und Herrschaftsräume lebten mehrere Nationalitäten zusammen. Die wenigsten in Böhmen und Mähren, die meisten im Königreich Polen-Litauen. Dieses Reich erstreckte sich von der Ostsee südlich bis zu den Karpaten und fast bis ans Schwarze Meer und reichte östlich bis an Kiew heran — umfaßte also auch Galizien und einen Teil der Ukraine. Es war ein Vielvölkerstaat. Dies war in anderer Art Ungarn auch. Ungarn selbst war seit dem Sieg der Türken in drei Teile gespalten: Seine Nord- und Westgebiete gehörten zu Österreich, führten die Bezeichnung „Königreich Ungarn" und erstreckten sich von der polnischen, mährischen und böhmischen Südgrenze entlang der erbländischen Ostgrenze bis nach Slowenien und Kroatien. Die ungarische Tiefebene, die Pußta, das Donau- und Theißgebiet waren eine türkische Provinz und unterstanden dem Sultan in Konstantinopel. Die östlichen Randgebiete erfreuten sich unter türkischer Oberhoheit einer halben Selbständigkeit und wurden als „Fürstentum Siebenbürgen" von eigenen Herrschern regiert.

Reformation und Gegenreformation verliefen im Osten sehr viel anders als im übrigen Europa. Das hing ebenso mit der politischen Ordnung und der Sozialverfassung wie mit der Vielfalt der Nationalitäten zusammen. Die Königreiche stellten bei weitem nicht so hochentwickelte Organismen dar wie die Monarchien in Westeuropa. Sie besaßen nicht die relative Einheitlichkeit, die relativ fortgeschrittene Zentralverwaltung, das durchorganisierte Militär- und Finanzwesen und die verfeinerte Industrie und Technik des Westens. Ein strammes königliches Staatskirchentum ließ sich also etwa wie in

Frankreich oder Spanien keinesfalls praktizieren. Der Adel besaß beträchtliche Mitregierungsrechte. Er redete deshalb in die Religionspolitik des Landes mit hinein und ließ sich anderseits doch auch wieder weniger gefallen. Konfessionell hielten sich die adligen Herren des Ostens für einigermaßen autonom und lebten in diesem Punkte nach der eigenen Fasson. Das schloß Absprachen und Zusammenschlüsse zugunsten des einen oder anderen Bekenntnisses keineswegs aus, begünstigte aber eine konfessionell sehr vielfältige Entwicklung. Schließlich sammelten sich in dem völkischen Gemengegelage die einzelnen Nationalitäten gern unter dem Zeichen der einen oder anderen Konfession: Die Volkstümer schlossen sich im Gefolge der Reformation nunmehr auch religiös zusammen. Die Deutschen und Slowaken, soweit sie nicht katholisch blieben, hielten sich ans Luthertum; die Madjaren und Polen, soweit evangelisch, bevorzugten den Calvinismus; die Kroaten hielten geschlossen am Katholizismus fest; und so weiter. Natürlich gab es allerlei Ausnahmen und Überschneidungen — lutherische Madjaren und deutsche Calvinisten in Ungarn, lutherische Polen und so fort. Aber der Trend, Nationalität und Konfession miteinander in Beziehung zu bringen, war unverkennbar. Weiterhin sonderten sich konfessionelle Einheiten heraus nach sozialer Abhängigkeit. Adlige Großgrundbesitzer; Magnaten, die über bedeutende Latifundien geboten und ihre Hintersassen persönlich regierten, gaben auf ihren Besitzungen auch konfessionell den Ton an. Entweder veranlaßten sie alles, was in ihrem Bezirk wohnte, den Glauben der Herrschaft anzunehmen, oder sie gewährten auch religiös Verfolgten auf ihren Gütern Duldung.

Calvin tat also durchaus etwas Richtiges, wenn er sich in Polen an eine Anzahl einflußreicher Magnaten und Würdenträger und nicht nur an den König und humanistische Gelehrte wandte, als er Richtlinien und Empfehlungen für die Einführung der Reformation ausgab.

2. Der Calvinismus in Polen

Alle übrigen evangelischen Bewegungen schien ab 1550 in Polen der Calvinismus zu überflügeln. Die Sympathien der einheimischen Adelsschicht wandten sich ihm fast einhellig zu. Ein einheimischer Aristokrat von hoher Bildung, Johannes a Lasko, hatte sich als Kirchenorganisator, als theologischer Schriftsteller und als Reformator im Sinne und Dienste Calvins einen Namen gemacht. Neben ihm warb ein mächtiger Hocharistokrat, Fürst Nikolaus der Schwarze von Radziwil, für die Lehre Calvins. Er warb aber nicht nur, sondern er tat auch viel. Er richtete reformierten Gottesdienst ein, soweit sein Arm reichte — und er reichte sehr weit, denn er war nicht nur Besitzer riesiger Latifundien, sondern auch einflußreicher Großkanzler des polnisch-litauischen Königreichs. Um 1560–70 waren die politischen Schlüsselstellungen fast allenthalben mit Protestanten besetzt, über 400 Kirchen hatten reformierten Gottesdienst. Auch gab es jetzt eine Bibel in polnischer Sprache. Nikolaus Radziwil hatte sie übersetzen lassen und, um sie zu drucken, auf eigene Kosten eine Druckerei eingerichtet (sogenannte Brester Bibel 1563).

Dem rapiden Aufschwung folgte aber ein ebenfalls rascher Zerfall. Eine dritte Führergestalt des Calvinismus war neben Radziwil und Johannes a Lasko der ehemalige Franziskaner Lismanini: Beichtvater der Königin Bona Sforza, Vertrauensmann König Sigismunds II. und Mittelpunkt des Krakauer Humanistenkreises. Dieser Lismanini hatte Anfang der fünfziger Jahre Genf besucht, war Calvinist geworden und hatte Calvin das Tor nach Polen weit geöffnet. Er hatte sich sodann zusammen mit a Lasko bemüht, die Evangelischen in Polen zu einigen und in Lehre und Zucht nach den Genfer Grundsätzen zu organisieren. Aber weder das eine noch das andere gelang. Die Zersplitterung wurde nicht überwunden, sondern schritt fort. Die allgemeinen Verhältnisse begünstigten die Sonderrichtungen und förderten ihr Wachstum. Die Zwangsmittel der Ketzer- und Katholikenvertreibung, deren sich der Calvinismus etwa in Genf, Schottland und der Pfalz bediente, standen ihm in Polen nicht zur Verfügung. Er konnte zwar existieren, durfte aber abweichende Glaubensrichtungen nicht ersticken. Und eben das schadete ihm und grub ihm viel Wasser ab. Um die Zeit von a Laskos Tode († 1560) begann die Sekte der Sozinianer (Unitarier, Antitrinitarier) aufzublühen, für welche Polen einen ganz eigentümlich aufgelockerten Boden besessen zu haben scheint. Zu ebendieser Sekte ging aber ein angesehener Vorkämpfer des Calvinismus über — eben Lismanini. Das Aufblühen der Häresie dämmte den Calvinismus aber nicht nur ein, sondern schadete ihm auch und brachte ihm Verluste bei.

Calvin selbst erlebte diese Wendung der Dinge noch in seinen letzten Lebensjahren. Er suchte ihr zu steuern, indem er publizistisch dazu Stellung nahm. Er verfaßte einige kleine Traktate, um seine Glaubensgenossen in Polen zu stärken und sie vor Abirrungen in der Lehre zu bewahren. Allein, es half nicht viel. Ebenso fanden seine Warnschreiben gegen einen einflußreichen theologischen Führer der Unitarier in Polen, Blandrata mit Namen, keinerlei Widerhall und verpufften wirkungslos. Diese Dinge nahmen ihn so mit, daß er schließlich etwas tat, was ganz gegen seine Gepflogenheiten verstieß: er resignierte. Er hielt weitere Anstrengungen für „eine unfruchtbare Arbeit" und versagte sich angesichts „des traurigen Zerfalls der polnischen Kirche" jedes weitere Werben um den Protestantismus dort. Wohl richtete er sein Gebet dahin, „Gott wolle nicht zulassen, daß sein in Polen so glücklich begonnenes Werk zerspalten und zerrissen, ja von den Ränken Satans zerstört werde" — aber zuletzt sagte er auch, seine anderweitigen Aufgaben ließen ihm keine Zeit, weitere Energien auf Polen zu verschwenden. „Diese ganze Nation ist mir verdächtig, weil nur ganz wenige aufrichtig handeln", lautete das letzte Wort, welches von ihm darüber erhalten ist.

Die Verluste, die der Calvinismus durch den Sog der Sekten erlitt, wurden auf der anderen Seite vermehrt durch die in den sechziger Jahren allmählich einsetzende Regeneration des Katholizismus. Die katholische Reform, welche im Lauf einer Generation unter anderem den größten Teil des Adels, darunter auch die Söhne Radziwils, zurückgewann, begann just in *dem* Momente weitere Kreise zu ziehen, als die evangelischen Häresien von der anderen Seite den Calvinismus stärker anschlugen. Die Kräfte zur Abwehr nach beiden Seiten gleichzeitig aber gingen den polnischen Reformierten aus.

Um eine festere Position gegen den Katholizismus zu gewinnen, schlossen sich die Reformierten mit den beiden anderen evangelischen Bekenntnissen zu einer evangelischen Union zusammen, dem Consens von Sandomir (1570). Diese Union hielt bis 1645 vor, also 75 Jahre, vermochte den Niedergang der Reformation und speziell den Schwund des Calvinismus in Polen aber nicht aufzuhalten. Von 1570 bis 1650 gingen die reformierten Gemeinden um zwei Drittel bis drei Viertel zurück. Die Reste gingen in den Wirren des schwedisch-polnischen Krieges unter (1655–60); desgleichen übrigens auch die polnischen Gemeinden lutherischer Konfession; wogegen sich die deutsch-lutherischen Gemeinden zu erhalten vermochten.

Abgesehen davon, daß die mehrfache Aufsplitterung dem Protestantismus schadete, weil sie ihn schwächte, scheint auch die Lehre Calvins nicht tiefer ins Volk eingedrungen zu sein; eine reformierte Gesinnung hat sich vermutlich nur in einer schmalen Führungsschicht gebildet, die sich aus Adligen und humanistisch und religiös aufgeschlossenen Bürgerlichen zusammensetzte. Von Einzelfällen abgesehen, ist es wohl auch nicht zur Begründung von dauerhaften kirchlichen Organisationsformen auf reformierter Grundlage gekommen; auch fehlte es an evangelischen Bildungsanstalten. Nun fand die Gemeindeverfassung und Kirchenzucht Calvins im Osten überhaupt nicht die trefflichen Voraussetzungen, die ihr die hochentwickelte westeuropäische Stadtkultur bot. Bei der anders gelagerten Sozialstruktur Osteuropas war es keineswegs selbstverständlich, daß sich aus den Gemeinden Ausschüsse bilden ließen von der Autorität, Arbeitsfähigkeit und Strafgewalt des Genfer Konsistoriums. Es kam noch hinzu, daß alle evangelischen Konfessionen mehr oder weniger auf das Protektorat von Edelleuten, Standesherren usw. angewiesen waren. Als Ende des 16. Jahrhunderts der Adel in großen Scharen wieder katholisch wurde, verloren die polnischen und litauischen evangelischen Gemeinden daher den Boden unter den Füßen — oder doch wenigstens einen Teil ihres Bodens. So erhielten sie sich in der Regel nur dort, wo die Aristokraten weiter ihre schützende Hand über sie hielten — wie zum Beispiel in Litauen die Nachkommen Nikolaus' des Roten von

Radziwil (eines Vetters des „Schwarzen"). So ist es das Zusammentreffen verschiedener innerer und äußerer Momente, wodurch sich der relativ rasche Zerfall des Reformiertentums nach zwei Jahrzehnten eines rapiden Aufschwungs erklärt.

3. Der Calvinismus in Ungarn

Letztlich hatte sich in Polen und Litauen der Adel konfessionell solidarisch verhalten und sich in diesem Punkte auf die Seite des Königs gestellt. Das gab den Ausschlag dafür, daß Polen ein verhältnismäßig geschlossen katholisches Land wurde beziehungsweise blieb. In *Ungarn* lagen die Voraussetzungen ähnlich. Auch nahmen Reformation und Gegenreformation bis ins späte 16. Jahrhundert dort einen überraschend parallelen Verlauf. Dann aber bahnte sich eine andersartige Entwicklung an. Die Sozialverfassung war etwa die gleiche wie in Polen. Aber die führenden Stände gingen konfessionell getrennte Wege. Außerdem spielte die politische Trennung in drei Staatsgebilde in die kirchliche Frage hinein und begünstigte nicht eben eine einheitliche Entwicklung.

In Ungarn zog die ständische Verfassung wie in Polen dem Landesherrn sehr deutliche Grenzen. Er war auf die Mitwirkung und auf den guten Willen des Adels angewiesen, der auch hier die politisch und sozial führende Schicht darstellte. Dieser Adel aber entzweite sich konfessionell. Die evangelischen Standesherren verteidigten daher im Königreich Ungarn ebensosehr ihre politischen Freiheiten wie den Protestantismus, während die katholischen Adelsgeschlechter eher dazu neigten, sich an das katholische Königshaus der Habsburger anzulehnen.

Überhaupt verband sich in den drei Teilen Ungarns die konfessionelle Bewegung mit inneren Machtgegensätzen, die zu viel größerer Schärfe gediehen als in Polen und Litauen; es hing teilweise damit zusammen, daß es sich bei den politischen Herrschern um Fremdherrscher handelte, gegen welche die alteingesessenen Stände ihre Freiheiten mit besonderer Leidenschaft verteidigten. Und es hing auf der anderen Seite auch damit zusammen, daß zum Beispiel die Habsburger mit der Gegenreformation zugleich den Absolutismus voranzutreiben versuchten.

Dem Protestantismus hatte, wie überall, so auch in Ungarn der Humanismus geistig vorgearbeitet. Die Reformation kam schon früh ins Land; und zwar in den zwanziger Jahren von Wittenberg her. So wurde sie anfangs in ihrer lutherischen Form bekannt; allerdings fand sie nur geteilte Aufnahme. In den vierziger Jahren verwandelte sich einer der frühesten ungarischen Reformatoren, Matthias Biró, in der Schweiz zum Anhänger Calvins. Durch ihn fand der Calvinismus Eingang ins Land. Damit setzte aber auch eine konfessionelle Spaltung innerhalb des Protestantismus dort ein. Sie lief, und darin lag ihre Eigenart, aber nicht quer durch die Bevölkerung, sondern orientierte sich stark an Stand und Nationalität — allerdings stärker wiederum an der Nationalität als an der sozialen Schicht. Die Mehrheit des Adels nahm in allen drei Teilen Ungarns den Calvinismus an. Dieser drang zur selben Zeit wie in Polen, in den fünfziger und sechziger Jahren, rasch im türkischen und im siebenbürgischen Teil vor; nur im mit Österreich verbundenen sogenannten „königlichen" Teil gelangte er nicht so glatt zum Zuge. Außer dem Adel öffnete sich ihm aber auch die bürgerliche Bildungsschicht. Einheimische Theologen studierten in der Schweiz und vertieften und verbreiterten nach ihrer Rückkehr das Verständnis für das reformierte Bekenntnis. Unter dem Protektorat von reformierten Magnaten fanden seit den fünfziger Jahren lokale und regionale Synoden statt, welche nach schweizerischem Vorbild den Gottesdienst reformierten. In Debreczen wurde eine Hochschule gegründet. Sie wurde zum Zentrum des madjarischen Calvinismus und erhielt den Ehrennamen eines ungarischen Genf. 1567 fand in Debreczen eine für die Bekenntnisbildung wichtige Nationalsynode statt: sie beschloß, das allgemeine Lehrbekenntnis der eidgenössischen reformierten Kirchen, die Confessio Helvetica Posterior (vor 1566; s. oben S. 230), für Ungarn zu übernehmen, und machte es zur verbindlichen Lehrgrundlage für den dortigen Calvinismus.

Im Unterschied zu Polen bildete sich in Ungarn so etwas wie eine einigermaßen haltbare reformierte kirchliche Organisation. Es gab obere kirchliche Amtsträger, und es tagten Synoden. Der Magnatenstand hielt sich für kompetent, die Kirchen auf dem Boden seines Großgrundbesitzes nach Dafürhalten mit Geistlichen der dem einzelnen Aristokraten jeweils zusagenden Konfession zu besetzen. Entsprechend wurden die Pfarrer bei Konfessionswechsel des Grundherrn entsetzt oder verjagt. Die Gutsuntertanen mußten der Glaubensrichtung ihrer Herrschaft folgen. Unter diesen sozialen und politischen Voraussetzungen war also gar nicht daran zu denken, eine Gemeindeverfassung nach Genfer Muster einzurichten. Auf die agrarisch-feudalen Verhältnisse mit ihren enormen gesellschaftlichen (und Bildungs-!) Unterschieden ließ sich die auf westeuropäische städtische Verhältnisse zugeschnittene relative Autonomie der Gemeinde einfach nicht übertragen. Kirchenzucht und Presbyterium, auch wenn sie auf dem Papier standen, fielen dahin, solange der adlige Großgrundbesitzer das Regiment führte. Die Magnaten aber, die in den Grenzen ihres Latifundienbesitzes von ihren Gutsuntertanen konfessionelle Gefolgschaft verlangten, verhielten sich untereinander tolerant. Die konfessionelle Vielgestaltigkeit Ungarns war die Folge davon.

Einzelne Symptome deuten darauf hin, daß die Abkehr vom Luthertum und die Hinwendung zum Calvinismus durch madjarische Vorbehalte gegen das Deutschtum begünstigt wurde. Seit der Mitte des 16. Jahrhunderts gingen die ungarischen Studenten, die außerhalb ihres Landes studierten, bevorzugt auf die Universitäten in Westeuropa und in der Schweiz. Freilich waren die reformierten Hochschulen auf deutschem Boden spärlich gesät. Aber immerhin: weil sie nach reformierten Universitäten Ausschau hielten, wandten sich die madjarischen Protestanten mit Vorliebe nach Westeuropa und traten für ein Jahrhundert und länger in ein enges Verhältnis zu dessen Kultur- und Geistesleben. Was gewiß nicht der geringste Ertrag der Ausbreitung des Calvinismus nach dem Südosten gewesen ist.

IV. DER CALVINISMUS IM WESTEN

1. Seine geschichtliche Bedeutung für Westeuropa

Ganz anders als in Deutschland und in Osteuropa schlug der Calvinismus im *Westen* ein. Hier gelangte er nicht nur zum Durchbruch und überflügelte alle anderen evangelischen Regungen auf dem Kontinent. Sondern hier faßte er auch Wurzel und stabilisierte sich als Gesinnung und Kirchenform über die Jahrhunderte hinweg.

Mehrere Ursachen mögen dazu beigetragen haben. *Zunächst* war Calvin selbst Westeuropäer und speziell mit den Verhältnissen in Frankreich bestens vertraut. Er schrieb, soweit er sich nicht der lateinischen Sprache bediente, französisch und sprach damit Millionen in Frankreich, Savoyen, Burgund und den Niederlanden an. *Zweitens* hatte sich die reformierte Kirchenverfasung nicht zufällig im Rahmen der hochentwickelten deutschen und westeuropäischen Stadtverfassung entwickelt: in Zürich, in Straßburg und in Genf. Eine Bürgerschaft, die gelernt hatte, eine komplizierte Verwaltung aufzubauen; sich selbst zu regieren, ihre politischen Organe zu wählen, Ausschüsse für die Behandlung einzelner Sachgebiete zu bilden, soziale Fürsorge zu üben — eine solche Stadtbürgerschaft vermochte auch sich selbst regierende kirchliche Gemeinden zu bilden und auch als kirchliche Gemeinde funktionstüchtig zu handeln. *Drittens* kam der Calvinismus nicht nur als Kirchentyp dem Drang der westeuropäischen Städte nach freiheitlichem und selbständigem Handeln entgegen, sondern er verlangte auch ein Bildungsniveau und selbst vom Laien eine gute theologische Beschlagenheit. Eben in diesem Punkte brachte der Westen unvergleichlich bessere Voraussetzungen mit als der Osten. *Viertens:* der Calvinismus hob die Verantwortung der Glieder für das Ganze, des einzelnen und der geordneten kleineren Einheiten für die Gemeinschaft und nahm ungescheut auch die politischen Kräfte für sich in Anspruch (s. oben Kapitel 5). Bei der damaligen Zeitlage traf sein Anruf ganz besonders diejenigen sozialen Schichten, die sich als Glieder eines Gemeinwesens verstanden und deshalb berechtigt fühlten, an der politischen Führung ihres Gemeinwesens teilzunehmen: Das waren in erster

Linie die hochadligen Stände. Aber nicht nur sie. Auch Ritter und Städte fühlten sich unter Umständen im gleichen Sinne angesprochen. Im 16. Jahrhundert befand sich überall die Monarchie im Vormarsch. Je mehr sie sich etablierte, um so kräftiger drückte sie die alten eingesessenen Zwischengewalten zurück, die ein Recht auf Mitsprache oder Mitregierung kraft Herkommens besaßen: Korporationen, Städte, geistliche und weltliche Oberstände. Der Calvinismus respektierte zwar grundsätzlich sehr wohl das Fürstentum. Aber er machte doch auch einige wichtige Vorbehalte. Ein Fürst, der sich gegen sein Amt verfehlte, hörte damit auf, ein Fürst zu sein. Und da er vermutlich aus freien Stücken nicht abtreten würde, war nach reformierter Lehre Widerstand gegen ihn erlaubt. Unter Umständen durfte man ihn dann sogar töten. In der Regel aber sollte der Widerstand „geordnet" sein; das heißt, ihn sollten diejenigen in die Hand nehmen und organisieren, die die größte Mitverantwortung am Gemeinwesen trugen. Das konnten je nach dem Hocharistokraten, selbst Prinzen von königlichem Geblüt, so in Frankreich, oder aber auch die Repräsentanten des adligen und bürgerlichen Mittelstands, wie in England, sein.

Auf die politischen Verhältnisse in Europa zwischen dem mittleren 16. Jahrhundert und dem mittleren 17. Jahrhundert angewendet, stärkte der Calvinismus mit diesen seinen Überzeugungen den gegen die Monarchie oppositionellen Kräften den Rücken. Religiöse und sittliche Motive erlaubten den Reformierten, sich im Grenzfall gegen ihren König oder Fürsten zu erheben. *Religiöse* Motive waren damals aber dasselbe wie *konfessionelle* Gesichtspunkte. Calvinisten, die mit der Religionspolitik ihrer Obrigkeit nicht einverstanden waren, hatten also in ihrer Religion einen Rechtsgrund, gegen ihre Obrigkeiten aufzustehen und notfalls Krieg gegen sie zu führen.

Schotten, Franzosen, Holländer und Engländer *haben* denn auch gegen ihre Könige Kriege geführt. Gewiß nicht nur aus Gründen der konfessionellen Entzweiung. Aber die Religion spielte eine Rolle, und der Calvinismus inspirierte den Widerstand. Während die Lutheraner ihrer Glaubenslehre zufolge stillesaßen, wehrten sich die Calvinisten ihrer Haut. Die Religionskriege in Westeuropa haben darin *eine* ihrer Ursachen, wenn auch längst nicht die einzige.

Um zu der eingangs aufgeworfenen Frage zurückzukehren: Worin liegen die Gründe für den Erfolg des Calvinismus in Westeuropa?, so wird man sie wohl kaum zutreffend beantworten können. Man kann darlegen, was den Calvinismus begünstigte: Stadtverfassung, Bildungsniveau, der westliche Ursprung Calvins selber und die religiöse Fundierung der ständischen Opposition gegen die Monarchie. Die begünstigenden Umstände allein besagen anderseits doch wieder nur wenig; denn manche dieser äußeren Umstände gab es auch in Oberdeutschland, manche auch in Italien und anderswo, wohin der Calvinismus niemals hingelangte. Positiv schlug er wohl vor allem dort ein, wo er die Seelen ergriff und die Menschen gewann. Und eben das gelang ihm in hohem Maße in den Niederlanden und in Schottland; das gelang ihm bis zu einem gewissen Grade in Frankreich, in England und in Nordwestdeutschland. Andere Motive traten gewiß *auch* noch hinzu, manchmal mehr, manchmal weniger. Allein: aus der gewaltigen historischen Nachwirkung des Calvinismus als Religion läßt sich schließen, daß er, als er sich seinerzeit von Genf aus verbreitete, die Menschen, die sich ihm öffneten, religiös in der Tiefe ergriff und zu formen vermochte. Seine Märtyrer bezeugten es; und aus vielen anderen Überlieferungsquellen ergibt sich dasselbe Bild. Aber weil er eine spezifische Nähe zur Politik besaß, blieb es begreiflicherweise nicht aus, daß auch politische Opportunisten sich auf seine Seite schlugen — wie mancher französische Aristokrat — oder daß auch wirklich große Politiker sich ihm näherten und ihn annahmen, ohne in ihrer Konfessionspolitik seinen Richtlinien zu folgen — wie Heinrich von Navarra oder Wilhelm von Oranien.

2. Der Calvinismus in Frankreich

Calvin hatte eine nicht geringe Gefolgschaft in Frankreich gewonnen. Sie rekrutierte sich aus vielen Schichten des Bürgertums und reichte hinein bis in die Kreise des allerhöchsten Adels und des Königshauses. Der französische Calvinismus zeichnete sich durch Organisationstalent und geistige Beweglichkeit aus. Er geriet aber sofort in den Sog der turbulenten politischen Kämpfe im damaligen Frankreich.

Die Gründe dafür lagen in der innerfranzösischen Geschichte während der Regierungen Franz' I. (1515–47) und Heinrichs II. (1547–59). Beide Könige hatten die Protestanten hart verfolgt und grausam bestraft. Als nach Heinrichs II. Tode wegen Unmündigkeit seiner Söhne Vormundschaftsregierungen nötig wurden, danach wegen der Kinderlosigkeit aller vier Söhne ein Dynastiewechsel in absehbarer Zeit in Aussicht stand, suchten die politischen Führer des französischen Calvinismus zunächst an der Vormundschaftsregierung beteiligt zu werden, sodann persönlichen Einfluß auf die jungen Könige und ihre Entschließungen zu gewinnen und schließlich einen Hugenotten — das war die Bezeichnung der französischen Calvinisten — als Thronfolger nach dem Aussterben des Hauses Valois durchzubringen. Das alles spielte sich in einem Zeitraum von über dreißig Jahren ab. Die große Chance des französischen Calvinismus bestand 1559 darin, daß einige Prinzen des königlichen Hauses und nähere Anverwandte der Dynastie die reformierte Konfession angenommen hatten und um dieser ihrer Herkunft willen zu dem engeren Personenkreis gehörten, der für die Vormundschaft in Frage kam. Sie kamen damals nicht zum Zuge, weil die Königinmutter und die Führer der katholischen Adelspartei sie abzuwehren verstanden. Als es 1572 schien, als ob der Hugenottenführer Gaspard von Coligny die Stellung eines maßgeblichen politischen Beraters des Königs Karl IX. gewinnen würde, erfolgte die Bartholomäusnacht, in welcher Tausende von Hugenotten ermordet wurden. Freilich war es nicht nur ein Kampf der Konfessionen, der sich in den dreißigjährigen Bürgerkriegen, den sogenannten Hugenottenkriegen, seit 1560 abspielte, sondern es war zugleich ein Kampf der Adelsparteien und ihres Gefolges um den tonangebenden Einfluß auf den Hof und den König.

In der Verflechtung des französischen Calvinismus mit den Thronwirren lag für ihn die große Möglichkeit, auf dem Umweg über die Politik auch als Konfession zum Zuge zu kommen und Frankreich zu einem protestantischen Lande zu machen. Anderseits lag in ebendieser Verflechtung auch eine der *Ursachen* für die Dauer und Gewalt der innerfranzösischen Religionskriege. Im Kampf um den Thron wurde zugleich um die Vorherrschaft von Katholizismus oder Calvinismus gekämpft. Die aufgepeitschten religiösen Leidenschaften mischten sich in den Bürgerkrieg und machten ihn eben dadurch so furchtbar.

Nach den Hugenottenkriegen, welche König Heinrich von Navarra, der Thronkandidat der Calvinisten, durch seinen Übertritt zum Katholizismus und durch seine Siege über die Reste der mit Spanien verbündeten katholischen Liga beendete, erlangten die französischen Calvinisten Duldung und gesetzliche Existenzberechtigung durch das Edikt von Nantes, welches König Heinrich IV. 1598 für sie erließ. Richelieu modifizierte ihren Status 1629 durch das Edikt von Nîmes — er nahm ihnen ihre politischen und militärischen Sonderrechte, erkannte sie aber als Konfession an. König Ludwig XIV. blieb es vorbehalten, sich als überspannter Absolutist am Bekenntnis seiner reformierten Untertanen zu stoßen, weil er es für eine Anmaßung hielt, daß es Franzosen wagten, über die Religion anders zu denken als ihr König. Er leitete damit eine hundertjährige Unterdrückungsperiode ein, die die Hugenotten zu einer religiösen Existenz im Untergrund zwang. Erst die Toleranzgesetzgebung der Französischen Revolution machte diesem Zustand 1789 ein Ende.

Die Massenflucht französischer Protestanten, welche — begreiflicherweise — nach der Aufhebung des Toleranzediktes von Nantes 1785 und in den folgenden Jahren einsetzte, bescherte England, der Schweiz, Preußen, den anderen deutschen Staaten und namentlich den Niederlanden einen besonders wertvollen Bevölkerungszuwachs, indem es meistens vermögende Kaufleute, qualifizierte Manufakturisten, Handwerker, Unternehmer und Gelehrte waren, die ihre Heimat verließen.

Mehr als hundert Jahre zuvor aber hatten die französischen Calvinisten mit ihrem logisch-praktischen Organisationstalent die zunächst nur auf eine Stadtgemeinde zugeschnittene Kirchenverfassung Calvins lebensfähig erweitert, indem sie, von der Gemeinde ausgehend, das System einer reformierten Landeskirche schufen. Sie richteten für überschaubare Bezirke Regionalsynoden ein, zu denen die Gemeinden des Umkreises ihre Deputierten entsandten. Vor das Forum dieser Synoden wurden Dinge gebracht, welche über den Kompetenzbereich einer Einzelgemeinde hinausgingen; auch holten sich die Gemeinden Rat in Fragen, mit denen sie allein nicht fertig wurden — etwa ob sie einen Reformierten zum Abendmahl zulassen dürften, der mit einer Katholikin verheiratet sei; ob sie einen reuigen Ehebrecher begnadigen könnten oder welche Kirchenbuße bei diesem oder jenem leichteren Vergehen angemessen sei. In entsprechender Weise konstituierten sich über diesen Bezirksversammlungen Provinzialsynoden. Und schließlich erhob sich als Spitze und letzte Instanz darüber eine allgemeine französische Nationalsynode. Diese tagte erstmalig 1559 — unter einer protestantenverfolgenden Regierung (!) — in aller Heimlichkeit in Paris und verabschiedete mit Billigung Calvins das französische reformierte Glaubensbekenntnis — die Confessio Gallicana (s. oben) — und die oben skizzierte Synodalverfassung.

3. Der Calvinismus in Schottland

Königtum, Kirche, Adel und Parlament

In Schottland rivalisierten seit alters Königtum und Adel. Deren Gegensatz berührte auch die Kirche. Das schottische Parlament wurde gleichfalls davon betroffen.

Die schottischen Könige versicherten sich durch Zugeständnisse der Unterstützung des Episkopats. Dieser stellte einen wesentlichen Machtfaktor dar, weil er außer über eine weitreichende geistliche Gerichtsbarkeit auch über bedeutende weltliche politische Rechte verfügte. Königtum und Episkopat hielten aus wohlerwogenen Gründen zusammen — das beiderseitige Interesse legte es ihnen nahe.

Ihnen stand der in großen Clanverbänden lebende Adel gegenüber.

Im spätmittelalterlichen Europa übte der Adel allenthalben innerhalb seines örtlichen Verfügungsbereiches seine Macht rücksichtslos aus. Der schottische Adel machte davon keine Ausnahme. Soweit seine Kompetenz und seine tatsächliche Macht reichte, suchte er sich Kirche und Klerus dienstbar zu machen und sich ihrer Güter und Gerechtsame zum eigenen Vorteil zu bedienen. Auf der anderen Seite war er bedacht, seine Unabhängigkeit gegen die königliche Gewalt zu wahren. Seine Freiheiten gingen sehr weit: Über die Untertanen des Adels regierte der schottische König nur indirekt; er herrschte über sie mittelbar und befand sich darin in ähnlicher Lage wie der Kaiser in Deutschland. Die Aristokratie war eine echte politische Zwischengewalt.

Wie in England gab es auch in Schottland ein Parlament. Es setzte sich zusammen aus Repräsentanten der Geistlichkeit, des hohen und des niederen Adels und der Städte. Wohl stand es unter einem gewissen Einfluß der Krone. Aber anderseits konnte es Gesetze beschließen — und in dieser Funktion war es von der königlichen Gewalt nicht direkt abhängig.

Schottland hatte eine unruhige Geschichte: Von den fünf Königen namens Jakob, die von 1406 bis 1542 nacheinander regierten, starb nur *einer* eines natürlichen Todes — Jakob V., Maria Stuarts Vater. Zwei fielen in Kämpfen gegen England, einer bei der Belagerung einer Grenzstadt und einer wurde — nach 18jähriger englischer Gefangenschaft — als Opfer einer Adelsverschwörung ermordet.

Es gehörte zur politischen Tradition der schottischen Könige, sich mit den Bischöfen zu verbünden, mit dem einheimischen Adel zu kämpfen, mit England in tödlicher Feindschaft zu leben und mit Frankreich befreundet zu sein. Alles zusammen wirkte sich auf den Gang der Reformation in Schottland aus.

König Jakob V. hatte eine Prinzessin Maria aus dem lothringischen Hause der Herzoge von Guise geheiratet, welches dem französischen Königshause nahestand. Nach seinem Tode übernahm seine französische Gattin für die unmündige Thronfolgerin Maria Stuart, ihre Tochter, die Vormundschaft. Beraten von einem französischen Mitarbeiterstab, führte sie 15 Jahre die Regentschaft. Sie verheiratete ihre Tochter an den Dauphin und beabsichtigte, durch die Eheschließung der Königin von Schottland mit dem französischen Thronfolger die Kronen beider Länder, Schottlands und Frankreichs, zu vereinigen.

Die Politik der Anpassung an Frankreich brachte es mit sich, daß die Regentin konfessionell einen streng katholischen Kurs einschlug. Damit zog sich die Regierung, wie fast nicht anders möglich, eine doppelte Opposition auf den Hals. Denn mit dem Widerstand des Adels vereinigte sich jetzt der Widerstand des *Protestantismus* gegen das Königtum.

Die Anfänge der Reformation. John Knox

Der Reformation hatte, wie allenthalben, der Humanismus seinerzeit vorgearbeitet. Dann hatte sich durch Bibelstudien und durch die Lektüre von Schriften Luthers und Erasmus' ein evangelisches Klima gebildet. Freilich blieb all das vorerst nur auf einen kleineren Kreis beschränkt. Danach gingen einzelne evangelisch gesinnte schottische Studenten nach Wittenberg, Marburg und Zürich und kamen dort mit den Führergestalten des festländischen Protestantismus in persönliche Berührung. Zurückgekehrt streuten sie evangelisches Gedankengut in ihrer Heimat aus. Es begann sich eine evangelische Gesinnung in kleinen Kreisen des Adels und des Klerus und in weiteren Kreisen der bürgerlichen Bildungsschicht zu verbreiten. Die evangelischen Bestrebungen hatten ihr Zentrum in der Universitätsstadt St. Andrews, die zugleich Sitz eines Erzbischofs war.

Die Regierung und die Bischöfe stellten sich den evangelischen Regungen entgegen und unterdrückten sie, soweit sie sie wahrnahmen. Einige Protestanten, die sich hervorgetan hatten, wurden verbrannt. Aus Rache dafür wurde der Erzbischof von St. Andrews, Kardinal David Beaton, ermordet (er war zugleich Kanzler des Königreichs). Die Mörder flüchteten darauf in die Stadt St. Andrews — und diese wurde dann bald überhaupt ein Asyl der verfolgten Evangelischen. Die dortigen Protestanten wählten damals einen ehemaligen katholischen Priester zu ihrem Prediger. Es war ein etwas über 40 Jahre alter Mann, mit Namen John *Knox* (1505–72) — eine außergewöhnlich kraftvolle, prophetische und nicht ganz unfanatische Natur.

Knox entwickelte sich in Bälde zur Führergestalt des schottischen Protestantismus und wurde der Reformator seines Landes. Wegen seiner Komplizenschaft mit den rebellischen Protestanten schickten die Franzosen nach der Einnahme von St. Andrews 1547 Knox zwei Jahre als Strafgefangenen auf die Galeeren. Er flüchtete darauf nach England und wirkte unter Eduard VI. im Sinne der Reformation, verließ aber nach Maria Tudors Regierungsantritt das Land und ging in die Schweiz. Er setzte sich noch einmal auf die Schulbank und saß in Genf mit seinen fünfzig Jahren als Student der Theologie zu Füßen Calvins. In seinem kompromißlosen Glaubenseifer, in seiner politischen Begabung und rücksichtslosen Energie in Dingen der Religion hatte er etwas mit Calvin Verwandtes. Einmal unter dessen Einfluß geraten, wurde er aus einem Schüler der treueste und konsequenteste Mitkämpfer des Reformators von Genf und brachte es fertig, dessen Kirchensystem über ganz Schottland zu verbreiten.

Von Genf aus ging er 1555 erstmals wieder, dann 1559 endgültig in seine Heimat zurück. Dort gewann er durch seine eindrucksvolle, stark am Alten Testament orientierte Predigt eine große Anhängerschaft für die Reformation. Er verstand, nahezu *alle* Schichten und Stände anzusprechen, und fand im Adel und in der Bauernschaft, bei Mönchen, Klerus und Bürgern Widerhall. Als treibende Kraft brachte er die Reformation in Gang und trieb sie voran. Und zwar im Geiste Calvins.

Knox machte sich speziell auch Calvins Lehren und Überzeugungen über reformationsfeindliche Obrigkeiten zu eigen. Vor allem: er setzte sie in die Praxis um. Dies hätte er allerdings kaum vermocht, wenn ihm nicht ein gleichgesinnter mächtiger Adel zur Seite gestanden wäre.

Er lehrte mit allem Nachdruck, daß die politische Gewalt verpflichtet sei, dem Gesetze Gottes zur Herrschaft zu verhelfen. Entzöge sie sich dieser Pflicht, so erweise sie sich damit als Gottes Feind. Zu den Pflichten der Gottesverehrung gehörte es für ihn auch, dem Papsttum zu entsagen, die Messe abzuschaffen und überhaupt mit allem, was sonst noch zum katholischen Gottesdienst gehörte, aufzuräumen. Eine Obrigkeit, welche sich diesen Aufgaben entziehe und dadurch bekunde, daß sie es mit den Gegnern der wahren Gottesverehrung, nämlich mit den „Götzendienern", halte, habe ihr Recht zu regieren verwirkt. Man müsse sie mit allen Mitteln niederwerfen.

Die Lehre, daß man im Grenzfall der politischen Obrigkeit aus religiösen Gründen Widerstand leisten dürfe, blieb in Schottland keine Theorie. Von allen anderen Dingen abgesehen — hier waren die Organe vorhanden, die als Vertretungen des Volkes in geordneter Weise gegen das Königtum vorgehen konnten: nämlich die Ständevertretungen und innerhalb ihrer praktisch vor allem der Adel.

So kam der Calvinismus den schottischen Ständen gewiß nicht ganz unerwünscht. Gewiß gab es Aristokraten und andere Ständevertreter, die aus politischem Kalkül mit dem Calvinismus gemeinsame Sache machten, weil er ihnen treffliche Schützenhilfe leistete. Aber ebenso gewiß gab es auch ständische Vertreter, denen er sehr viel mehr war, nämlich Ausdruck ihres Bekenntnisses und ihrer religiösen Gesinnung. Sehr oft, vielleicht sogar meistens, ging beides ununterscheidbar ineinander über. Nicht immer und nicht eigentlich rief der Calvinismus die Revolutionen hervor, zu denen sein Auftreten den Anlaß gab. Denn die politischen Gegensätze waren meist älter als die Kirchenreformation von Genf. Aber tatsächlich warf der Calvinismus oft erst den Funken ins Pulverfaß. Er war risikofreudig und scheute vor Kampf nicht zurück. Und das war nun ganz ausgesprochen der Fall in *Schottland*.

Der Covenant von 1557, der religiöse Bürgerkrieg und der Sieg der Reformierten 1560

1557 schloß sich der evangelische Adel in Schottland zu einem politischen Widerstandsbund mit religiöser Note zusammen: dem Covenant. Dieser Bund setzte sich zum Ziel, die katholische Regentschaftsregierung zu stürzen, und verlangte von seinen Mitgliedern: a) sich von der katholischen Kirche — genannt „Gemeinde Satans" — zu trennen; b) Hab, Gut und Leben für Gottes Wort und Gesetz und dessen Diener einzusetzen; das heißt, den Calvinismus einzuführen und für das ganze Land verbindlich zu machen.

Die Mitglieder des Covenant verflichteten sich feierlich auf diese Ziele ihres Widerstandsbundes und gingen sogleich an die Aufgaben heran, die ihnen damit gegeben waren. Sie führten die calvinistische Gemeindeverfassung und die Genfer Lehre ein. Es begann damit, daß der Adel auf seinen Schlössern sonntäglich Versammlungen veranstaltete und dort im Sinne Calvins predigen ließ. Innerhalb der örtlichen Kirchengemeinden setzte man Diakone und Presbyter ein und organisierte die von Calvin so hochgeschätzte Kirchenzucht. Im Verlauf von wenigen Monaten gab es bereits die erste vollständig nach dem Muster von Genf reformierte Ortsgemeinde (zu Dundee); sie praktizierte auch die Gottesdienstordnung nach den Richtlinien Calvins.

1558 trat der Adel an die Regierung mit der Forderung heran, die Reformation im ganzen Lande durchzuführen und den katholischen Gottesdienst aufzuheben. Er stellte übrigens seinen Angriff als Verteidigung hin, indem er verlangte, mit der Verfolgung des „Evangeliums" durch die Katholiken aufzuhören. Als die Regentin ablehnte, entschloß sich der Adel zur Gewalt, zumal jetzt ein für den Protestantismus günstigerer Wind über die Insel wehte. Denn im Dezember war die katholische Königin Maria Tudor von England gestorben.

Der schottische Adel ging nunmehr daran, den Calvinismus gewaltsam einzuführen — und revoltierte zugleich politisch gegen das Königtum, weil die Regentin nach dem Tode Maria Tudors Ansprüche Maria Stuarts auf den *englischen* Thron erhob. In diesen aufgeregten Tagen kam Knox nach Schottland zurück und nahm sofort die weitere Durchsetzung der Reformation in die Hand. Er rief zum Religionskrieg gegen das gottlose Königtum auf. Und diesen religiösen Bürgerkrieg gewann 1560 seine Partei. Die Krone schloß einen Verzichtfrieden und ließ sowohl dem Adel als auch der neuen Lehre freien Lauf.

Knox verfaßte daraufhin ein Glaubensbekenntnis, die sogenannte Confessio Scoticana von 1560. Sie war ganz im Sinne Calvins gehalten und bildete fortan die Lehrgrundlage der schottischen reformierten Kirche. Das Parlament nahm sie im gleichen Jahr an und erhob sie zum offiziellen Staatsbekenntnis.

Infolge des siegreichen Aufstands hatte sich Calvins Glaubenslehre und Kirchenordnung als Staatsreligion durchsetzen können. In der Folge fand nicht nur die Lehre, sondern auch der Kirchengedanke Calvins hier eine seiner konsequentesten Ausdrucksformen. Allerdings blieb für die kommenden Jahre noch einiges zu tun. Denn im Norden der Insel hielten Volk und Adel weiter am Katholizismus fest! Hier war noch eine Bekehrungsaufgabe zu vollbringen. Sodann ließ die Unabhängigkeit der Pastoren zu wünschen übrig. Wegen weitgehender Säkularisierung des Kirchenvermögens, von dem sie ihren Unterhalt früher zu bestreiten gehabt hatten, sahen sie sich nunmehr stärker auf Besoldung von anderer Seite angewiesen. Denn der Adel hatte sich dafür, daß er die Reformation gemacht hatte, persönlich so viel vom Kirchengut angeeignet, wie er nur konnte, insgesamt etwa fünf Sechstel — das heißt: eine gewisse Abhängigkeit der Prediger von der Freigebigkeit von Adel oder Kirchengemeinde stellte sich ein.

Auch unter Maria Stuart bleibt der Calvinismus Staatsreligion

Nach dem Tod der Regentin, deren Einfluß durch den Aufstand gebrochen war (1560), zog 1561 Maria Stuart als Königin von unbezweifelbarer Legitimität in Schottland ein. Sie war damals mit 18 Jahren bereits Witwe; ihr Gatte, König Franz II. von Frankreich, war fast noch im Knabenalter gestorben. Marias Autorität reichte in Schottland freilich nicht hin, um die Reformation rückgängig zu machen. Sie war aber immerhin stark genug, die radikalen Elemente im Adel zur Mäßigung zu zwingen und Zugeständnisse zu erreichen: Die Messe, anfangs unter schwere Strafe, im Wiederholungsfall unter Todesstrafe gestellt, wurde am Hof erlaubt, teilweise auch im Lande wiederbelebt. Politische Verbindungen der Königin mit dem Papst, mit Spanien und den nordenglischen Katholiken ließen die Reformierten eine Wiedererstarkung des Katholizismus befürchten. Ein Aufstand der rebellischen calvinistischen Adligen verlief erfolglos und brach zusammen. Daß sie ihn hatte niederwerfen können, hob das Ansehen der katholischen Königin. Da führten die weltberühmten, niemals ganz durchschaubaren politischen und persönlichen Intrigen am Hofe Maria Stuarts eine Wendung herbei. Die Verschwörung ihres zweiten Gatten Henry Darnley und dessen Ermordung, ihre Ehe mit einem der mutmaßlichen Mörder, Bothwell, usw. usw., riefen einen erneuten Adelsaufstand hervor. Diesmal hatte die Revolte Erfolg: die Aufständischen zwangen Maria 1567, zugunsten ihres damals einjährigen Sohnes Jakob VI. (I.) abzudanken. Ein späteres Unternehmen der Königin, ihre Krone zurückzuerobern, scheiterte; daraufhin wurde erneut der Calvinismus als Staatsreligion durch das Parlament sanktioniert und blieb fortan das herrschende Bekenntnis.

4. Der Calvinismus in England

König Eduard VI. (1547–53) und sein Vormund, der Herzog von Somerset, sympathisierten mit der Lehre Calvins und begünstigten sie. So fand sie früh, aber anderseits nur kurzfristig Eingang nach England. Denn nach dem frühen Tode des Königs steuerte seine Nachfolgerin Maria kirchenpolitisch einen harten gegenreformatorischen Kurs. Wohl blieb auch unter Eduard VI. die episkopale Verfassung der anglikanischen Kirche erhalten; desgleichen noch die überwiegend katholische Liturgie; von Genfer Kult und Kirchenzucht war also nichts zu spüren. Jedoch drangen damals calvinistische Einflusse in die Glaubenslehre ein — und das war immerhin schon ein wichtiger erster Schritt. Nach Königin Marias Tode setzte unter Elisabeth I. eine Wendung der Regierungspolitik zugunsten des Protestantismus ein. Sie kam aber mehr der anglikanischen Kirche als dem Calvinismus zugute.

Obwohl unter Maria Tudor bedrängt und dann von Elisabeth jedenfalls formell begünstigt — wenigstens in der Praxis nicht übertrieben behindert — hatten sich die Anhänger des reformierten Bekenntnisses nicht nur gehalten, sondern auch vermehrt. Ihre Zahl nahm während der langen Regierungszeit Elisabeths anscheinend laufend zu. Anfangs behandelte Elisabeth die evangelischen und katholischen Nonkonformisten recht großzügig (s. oben S. 218). Die verhältnismäßige Ruhe, die sie genossen, erlaubte ihnen, zu wachsen und zu gedeihen. Sie fanden Anklang besonders in den Mittelklassen. Das war aber gerade *die* Schicht, auf deren Sympathien die Königin Wert legte; ja auf die sie sich in gewissem Sinne stützte. So lag in dem Rückhalt in diesem gesellschaftlichen Milieu eine nicht zu unterschätzende Stärke der englischen Reformierten.

Nun erstrebten die dem Calvinismus nahestehenden oder von ihm erfaßten Engländer aus Glaubensgründen eine Umwandlung der kirchlichen Ordnung nach dem Muster von Genf und hielten es ganz im Stile der Zeit für angebracht, daß diese so verfaßte Kirche auch auf die Regierung und Kirchenpolitik des Staates einwirken sollte. Das Vorbild dafür lieferte nicht nur Calvins Genf, sondern vor allem das nahe Schottland.

Die Anhängerschaft des Calvinismus reichte bis in den anglikanischen Klerus hinein und hatte gerade hier tatkräftige Gläubige.

Die aufrichtig reformiert gesinnten Geistlichen in der anglikanischen Kirche versuchten sogar, ihre Staatskirche unter der Hand umzuwandeln in eine Presbyterialkirche. Sie schlossen sich zu geheimen Kreisen zusammen, führten über die übrigen Geistlichen in einer schwarzen Liste Buch, tagten in Synoden zu London während der Parlamentstagungen und gaben ihren Gesinnungsgenossen im Unterhaus Anweisungen wie eine Parteileitung.

Die englischen Reformierten — Presbyterianer, meist Puritaner genannt — stellten nun aber die Verfassung der Staatskirche und die Existenz des Episkopats prinzipiell in Frage. Das aber konnte und wollte die Königin sich nicht bieten lassen. Und deshalb kannte Elisabeth ihnen gegenüber keine Gnade. Obwohl die Puritaner die königstreusten Untertanen, die eifrigsten Patrioten im Krieg und Frieden waren, obwohl die besten Staatsräte und die fähigsten Leute mit ihnen sympathisierten, verfuhr Elisabeth mit ihnen hart. Ihr Erzbischof von Canterbury, Whitgift, ging mit inquisitorischen Methoden gegen die puritanischen Elemente innerhalb und außerhalb der Kirche vor. Er verlangte von jedem Geistlichen die Anerkennung von zwei Artikeln, welche implizit eine Absage an Calvin bedeuteten, und bediente sich im übrigen solcher Methoden, von denen Burghley empört sagte, daß sie „die Tücken der spanischen Inquisition beim Fang ihrer Opfer" noch überträfen. 1583 ließ Elisabeth ein königliches Glaubenstribunal errichten. Es hieß High Commission und war eine anglikanische oberste Gerichts- und Inquisitionsbehörde. Diese verfolgte die Puritaner systematisch.

1590 zerschlug diese Inquisitionsbehörde eine presbyterianische Kirchenorganisation, die sich innerhalb der anglikanischen Kirche heimlich in mehr als 20 Grafschaften ausgebreitet hatte. Wegen ihrer Angriffe auf das Episkopalsystem wurden einige Puritaner zum Tode verurteilt und hingerichtet. In Elisabeths Augen war es ein politisches Verbrechen, den Episkopat anzugreifen; genauso, wie es ein Staatsverbrechen war, ein katholischer Priester zu sein. Auf diese Weise verhalf Elisabeth sowohl den Katholiken als auch den Calvinisten zu Märtyrern — ebenso wie sie den Sektierern oder Freidenkern dazu verholfen hatte.

Im Unterschied zu den Katholiken wurde sie mit den Puritanern aber nicht fertig. Denn zu tief hatte sich inzwischen das Puritanertum im Volk verwurzelt; und außerdem war es eine disziplinierte Partei. Und diese Partei vermochte sie nicht auszurotten. Ihre Abneigung gegen die Reformierten war vom *Prinzip* diktiert. Denn die Königin sah vollkommen richtig, daß ein konsequentes Puritanertum ihre Staatskirche umstürzen und damit ihr inneres Staatssystem revolutionieren müsse. Die grundsätzliche Spannung zwischen der englischen Staatskirche einerseits und dem gegenreformatorischen Katholizismus sowie dem puritanischen Calvinismus auf der anderen Seite beruhte darauf, daß die englische Kirche institutionell mit der Monarchie verbunden und durch das Parlament gesetzlich verankert war. Wer also an der Verfassung der Kirche rüttelte — und das taten die Puritaner —, verstieß damit gegen Gesetz und staatliche Ordnung. Ein Prinzipienwiderstreit zwischen Monarchie und Calvinismus war daher unausweichlich. Weshalb Elisabeths Nachfolger, Jakob I., ganz mit Recht sagte: Beide vertragen sich so gut wie Gott und der Teufel.

England näherte sich also einem kritischen Punkt, als die Zahl der Puritaner im Unterhaus wuchs und überhandnahm. Und zwar einem besonders kritischen Punkt deshalb, weil nach den Erfahrungen der Verfolgung die Loyalität der Verfolgten zu sehr strapaziert worden war. Der Zeitpunkt schien nicht mehr ganz fern, wo sich bei den echten Puritanern die Pflicht gegen die Religion von der Pflicht gegen die Monarchie allmählich zu trennen begann.

Hier bereitet sich die eigentlich *religiöse* Reformation Englands vor.

Alle bisherigen Kirchenumwandlungen waren, im Grunde genommen, nur eine politische Reformation gewesen. Sollte aber jemals eine religiöse Revolution ausbrechen, dann war unschwer vorauszusehen, daß sie sich auch politisch auswirken werde — weil mit der Staatskirche, wurde diese zu Fall gebracht, zugleich eine Säule der englischen Königsherrschaft fiel. Daß und wie das geschah, lehrte aber erst die weitere Geschichte im 17. Jahrhundert. Hier hinterließ Elisabeth eine schwere Hypothek.

Das reformierte Christentum calvinistischer Prägung konnte sich fortan in England zwar halten und ausbreiten. Es mußte sich jedoch nach der Decke strecken, das heißt sich dem Regierungskurs in staatskirchlichen Dingen einigermaßen anpassen — das aber war vom Wesen des Calvinismus her nicht ganz leicht und manchmal sogar unmöglich wegen der völlig andersgearteten Gottesdienstform der Anglikaner, der sich zu fügen das Gesetz den Engländern vorschrieb. Die Puritaner konnten und mochten sich auf die Dauer diesem Zwang nicht fügen. Ihr religiöser Widerstand gegen die Staatskirche Elisabeths schlug unter deren Nachfolgern Jakob I. (1601–25) und Karl I. (1625–49) um in politische Opposition. Aus der Opposition wurde, nachdem die Puritaner das Parlament hinter sich gebracht hatten, Revolution. Die religiöse und politische Revolution entwickelte sich unter Cromwell zum Bürgerkrieg. Sie führte zum Sturz des Thrones (1649) und zum Sturz der Staatskirche. Freilich erwies sich die zehnjährige „Herrschaft der Heiligen" als ein aussichtsloses Unterfangen. Der Puritanismus, genauer die aus ihm herausgewachsene extreme Richtung der Independenten, regierte, personifiziert in Oliver Cromwell, so autoritär, daß die Mehrheit der Engländer die Rückkehr des Königtums und die damit verbundene Restauration der Staatskirche als die weitaus bessere Lösung empfand. Die Rückschläge, die den Puritanismus danach trafen und bis zur Glorreichen Revolution (1688) unter Druck setzten, wirkten sich auf seine geistige Substanz jedoch auch positiv aus, indem sie eine religiöse Verinnerlichung und Vertiefung herbeiführten. Anderseits verbreitete sich mit der wachsenden Beherrschung der Weltmeere durch England der Puritanismus im 17. Jahrhundert über das englische Mutterland hinaus, vor allem nach Nordamerika.

Kulturell, religiös, politisch und wirtschaftlich erlangte der englische Calvinismus sowohl in seiner presbyterialen Form als auch in seinen zahlreichen Denominationen (Methodisten, Kongregationalisten usw.) nachhaltigen Einfluß auf Denkweise und Lebensstil der angelsächsischen Völker. Er beeinflußte ganz wesentlich den organisatorischen Aufbau der Siedlungskolonien im amerikanischen Nordosten, aus denen später die Neuenglandstaaten hervorgingen. Er trug das Gemeindeprinzip und den Gedanken der Selbstverwaltung in das politische Leben der dortigen Kolonien und wurde damit zu einem Wegbereiter der Unabhängigkeit der Vereinigten Staaten im 18. Jahrhundert.

5. Der Calvinismus in den Niederlanden

Evangelische Regungen. Calvins Lehre auf fruchtbarem Boden

Noch stärker als Frankreich und Schottland hatte die evangelische Bewegung den *gesamtniederländischen* Raum für die Reformation aufgelockert. Neben der lutherischen Bewegung hatten sich hier zahlreiche Sonderrichtungen gebildet. Der Boden schien beispielsweise für *Täufer* und Sektierer hervorragend aufnahmefähig zu sein. Einzig in den Niederlanden hatte sich so etwas wie eine durchgeformte, haltbare und geordnet zusammenhängende Kirchengemeinschaft der Täufer entwickelt: Es waren dies die nach ihrem geistigen Führer, dem Friesen Menno Simons, genannten Mennoniten. Humanistische Aufgeschlossenheit und Sinn für Toleranz zeichnete die breite und wohlhabende bürgerliche Oberschicht aus — anderseits führten die Habsburger als die politischen Oberherrn ein religiös intolerantes Regiment und verfolgten die Protestanten.

Auf den sehr lebendigen, konfessionell aber noch ungeformten niederländischen Protestantismus gewann seit Anfang der fünfziger Jahre des 16. Jahrhunderts *Calvin* einen bestimmenden Einfluß. Im Lauf von zehn Jahren zog er den größten Teil der evangelischen Elemente an sich und sammelte sie im Zeichen seiner Lehre. So wurde ab 1560 der Calvinismus die in den Niederlanden herrschende Form des Protestantismus. Eine wichtige Rolle spielten dabei die einheimischen Glaubensflüchtlinge, die im Exil nach Genf gegangen und dort in Calvins Bannkreis geraten waren. Anderseits waren auch französische Flüchtlinge vor dem Zugriff des französischen Staates über die Grenze geflohen und vom Süden her nach Wallonien und Flandern eingewandert.

In den Niederlanden hatte Kaiser Karl V. ein straffes katholisches Regiment geführt und aufgrund der von ihm erlassenen Edikte mehrere schwere Verfolgungen entfacht. Diesen Kurs setzte mit noch größerer Schärfe Philipp II. fort und verband damit absolutistische Regierungsziele. Dessenungeachtet kehrten die vor der staatlichen Inquisition nach Genf Geflüchteten entsprechend dem Missionsprinzip Calvins nach mehreren Jahren in die Heimat zurück und suchten sie für das reformierte Bekenntnis zu erobern. Die calvinistische Bewegung setzte vor allem vom Süden her ein: im Hennegau, in Artois, in Tournai. Aber auch in den östlichen und nördlichen Provinzen traten ab 1560 reformierte Prediger in größeren Scharen auf: in Groningen, Utrecht, Geldern. Seit etwa 1560 begannen sich im Süden Gemeinden nach dem Genfer Vorbild zu organisieren; seit 1562 traten Synoden in Wallonien und Brabant zusammen.

Der eigentliche Führer der niederländischen reformierten Bewegung wurde ein Handwerker aus dem Hennegau, *Guy de Bray* (1522–67), seit 1552 in Lille, Tournai und Valenciennes wirkend. 1561 schuf er das maßgebliche niederländische *Glaubensbekenntnis*. Er formulierte es zunächst in französischer Sprache, 1562 wurde es ins Lateinische übersetzt und erhielt als Confessio Belgica den Rang einer offiziellen reformierten Bekenntnisschrift. Sie schloß sich an die französische Confessio Gallicana von 1560 an, ging jedoch über diese in einzelnen Punkten hinaus. So zum Beispiel im letzten Artikel (über die Letzten Dinge); sie bezog sich stärker auf die Heilige Schrift und versuchte im übrigen das niederländische Glaubensbekenntnis mit der altchristlichen Lehre der Väterzeit in Beziehung zu setzen — ein Versuch, der übrigens ganz im Geiste Calvins geschah.

Der niederländische Aufstand ein Religionskrieg?

In diesen Jahren bahnte sich, aus einem dichten Komplex von verschiedenartigen Motiven, der große niederländische *Freiheitskrieg* gegen Spanien an. In diesen Unabhängigkeitskrieg verwob sich von Anfang an auf eine sehr vielfältige Weise der *Calvinismus*. Er gab dem Aufstand das religiöse Motiv und idealen Schwung: Wenn er sich gegen eine die Protestanten verfolgende Obrigkeit richtete, dann schlugen sich die Rebellen in reformierter Sicht für die Sache Gottes. Aus einer solchen Überzeugung heraus bekam der Aufstand den Charakter eines Religionskrieges: das Volk Gottes erhob sich gegen dessen Feinde. Auf der anderen Seite glaubten auch Philipp II., für Gott und seine Kirche zu streiten. So standen sich religiöse Überzeugungen auf beiden Seiten gegenüber. Der Krieg bekam dadurch nach der Denkweise der Beteiligten eine höhere Weihe; freilich wurde er deshalb auch besonders grausam. Man brauchte ja nur das Alte Testament zum Vorbild zu nehmen und hatte dann Beispiele genug.

Am Anfang der Mißhelligkeiten stand ein Streit um die niederländischen Bistümer. Philipp II. hatte aus vornehmlich politischen Erwägungen heraus beim Papste durchgesetzt, daß die Niederlande eine kirchliche Neueinteilung erhielten; an die Stelle der wenigen alten, großen und reichen Diözesen sollten 15 neue Bistümer treten. Diese Umorganisation bedeutete einen schmerzlichen Einschnitt in die überaus komplizierte Verfassung des Landes und stellte einen Schritt zum Absolutismus hin dar, wie allen Einsichtigen einleuchtete. Das machte böses Blut gegen Madrid. Aus jeweils verschiedenen Gründen opponierte dagegen das niedere Volk, der Adel und der Hochadel. Der Hochadel war im übrigen, was seine Konfession anging, fast durchweg katholisch.

Während sich dieser Dinge wegen ein allgemeiner Unmut im Laufe der sechziger Jahre gegen den katholischen König in Madrid zusammenballte, nahm die calvinistische Bewegung einen rapiden Fortgang. Sie griff besonders im Gebiet ihrer Ausgangspunkte in den südlichen Städten um sich: in Lille, in Brügge, Ypern, Gent und Antwerpen. Hier faßte sie jetzt in den niederen Volksschichten Fuß. Handwerker, Lohnarbeiter usw. wandten sich massenhaft dem Calvinismus zu. Auch in den nördlichen Provinzen, vor allem in Holland und Seeland, beobachtete man ein weiteres Anwachsen der Reformierten.

In dieser Zeit hob die Regierung zeitweise die Ketzergesetze auf. Das wirkte wie ein Magnet auf die Reformierten. Im Nu wurde das Land überschwemmt durch eine Flut von Calvinisten; aus Frankreich, aus der Schweiz, aus England und Westdeutschland.

Die Calvinisten, denen die Regierung Duldung gewährte, waren ihrerseits unduldsam. Sie glaubten, religiös verpflichtet zu sein, den katholischen Gottesdienst aufzuheben. Mit Unterstützung des Adels organisierten sie den großen *Bildersturm* im August 1566, der zunächst nur auf dem Lande in Westflandern ausbrach, dann aber auch die Städte im Süden, nachher auch den Norden ergriff und in weniger als einer Woche (14. bis 19. August) viele Hunderte von Kirchen demolierte oder zerstörte (allein in Flandern gegen 400) und unzähligen Geistlichen, Mönchen und Nonnen das Leben kostete. Er artete aus, geschürt durch die reformierten Prediger, zu einer Mischung von religiösem Rausch und sozialrevolutionärer Aktion, indem die unteren Klassen und das Gesindel beim Zerstörungswerk die Hauptarbeit leisteten. Die Katholiken innerhalb der politischen Opposition, aber auch gemäßigte Protestanten, entsetzten sich derart, daß sie ziemlich rasch auf die Seite der Regierung übergingen. So wurde die Statthalterin Margarete des Aufstandes Herr. Der Bildersturm schreckte derart ab, daß sich im Süden die Bevölkerung gegen den Protestantismus erhob und sich für die Erhaltung der königlichen Regierung einsetzte.

Philipp II. gedachte, den Bildersturm dazu zu benutzen, um der feudalen Anarchie in den Niederlanden ein Ende zu bereiten. Er beabsichtigte, Privilegien des Hochadels zu reduzieren und damit die Voraussetzung für eine straffere, absolutistische Regierung zu schaffen. In dieser Absicht schickte er den Herzog von Alba 1567 mit Sondervollmachten in die Niederlande. Anfangs schien es, als ob Alba Herr der Lage werden würde. Jedenfalls erhielten die rebellierenden Adligen keine sonderliche Unterstützung durch die Bevölkerung. Ihr Führer Wilhelm von Oranien flüchtete, seine Brüder wurden geschlagen. Da setzte aus einem ganz anderen Grunde 1569 ein Umschwung der Stimmung ein: und zwar wegen eines neuen Steuersystems. Dieses trieb die Schicht der wohlhabenden bürgerlichen Kaufleute und Unternehmer in Opposition gegen die Regierung. Sie schlossen sich dem Aufstand an, und damit erhielt dieser erst einen allgemeinen Charakter.

Die niederländische Republik wird gegründet — Probleme der reformierten Kirchenorganisation

Aus den jahrzehntelangen Kämpfen mit Spanien ging als das Werk Wilhelms I. von Oranien die Republik der vereinigten sieben nördlichen Provinzen der Niederlande hervor, damals meist die Generalstaaten genannt. In diesem republikanischen Staatsgebilde vermengten sich die politischen und sozialen Spannungen mit lebhaften religiösen und theologischen Meinungskämpfen. Das eben aber gab dem Leben der kleinen Seerepublik Beweglichkeit und jene geistige Hochspannung, ohne die wirklich geistiges Leben nicht gedeiht. Die religiöse Einstellung hing, so scheint es, in den Niederlanden *auch* mit dem sozialen Stand zusammen. Die gesellschaftliche Klasse gab sich auch theologisch oder religiös einen spezifischen Ausdruck:

Der *Adel* und das *städtische Patriziat* waren religiös weitherzig, mehr erasmisch als calvinisch gesonnen und lehnten eigentlich sogar Calvin ab. Aber im Kampf gegen Spanien verachteten sie die calvinistische Bewegung doch wieder nicht, sondern wußten ihre Bundesgenossenschaft zu schätzen. Immerhin: ihre Neigung zum Calvinismus war etwas konjunkturbedingt.

Im Gegensatz zu den reichen Mijnheern hörte die Schicht des kleinen Bürgertums sehr viel aufmerksamer auf die reformierten Prediger und erkannte ihre geistliche Führung an. Hier herrschte also straffer Calvinismus. Für diese Handwerker, Lohnarbeiter und Fischer hatte der Kampf gegen Spanien nicht nur politischen, sondern vor allem religiösen Inhalt: als Kampf gegen den papistischen Götzendienst für die Herrschaft des Wortes Gottes und für die Selbständigkeit der reformierten Kirche. In diesen Schichten lebte der Wille zur Unduldsamkeit. Aus ihnen drängten auch die Kräfte hervor, welche nach einer Durchführung der reformierten Gemeindeverfassung und einer dem Geiste Calvins entsprechenden *Gesamt*kirchenverfassung verlangten.

Als Exponent dieser Richtung trat Oraniens wichtiger Mitarbeiter *Philipp von Marnix* hervor; ein Politiker, Theologe und Schriftsteller in einem. Eine Konferenz in Wesel 1568 und eine Synode zu Emden 1571 bereiteten diese Organisation vor. Hier versuchte man das Konzept einer calvinistischen Weltkirche ernstlich durchzuführen. Zunächst auf nationalem Boden. Aber diese Ansätze zu einer gesamtniederländischen Kirchenverfassung durchkreuzte der Partikularismus der aufständischen Provinzen und der großen Städte: sie setzten gegen das Konzept einer reformierten Nationalkirche durch, daß anstatt der vorgesehenen Generalsynode eine Mehrzahl von mehr oder weniger gleichberechtigt nebeneinander stehenden *Provinzialsynoden* konstituiert wurde. Sie übertrugen damit den politischen Föderalismus auf das kirchliche Gebiet. Allerdings leistete er auch in dieser Form Bedeutendes. Die Lebenskraft der reformierten Niederländer zeigte sich unter anderem darin, daß sie mitten im Kriege einige Universitäten gründeten — darunter 1574 die rasch zu europäischer Berühmtheit aufsteigende Hochschule von Leyden — und Holland zum geistigen Zentrum des europäischen Calvinismus machten.

Diese geistige Führungsposition büßte der niederländische Calvinismus auch nicht durch die heftigen theologischen Meinungskämpfe ein, die sich über der Auslegung der Lehre Calvins entzündeten. Im Gegenteil: auch in ihnen spiegelte sich etwas von einer gesamteuropäischen Bewegung wider.

Holland: ein geistiges Zentrum des Calvinismus. Theologische Meinungskämpfe über Prädestination und Toleranz

Auch nachdem der größere Teil der holländischen Bevölkerung, eingeschlossen der Adel und das Patriziat, gegen Ende des 16. Jahrhunderts zum Calvinismus übergetreten war, standen sich die verschiedenen Auffassungen des Verhältnisses von Kirche und Regierung weiterhin innerhalb des Reformiertentums gegensätzlich gegenüber. Die großen Herren spannten den Calvinismus in ihre politischen und kirchenpolitischen Ziele ein und dachten gar nicht daran, eine eben erst abgeschüttelte katholische Kirchenherrschaft durch die neue Herrschaft einer calvinistischen Kirche und Theologie einzutauschen. In ihnen sprach sich der den Niederländern eigene weltweite Zug aus, wie ihn im Geistesleben Erasmus von Rotterdam und Hugo Grotius beispielhaft repräsentierten. Adel und Patriziat waren als Aristokraten Gegner der Gemeindeverfassung, als Weltbürger Gegner einer scharf auswählenden Prädestinationslehre und waren überhaupt geneigt, in der Kirche auch solchen, die in theologischen Dingen etwas anders dachten als der Calvinismus strengster Observanz, Platz und Lebensraum zu lassen. Die Parteien, die sich aus diesen Gegensätzen gruppierten, hießen: die Libertiner (Nachgiebigen) und die Präzisen.

Dieser Grundeinstellung der politisch-sozialen Oberschicht trat aber auch eine freiere Richtung in der calvinistischen Theologie zur Seite, die vom Grundsätzlichen einer geistigen Denkweise her die genannten Bestrebungen unterstützte. Hier gaben humanistische Überlieferung, eine undogmatische Auffassung des Protestantismus als einer sich aus dem Evangelium praktisch und sittlich speisenden Religiosität den Ausschlag. Bedeutende Köpfe wie Coornhert, Coolhaes (aus Köln), Wtenbogaerdt und Jacob Arminius vertraten diese Richtung und gaben ihr europäischen Rang. Sie traten ein für Duldung und verwarfen die Tötung von Ketzern — wobei sie keinen Unterschied machten, ob Calvinisten oder Katholiken Andersgläubige umbrachten. Sie neigten dazu, das äußere Kirchentum samt Verfassung, Glaubenszwang und dogmatischen Formeln für zweitrangig anzusehen. Sie bekämpften, zugunsten einer stärker betonten Ethik, die Lehre von der Unfreiheit des menschlichen Willens und traten dafür ein, daß die staatliche Gewalt eingreifen möge, wenn die Geistlichen und die Kirchen anfingen, sich zu zanken und zu bekämpfen. Hier herrschte ein spiritualistischer Kirchenbegriff, der weit genug war, um alle christlichen Konfessionen samt Täufern, Schwenckfeldern und Sektierern auf der Basis der Toleranz und der praktischen Verwirklichung der christlichen Gebote gelten zu lassen.

Es war kein Wunder, daß gegen *diese* Richtung die dezidierten Calvinisten Front machten. Im Gegensatz zu deren Weitherzigkeit praktizierten sie ostentativ Kirchenzucht und Glaubenszwang und hoben das reformierte Dogma von der doppelten Prädestination in den Himmel. Der Widerstreit der Geister fand seinen greifbaren Ausdruck in dem weltberühmten Streit zweier Leydener Theologen, des streng orthodoxen Franz *Gomarus* und des milde gesonnenen Jacob *Arminius* und ihrer Anhänger — aus zeitgeschichtlichen Gründen Remonstranten und Kontraremonstranten genannt. Der Streit spitzte sich auf die Interpretation der Prädestinationslehre zu: Die orthodoxen Calvinisten bekämpften mit Leidenschaft die Auffassung des Arminius, daß Christus für alle Menschen (und nicht bloß für die Prädestinierten!) gestorben sei, und polemisierten gegen seine Willenslehre, welche besagte, daß der Glaube als Gabe des Heiligen Geistes *allen* Menschen *angeboten*, aber erst durch Hinzutritt des freien *Willens angenommen* werde.

Diese Gegensätze mengten sich im zweiten Jahrzehnt des 17. Jahrhunderts in den *Verfassungskonflikt* ein, in den die föderalistische Provinzen-Partei mit der zentralistischen Staaten-Partei des Statthalters *Moritz* von Oranien geraten war. Nachdem der Statthalter durch politischen Druck den Anhängern der streng calvinistischen Observanz die Oberhand verschafft hatte, war die politische und geistige Prominenz der Staatenpartei und der arminianischen Richtung an Leib und Leben gefährdet. Der Ratssyndikus *Oldenbarneveldt* wurde hingerichtet, Hugo *Grotius* mußte fliehen. Eine reformierte Weltsynode wurde im Zusammenhang mit den innerniederländischen Konflikten 1618–19 nach *Dordrecht* einberufen. Diese Synode dogmatisierte die calvinischen Hauptlehren in ihrer Auslegung durch die Gomaristen und verdammte die Arminianer und alle freien Richtungen. Verbannungen, Absetzungen, Kerkerstrafen und anderes mehr waren die Folgen für alle, die sich nicht zu der siegreichen Richtung bekannten. Aber nur kurz währte diese Herrschaft der calvinistischen Orthodoxie. Sie brach mit dem Tode des Statthalters Moritz 1625 zusammen — und nun wurden durch den neuen Statthalter *Friedrich Heinrich* von Oranien alle Schleusen für die freien religiösen und theologischen Richtungen geöffnet.

Seitdem wurden die Niederlande das Hauptland der Toleranz in Europa, ein Zentrum des geistigen Forschritts (und der geistigen Vorbereitung auf die Aufklärung), ein Mutterland der wissenschaftlichen Forschung und ein Asyl der Vertriebenen. Die Weltbedeutung des Calvinismus, auch in seiner humanistisch-weltweiten Aufweichung, hängt aufs engste mit dieser geschichtlichen Rolle der Niederlande im 17. Jahrhundert zusammen.

Hollands Bedeutung für den Calvinismus

Hollands Bedeutung für den Calvinismus ist aber noch in einer weiteren Beziehung zu erblicken: Die Niederlande waren das ganze 17. Jahrhundert hindurch die führende Seemacht der Welt und eine große Kolonialmacht. Dadurch trugen sie — ähnlich wie bald danach England — wesentlich dazu bei, daß der Calvinismus sich über weite

Teile der Welt verbreitete: nach Indonesien, Amerika, Südafrika usw.

Hier springt die Bedeutung der Seevölker im vorwiegend germanisch bestimmten europäischen Nordwesten für die weitere Entwicklungsgeschichte des reformierten Christentums in die Augen: Von Genf ausgehend hatte der Calvinismus große Teile der Schweiz erfaßt. Diese war aber ein überall von größeren Mächten eingeschlossenes kleines Staatsgebilde ohne weitreichende Beziehungen. In Frankreich war der Calvinismus an den Rand gedrängt worden, und in Deutschland trat er in die zweite Linie zurück. In Polen ging er im Zuge der Rekatholisierung unter, in Böhmen blieb auch nicht viel von ihm übrig; in Ungarn vermochte er sich im Kampf und im Zusammenhang mit den Stände- und Türkenkämpfen im Kern zu erhalten, sah sich aber mehr auf Verteidigung als auf Ausdehnung angewiesen. Seine in bezug auf sein weiteres Wachstum entschieden fruchtbarste Verbindung ging er mit den nordwesteuropäischen Seevölkern ein: mit Holländern, Angelsachsen und Schotten. Diesen gab er religiöse Impulse, die sich auch auf das Staatsleben auswirkten und überall zu einer Beschränkung der monarchischen Regierung führten. Er weckte und steigerte aber auch ihren wirtschaftlichen Erwerbsfleiß und ihre kommerzielle Initiative; überhaupt gewann er stärksten Einfluß auf die Lebensgestaltung dieser Nationen. Mit ihnen hatte er die unternehmungsfreudigsten Völker ergriffen. Durch ebendiese Völker aber wurde er in alle Welt hinausgetragen und entfaltete sich, über das Luthertum hinaus und die übrigen evangelischen Richtungen überflügelnd, zu einer wirklichen Weltkonfession — hierzu befähigt nicht zuletzt durch den Geist seines Begründers und Urhebers, eben Calvins in Genf, der von vornherein feste Prinzipientreue mit weltweiter Elastizität verbunden und damit dem Calvinismus eine großartige Anpassungsfähigkeit gegeben hatte. Dies aber ist eine geistige Eigenschaft, die er bis zur Gegenwart zu besitzen scheint und die zusammenhängen mag mit einem starken Bewußtsein von der Einheit der Kirche und der Zusammengehörigkeit aller protestantischen Christen, die ebenfalls auf Johannes Calvin zurückzuführen ist.

Fünfzehntes Kapitel
Der Katholizismus

Das Trienter Konzil (s. oben S. 169ff.) hatte dogmatische Dekrete erlassen. Damit gab es der katholischen Kirche des 16. Jahrhunderts die Sicherheit des Glaubens wieder. Das Konzil hatte aber auch Reformationsbeschlüsse verabschiedet. Damit zeichnete es der katholischen Kirche die Richtlinien für eine umfassende innere Reform vor und machte ihr zur Auflage, danach zu verfahren. Der Papst war durch das Konzil in aller Form als Oberhaupt der Kirche anerkannt worden. Damit hatte Trient das Papsttum, geschichtlich gesehen, gewissermaßen rehabilitiert. Die enorme Aufwertung des Papsttums bedeutete: Bekräftigung der kirchlichen Einheit; Zusammenhang der Kirche in Recht, Verwaltung und Verfassung. Und gegebenenfalls unter Umständen auch: Einheit der kirchlichen Aktion. Alles dies hätte wenig bedeutet, wenn nicht *in* dieser Kirche religiöse Kräfte aufgebrochen wären, die sie in Kampf und Reform wiederbelebt hätten.

Seit der Mitte des 16. Jahrhunderts wurde der Katholizismus gegenreformatorisch. Das hieß: er ging dazu über, das an den Protestantismus verlorene Terrain zurückzuerobern; und er begann sich dem Vordringen der Reformation, insbesondere der calvinistischen Welle, härter zu widersetzen. Weder beim Angriff noch bei der Verteidigung verzichtete er darauf, sich politischer und militärischer Hilfe zu bedienen. Der gegenreformatorische Katholizismus war nicht der *ganze* Katholizismus der damaligen Zeit; aber eine sehr wesentliche Erscheinungsform, die in die Augen sprang. So sehr, daß man das ganze Zeitalter nach ihr benannt hat.

Ihrem Selbstverständnis nach betrachtete sich die katholische Kirche genausowenig als Teilkirche oder als *eine* Konfession neben zwei, drei oder vier anderen, wie sich der Calvinismus und das Luthertum als Teilkirche ansahen. In der *geschichtlichen* Wirklichkeit *war* sie aber eine Teilkirche, eine Religionspartei oder Konfession geworden — sie mochte sich getrost als die einzige und wahre Kirche ansehen — das stand ihr zu. Für den außertheologischen Aspekt war sie eine Konfession, die sich mit anderen Konkurrenzkonfessionen herumstritt, und eine Religionsgemeinschaft, die neben den anderen einen *Teil* der europäischen Christenheit repräsentierte, aber nicht die ganze Christenheit verkörperte. In der Welt des frühneuzeitlichen Europa mußte sie sich daran gewöhnen, mit einigen anderen Kirchengemeinschaften das Feld zu teilen. Wenn auch gewiß nicht aus freien Stücken, so doch durch den Zwang der Lage.

1. Die Gegenreformation in der europäischen Politik und Kriegführung

Konfessionelle Politik als Zeiterscheinung

Niemals hätte in der gegenreformatorischen Zeit die katholische Kirche auf die Hilfe der politischen Gewalten zurückgreifen können, wenn diese sich ihr nicht zur Verfügung gestellt hätten. Das Verhältnis war wechselseitig und entsprach damaligen Gepflogenheiten. Diese galten für Luthertum, Calvinismus, Anglikanische Kirche usw. genauso (s. oben Kapitel 11). Ob es zu gegenreformatorischen Aktionen kam, hing davon ab, ob Fürsten, Könige oder andere weltliche Machthaber sich bereitfanden, sich mit den Mitteln der Kriegführung und Politik für den Katholizismus stark zu machen (oder *auch* für ihn stark zu machen). Solcher politischer Führungskräfte gab es nun mehr als genug.

Gegenreformation und Gegenreformation war nicht immer das gleiche. Zum Beispiel sahen gegenreformatorische Aktionen innenpolitisch anders aus als außenpolitisch. Und selbst in der internationalen Politik machte es einen Unterschied, ob ein katholischer Fürst sich begnügte, diplomatischen Druck auszuüben, oder gleich mit Heeresmacht in ein anderes Land einfiel; ob er aus eigener Initiative angriff oder nur einem bedrängten Nachbarfürsten zu Hilfe eilte.

Man bekommt ein schiefes Bild, wenn man die Gegenreformation isoliert betrachtet. Konfessionelle Innen- und Außenpolitik trieben damals alle politischen Mächte. Die Unterschiede, die es zwischen den einzelnen Mächten in diesem Punkte gelegentlich geben mochte, waren meist nur graduell, nicht qualitativ; sie betrafen die Modalität, nicht das Prinzip. Konfessionelle Politik, wenn sie von katholischen Mächten getrieben wurde, nennen wir Gegenreformation.

Gegenreformatorische Zielsetzungen spielten in die auswärtige Politik der europäischen Mächte genauso hinein, wie protestantische politische Zielsetzungen in sie hineinspielten. Den Glaubensgenossen zu Hilfe kommen; das eigene Bekenntnis auch über die eigenen Landesgrenzen hinübertragen oder jenseits derselben verteidigen und sich dafür mit Geld und Truppen oder andern Mitteln einsetzen — das war ein allgemeiner Grundsatz politischen und kirchlichen Handelns, den sehr viele Fürsten, Könige und sonstige Obrigkeiten im 16. und 17. Jahrhundert für richtig hielten und den viele auch nach Maßgabe ihrer Kräfte in die Tat umsetzten.

Philipp von Hessen, Gustav Adolf, Coligny, die evangelische Union und einige reformierte deutsche Fürsten handelten danach. Die spanischen Könige, die deutschen Habsburger und viele andere katholische

Potentaten handelten gleichfalls danach. Ein Jahrhundert europäischer Geschichte hat vom Kriege Zwinglis mit den Fünf Orten 1531 bis zur Landung Gustav Adolfs 1630 laufend dergleichen Vorhaben gesehen, wo Staatsmänner und Feldherrn mit den Mitteln ihres Handwerks kirchliche Absichten durchzudrücken versuchten. In der deutschen Reichsgeschichte spielten sich solcherart Vorgänge im kleineren Rahmen permanent nach dem Augsburger Religionsfrieden ab, in Holland, Belgien und Frankreich, zum Teil mit internationaler Beteiligung von England, Spanien und deutschen Reichsständen. Auch der Dreißigjährige Krieg begann als Religionskrieg. Die kriegführenden Parteien, die sich bei seinem Ausbruch gegenüberstanden, verfolgten durchaus konfessionelle Ziele. Später schoben sich die Interessen eines massiven Staatsegoismus immer deutlicher in den Vordergrund, besonders seitdem Frankreich unter der Erstministerschaft Richelieus in den Krieg eintrat. Anderseits schlugen die Verhandlungspartner des Westfälischen Friedenskongresses doch jeder für sein Bekenntnis heraus, was es herauszuschlagen gab. Das heißt aber: Schweden, der Kaiser, Frankreich, Bayern, Brandenburg und die anderen Vertragspartner suchten aus ihrer politischen Position heraus ihre konfessionellen Konzepte und Zielsetzungen so weit zu verwirklichen, wie es ihre Kräfte und die allgemeine Konstellation zuließen.

Konfessionelle Färbung der auswärtigen Politik

In dem gegenreformatorischen Zeitalter gehörten einige Fürsten der ersten und zweiten Garnitur zu den Aktivisten der Rekatholisierung in der auswärtigen Politik: darunter König Philipp II. von Spanien, Erzherzog Ferdinand von Steiermark, später Kaiser Ferdinand II.; Herzog Maximilian von Bayern, zuletzt Kurfürst. Besonders Spaniens Politik hatte fast immer konfessionelle Wirkungen. In den Niederlanden, in Nordwestdeutschland und in der Pfalz stellten die Spanier das katholische Kirchenwesen wieder her, wo immer sie militärisch Herr der Lage geworden waren oder wo sie eine Stadt oder einen Landstrich besetzten. Vor allem waren die *Ziele* der spanischen Politik am Katholizismus orientiert und konfessionell gefärbt: In Frankreich und den Niederlanden führten die Spanier gegen die Calvinisten Krieg, sie kamen den bedrängten Katholiken in Irland zu Hilfe, ihre Armada kämpfte gegen die Flotte einer evangelischen Königin, die eine katholische Königin hingerichtet hatte.

Und wie Spanien, so verhielt sich noch mancher andere katholische Fürst. Herzog Maximilian von Bayern und Kaiser Ferdinand bekämpften in Böhmen den Protestantismus, als sie gegen die rebellischen Stände zu Felde zogen. Aber Bayern machte dabei durchaus seine Geschäfte und ging mit massiven politischen Vorteilen aus dem Böhmischen Kriege hervor. Seine eifrig katholischen Herzöge standen nicht immer mit Österreich auf dem besten Fuß. Und deshalb schlugen sie sich gelegentlich wohl auch einmal auf die Seite der protestantischen deutschen Reichsfürsten oder schlossen sich mit ihnen zu gemeinsamer Aktion in Dingen der reichsständischen Freiheit gegen den Kaiser zusammen. Hier dominierte dann das politische Moment, und das konfessionelle trat etwas zurück. Frankreich verhielt sich fast ständig so. Denn während Spanien, wo immer es zu Einfluß kam, den Katholizismus wieder einführte oder zu befestigen suchte, verhielt sich Frankreich in seiner auswärtigen Politik konfessionell oft neutral; nicht selten brach es sogar eine Lanze für den Protestantismus. Dieser war ihm in Deutschland und Holland hochwillkommen als Gegner des französischen Hauptfeindes, als welchen die französischen Könige das Haus Habsburg in seinen beiden Linien in Österreich und in Spanien ansahen. Vornehmlich aus diesem Grunde begünstigte Frankreich die Generalstaaten, die deutschen evangelischen Reichsfürsten oder die Schweden und verbündete sich mit ihnen auch gelegentlich. Die deutschen Habsburger arrangierten sich zwar auch schlecht und recht mit den evangelischen Reichsfürsten, protegierten in ihrer Reichspolitik aber stets den Katholizismus und in ihrer auswärtigen Politik ebenso, schon wegen ihrer engen Verbindung mit der spanischen Linie. Aber während sich die Habsburger für die katholische Sache stark machten, dachten sie dabei doch auch nicht weniger als etwa Bayern ans eigene politische Geschäft und trugen keine Bedenken, sich alle erdenklichen Vorteile dabei herauszuschlagen oder es doch wenigstens zu versuchen — wie zum Beispiel das Restitutionsedikt Kaiser Ferdinands II. von 1629 zeigte.

Begleiterscheinungen und Schikanen der Rekatholisierung

Nach innen hin gab es unzählige Formen von Gegenreformation. Sie bestand in der Wiederherstellung der katholischen Kirche und in Rückführung von nichtkatholischen Bevölkerungen zum Katholizismus. Gewöhnlich erfolgten im Zuge einer solchen Gegenreformation auch allerlei politische und wirtschaftliche Umstellungen: etwa eine Umschichtung von Vermögenswerten durch Zuwendungen und Konfiskationen, Vergabe und Entzug von allen möglichen Rechten; eine neue Verteilung von Lasten und Funktionen, die oft sehr konkrete Dinge betrafen, wie zum Beispiel Abgabe des Zehnten, Predigterlaubnis, Schulunterricht usw. Eine solche Gegenreformation ging für gewöhnlich nie ganz ohne Zwang, Gewalt und Schikanen ab, sondern brachte im Gegenteil sehr viel davon mit sich. Das war aber nicht spezifisch für den Katholizismus allein, sondern für den politischen Konfessionalismus überhaupt, dessen Recht die Obrigkeiten aus ihrer Religionshoheit ableiteten. Die weltlichen Regierungen kannten viele Mittel und Methoden, wie man rekatholisieren konnte. Die Formen der Rekatholisierung unterschieden sich aber auch nach Verfassungslage, nach konfessionellen Neigungen der Bevölkerung und nach der tatsächlichen Machtverteilung. Daher kam es, daß die Rekatholisierung von Land zu Land und von Ort zu Ort anders verlief. Je nach äußeren Umständen und angewandten Methoden nahm sie ein verschiedenes Gesicht an.

Mit alledem ist nur die militante, gewaltsame Seite gekennzeichnet, von der sich der Katholizismus im Zeitalter der Konfessionskämpfe zeigte. Eben dieses verstehen wir unter Gegenreformation. Die innere, kirchliche und religiöse Reform, welche der Katholizismus gleichfalls durchmachte, ist damit gar nicht berührt. Sie gehörte aber *auch* zu seiner Wiederbelebung und machte sogar deren wesentlichen Teil aus (s. unten Kapitel 15, Abschnitt 7, S. 281 ff.).

Bevor wir den verschiedenen Formen gegenreformatorischen Handelns nachgehen, suchen wir eine Vorstellung von der geographischen Verbreitung des Katholizismus zu gewinnen.

2. Verbreitung und äußere Wiederherstellung des Katholizismus seit der Reformation

Die Reformation verdrängte die katholische Kirche nicht überall gleichmäßig vollständig. In einigen Gegenden ließ sie katholische Reste zurück, in anderen beseitigte sie den Katholizismus ganz. Wieder in anderen Landstrichen richtete sie sich neben der katholischen Kirche ein; manchmal, wie in Irland, errichtete sie eine konfessionelle Fremdherrschaft über einem weiter katholisch verbleibenden Volk. In einzelnen Ländern oder Landschaften lagen Protestantismus und Katholizismus lange im Kampf, ohne daß der eine oder andere den Sieg davontrug. Hier mußten sie sich schließlich miteinander arrangieren. Und dann gab es Länder und Völker, wo man den Katholizismus nicht anfocht und vom Protestantismus verhältnismäßig wenig merkte.

Konfessionell einheitliche Länder. Diaspora und Gebiete mit kleinen Minderheiten

Zu diesen Ländern und Völkern, in denen der Katholizismus ungefährdet den Übergang vom Mittelalter in die Neuzeit überstand, gehörten *Spanien*, *Portugal*, *Savoyen* und *Italien*. Dazu kamen noch kleinere politische Landschaften, wie zum Beispiel *Lothringen*, *Burgund*, die Zentralschweiz und Luxemburg. Auch im südlichen Schwarzwald, soweit er zu Vorderösterreich gehörte, und in den angrenzenden Grafschaften Fürstenberg und Hohenzollern spürte man kaum etwas vom Protestantismus.

Dafür hatte die Reformation in den *nördlichsten Reichen*, in Schweden, Finnland und Dänemark, den Katholizismus vollkommen beseitigt. In Island und Norwegen hielt er sich zwar in einigen

Landesteilen bis an die Wende des 16. zum 17. Jahrhundert. Jedoch — ohne Verbindung mit dem übrigen West- und Mitteleuropa und einem lutherischen Staatskirchentum unterworfen, besaß er keine Chancen zum Überleben und ging dann irgendwie ein. Auch aus Nord- und Mitteldeutschland war der Katholizismus verschwunden, soweit sich dort die regionalen Herrschaften zum Luthertum oder Calvinismus bekannten. Und dazu bekannten sie sich mit verschwindenden Ausnahmen. Nur sporadisch hatten sich kleinere Reste erhalten, denen das Reichsrecht zugute kam. So gab es ein paar katholische Klöster in den evangelischen Bistumslanden von Magdeburg und Halberstadt. Nur wo die Habsburger oder sonst ein katholischer Reichsstand die politische Herrschaft innehatten, wie in den *Lausitzen* und in *Schlesien* oder in der Stadt *Erfurt*, die politisch zu Mainz gehörte, existierten etwas stärkere Minderheiten in sonst ganz lutherischem Milieu. Geschlossene katholische Gebiete gab es um *Hildesheim*, im *Eichsfeld* und in Ostpreußen im *Ermland*.

So vollständig wie in den nordischen Ländern wurde der Katholizismus übrigens sonst nirgends ausgelöscht; weder in den protestantischen Teilen Deutschlands noch in denjenigen Gebieten, die ganz unter protestantischen Einfluß gerieten und mit harten Ketzergesetzen, Vermögenskonfiskationen usw. gegen ihn arbeiteten. Wohl gab es enger begrenzte politische Regionen, die verhältnismäßig rein protestantisch waren. Zu diesen Gebieten, aus denen sich die katholische Kirche mehr oder weniger vollständig hatte zurückziehen müssen, gehörten auch die beiden wichtigsten Provinzen der Generalstaaten, Holland und Seeland. Weiterhin die Schweizer Stadtkantone mit Ausnahme von Luzern, Solothurn und Freiburg. In anderen ausgesprochen protestantischen Ländern, wie dem anglikanischen Königreich England und dem presbyterianischen Königreich Schottland, gab es kleine katholische *Minderheiten*. Sie gingen jedoch nicht ein, sondern lebten weiter. Hauptsächlich wohl deshalb, weil ihre Verbindung mit den Festlandskatholiken nie ganz abriß. Kleine schottische und englische Priesterseminare, die man für sie in Flandern, Frankreich, Spanien und Rom eingerichtet hatte, sorgten für einen kontinuierlichen geistlichen Nachwuchs. Auf der Insel selbst waren einige schottische und englische Hochadelsgeschlechter katholisch geblieben. Auch dies war ein Umstand, der das Überleben der Minderheiten begünstigte. Freilich war es auf Generationen hinaus ein Überleben im Untergrund.

Umkämpfte Gebiete in Deutschland und Europa

Stand für die Katholiken in Schottland, England, Mittel- und Norddeutschland im besten Fall nur die Selbsterhaltung in Frage, so wurde auf weite Strecken in Deutschland, im Westen und im Osten Europas um die Konfession mit größeren Kräften auf beiden Seiten lange und heftig gekämpft. In vielen *deutschen* Fürstbistümern, in *Frank-*

reich, in *Österreich* und seinen Nebenlanden, in *Böhmen*, *Ungarn* und *Polen*, am *Niederrhein*, in *Belgien* und den *niederländischen* Südprovinzen mußten sich die katholischen Landesregierungen fragen, ob sie der evangelischen Bewegung, die unter ihren Untertanen um sich griff, tatenlos zusehen oder ob sie etwas dagegen unternehmen sollten. Außer dem Herzog von Jülich-Kleve-Berg, der sich lange scheute, seine Untertanen konfessionell zu steuern, hielten die übrigen Landesherren, manche nach längerem Zuwarten, fast alle für richtig, von sich aus das Heft in die Hand zu nehmen und den Katholizismus zu stabilisieren oder, was fast dasselbe hieß, den Protestantismus zu verdrängen.

Die blutigsten Kämpfe spielten sich in Frankreich und den Niederlanden ab, weil hier der Religionskrieg zum Anlaß heftigster politischer, ständischer und zum Teil auch wirtschaftlicher Auseinandersetzungen geworden war.

In den süd- und westdeutschen Landesherrschaften, in den Reichsbistümern und in der Schweiz kam es zwischen 1550 und 1650 zwar manchmal auch zu dramatischen Auseinandersetzungen mit internationalem Hintergrund, wie zum Beispiel im Krieg um Köln 1583, aber für gewöhnlich zog die Aufregung um die Rekatholisierung längst nicht so weite Kreise wie in den gleichzeitigen Religionskriegen in Westeuropa. Ärger, Zusammenstöße, Streitigkeiten und dergleichen blieben meist auf die engere territoriale Umgebung beschränkt. Das schloß allerdings nicht aus, daß der eine oder andere Nachbarstand intervenierte oder daß es durch entsprechende Anfragen zu konfessionellen Auseinandersetzungen auf Tagsatzungen und Reichstagen kam.

Schwieriger lagen die Dinge in den *österreichischen* Landesteilen und in *Böhmen*. Der Protestantismus hatte sich hier ständisch organisiert, weil die Führer der adligen Landstände in der Mehrheit zum Luthertum übergetreten waren oder einem anderen protestantischen Bekenntnis angehörten. Die starke Position der Evangelischen brachte es mit sich, daß das Landesfürstentum schon entsprechend harte Mittel ergreifen mußte, wenn es tatsächlich beabsichtigte, sich dagegen durchzusetzen. Kaiser *Maximilian II.* operierte zu zaghaft und wurde daher über die protestantischen Stände Österreichs nicht Meister. *Ferdinand II.* griff von vornherein kräftiger zu; er führte zunächst sein engeres Herrschaftsgebiet, die österreichischen *Alpenländer* Kärnten, Krain und Steiermark, mit hartem Zwang zum Katholizismus zurück. Als er später Kaiser geworden war, entzündete sich an dem von protestantischem Pathos getragenen Aufstand der Böhmen und der mit ihnen verbündeten österreichischen Stände der Dreißigjährige Krieg. Der Kaiser siegte, unterstützt von *Bayern*. Und nachdem die Rebellion niedergeworfen war, wurden im gleichen Zuge die Stände entmachtet und der Katholizismus eingeführt. Auf die konfessionelle Ständerevolution erfolgte die politische Gegenreformation (s. unten Kapitel 15, Abschnitt 6).

Auch im weiteren *Osten* war nach der Mitte des 16. Jahrhunderts der Katholizismus umkämpft und zeitweilig recht gefährdet. Er vermochte in Litauen und Polen die Krise jedoch — nach sehr großen Schwankungen — fast ohne Verluste zu überstehen, während er in Ungarn und Siebenbürgen (wie in Deutschland und der Schweiz und den südlichen Generalstaaten) aus den reformatorisch-gegenreformatorischen Kämpfen wenigstens als *eine* Konfession neben mehreren anderen und noch dazu als die zahlenmäßig stärkste hervorging.

Ergebnisse der konfessionellen Sonderung in Deutschland, seinen Nachbarländern und in England und Irland

Um das Ergebnis für den deutsch bevölkerten Raum festzuhalten: Im westlichen Nord-, Mittel- und Süddeutschland wohnten Protestanten und Katholiken nebeneinander. In Süddeutschland und in den linksrheinischen Gebieten war der Katholizismus stärker vertreten. Bayern war katholisch und Österreich auch. Allerdings erhielt der Protestantismus in einigen Teilen Österreichs bescheidene Existenzrechte, in anderen Teilen wurde er unterdrückt; in Böhmen existierte er unter der Decke weiter, in Schlesien offen, obwohl er sich dort manche Einschränkungen gefallen lassen mußte. Im äußersten Nordosten und im äußersten Südwesten lebten in unterschiedlicher Mischung Katholiken neben Protestanten: in Ostpreußen, in der Eidgenossenschaft und im Elsaß.

Was aber die Niederlande anging, so zogen es die dortigen Südprovinzen vor, um ihres katholischen Glaubens willen bei Spanien zu bleiben. In den nördlichen Generalstaaten lag die Religionshoheit nicht beim Gesamtstaatsverband, sondern bei der einzelnen Provinz. Die mittleren und südlichen Provinzen der Generalstaaten erkannten den Katholizismus teils als Konfession an, teils duldeten sie unter bestimmten Voraussetzungen die Katholiken.

Jenseits der Reichsgrenzen blieb in Frankreich die Mehrheit der Nation katholisch und der Katholizismus Staatsreligion. Doch erhielten die Reformierten ein Sonderstatut, welches ihnen die Ausübung ihres Bekenntnisses gesetzlich garantierte. In Irland regierte England mit einer kleinen sozialen Oberschicht über ein katholisches Volk, das auch unter den ungünstigsten äußeren Bedingungen mit erdrückender Mehrheit an der alten Kirche weiter festhielt.

Um eine nähere Vorstellung vom Katholizismus in der gegenreformatorischen Epoche zu gewinnen, versuchen wir nun, die Situation der Katholiken in den verschiedenen Existenzweisen zu verdeutlichen, die sich für sie aus der politisch-konfessionellen Entwicklung in den einzelnen Ländern ergab. Sie wurden teils zu Minderheiten zusammengeschmolzen, in die Zerstreuung gejagt oder in die Verteidigung gedrängt. Sie griffen teils aber auch selber an, trugen die Gegenreformation nach außen oder praktizierten sie im inneren Staatsbereich oder kombinierten auswärtige Aktionen mit innenpolitischen. Hiervon soll in den folgenden Abschnitten gesprochen werden. Wir skizzieren Existenzformen und Verhaltensweisen jeweils anhand von ausgewählten Beispielen.

3. Die Katholiken in Verteidigung und Abwehr: England

Wo leben die Katholiken überhaupt in der Verteidigung?

Summarisch gesehen befanden sich die Katholiken — in der Sprache des 16. Jahrhunderts: die Anhänger des Papstes und der alten kirchlichen Ordnung — überall dort in der Verteidigung, wo ihre politische Obrigkeit zum Protestantismus überging oder auch mit ihm so weit sympathisierte, daß sie ihn gewähren ließ. Mancher katholische Herr ließ dem Protestantismus jahrzehntelang freien Lauf, ohne ihn zu behelligen, weil er ihn nicht so verabscheuenswert fand und seine Untertanen auch nicht im Gewissen zwingen wollte. So verhielt sich die Regierung des Herzogtums Jülich-Kleve-Berg und eine gewisse Zeitlang auch König Sigismund II. von *Polen*. Andere katholische Herren waren gleichgültig, so einige deutsche Fürstbischöfe, andere wiederum ohnmächtig, so ebenfalls einige deutsche geistliche Fürsten. Aber auch der *Kaiser* konnte in seiner Eigenschaft als Landesherr von Böhmen und Ungarn keineswegs seine Religionshoheit so anwenden, wie er es gewünscht hätte. Er war bis zu einem gewissen Grade ohnmächtig wegen der verfassungsrechtlichen Position der hochadligen Stände und wegen deren tatsächlicher Macht. In diesem Fall übte also die nachgesetzte Obrigkeit den Glaubenszwang aus und nicht der Landesherr.

Aber einerlei, ob es Fürsten, Zwischengewalten, Magnaten oder Städte waren, die den Glaubenszwang ausübten, wichtig war in jedem Falle, *wie* sie den Glaubenszwang *anwendeten*. Der Kurfürst von Brandenburg hatte katholische Untertanen am Niederrhein, denen die freie Ausübung ihres Gottesdienstes vertraglich zustand. Diese Katholiken bangten weniger um ihre Konfession als um ihre Rechte und auch um ihr Vermögen. Denn der Landesherr schikanierte sie mit Sondersteuern, Einquartierungen, Vermögensbeschlagnahme; er nahm den katholischen Pfarrkirchen Pfründen und Gebäude weg und überließ sie den Reformierten; und schließlich versuchte er in Dingen der geistlichen Jurisdiktion sich zum obersten Bischof seiner katholischen Untertanen zu machen.

Andere evangelische Obrigkeiten überließen den Katholiken einen schmalen Rest von gottesdienstlichen Übungen im Winkel und unter Ausschluß der Öffentlichkeit. Wieder andere ließen auch das nicht mehr zu. Manche gingen noch weiter und verlangten von ihren Untertanen ausnahmslos das Bekenntnis zum Protestantismus, wenn dieser in irgendeiner Spielart Landesreligion geworden war. Sie wiesen die Katholiken, die bei ihrem Bekenntnis bleiben wollten, entweder *sämtlich* aus oder doch wenigstens ihre *Geistlichen* und *Lehrer*. Noch einen Schritt weiter gingen diejenigen Landesfürsten, welche auf das Bekenntnis zum Katholizismus die Todesstrafe setzten (so Schweden) oder diejenigen, welche zwangsweise den Schwur auf bestimmte Glaubenssätze verlangten, die inhaltlich eine Absage an den Katholizismus enthielten.

Je nachdem, wieweit sie durch Gesetz und Polizei in die Zange genommen wurden und wieweit sie Widerstand zu leisten in der Lage oder gewillt oder aber nicht gewillt waren, gerieten die Katholiken als Religionsgemeinschaft in ein Winkeldasein, in den Untergrund oder in ein isoliertes Diaspora-Dasein. Oder sie nahmen den Protestantismus an.

Duldung; Verfolgung; Sondergesetze: die Katholiken in England

Wie eine kleine Minderheit trotz harten Drucks und zeitweiliger Verfolgung durch die Regierung sich behauptete, dafür gaben die Katholiken in England und in Schottland ein Beispiel. Wir betrachten das englische Beispiel.

Als Elisabeth 1559 die anglikanische Staatskirche neu konstituierte, verweigerten sämtliche katholischen Bischöfe und mit ihnen gegen tausend Priester — etwa ein Achtel der englischen Geistlichkeit — dieser neuen Kirche ihre Anerkennung. Sie verloren daraufhin ihre Ämter. In den folgenden zehn Jahren pflegte Elisabeth gute Beziehungen mit Spanien und ließ die englischen Katholiken in Ruhe. Möglicherweise neigten diese dazu, mit der anglikanischen Kirche ihren Frieden zu machen. Da begann Ende der sechziger Jahre ein schärferer Wind zu wehen: im Norden Englands erhoben sich 1569 die dort ansässigen katholischen Hochadligen. Die Königin schlug den Aufstand nieder und ließ einige hundert Leute von Stand, die darein verwickelt waren, hinrichten. Wegen Maria Stuart, die sich seit 1568 in Elisabeths Gefangenschaft befand, entstanden Reibereien zwischen Spanien und England. 1570 verhängte Papst Pius V. über Elisabeth den Kirchenbann.

Alles zusammen bewirkte, daß das Parlament die gegen die Katholiken gerichteten Gesetze verschärfte. Infolge eines Hochverratsgesetzes, das Elisabeth einbringen und durchführen ließ, kam es zu organisierten Katholikenverfolgungen. Um den englischen Katholiken zu helfen, wurden Jesuiten nach England geschickt, die den Auftrag erhielten, in den Häusern katholischer Familien unterzutauchen, dort illegal Gottesdienst zu halten und überhaupt eine heimliche Seelsorge auszuüben. Um die heimliche Seelsorge auf lange Sicht sicherzustellen, hatte 1568 der englische Kardinal William Allen an der flandrischen Küste ein Seminar für die Ausbildung von englischen Priestern eingerichtet.

Die Verfolgungen erreichten in den siebziger und achtziger Jahren ihren Höhepunkt; also im wesentlichen während des Pontifikats Papst Gregors XIII., der auf der anderen Seite einen Höhepunkt der gegenreformatorischen Aggression bedeutete. Die Verfolgungen stützten sich in England auf das Gesetz. *Formell* gesehen, waren sie keine Katholikenverfolgungen, sondern staatliche Aktionen gegen Hochverräter. Aber eben nur formell. Denn der Tatbestand des Hochverrats bezog sich auf das religiöse Verhalten. Das Gesetz stellte jeden unter Strafe, der die Rechtmäßigkeit der Regierung der Königin in Zweifel zog. Eben dieses, daß sie die Herrschaft Elisabeths für unrechtmäßig hielten, setzte man aber bei allen katholischen Priestern voraus. Denn diese waren ja dem Papst zu Gehorsam verpflichtet — und der Papst hatte Elisabeth für abgesetzt erklärt. So war es nicht einmal inkonsequent und sogar begreiflich, wenn man staatlicherseits nach dem Grundsatz verfuhr, jeden katholischen Priester als einen Hochverräter zu betrachten und entsprechend zu behandeln. Die dafür vorgesehenen Strafen waren abgestuft; sie reichten von Geldbußen über Ausweisung, Freiheitsentzug und Folterung bis zur Todesstrafe. In diesen Jahren erklärte Papst Gregor XIII., es sei um der Verfolgung der Katholiken willen erlaubt, Königin Elisabeth umzubringen. Er rief den König von Spanien zu einem Kreuzzug gegen die Königin von England auf und rüstete ein päpstliches Heer aus, um es nach Irland zu entsenden; und ermunterte in diesem Zusammenhang König Philipp II., die irische Insel zu erobern.

Gregors XIII. Nachfolger, Sixtus V. und Clemens VIII., schlugen England gegenüber eine realistische Politik ein. Sie nahmen nach und nach Abstand von der gegenreformatorischen Maxime, kirchliche Ziele mit politischen und militärischen Gewaltmaßnahmen zu erzwingen. Statt dessen machten sie sich die Grundsätze einer kühleren und vorsichtigeren Kirchenräson zu eigen, die davon ausging, mit den Gegebenheiten zu rechnen. Das anglikanische England Elisabeths aber *war* eine solche Gegebenheit. „Sie ist bestimmt eine große Königin", sagte mit einem Unterton der Bewunderung Papst Sixtus V., „und wäre sie nur katholisch, so würde sie Uns herzlich lieb und wert sein. Seht doch nur, wie gut sie regiert. Sie ist nur eine Frau, nur Herrin über die Hälfte einer Insel, und doch fürchten alle sie: Spanien, Frankreich und das Reich."

Daß Elisabeth sich angesichts der hochgespannten gegenreformatorischen Aktivitäten auf dem Festland vor den Katholiken ihres Landes vorzusehen lernte, war durchaus begreiflich. Im ganzen stellten die englischen Katholiken rein zahlenmäßig eine so geringe Minderheit dar, daß es dem Königtum nicht schwer wurde, mit ihnen fertigzuwerden. Für das Staatswesen bildeten sie keine Gefahr. Die Krone löste das Katholikenproblem ohne allzu große Schwierigkeiten: Sie unterstellte die Katholiken einer harten Ausnahmegesetzgebung. Sie wurden ständig überwacht und bildeten praktisch für das Staatswesen keine Gefahr — zumal seit der Katastrophe Maria Stuarts 1587 und der Niederlage der großen Flotte Phillipps II. 1588 jede Aussicht auf einen politischen Rückhalt von außen entschwand, auf den sie bis *dahin* wenigstens noch hatten *hoffen* können.

4. Die Gegenreformation in der auswärtigen Politik: Polen und Schweden

Die europäische Konfessionskarte, wie sie sich etwa bis zur Mitte des 17. Jahrhunderts herausgebildet hatte und von da an verfestigte, war zu guten Stücken ein Werk der Staatsgewalt. Wenn auch nicht *allein* ihr Werk, so war sie doch ohne ihre Mitbeteiligung undenkbar. Auf der anderen Seite war sie gewiß nicht *nur* ein Werk politischer Gesichtspunkte. Denn religiöses Engagement und konfessionell-katholische oder konfessionell-protestantische Antriebe hatten in der Regel auch den Inhabern der Regierungsgewalt nicht ferngelegen. Darüber hinaus hatten sie gelernt, die Konfessions- und Kirchenfragen als einen Gegenstand ihrer inneren und auswärtigen Politik zu behandeln. Politisches Handeln *katholischer* Regierungen unter solchen Gesichtspunkten nennen wir Gegenreformation. Eine Gegenreformation ließ sich innenpolitisch leichter durchführen als in der auswärtigen Politik. Dennoch wirkten katholische konfessionspolitische Motive auch in die zwischenstaatlichen Beziehungen mit hinein.

Selten kam es vor, daß ein katholischer Staat einen anderen Staat durch politischen Druck oder durch Krieg zum Katholizismus zurückzuführen unternahm. Als einer der seltenen Versuche dieses Genres darf vielleicht der Angriff der spanischen Flotte auf England angesehen werden. Die gegenreformatorischen Kriege oder die Kriege mit gegenreformatorischem Einschlag gingen eher um Fragen der politischen Unterordnung oder der Thronfolge. Um die Frage der Freiheit oder Unterordnung stritt man sich im großen niederländischen Freiheitskrieg und im Krieg zwischen Österreich und Böhmen. Die Frage einer katholischen oder nichtkatholischen Thronfolge stand im Mittelpunkt der französisch-spanischen und der schwedisch-polnischen Kämpfe in den beiden letzten Jahrzehnten des 16. Jahrhunderts und spielte auch eine zentrale Rolle in den internationalen Streitigkeiten, die sich an der Erbfolgeregelung für Jülich-Kleve-Berg in den beiden ersten Jahrzehnten des 17. Jahrhunderts entzündeten.

Wir begnügen uns mit dem schwedisch-polnischen Beispiel. Es ist interessant, weil es den gemeineuropäischen Charakter der reformatorisch-gegenreformatorischen Konflikte am deutlichsten zeigt: sie reichten geographisch bis in den äußersten Nordosten. Die Affären verliefen im Nordosten übrigens bei weitem nicht so kompliziert wie in Mittel- und Westeuropa.

Die Schwierigkeiten gingen von der Thronfolgefrage aus. König Johann III. (1568–92) war mit einer polnischen Prinzessin Katharina verheiratet, der Schwester des söhnelosen Königs Sigismund II. Auch als Königin von Schweden blieb Katharina katholisch. Von ihrem Gatten König Johann ging die Rede, er sei heimlich Katholik geworden oder begünstige doch eine stärker katholische Ausrichtung der schwedischen lutherischen Kirche. Zur Zeit seiner Regierung war ein hervorragender päpstlicher Diplomat und namhafter Theologe, der Jesuit Antonio Possevino, Nuntius des Heiligen Stuhles in Stockholm.

Johann III. pflegte also Kontakte mit Rom und erklärte sich bereit, einige Konzessionen an den Katholizismus zu machen. Zum Beispiel glich er die schwedische Liturgie 1576 weitgehend dem katholischen Ritus an. 1587 wählte der polnische Reichstag den schwedischen Kronprinzen Sigismund zum König von Polen und Litauen. Sigismund III. war katholisch. Und deshalb bildete sich nach der polnischen Königswahl in Schweden eine evangelische Opposition. Sie sammelte sich unter der Führung des Herzogs Karl von Södermanland, eines jüngeren Bruders des Königs Johann, und stellte eine Art von schwedisch-evangelischer Nationalpartei dar. Sie war populär und hatte starke Kräfte hinter sich. Die Oppositionsgruppe befürchtete, daß der derzeitige Kronprinz Sigismund nach seiner Thronbesteigung den Katholizismus wieder in Schweden einführen und außerdem eine politische Union von Schweden und Polen betreiben werde, in welcher Schweden möglicherweise einen Teil seiner Selbständigkeit verlieren könnte. Um dieser Gefahr von vornherein zu begegnen, faßten die in der Opposition zusammengefaßten Kräfte auf einer Versammlung zu Kalmar 1588 den Beschluß, sich dafür einzusetzen, daß Schweden ein selbständiges Reich mit einer nationalen schwedischen lutherischen Kirche bliebe. Zugleich suchten sie möglichen absolutistischen Anwandlungen des künftigen Herrschers von vornherein zuvorzukommen: sie entschieden, daß Schweden hinsichtlich seiner politisch-sozialen Struktur eines privilegierten *Hochadels* bedürfe.

Nach König Johanns Tode 1592 übernahm sofort Herzog Karl für den damals abwesenden jungen König Sigismund die Regierung. Er berief eine evangelische Synode nach Uppsala ein und ließ durch diese die alte evangelische Kirchenordnung Schwedens wiederherstellen.

Als König Sigismund 1593 nach Schweden kam, sah er sich gezwungen, die Synode von Uppsala anzuerkennen. Das hinderte ihn jedoch nicht, katholische Schulen einzurichten und die Feier katholischen Gottesdienstes zu gestatten. Ja es gelang ihm sogar, einen Teil des schwedischen Adels gegen Herzog Karl auf seine Seite herüberzuziehen. Da ging Herzog Karl zur offenen Revolution über, unterstützt, wie seinerzeit schon König Gustav Wasa, von dem gut durchorganisierten, kräftigen Bauernstand, der in Schweden politisches Gewicht besaß. So war Herzog Karl in der Lage, 1595 einen Reichstag nach Söderköping einzuberufen. Durch diesen Reichstag ließ er sich zum Reichsverweser ernennen, und in dieser Position untergrub er die Regierung seines Neffen, des Königs. Er rottete sofort das Wenige an katholischem Gottesdienst aus, was Sigismund inzwischen eingerichtet hatte. Sodann brachte er die Ausführung der königlichen Befehle und Verordnungen unter seine Kontrolle, indem er ihre Rechtsgültigkeit von seiner, des Verwesers, Bestätigung abhängig machte. Außerdem verbot er, an den König zu appellieren, und machte statt dessen sich selbst zur alleinigen Appellationsinstanz.

König Sigismund ließ sich das nicht gefallen, und deshalb kam es 1599 zum Kriege zwischen dem Reichsverweser und dem König. Diesen Krieg gewann der Verweser. Er merzte im Gefolge seines Sieges die Partei des Königs aus; sodann unterwarf er das Herzogtum Finnland, welches zu Schweden gehörte, aber zu Sigismund hielt. Danach ließ er sich zum regierenden Erbfürsten von Schweden ernennen und schließlich 1604 zum König krönen.

Alles in allem boten die Vorgänge im Nordosten ein Beispiel dafür, wie sich die konfessionelle Frage in die Thronfolgeordnung einzuschieben und die zwischenstaatlichen Beziehungen zu beeinflussen vermochte. Im Gesamtvorgang der europäischen Geschichte bedeutete der Ausgang der schwedisch-polnischen Thronfolgekämpfe eine Niederlage der gegenreformatorischen Bewegung im Norden, denn mit ihr schwand die letzte Möglichkeit dahin, einen Rest von Katholizismus in Skandinavien zu erhalten.

5. Die Gegenreformation in der inneren Politik I. Adelsherrschaft und Rekatholisierung: Polen und Ungarn

Innenpolitische und außenpolitische Vorgänge standen nie beziehungslos nebeneinander. Man kann sie daher nicht chemisch rein trennen. Dennoch waren sie nicht dasselbe. Es gab reformatorische und gegenreformatorische Vorgänge und Unternehmungen, bei denen es sich vorwiegend um innere Angelegenheiten eines Landes oder eines Staatswesens handelte. Die Rekatholisierung wurde als *interne* Angelegenheit mit *mehr* System und *stärkerem* Effekt betrieben. Als interner Vorgang betrachtet, unterschied sich Gegenreformation von Gegenreformation allerdings auch nach dem Charakter der politischen Herrschaft, nach Rang und Zahl der Inhaber der politischen Gewalt. In Frage stand also: Wer nimmt die Gegenreformation in die Hand? Der Landesfürst? Der Adel? Die Städte? Die Antwort lautete im allgemeinen: Wer Macht ausübte, übte sie auch in Konfessions- und Reformationsdingen aus. In der Praxis kam es vor, daß die Macht geteilt war; dann kamen auch geteilte Entscheidungen für die Konfessionen heraus; etwa eine gewisse Parität oder eine abgestufte Duldung. Es kam aber auch vor, daß die schwächeren politischen Mächte im Lande mit der stärkeren Macht konfessionell gleichzogen — oder daß sie sich ein beschränktes konfessionelles Sonderrecht heraushandelten. Schließlich konnte auch ein anerkannter Machthaber in seiner Religionspolitik durch zwischenstaatliche Verträge oder durch anerkanntes Reichsrecht gebunden sein — in dieser Lage befand sich zum Beispiel der Große Kurfürst von Brandenburg (1640–88) für einen Teil seiner Länder in

Ostpreußen, in Ostpommern und im mittleren Norddeutschland zwischen Elbe und Rhein.

Die Abhängigkeit des gegenreformatorischen Vorgehens von der internen Machtlage suchen wir im folgenden zunächst am Beispiel der politischen *Adelsherrschaft*, danach am Beispiel der Herrschaft des Landesfürstentums darzustellen.

Weitgehende politische Machtbefugnisse besaß im europäischen Osten der Adel in *Polen* und *Ungarn*. Die *Könige* von Polen und von Ungarn oder die Fürsten von Siebenbürgen waren *nicht* in der Lage, über den Kopf ihrer Adelsstände hinweg Konfessionspolitik zu betreiben. Der Aufschwung der Reformation ging in Polen vom Adel aus, und für ihren Niedergang war er gleichfalls verantwortlich. Die Söhne des calvinistischen Adels wurden im letzten Viertel des 16. Jahrhunderts in großen Mengen wieder katholisch, besuchten Jesuitenschulen und machten die Reformation auf die weitesten Strecken hin rückgängig. Die entscheidende Frage lautet für Polen also nicht sosehr: Weshalb ging dort die Gegenreformation so glatt vonstatten? Sie muß vielmehr lauten: Was bewog den Adel, katholisch zu werden?

Es gab verschiedene Umstände, die den Umschwung zu einem Teil erklären oder wenigstens begreiflich machen: Die polnischen *Bischöfe* stellten sich gleich nach dem Abschluß des Tridentinums auf den Boden des Konzils und reformierten im katholischen Sinne; der *Jesuitenorden* zog um die gleiche Zeit in das Land und begründete treffliche *Bildungsanstalten*. Der Mann von Stand besuchte diese Anstalten. Der Protestantismus war *zerrissen* und hatte nicht entfernt so viele gute Schulen. Schließlich machte auch der *König* mit. Er war durch die Verfassung gewiß in seinem Handlungsspielraum beschränkt. Aber daß er mit den Bischöfen und dem Adel in konfessioneller Richtung gleichzog, gab der allgemeinen Rekatholisierung noch zusätzliche Schubkraft: Im übrigen entwickelten sich die polnischen Könige Stephan Bathory (1576–86) und Sigismund III. (1587–1632) zu ausgesprochen kräftigen Herrschern. Sie nahmen die Wiederherstellung und Reform der katholischen Kirche in ihr Regierungsprogramm auf und trieben sie nachhaltig vorwärts.

Das hätten sie freilich niemals vermocht, wenn die eigentlichen politischen Machthaber im Königreich, nämlich wenn die *Aristokraten* der verschiedenen Ränge, nicht in der nämlichen Richtung gearbeitet hätten. Stephan Bathory war dafür ein sprechendes Beispiel: Er war schon längst vor seiner Königswahl Fürst von Siebenbürgen gewesen. Für seine Person eifrig katholisch und in Polen ein Exponent der Gegenreformation, hatte er in Siebenbürgen jedoch keineswegs gegenreformatorisch regiert, sondern im Gegenteil die Parität von vier Konfessionskirchen anerkannt: in seinem türkischen Vasallenstaat existierten Calvinisten, Lutheraner, Unitarier und Katholiken als gleichberechtigte Kirchengemeinschaften nebeneinander. Das brauchte nicht unbedingt Ausdruck eines Gesinnungswandels in der Person des Herrschers — oder gar ein Zeichen von Gesinnungslosigkeit zu sein. Es war vielmehr der Ausdruck einer anders gelagerten verfassungsrechtlichen Situation.

Polen wurde *einheitlich* katholisch, weil der Adel, soweit er sich von ihm zeitweilig getrennt hatte, solidarisch zum Katholizismus zurückkehrte. Ungarn wurde ein Land mit *mehreren* Konfessionen, weil der Adel konfessionell *nicht* in der gleichen Richtung marschierte. Verlauf, Eigenart und Ergebnis von Reformation und Gegenreformation gingen jedoch in Ungarn genauso wie in Polen hochgradig auf die Adelsverfassung des Landes zurück. Die Magnaten, deren enorme Freiheiten zuletzt 1514 gesetzlich fixiert worden waren, bestimmten in den Grenzen ihres Großgrundbesitzes die Konfession der darin ansässigen Bevölkerung inklusive der Geistlichen. Sie sahen die Religionshoheit als *ihr* Recht, und nicht etwa als ein Recht des Königs oder des Fürsten von Siebenbürgen an. Die Magnaten verlangten also für den Umkreis ihrer Latifundien konfessionelle Gefolgschaft. Untereinander verhielten sie sich tolerant. Ohne den Magnatenstand konnte niemand daran denken, in Dingen der Gegenreformation oder der katholischen Reform etwas Ernstliches auszurichten. Das zeigte sich deutlich in der zweiten Hälfte des 16. Jahrhunderts. Obwohl die ungarischen Bischöfe die Reformbeschlüsse des Trienter Konzils schon 1564 annahmen; obwohl Jesuiten berufen (1561) und Seminare gegründet (1566) wurden, ging es mit der innerkirchlichen katholischen Reform nicht recht voran. Als aber nach der Jahrhundertwende der spätere Erzbischof von Gran, Kardinal Peter Pázmány (1570–1637), selbst adligen Ursprungs, gegen dreißig ungarische Magnatenfamilien zum Katholizismus bekehrte, erledigte sich bei der herrschenden politischen Machtverteilung das Weitere von selbst. *Jetzt* wendete sich das Blatt, und das westliche Ungarn wurde wieder nahezu geschlossen katholisch. Seit dem ausgehenden 16. Jahrhundert vermengte sich mit der Rekatholisierung im königlichen Teil von Ungarn die von der habsburgischen Dynastie politisch betriebene Gegenreformation. Während die Habsburger in ihren sonstigen Ländern damit ziemlich weit vorankamen, mußten sie in Ungarn ihre Ziele zurückstecken. Der eingesessene Hochadel gab, soweit er katholisch war und es für gut hielt, der Gegenreformation die Bahn frei. Soweit er evangelisch war, setzte er ihr eine Grenze.

6. Die Gegenreformation in der inneren Politik II. Rekatholisierung durch das Landesfürstentum: Österreich und Böhmen[1]

Wie in Ungarn und Polen der *Adel* in Sachen der Reformation und Gegenreformation das letzte Wort sprach, so in anderen Ländern

[1] Ich entnehme die Mitteilungen über Österreich und Böhmen meinem Buch über die „Entstehung der Konfessionen" (Oldenbourg, München-Wien 1965) S. 162–164.

und Reichen das *Landesfürstentum.* In *Bayern* betrieb das katholische Herzogshaus die Rekatholisierung. Ihm standen keine Stände im Wege. In *Salzburg* und anderen Fürstbistümern lagen die Dinge ähnlich. In *Österreich* und *Böhmen* machten sich die Dynastie und die eingesessenen adligen Stände gegenseitig das Recht der Religionsbestimmung streitig. Der Adel stand mehrheitlich auf protestantischer, die Dynastie auf katholischer Seite. Die Entscheidung über die Religion hing in Österreich davon ab, ob und wieweit sich die Dynastie gegen den Adel oder der Adel gegen die Dynastie durchsetzen würde. Dieser Kampf wurde durchgefochten im ersten Drittel des Dreißigjährigen Krieges. Der Ausgang dieser Kämpfe bildete die Voraussetzung für die Gegenreformation in *Böhmen.*

Die politischen Führer im Lande, die adligen, teilweise sehr mächtigen und reichen Stände in Böhmen und Mähren, gehörten überwiegend einem der evangelisch-böhmischen Bekenntnisse an. Sie vertraten gegenüber der katholischen Landesherrschaft, den Königen aus dem Hause Habsburg, in politischen Dingen die Freiheiten des Landes und in religiösen Dingen die Sache des Protestantismus. Und zwar forderten sie die gesetzliche Freiheit der Religionsübung, mindestens für die Standesherren und Ritter, die dann ihrerseits das Bekenntnis ihrer Gutsuntertanen, Dörfer und Städte nach Dafürhalten sollten bestimmen dürfen. Dieser Kampf schwankte hundert Jahre hin und her. In Mähren gewährten die Magnaten ihren Hintersassen Gewissensfreiheit und setzten sich damit gegen die Landesherrschaft bis zum Beginn des Dreißigjährigen Krieges durch. Dann wandte sich das Blatt. In Böhmen, wo der Landtag 1567 die Bekenntnisfreiheit beschloß und 1575 die Abfassung einer Confessio Bohemica tschechisch und deutsch veranlaßte, entwickelte sich der Kampf um die Bekenntnisfreiheit zum Kristallisationspunkt des ständisch-monarchischen Gegensatzes. In den Strudel dieses Kampfes mündete zuletzt alles ein: die Frage der Autonomie Böhmens, die Frage der Regierungs- und Verfassungsform und die Religionsfrage. Auf der einen Seite vereinigten sich böhmische, nationale, protestantische und ständische Interessen, auf der anderen Seite dynastisch-deutsche, monarchisch-absolutistische und katholische Interessen. Die eine Tendenz förderte die andere und trieb sie voran, der Protestantismus die ständische Opposition, der Absolutismus die Gegenreformation usw., obwohl es natürlich auch vorkam, daß Protestanten loyal zur Dynastie standen oder daß einer der Monarchen den Ständen religiös und politisch entgegenkam.

Mit Beginn des 17. Jahrhunderts verschärften sich die Gegensätze: Die Stände machten die Kultfreiheit zum politischen Programm, und die Landesherrschaft ging energischer dazu über, die katholische Kirche in gegenreformatorischer Weise zu restituieren. Die Spannungen entluden sich 1618 im böhmischen Aufstand. Nachdem der Kaiser in der Schlacht am Weißen Berge gegen die Aufständischen gesiegt hatte, löste er im Zusammenhang mit der politischen Neuordnung die Konfessionsfrage aufs gewaltsamste. Er zerschlug die politische Macht der Stände und machte den Katholizismus zur Staatsreligion. Nach der Ausweisung der reformierten (1620) und lutherischen (1622) Geistlichen erging 1627 ein allgemeines „Reformationsdekret", welches besagte, daß nur, wer sich zur Religion der Landesobrigkeit bekannte, das Recht hatte, im Lande zu bleiben. Wer Protestant bleiben wollte, mußte auswandern. Das betraf Tschechen und Deutsche, Utraquisten, Böhmische Brüder, Lutheraner, Reformierte und Sektierer gleichmäßig. Gegen 30 000 Familien verließen daraufhin das Land. Die böhmische Brüderunität ist dabei, abgesehen von ihrem polnischen Zweig und ihren Auslandsgemeinden, zugrunde gegangen. Nur unter der Oberfläche erhielten sich ihre Traditionen und ihre Gesinnung. Beides ging hundert Jahre später ein in die Gründung der Herrnhuter Brüdergemeine. Auch die Neuutraquisten gingen unter, weil sie wie die Brüder ein nationales Bekenntnis waren, dem die nationale Grundlage entzogen wurde. Die Lutheraner fanden Aufnahme bei Glaubensverwandten rings um die Sudeten, namentlich in Sachsen und Franken.

Der Katholizismus war seit den Hussitenwirren angeschlagen. Erst Ferdinand I. (1526–64) begann ihn in seiner Spätzeit zu restituieren, indem er 1561 das seit 130 Jahren (ab 1431) vakante Prager Erzbistum wieder besetzte. Auch verlieh er 1556 der theologischen Prager Universitätsfakultät das 1412 aufgehobene Promotionsrecht wieder und begann mit Hilfe der Jesuiten die Seelsorge zu reformieren. In der gleichen Richtung wirkten ab 1600 die Kapuziner. Daneben betätigten sich zahlreiche andere Orden im Sinne einer innerkirchlichen Wiederherstellung. Diese religiösen und reformatorischen Ansätze, deren es im einzelnen nicht wenige gab, wurden aber seit 1620 durch die militärischen und politischen Vorgänge überschattet. Es gibt kaum Parallelen dafür, daß im Zuge von Krieg und Unterwerfung ein ganzes Königreich zwangsweise rekatholisiert wurde.

7. Gegenreformation und katholische Reform

Zum Inhalt der Begriffe

Die Gegenreformation war, im allgemeinsten Sinne, eine Reaktion der katholischen Kirche auf die evangelische Reformation aller Spielarten im 16. und 17. Jahrhundert. Seit durch die Forschungen deutscher katholischer Kirchenhistoriker wie Joseph *Lortz*, Karl *Eder* und Hubert *Jedin* die Existenz einer eigenständigen katholischen innerkirchlichen Reformbewegung schärfer erkannt worden ist, müssen wir den herkömmlichen Begriff der „*Gegenreformation*" entweder ergänzen — indem wir dafür das Wortpaar „Gegenreformation und katholische *Reform*" einsetzen —, oder wir müssen das alte eingebürgerte Wort „Gegenreformation" mit neuen Substanzen füllen, indem wir darüber übereinkommen und uns daran gewöhnen, auch die innerkirchliche disziplinäre, organisatorische und religiöse Umwandlung in das *eine* Wort miteinzubegreifen.

Die Unterscheidung von politisch militanter, gewaltsam rekatholisierender Gegenreformation und religiös orientierter innerkirchlicher katholischer Reform und Regeneration ist eine Erkenntnishilfe. Sie lehrt uns, den Blick für die verschiedenen Seiten des Reformvorgangs und Selbstbehauptungskampfes auf der katholischen Seite im Zeitalter der Konfessionskämpfe offenzuhalten. In der geschichtlichen Wirklichkeit durchdrangen sich beide Erscheinungen oft bis ins Ununterscheidbare. Kirchlicher Wiederaufbau und staatlicher Zwang verbanden sich so häufig miteinander, daß ihre Verbindung zu einer geläufigen Erscheinung wurde. Man begegnete ihr von Flandern bis Schlesien, in der Innenschweiz, auf dem Eichsfeld und in Litauen. Die Tendenzen der Gegenreformation und der katholischen Reform gingen also gar nicht selten ineinander über; aber sie liefen bei anderer Gelegenheit auch weit auseinander oder standen sich diametral gegenüber. Die barbarische Protestantenverfolgung Ludwigs XIV. nützte zum Beispiel der katholischen Reform wenig, ja berührte sich gar nicht mit ihr.

Ansätze, Grundlagen und Durchführung der Reform. Rolle der romanischen Länder

Die katholische Reform, deren erste Ansätze schon im Spätmittelalter an verschiedenen Stellen sichtbar geworden waren, war als Reformbewegung von der evangelischen Reformation in ihrer ersten, durch Luther und Zwingli gekennzeichneten Phase gewissermaßen überrundet und in den Schatten gedrängt worden. Anderseits hatte der überwältigende Erfolg der lutherischen Reformation die positiven Kräfte auf katholischer Seite geweckt; vor allem hatte die Reformation viele Hindernisse weggeräumt, die einer innerkirchlichen katholischen Reform bis dahin als schier unüberwindliche Hemmnisse im Weg gestanden hatten. Um die Mitte des 16. Jahrhunderts setzte sich der Reformwille im katholischen Raum dann endgültig durch — die Reformidee war von unten bis an die Spitze durchgebrochen und hatte das Papsttum gewonnen. Damit lag die innerkatholische Erneuerungsbewegung mit der zweiten Phase der evangelischen Reformation, die durch Calvin und den Calvinismus gekennzeichnet ist, zeitlich etwa gleich oder folgte ihr doch nur mit geringer Verspätung nach. Das Trienter Konzil (s. oben S. 170ff.) hatte die Kirchenreform auf sein Programm geschrieben. Seine Reformdekrete gaben die Richtlinien, oft sehr konkret und bis ins Detail. Die nachtridentinischen Päpste (s. oben S. 188ff.) machten die Reform zu einer Angelegenheit der Gesamtkirche und betrieben sie in Rom, in Italien, in Spanien und in allen Ländern, in denen sich die Katholiken gehalten hatten. Das Papsttum entwickelte sich zu einem Zentrum der Reform

— was es bis zur Mitte des 16. Jahrhunderts gewiß nicht gewesen war. Es erhielt dadurch für die Geschichte der nachtridentinischen Zeit einen neuen positiven Sinngehalt.

Zu den wichtigsten Umschichtungen in der kirchlichen Denkweise gehörte, daß man in den Rängen der höheren Prälatur, also der Bischöfe, Äbte, Kardinäle, die *Pfründe*, die man zuvor nur als Futterkrippe betrachtet hatte, jetzt dem damit verbundenen *Amt* allmählich wieder unterordnete und als Entgelt für das Amt ansah, das Amt aber ernst nahm und als Verpflichtung begriff.

Die *Grundlage* der Reform bildeten die Trienter Reformdekrete und die an ihnen orientierte kirchliche Gesetzgebung der ersten nachtridentinischen Jahre. Die Annahme der Dekrete und Gesetze und ihre Durchführung war Sache der einzelnen Länder und ihrer Diözesen. Außer Frankreich nahmen nahezu *alle* katholischen Länder und Herrschaften die Dekrete wenige Jahre nach dem Abschluß des Konzils an. Ihre Durchführung dauerte freilich oft lang. Sie beanspruchte Jahrzehnte, manchmal auch ein Jahrhundert oder mehr. Was den Bereich des Rechtes und der Verwaltung anging, so bestand die Reform in erster Linie darin, daß dem Bischof, dem das Konzil die Verantwortung für seine Diözese klar und deutlich auferlegt hatte, jetzt endlich auch die dafür benötigten Vollmachten ausgestellt wurden. Nachdem ihm lange Zeit die Hände gebunden gewesen waren, wurden ihm jetzt die entsprechenden rechtlichen Handhaben gegeben und seine Kompetenzen bedeutend erweitert. Er mußte sein Bistum visitieren, die Geistlichen beaufsichtigen und zurechtweisen, für geordnete Verhältnisse in den Pfarreien sorgen, also auch ein Auge auf die Besoldung, auf den baulichen Zustand der Kirche und auf das Inventar der Sakristei werfen — und schließlich hatte er auch für die theologische Ausbildung des Priesternachwuchses geradezustehen. Es war klar: die Annahme und Durchführung der Konzilsdekrete blieben auf dem Papier, solange dem „Trienter Bischofsideal" — wie man es genannt hat (Jedin) — nicht durch entsprechende Persönlichkeiten auf den Bischofsstühlen nachgelebt wurde.

An Gestalten, die sich mit dem Geist der Trienter Reform erfüllten und darüber hinaus auch noch etwas zu bieten hatten, hat es in den romanischen Ländern nicht gefehlt. Carlo und Federigo Borromeo und Franz von Sales standen stellvertretend für eine unübersehbare Schar. Deutschland war nicht so reich gesegnet. Aber mit der Zeit wuchsen auch dort brauchbare Kräfte heran. Auch unter den Fürstbischöfen hochadligen Standes gab es bedeutende Reformerfiguren; etwa Julius Echter von Würzburg oder den Kölner Erzbischof Ferdinand von Wittelsbach. Im übrigen lag die Reform in Deutschland vielfach in den Händen von Weihbischöfen, Generalvikaren oder Offizialen, die im Auftrag der Fürstbischöfe die innerkirchlichen Dinge lenkten. Freilich: auch ein Bischof oder Generalvikar vermochte rein gar nichts auszurichten, wenn es an religiösen

Reformkräften im Klerus fehlte. Hier haben die damals modernen Orden der Jesuiten und Kapuziner lange Zeit hindurch in der Pfarrseelsorge ausgeholfen, bis nach und nach ein nach Zahl und Substanz zureichender Pfarrstand heranwuchs, dessen Ausbildung *auch* zu einem großen Teil die Jesuiten an ihren Schulen und Kollegien übernahmen.

Die innerkirchliche Reform durchzog als eine Gesamtbewegung den ganzen Körper des nachtridentinischen Katholizismus, verlief aber in den einzelnen europäischen Ländern recht verschieden, weil die kirchliche Situation in Polen anders aussah als in Belgien und in der Innerschweiz und in Graubünden anders als in Portugal. Immerhin läßt sich so viel sagen: die Zentren der Reform lagen in den romanischen Ländern; Deutschland und die anderen mittel- und osteuropäischen Länder bekamen von dort Hilfe, Anregung und Ansporn. Eines der Hauptprobleme der Länder der Mitte, die zureichende Heranbildung der Geistlichen, halfen die romanischen Länder ihnen lösen. Sie entsandten lange Zeit Kräfte zur Aushilfe und zur Ausbildung. Die Jesuiten und die Päpste taten das meiste dadurch, daß sie Seminarien gründeten und für gediegenen Unterricht sorgten.

Die Reform ging innerhalb Deutschlands und seiner Nachbarländer (Schweiz, Österreich, Böhmen) nicht glatt und reibungslos vonstatten, sondern im Kampf gegen allerlei Widerstände. Diese konnten unter Umständen auch vom Staatskirchentum der katholischen Länder und Städte ausgehen. Sosehr die Reform auf der einen Seite auf dieses Staatskirchentum angewiesen war, so sehr konnte es ihr anderseits auch wieder abträglich sein. Weiterhin legten sich viele konservative und reaktionäre Kräfte im Katholizismus quer; das Trienter Konzil hatte die ausgewucherten Rechte von Dom- und Stiftskapiteln, von weltlichen Patronen und örtlichen Machthabern beschnitten; außerdem hatte es eine Reform der Lebensführung von den Geistlichen selbst verlangt. Die solchergestalt vom Konzil betroffenen Personenkreise waren von den Neuerungen nicht immer erbaut und neigten dazu, den Bischöfen oder der Landesobrigkeit Schwierigkeiten in den Weg zu legen, wenn diese mit der Reform Ernst zu machen begannen. Auch erfolgten allerlei Zusammenstöße mit dem Protestantismus oder mit den Protestanten, die sich in den Ländern einer katholischen Obrigkeit oft jahrzehntelang ungestört hatten entfalten können und die eroberten Positionen — Pfarrkirchen usw. — nicht fahrenlassen wollten.

Die Kirche verwandelt sich durch die Reform

Bis diese und andere Hindernisse ausgeräumt worden waren, bedurfte es innerhalb des deutschbesiedelten europäischen Raumes der zähen und beharrlichen Bemühungen von etwa zwei bis vier Generationen. Hätte die katholische Reform die evangelische

Reformation einholen wollen, so hätte sie ein bis zwei Menschenalter früher einsetzen müssen. So, wie es gekommen war, war es dafür zu spät. Die kirchliche Einheit Europas vermochte sie nicht wiederherzustellen — aber sie erreichte doch wenigstens, daß halb Europa nicht nur äußerlich katholisch blieb, sondern daß sich in dieser Hälfte auch der Katholizismus innerlich festigte. Im Zuge ihrer Reform umschrieb die römisch-katholische Kirche präziser, als sie es im Mittelalter getan hatte, ihr Glaubensgut im Bereich der Glaubenslehren vom freien Willen, von der Rechtfertigung und von der Erbsünde. Sie machte den Katholizismus krisenfest gegen den Protestantismus und trug ihren Glauben in die neuentdeckten überseeischen Länder, wo er sich auf den Philippinen und in Lateinamerika einwurzelte und wo er in den asiatischen Ländern mit alten eigenen Kulturen wenigstens einige bleibende Spuren hinterließ. Nicht zuletzt bedeutete die katholische Reform Umwandlung unter Wahrung der älteren kirchlichen Überlieferung im Kult und hierarchischen Aufbau und damit eine gewisse Kontinuität der kirchlichen Ordnung und der religiösen Existenzweisen.

Anderseits: obwohl die katholische Kirche in Kult, Verfassung, Recht und Sakramentsverwaltung den sichtbaren und geistigen Zusammenhang mit ihren historischen Anfängen im frühen und mittelalterlichen Christentum wahrte, war sie doch eine *andere* geworden, nachdem sie durch die Reformation und das Tridentinum hindurchgegangen war — jedenfalls was ihre Stellung in der Welt und in der Christenheit und was ihre *geschichtliche* — also nicht essentielle — Existenzweise anging. Denn von *außen* gesehen, war sie jetzt *Teil*kirche geworden neben anderen mit ihr konkurrierenden Teilkirchen. Und eben deshalb hatte sich in ihr, gerade was ihr Verhältnis zu den Konkurrenzkonfessionen betraf, ein konfessionelles Bewußtsein entwickelt, das sich hart, betont und enger als im Mittelalter als „katholisch“ empfand. Unter einem anderen Aspekt schnitt sie dagegen vorteilhaft gegen das Mittelalter ab: Sie war infolge der schmerzlichen Erfahrungen der Glaubensspaltung sehr viel stärker eine *Seelsorgs*kirche geworden und begann nachzuholen, was sie hier die Jahrhunderte zuvor versäumt hatte. Unter ihren *geschichtlichen* Kennzeichen, die ihre Erscheinung in der europäischen Neuzeit bis an die Schwelle der Gegenwart charakterisieren, traten seit Trient hervor ihr *Zentralismus* und ihr *romanisches* Gepräge. Beides waren keine Wesenszüge, die ihr als Kirche eigneten. Aber beides charakterisiert das geschichtliche Wesen und die historische Gestalt der katholischen Kirche in den 400 Jahren zwischen Trient und dem Zweiten Vatikanischen Konzil.

Es bleibt noch, einen Blick zu werfen auf den geschichtlichen Ausklang der Gegenreformation und auf ihr Verhältnis zur katholischen Reform. Beides hing eng zusammen: Ohne die Kräfte der katholischen Reform wäre die politische Gegenreformation hohl gewesen und hätte auch auf dem kirchlichen Sektor nichts Dauerhaftes zuwege gebracht. Und ohne den kräftigen Arm der Gegenreformation wäre die innerkirchliche Reform auf weite Strecken hin zum Erliegen gekommen, bevor sie sich überhaupt hätte entfalten können.

Zur Bewertung der Gegenreformation

Will man die Gegenreformation angemessen beurteilen, so wird man sich vor Augen halten müssen, daß sich im 16. und frühen 17. Jahrhundert geistlicher und weltlicher Arm, Kirche und Staatsgewalt durchweg gegenseitig stützten. Die Kirche bediente sich traditionell der Staatsgewalt und ihrer Machtmittel; sie war besonders dankbar, wenn der weltliche Arm ihr dort half, wo sie in Not geraten war. Umgekehrt verstand es sich für die Denkweise des Zeitalters von selbst, daß die Staatsgewalt die Dienste der Kirche in Anspruch nahm. Der Staat des 16. und 17. Jahrhunderts stellte die von der Reformation bedrängte katholische Kirche rücksichtslos in seine Dienste und ließ sich seine Hilfen brutal bezahlen. Was protestantische Herrscher sich selbst nahmen, das erbaten oder erpreßten sich katholische Fürsten durch Dispens oder Privileg vom Papste. Das Papsttum selber ging unendlich geschwächt aus den Kämpfen der Gegenreformation hervor (s. oben S. 203 betr. Paul V.) — ja gelegentlich distanzierte es sich auch von verspäteten gegenreformatorischen Aktionen katholischer Könige: Innozenz XI., später seliggesprochen, kritisierte unter religiösem Aspekt die Aufhebung des Edikts von Nantes. Das straffe Staatskirchentum des 17. und 18. Jahrhunderts ließ das Papsttum permanent aufseufzen unter der Tyrannei der *katholischen* Monarchien und wirkungslos gegen deren Übergriffe protestieren. Was von der Gegenreformation blieb und deren Zeitalter überdauerte, war die Befestigung der katholischen Kirche in den Ländern, in denen sie sie verteidigt, über Wasser gehalten oder wiedereingeführt hatte. Zu ihren bleibenden Resultaten gehörte die Stabilisierung der katholischen Kirche innerhalb der Staaten mit katholischer Bevölkerung und die enge Verbindung zwischen katholischer Kirche und katholischer Staatsgewalt.

Das *innere* Leben wurde, wo es blühte oder wo es aus langem Schlummer erwacht war, getragen von den Kräften der katholischen Reform. Diese hatte den Kult wiederbelebt und neue Ausdrucksformen hervorgebracht; sie hatte eine spezifische Kirchenfrömmigkeit erzeugt und die individuelle Religiosität geweckt. Die Gegenreformation hatte diesem innerkirchlichen Leben das Feld freigekämpft, auf dem es sich entfalten konnte, und hatte es gegen äußere Bedrohung abgeschirmt — das gehörte *auch* zu ihren bleibenden Resultaten und war substantiell ihr großer Dienst für die Kirche. Die Mittel und Methoden, die sie dabei verwendete, waren freilich christlich nicht immer gut vertretbar. Zum Verständnis wird man sich vergegenwärtigen müssen, daß Zwangsbekehrungen mit massiver physischer Bedrohung und dergleichen auch den anderen Konfessionen nicht fremd waren. Das mildert wohl den Eindruck des — von der christlichen Glaubensverkündigung her gesehen — Suspekten und Unglaubwürdigen ein wenig, löscht ihn aber nicht aus. Aufs Ganze gesehen, dokumentiert die Gegenreformation unter diesem Aspekt die Unvollkommenheit und Bedingtheit der Verwirklichung des Christlichen in der geschichtlichen Welt und bleibt darin lehrreich für immer.

Schluß

Das konfessionelle Zeitalter und wir

Die hohe Zeit des genuinen Calvinismus liegt ebenso wie die des gegenreformatorischen Katholizismus weit zurück. Die militanten reformerisch-konfessionellen Bewegungen haben zu den geschichtsbildenden Mächten des 16. und noch des 17. Jahrhunderts gehört. Dann wurden sie zurückgedrängt durch die etatistische Bewegung, die meistens zur vollen Ausbildung des Absolutismus führte, aber auch ohne Absolutismus den Staat an sich stärkte. Ich berühre damit einen Problemkreis, der über Calvin und die Gegenreformation hinaus die Geschichte der Konfessionen überhaupt betrifft.

Vergegenwärtigt man sich, daß sich wenigstens drei annähernd gleichstarke Konfessionen mit einem vergleichbaren Vokabular von wahrer Kirche, reinem Glauben und Gottes Ehre in ähnlicher Weise für ihre exklusive Wahrheit ins Zeug legten und sie in der geschichtlichen Welt zur Herrschaft zu bringen suchten, so leuchtet ein, daß irgendwann einmal der Punkt erreicht werden mußte, wo man mit der Reich-Gottes-Politik Calvins und mit den gegenreformatorischen Eroberungsabsichten zur Ehre desselben Gottes nicht mehr weiterkam, sondern im Gegenteil in eine ausweglose Situation hineinsteuerte — und zwar in eine Situation, aus der es voraussichtlich keinen Ausweg gab, solange man meinte, die Absolutismen des Bekenntnisses durch die Politik verwirklichen zu sollen.

Weil der Calvinismus und das Luthertum sich gegenseitig weder aufzusaugen noch auszulöschen vermochten, mußten sie sich damit bescheiden, miteinander in Konkurrenz zu liegen. Dadurch wurden aber alle Wünsche und Weisungen, die die eine oder andere Konfession unter dem Gesichtspunkt der Verpflichtung an die ewige Wahrheit den Inhabern der Regierungsgewalt hatte zugehen lassen, zum Bumerang, sobald eine dieser Obrigkeiten sich für eine der, neutral gesprochen, ewigen Wahrheiten von der Konkurrenz entschied — was ja historisch mehrfach vorkam. Abgesehen davon verloren die Totalitätsansprüche *aller* Konfessionen, sofern sie sich auf das Politische bezogen, auch in den Augen der Zeitgenossen allmählich an Glaubwürdigkeit. Denn sie wurden einerseits so hoch gespannt, daß sie sich nicht verwirklichen ließen, und sie öffneten anderseits dem Mißbrauch Tür und Tor. Davon wurden auch die innerstaatlichen Rechtsordnungen, soweit kirchlich inspiriert und im Zug der Glaubensspaltung abgetönt, mitberührt. Wie es die Thematik des 16. Jahrhunderts gewesen zu sein scheint, auf der Grundlage eines Bekenntnisses die Kirche neu zu bauen, dem Teufel zu wehren und für beides die Staatsgewalt einzuspannen — so scheint es zur historischen Thematik des 17. Jahrhunderts zu gehören, den verhängnisvollen Zirkel aufzubrechen, den die Konfessionen, die, an der Existenz der Christenheit gemessen, praktisch ja doch nur Teilkirchen waren, durch ihren auch ins Politische projizierten Totalitätsanspruch geschaffen hatten. Hier schlug die Stunde der Obrigkeit — allerdings in einem ganz anderen Sinn, als Calvin oder die Päpste der Gegenreformation es ehedem gemeint hatten. Die Staatsgewalt *löste* sich bis zu einem gewissen Grad von den Konfessionen und nahm sie anderseits in ihren *Dienst*. Aber auch *dieser* Entwicklung hatten die Reformatoren und die Päpste vorgearbeitet, als sie die kämpferische Auseinandersetzung der Konfessionen an allen Ecken und Enden vorantrieben.

Calvin, die anderen Reformatoren samt Anhängerschaft und der gegenreformatorische Katholizismus haben ungewollt die Entwicklung der Allmacht des Staates vorangetrieben. Sie haben den Staat, indem sie sich seiner bedienten und ihn zum Büttel aller Zehn Gebote, namentlich aber auch des ersten, zweiten und dritten Gebotes machten, nicht wenig gekräftigt. Eben dieses Staatswesen, dem sie so weitgehende Befugnisse zuerkannten, merkte in Gestalt seiner verantwortlichen Repräsentanten aber auch am ehesten, daß bei einer Politik im strengen Dienst eines Bekenntnisses oft gar nichts anderes herauskam als Gefahren von außen und Unruhen von innen. Wohl darauf ging es zurück, daß es an maßgeblicher Stelle fast immer Vertreter der Staatsgewalt waren, die die konfessionelle Bewegung aufzufangen und zu beruhigen oder doch mindestens vor Exzessen zu bewahren suchten. Vor allem hat die staatliche Obrigkeit den Vorrang des Konfessionsprinzips im politischen Raum, obwohl sie ihm selber lange Zeit gehuldigt hatte, aus eigenem Interesse schließlich am ehesten zu durchbrechen begonnen. Nach Möglichkeiten, Formen einer rechtlich verankerten Koexistenz von Anhängern verschiedenen Glaubens zu schaffen, haben sich daher zunächst die politischen Obrigkeiten umgesehen und solcherart Möglichkeiten in bescheidenem Umfang auch schon im 16. Jahrhundert verwirklicht: zuerst in der Eidgenossenschaft, später im Reich und in einigen Reichsstädten, danach um die Jahrhundertwende in Frankreich; zwar unvollkommen genug, aber immerhin: als Ansatz verheißungsvoll und in die Zukunft weisend.

Diese Formen einer rechtlich gesicherten Nebeneinanderexistenz von Menschen verschiedenen Glaubens, wie das 17. Jahrhundert sie in großer Menge hervorbrachte, haben die Obrigkeiten aber durchaus nicht immer in Einklang mit den Tendenzen der Konfessionen durchgesetzt. Deren innerer Kompaß zeigte in andere Richtung.

Sofern sie der missionarische Drang aus den Anfängen der Reformation und Gegenreformation noch beseelte, hielten sie alle die Tolerierung von Fremdgläubigen für ein Unding. Was die staatlichen Gewalten hier an Kompromissen und gesetzlichen Übereinkünften schufen, setzten sie also im glatten Gegensatz gegen die Wünsche von Reformatoren und Päpsten durch. Das heißt: sie distanzierten sich von dem von Päpsten wie von Reformatoren naiv geäußerten Wunsch, im politischen Raum mit Vorrang nach konfessionellen Gesichtspunkten zu verfahren. Während sich auf der einen Seite die Ideologie einer Politik für das Reich Gottes in der Praxis durch bittere Erfahrungen mittlerweile ad absurdum führte, begann sich auf der anderen Seite eine entweder geläuterte oder jedenfalls stärker säkulare Auffassung von den Aufgaben der Staatsgewalt allmählich durchzusetzen.

Diese in die Moderne hineinführende Entwicklung ging in erster Linie wohl auf einen bedeutsamen Wandel des Staatsbegriffs in den früheren neuzeitlichen Jahrhunderten, im Hintergrund allerdings auch auf eine Veränderung und Verinnerlichung der Religionsvorstellung zurück. Es bedurfte allerdings im staatlichen wie im kirchlichen Raum noch einiger Generationen, bis die Einsicht reifte, daß dogmatisch begründete Intoleranz noch längst nicht bürgerliche Intoleranz zur Konsequenz haben müsse, sondern daß im Gegenteil die Rechtgläubigkeit im Sinne einer Staatsreligion und die Duldung andersgläubiger Christen und Bekenntnisse im politischen Raum durchaus ihren Platz nebeneinander haben können. Diese Wirkungen freilich, obwohl Früchte der Glaubenskämpfe, wurden ebensosehr gegen Calvin wie gegen das genuine Luthertum und gegen das rekatholisierende Papsttum, das heißt gegen Tendenzen des konfessionellen Zeitalters überhaupt, erzielt und sind erst nach einem langen geistigen Prozeß für uns *das* geworden, was sie damals gerade *nicht* waren, nämlich eine Selbstverständlichkeit.

In diesem Wandel der Voraussetzungen liegt unsere unaufgebbare Distanz zum Zeitalter der Glaubensspaltung und der Konfessionsbildung, mit dem uns in anderen Zonen zugleich so vieles nahe verbindet. Denn dieses Zeitalter hat Glaubensentscheidungen gefällt, die je in ihrer Art zu unserm unverzichtbaren Erbgut gehören, und hat kirchliche Probleme aufgerissen, die, bis heute nicht gelöst und deshalb lebendig geblieben, als Fragen und, wenn man will, als Anklage mit innerer Gewalt noch im Raum unserer Gegenwart stehen.

Erst sehr allmählich sind im Zug der geistigen Strömungen des 17. und 18. Jahrhunderts, zum Beispiel durch den Rationalismus und den Pietismus, Gesichtspunkte der Weltsicht und des religiösen Urteils entwickelt worden, die, unterstützt durch die sich ständig erweiternde zeitliche Distanz, es erlaubten, die Verabsolutierungen des 16. Jahrhunderts langsam abzubauen und teilweise zu relativieren. Dadurch erst sind wir in die Lage versetzt worden, manches etwas anders zu deuten als die Zeitgenossen des 16. Jahrhunderts und manches als wandelbar anzusehen, was ihnen in Dingen der Konfession als unveränderliche Glaubenssache galt. Wobei nun allerdings die Scheidung des Wandelbaren vom Bleibenden, die Eruierung desjenigen dogmatischen Lehrguts, das als zeitgebunden, und desjenigen Bekenntnisinhalts, der als über den Zeiten stehend und gültig anzusehen sein möchte, zu den schwierigsten und im Grunde auch kaum zu bewältigenden Aufgaben der Reformationsgeschichtsdeutung gehört. Denn hier spielt in der Regel, ein gewisser Schatz von Meinungen und Urteilen aus vorwissenschaftlichen Bindungen mit hinein, die individuell ganz verschieden sind, von denen aber wohl auch der Forscher lebensmäßig nicht ganz absehen kann und vielleicht sogar nicht einmal sollte. Die Anforderung, vor welche den Historiker die Geschichte der Glaubensspaltung noch handgreiflicher als die Geschichte anderer Epochen stellt, bestünde demnach darin, sich ohne Verrat seines Standorts als Mensch und Person ein Höchstmaß an Redlichkeit und Umsicht für die Erkenntnis und Deutung der Phänomene abzuverlangen, mit deren verwirrender Vielfalt und faszinierender Größe ihn gerade die Reformationsepoche der abendländischen Geschichte konfrontiert.

Dabei wird einen nun freilich, je tiefer man sich damit einläßt, desto zwingender die *Einsicht* überkommen, daß man hier vor einer Aufgabe steht, die sich schier nicht bewältigen läßt, und daß man, soweit man mit den Mitteln der wissenschaftlichen Erkenntnis arbeitet, höchstens bis in den Vorhof der Dinge gelangt, um die sich die Welt damals drehte. Damit überkommt einen zugleich eine zunehmende Bescheidung in die Grenzen des eigenen Erkennenkönnens. Wenn irgendwo, dann gilt für die Reformationshistorie Jacob Burckhardts Satz, daß von allen Wissenschaften die Historie die unwissenschaftlichste sei. Es gilt aber wohl auch hier der komplementäre Satz desselben Jacob Burckhardt, daß das, was als Mangel und Nachteil empfunden wird, doch auch manchen Trost in sich berge: unter anderem den, daß das, was der Historie mangele an Exaktheit der Erkenntnis, für das Leben unter Umständen einen Gewinn bedeute, indem es sich bei der Historie nicht so sehr um eine Wissenschaft nur der präzisen Erkenntnisfindung handle als um eine geistige Form des Sichmessens und Begegnens mit den Dokumentationen eines vergangenen Seins — mit anderen Worten also letztlich um eine Bildungsdisziplin, die im permanenten Bezug auf das wirkliche Lebendige erst ihren eigentlichen Inhalt, Sinn und Auftrag erhalte.

ANHANG

Zeittafel

1483	Martin Luther in Eisleben geboren.
1509	Johann Calvin im nordfranzösischen Noyon geboren.
1516	Karl wird König des vereinigten Spanien.
	Der Humanist Erasmus von Rotterdam (1466-1536) bringt die erste kritische Ausgabe des Neuen Testaments in griechischer Urfassung mit lateinischer Übersetzung heraus. Sie ist die Grundlage von Luthers Bibelübersetzung in die deutsche Sprache.
1517	Luther veröffentlicht in Wittenberg 95 Thesen, unter anderem gegen den Mißbrauch des Ablasses, und lädt zu einer Disputation darüber ein.
1518	Luther verweigert den Widerruf seiner Thesen gegenüber dem Kardinallegaten Cajetan in Augsburg.
1519	In Leipzig findet eine Disputation zwischen Luther und Johann Eck statt, in der die These verfochten wird, daß auch ein Konzil irren könne.
	Karl erbt nach dem Tode seines Großvaters Maximilian die habsburgischen Erblande: Österreich, Steiermark, Kärnten, Krain, Tirol, Vorderösterreich am Oberrhein und die burgundischen Besitzungen.
	Im Juni gelingt es König Karl bei der Kaiserwahl in Frankfurt gegen den von Papst Leo X. unterstützten Rivalen, den französischen König Franz I., sich durchzusetzen.
	Die ihm vom Bankhaus Fugger verbürgten Bestechungsgelder für die Kurfürsten helfen ihm dabei wesentlich. In seiner Wahlkapitulation muß der Kaiser Karl V. (1519-1556) das ständische Reichsregiment zugestehen.
1520	Luther veröffentlicht die drei grundlegenden reformatorischen Schriften: »An den christlichen Adel deutscher Nation von des christlichen Standes Besserung.« »Von der babylonischen Gefangenschaft der Kirche.« »Von der Freiheit eines Christenmenschen.«

1521 Luther wird auf den Reichstag zu Worms vor Kaiser Karl V. geladen. Er weigert sich seine Lehre zurückzunehmen mit der Begründung »… weil gegen das Gewissen zu handeln unsicher und gefährlich ist«.
Luther übersetzt (bis 1522) unter dem Schutz seines Landesherren Kurfürst Friedrich des Weisen auf der Wartburg das Neue Testament ins Deutsche und liefert damit ein Vorbild für die neuhochdeutsche Schriftsprache.

1522-1523 Aufstand der Ritter unter der Führung Franz' von Sickingen.
Auf dem Reichstag zu Nürnberg laufen Bemühungen zur Beilegung des Glaubensstreites.

1523 Zwingli gelingt es, den Rat der Stadt Zürich für seine reformerische Neuordnung der Kirche zu gewinnen.

1524 Theatinerorden in Rom gegründet.

1524-1525 Bauernkrieg in Schwaben, Franken, Tirol, Salzburg und Thüringen.

1525 Der Hochmeister des Deutschritterordens Albrecht von Brandenburg bekennt sich zu Luthers Lehre, säkularisiert den Ordensstaat und wird mit dem Vertrag von Krakau Herzog von Preußen unter der Lehenshoheit des Königs von Polen.

1526 Auf dem Reichstag zu Speyer wird ausgehandelt, daß in Sachen des Wormser Edikts jeder Reichsstand vorläufig verfahren solle, »… wie ein jeder solches gegen Gott und kaiserliche Majestät hoffe und vertraue zu verantworten«.

1527 In Kursachsen wird eine Kirchen- und Schulvisitation auf Anordnung Kurfürst Johanns von Sachsen, des Bruders und Nachfolgers Friedrichs des Weisen, durchgeführt.
Die Universität Marburg wird als erste evangelische Neugründung durch Philipp von Hessen errichtet.

1528 In Kursachsen wird die von Melanchthon verfaßte Schul- und Kirchenordnung angenommen.

1529 Auf dem Zweiten Reichstag zu Speyer unterzeichnen die evangelischen Reichsstände eine »Protestation« gegen die Aufhebung des Speyerer Reichstagsabschiedes von 1526. Sie werden daher »Protestanten« genannt.
Luther verfaßt seinen Katechismus.

1530 Auf dem Reichstag zu Augsburg einigen sich die protestantischen Fürsten auf die danach benannte »Confessio Augustana«, in der der neue Glaube in seinen Programmpunkten Rechtfertigungslehre, Predigtamt, Kirchenauffassung festgehalten wird.

1531 Im thüringischen Schmalkalden schließen sich die protestantischen Stände aus Nord-, Süd- und Mitteldeutschland zu einem Verteidigungsbund gegen die Religionspolitik des Kaisers zusammen.
Ulrich Zwingli (geb. 1484), der Schweizer Reformator, fällt in der Schlacht von Kappel im Kampf gegen die katholischen Urkantone und Österreich. Der daraus resultierende Kappeler Friede verhindert die weitere Verbreitung der Reformation in der deutschen Schweiz.
Heinrich VIII. erzwingt die Anerkennung als kirchliches Oberhaupt.

1532 Im »Nürnberger Religionsfrieden« sagt der Kaiser den protestantischen Ständen die einstweilige freie Religionsausübung zu. Grund dafür ist die Bedrohung durch die Türken im Südosten des Reiches und die militärische Macht der Protestanten.

1534 Mit der Suprematsakte wird die Anglikanische Kirche durch das Parlament anerkannt. König Heinrich VIII. festigt die Position des Oberhauptes der englischen Kirche. Die Köster werden aufgelöst. Gentry und Bürgertum kaufen sich in die Besitzungen ein.
Loyola begründet die »Societas Jesu« als Vorkämpferin für die katholische Kirche.

1534-1535 Wiedertäuferreich zu Münster.

1535 Thomas Morus wird gezwungen, sich vom Amt des Lordkanzlers zurückzuziehen, und wegen der Verweigerung des Eides auf Heinrich VIII. als kirchliches Oberhaupt hingerichtet.

1536 Die von Papst Paul III. (1534-1549) berufene Reformdeputation entwirft ein Schulprogramm und mahnt die Kurie zur Rückbesinnung auf ihre geistlichen Aufgaben.
Johann Calvin veröffentlicht in Basel seine Schrift »Institutio Religionis Christianae«, seine Glaubenslehre von der Prädestination. Er wirkt von 1536 bis 1538 in Genf, dann jedoch ausgewiesen.
In Dänemark wird die Reformation durchgeführt. Die dafür von Bugenhagen verfaßte Kirchenordnung wird auch in Norwegen übernommen.

1538 Die katholischen Reichsstände organisieren sich in einer Liga.
Calvin geht bis 1541 nach Straßburg.

1539 In Island setzt sich die lutherische Glaubenslehre stärker durch.
Von Riga aus breitet sich die Reformation im Staat des Deutschritterordens aus.

1540	Johann Laski wirkt für den Calvinismus in Polen und Litauen.
	Papst Paul III. bestätigt den Jesuitenorden. Die »Compagnia Jesu« wird bis 1556 von Ignatius von Loyola geprägt.
1541	Da es dem Kaiser darauf ankommt, die konfessionellen Parteien zu integrieren, finden in Worms und Regensburg Religionsgespräche statt. Sie bleiben jedoch ohne sichtbaren Erfolg.
	Calvin begründet im aristokratisch bestimmten Genf eine Kirchenorganisation mit kollegialer Leitung. Die Gemeinden werden von gewählten Geistlichen und Ältesten regiert. Ein strenges geistlich-weltliches Strafsystem wird durchgesetzt, Widerstand Andersdenkender mit Härte gebrochen. Bis 1564 werden 58 Todesurteile verhängt.
1542	Die Inquisition wird verschärft.
	In Köln versucht Kurfürst Hermann von Wied die Reformation zu verankern, scheitert aber am Widerstand Kaiser Karls V.
	Calvin bringt den »Genfer Katechismus« heraus.
1544	Gründung einer evangelischen Universität in Königsberg durch Albrecht von Preußen.
1545	Auf Initiative Karls V. beruft der Papst das Konzil von Trient. Es dauert insgesamt bis 1563. Insgesamt gewinnt der Katholizismus damit neue Kraft. In der ersten Phase bis 1547 werden die Glaubenslehren verhandelt und Reformdekrete erlassen.
1546	Die Heilige Schrift wird mit den kirchlichen Traditionen gleichgestellt.
	Luther stirbt in Eisleben (18. Febr.)
1546-1547	Schmalkaldischer Krieg: Der Kaiser versucht die protestierenden Stände mit militärischer Gewalt zu unterwerfen. Hessen und Sachsen werden angegriffen.
1547	Schlacht bei Mühlberg/Elbe: Kurfürst Johann Friedrich von Sachsen wird geschlagen und gefangengenommen.
	Die anglikanische Kirche akzeptiert unter Beibehaltung der bischöflichen Verfassung calvinistische Lehrelemente.
	Das Konzil tagt bis 1549 in Bologna.
1548	Mit dem Augsburger »Interim« versucht Kaiser Karl V. die Protestanten wieder dem Katholizismus anzunähern. Der Kompromiß sieht vorläufige Duldung von Laienkelch und die Priesterehe vor.
	Ignatius von Loyola veröffentlicht die »Exercitia spiritualia«, die Geistlichen Übungen der Jesuiten.

1549	In England wird mit dem Common Prayer Book eine anglikanische Liturgie eingeführt. Der Jesuitenorden wird dem Papst direkt unterstellt. Theologische Ausbildungsseminare werden gegründet. Der Herzog von Bayern, Wilhelm IV., beruft Jesuiten an die Universität Ingolstadt. Der »Züricher Konsens« bringt eine Verständigungsbasis zwischen Zwinglis Nachfolger Bullinger und Calvin.
1551	In Rom wird von Loyola das »Collegium Romanum« als päpstliche Universität gegründet.
1551-1522	Zweite Periode des Konzils von Trient.
1552	Kurfürst Moritz von Sachsen schließt sich der deutschen Fürstenopposition an, verbindet sich mit dem König von Frankreich gegen den Kaiser und zwingt diesen zur Flucht. Im Vertrag von Passau wird den Ständen, die sich zur Augsburger Konfession bekennen, bis zum nächsten Reichstag freie Religionsausübung zugestanden. Das »Collegium Germanicum« wird in Rom als jesuitische Ausbildungsstätte für deutsche Priester eingerichtet.
1553	Unter Königin Maria I., der »Blutigen«, beginnt in England eine blutige Verfolgung der Protestanten.
1554	In Dillingen/Donau wird eine Universität eingerichtet. Palestrina widmet Papst Julius III. sein erstes Buch mit 4- bis 5stimmigen Messen.
1555	Papst Paul IV. (gest. 1559) beginnt mit der Gegenreformation. Als Reichstagsabschied kommt der Augsburger Religions- und Landfriede zustande: darin werden die katholische und die Augsburger Konfession für gleichberechtigt erklärt. Die Anhänger des Reformierten Bekenntnisses werden davon ausgeschlossen. Die Reichsstände bekommen als Obrigkeiten das Recht, in ihren Gebieten die Glaubens- und Kirchenordnung aufzurichten.
1556	Ignatius von Loyola stirbt. Kaiser Karl V. dankt ab. Er stirbt 1558.
1556-1564	Ferdinand I. ist Kaiser. Er versucht den Religionsfrieden zu sichern.
1557	Wormser Religionsgespräch bringt keine gegenseitige Anerkennung der Religionsparteien.
1560	Die schottische Nationalkirche wird gegründet. Philipp Melanchthon stirbt.

	Die Lutheraner orientieren sich erneut an der lutherischen Abendmahlslehre.
1561	Auch nach der Auflösung des Staates des Deutschritterordens bleiben die polnischen und schwedischen Teile lutherisch.
	In Krain bildet sich eine evangelische Kirche. Sie besteht bis 1599.
	Maria Stuart unterstützt die Gegenreformation in Schottland.
1562	In Frankreich eskaliert die Auseinandersetzung der Parteien zum Krieg.
	Die sogenannten Hugenottenkriege bestimmen weitgehend das innenpolitische Leben Frankreichs. Sie dauern bis 1598.
1562-1563	Auf der dritten Periode des Konzils von Trient wird die oberste kirchliche Leitungsgewalt des Papstes anerkannt.
	Das Katholische Glaubensbekenntnis wird festgelegt.
	Mehrstimmige Kirchenmusik soll wegen Verschleierung des Textes verboten werden.
1563	In Bayern beginnt die Gegenreformation.
	In der Pfalz wird durch den »Heidelberger Katechismus« der calvinistische Gottesdienst geordnet.
1564	Calvin stirbt.
	In Brandenburg wird eine Schulordnung erlassen.
	Der katholische Klerus muß sich mit dem Eid auf die Prinzipien des Tridentinums verpflichten. Ein Verzeichnis der von der Kirche verbotenen Bücher wird eingerichtet (Index librorum prohibitorum).
1564-1576	Maximilian II. ist Kaiser. Er lehnt die Verkündigung der Beschlüsse des Trienter Konzils ab.
	Unter seiner Regierungszeit sind nach dem Urteil eines Zeitgenossen etwa sieben Zehntel Deutschlands lutherisch. Der Kaiser selbst erklärt sich in Religionssachen für neutral.
1566	Auf der Synode von Antwerpen wird die calvinistische Kirche in den Niederlanden errichtet.
	Papst Pius V. (bis 1572) fördert die Gegenreformation.
	Eine Neufassung des römischen Katechismus, des Breviers (1568) und der Messe (1570) werden eingeführt.
1567	Nach Abdankung Maria Stuarts wird in Schottland der Calvinismus erneut als Staatsreligion sanktioniert. Das Kirchengut erhält der Adel.
1568	In Braunsberg in Ostpreußen wird ein Kolleg der Jesuiten errichtet.

1570 Die evangelische Minderheit wird in Spanien durch die Inquisition bekämpft.

1571 Unter Königin Elisabeth legt das englische Parlament das Glaubensbekenntnis der anglikanischen Kirche fest.
Die 39 Artikel sind wesentlich calvinistisch geprägt.

1572 Papst Gregor XIII. (bis 1585) beginnt die katholische Reform voranzutreiben. Ein Instrument dafür wird mit mehreren Nuntiaturen geschaffen (Wien 1581 und Köln 1584). Dem Jesuitenorden gelingt es, an vielen Orten Deutschlands, desgleichen in Österreich und Böhmen Fuß zu fassen.
In den Erblanden wird der Jesuitenorden institutionalisiert.
Massenmord an Hugenotten in der Pariser »Bartholomäusnacht«.

1573 Die »Congregatio Germanica« wird als Instrument der Kurie für deutsche Angelegenheiten geschaffen.
Der Fürstbischof von Würzburg (bis 1617), Julius Echter von Mespelbrunn, treibt die katholische Kirchenreform nach den Grundsätzen des Tridentinischen Konzils voran.

1575 Der deutsche Mystiker Jakob Böhme wird geboren.
Die Ausbreitung des Protestantismus in Österreich erreicht ihren Höhepunkt.

1576 Rudolf II. wird Kaiser (bis 1612). Er wurde von den Jesuiten erzogen. Diese haben starken Einfluß auf sein politisches Umfeld und seinen Hof. Unter der Regierung Rudolfs II. wird die Gegenreformation in den habsburgischen Ländern vorangetrieben. Die konfessionellen Kämpfe verschärfen sich. Der Kaiser überläßt die politische Administration weitgehend seinen Hofbeamten.
Die Universität Helmstedt wird gegründet.

1579 ff Mit der Konstituierung der Reformationskommissionen beginnt die Rekatholisierung Österreichs.

1580 Der Staatstheoretiker Jean Bodin setzt sich für religiöse Toleranz ein.
Mit dem Konkordienbuch, einer Sammlung lutherischer Glaubensbekenntnisse, wird der Widerstand der lutherischen Orthodoxie gegen den Calvinismus begründet.

1582 Der Fürstbischof von Würzburg gründet die Universität Würzburg als Zentrum der Gegenreformation.
Papst Gregor XIII. setzt eine Kalenderreform durch.

1582-1583 Im sogenannten Kölner Bistumskrieg gelingt es der katholischen Partei, die reformatorischen Bestrebungen der evangelischen Partei abzublocken und sich durchzusetzen. Diese Entscheidung strahlt auf die anderen Bistümer Paderborn, Münster, Würzburg aus.

1583 Hugo Grotius (gest. 1645), der Theoretiker des Völkerrechts, wird in den Niederlanden geboren.

Der Jesuit Matteo Ricci (1552-1610) begründet die jesuitische Mission in China.

1584-1602 Kapitelstreit in Straßburg.

1586 In der Schweiz wird der »Borromäische Bund« als Organisation der Gegenreformation begründet.

Die Gegenreformation wird mit harten Maßnahmen in Polen durchgeführt.

1590 Eine Neuausgabe der »Vulgata« erscheint.

1596 In der Steiermark, in Kärnten und Krain beginnt unter Erzherzog Ferdinand eine Verfolgungswelle gegen die Protestanten. Sie werden als »Ketzer« in ihrer Existenz vernichtet und werden gezwungen, wenn sie an ihrem Glauben festhalten, als »Exulanten« ihre Heimat zu verlassen.

1598 Im Edikt von Nantes wird die Duldung der Hugenotten in Frankreich zugesagt. Erst Ludwig XIV. hebt es 1685 wieder auf und zwingt zirka 500000 Hugenotten das Land zu verlassen.

1607 Maximilian I. von Bayern läßt die evangelische Reichsstadt Donauwörth besetzen. Ihr wird die Störung katholischer Prozessionen vorgeworfen. Sie wird deswegen in Acht getan. Maximilian I. gliedert die Stadt dem bayerischen Herrschaftsbereich ein und läßt die Stadt rekatholisieren.

1608 Süddeutsche Reichsfürsten gründen ein Verteidigungsbündnis, die Union, unter Führung des Kurfürsten von der Pfalz.

1609 Die katholische Liga wird als Schutzbündnis konstituiert. Ihr gehören der Herzog von Bayern und die süddeutschen Bischöfe an. Ihr schließen sich die meisten katholischen Reichsstände an.

Kaiser Rudolf II. gewährt seinen böhmischen Ständen über den Majestätsbrief volle Religionsfreiheit.

1609-1614 Jülich-Klevescher Erbfolgestreit.

1618-1648 Dreißigjähriger Krieg

Literaturverzeichnis

I. Bibliographien und Publikationsreihen

Schottenloher, Karl, Bibliographie zur deutschen Geschichte im Zeitalter der Glaubensspaltung 1517–1585. 6 Bde., Leipzig 1935–40; Neudruck Stuttgart 1956ff.; 7. Bd.: Das Schrifttum 1938–1960; Stuttgart 1962–1966; in Lieferungen.

Delumeau, Jean, Naissance et affirmation de la réforme (= Nouvelle Clio, No. 30) P. U. F., Paris 1965 (mit ausführlicher Problemdiskussion).

Schriften des Vereins für Reformationsgeschichte (SVRG), Halle, Leipzig, Gütersloh 1883ff.

Reformationsgeschichtliche Studien und Texte (RST), Münster 1906ff.

Katholisches Leben und Kämpfen im Zeitalter der Glaubensspaltung. (KLK). Vereinsschriften der Gesellschaft zur Herausgabe des Corpus Catholicorum, Münster 1927ff.

II. Allgemeine Literatur zur europäischen und deutschen Geschichte

Europäische Geschichte

Platzhoff, Walter, Geschichte des europäischen Staatensystems 1559–1660 (= Handbuch Below-Meinecke, II. Abt.), 1928, unveränderter Nachdruck München 1967.

Ritter, Gerhard, Die kirchliche und staatliche Neugestaltung Europas im Jahrhundert der Reformation und der Glaubenskämpfe, in: Die Neue Propyläen-Weltgeschichte, hrsg. von *Willy Andreas*. Bd. III (1941) S. 167 bis 472. Neubearbeitet als selbständiges Buch: *G. Ritter*, Die Neugestaltung Europas im 16. Jahrhundert, Berlin 1950.

Hassinger, Erich, Das Werden des neuzeitlichen Europa 1300–1600, Braunschweig 1959 (mit hervorragenden bibliographischen Angaben).

Elton, G. R., Reformation Europe 1517–1559, London - Glasgow 1963.

Lutz, Heinrich, Das Ringen der Konfessionen und die Neugestaltung der europäischen Staatenwelt (1556–1598), in: Propyläen-Weltgeschichte, hrsg. von *Golo Mann* und *August Nitschke*, Bd. VII, Berlin 1964, S. 94–134.

Ders., Christianitas afflicta. Europa, das Reich und die päpstliche Politik im Niedergang der Hegemonie Kaiser Karls V., Göttingen 1964.

Geschichte des deutschen Reiches und einzelner Länder

Ranke, Leopold v., Vom Religionsfrieden bis zum 30-jährigen Krieg (= Sämtliche Werke, Bd. 7), Leipzig 1868.

Ritter, Moriz, Deutsche Geschichte im Zeitalter der Gegenreformation und des Dreißigjährigen Krieges. 3 Bde., Stuttgart 1889–1908.

Mentz, Georg, Deutsche Geschichte im Zeitalter der Reformation, Gegenreformation und des 30-jährigen Krieges 1493. Ein Handbuch für Studierende, Tübingen 1913.

Joachimsen, Paul, Die Reformation als Epoche der deutschen Geschichte, hrsg. von *Otto Schottenloher,* München 1951.
Hartung, Fritz, Deutsche Geschichte im Zeitalter der Reformation, Gegenreformation und des 30-jährigen Krieges (= Sammlung Göschen Nr. 1105), Berlin 1951, [2]1963.
Zeeden, Ernst Walter, Das Zeitalter der Glaubenskämpfe (1555–1648), in: *Bruno Gebhardt,* Handbuch der deutschen Geschichte, hrsg. von *Herbert Grundmann.* Bd. II, Stuttgart [9]1970, S. 105–197; zahlreiche Neudrucke (mit ausführlicher Bibliographie).
Dickmann, Fritz, Der Westfälische Frieden, Münster 1959 (mit ausführlicher Bibliographie).
Holborn, Hajo, Das Zeitalter der Reformation und des Absolutismus (= Deutsche Geschichte in der Neuzeit, Bd. I), Stuttgart 1960.
Hantsch, Hugo, Die Geschichte Österreichs, Graz - Wien - Köln. Bd. I: (bis 1648) [4]1959.
Black, John Bennett, The Reign of Elizabeth 1558–1603 (= The Oxford History of England, Bd. 8), Oxford 1936.
Neale, I. E., Königin Elisabeth; dt. Übersetzung, Hamburg 1936.
Davies, R. Trevor, The Golden Century of Spain 1501–1621, London 1937; dt. Übersetzung: Spaniens Goldene Zeit, München 1938.
Konetzke, Richard, Geschichte des spanischen und portugiesischen Volkes (Die große Weltgeschichte, Bd. 8), Leipzig 1939.
Randa, Alexander, Das Weltreich. Wagnis und Auftrag Europas im sechzehnten und siebzehnten Jahrhundert, Olten - Freiburg i. Br. 1962.
Andersson, Ingvar, Schwedische Geschichte. Von den Anfängen bis zur Gegenwart; dt. Übersetzung von A. v. Brandt, München 1950.
Schramm, Gottfried, Der polnische Adel und die Reformation 1548–1607, Wiesbaden 1965

Kirchliche Geschichte und Geschichte des Papsttums

Müller, Karl, Kirchengeschichte. Bd. II, 2: 1560–1688 (Grundriß der Theologischen Wissenschaften, Teil IV, Bd. 2), Tübingen 1923.
Reformation und Gegenreformation. 2. Aufl., in Verbindung mit *Wilhelm Maurer* neu bearbeitet von *Heinrich Hermelink* (= Handbuch der Kirchengeschichte für Studierende, 3), Tübingen 1931.
Bihlmeyer, Karl, Kirchengeschichte. Neubesorgt von *Hermann Tüchle.* Bd. III: Die Neuzeit und die neueste Zeit; Paderborn [17]1961.
Tüchle, Hermann (Hrsg.), Geschichte der Kirche. Bd. III: Reformation und Gegenreformation, Einsiedeln - Zürich - Köln 1965.
Franzen, August, Kleine Kirchengeschichte, Freiburg i. Br. 1966.
Ranke, Leopold v., Die römischen Päpste in den letzten vier Jahrhunderten. Vollständige Ausgabe 1834, facsimilierter Nachdruck Wien 1934.
Pastor, Ludwig v., Geschichte der Päpste seit dem Ausgang des Mittelalters. 16 Bde., Freiburg i. Br. 1885ff.
Seppelt, Franz Xaver, Geschichte der Päpste von den Anfängen bis zur Mitte des zwanzigsten Jahrhunderts, neu bearbeitet von *Georg Schwaiger.* Bd. IV: Das Papsttum im Spätmittelalter und in der Renaissance; Bd. V: Das Papsttum im Kampf mit Staatsabsolutismus und Aufklärung, München [2]1957 und 1959.
Seppelt, Franz Xaver u. *Schwaiger, Georg,* Geschichte der Päpste. Von den Anfängen bis zur Gegenwart, München 1964.
Kühner, Hans, Lexikon der Päpste, Zürich 1956. Überarbeitete Neuauflage: Neues Papstlexikon (= Fischer-Taschenbuch Nr. 682), Frankfurt a. M. 1965.
Matt, Leonard v. u. *Kühner, Hans,* Die Päpste. Eine Papstgeschichte in Bild und Wort, Würzburg 1963.
Hollis, Christopher (Hrsg.), Urbi et Orbi. Das Papsttum und seine Geschichte, Bern - München - Wien 1964 (hervorragende Abbildungen).

Repgen, Konrad, Die Römische Kurie und der Westfälische Friede. Idee und Wirklichkeit des Papsttums im 16. und 17. Jahrhundert. Bd. I, 1, Tübingen 1962 (= Bibliothek des Deutschen Historischen Instituts in Rom, Bd. 24).

Zum Begriff Gegenreformation

Elkan, Albert, Entstehung und Entwicklung des Begriffs Gegenreformation, in: HZ 112 (1914) S. 473–493.

Jedin, Hubert, Katholische Reformation oder Gegenreformation? Ein Versuch zur Klärung der Begriffe nebst einer Jubiläumsbetrachtung über das Trienter Konzil, Luzern 1946.

Zeeden, Ernst Walter, Zur Periodisierung und Terminologie des Zeitalters der Reformation und Gegenreformation, in: GWU 7 (1956) S. 433–437.

Maurer, Wilhelm, Art. Gegenreformation in: RGG III (³1958) Sp. 1254–62 (mit Literatur).

Zeeden, Ernst Walter, Art. Gegenreformation in: LThK IV (²1960) Sp. 585–588.

Zum ersten Abschnitt: Blick auf das Zeitalter (1. Kapitel)

vgl. oben die allgemeine Literatur zur deutschen, europäischen und kirchlichen Geschichte

Zum zweiten Abschnitt: Calvin und die Anfänge des Calvinismus (2. bis 5. Kapitel)

Niesel, Wilhelm, Calvin-Bibliographie 1901–1959, München 1961.

Ioannis Calvini opera quae supersunt omnia, ed. *G. Baum*, *E. Cunitz*, *E. Reuss* (= Corpus Reformatorum, Bde. 29–87), Braunschweig 1863–1897; Neudruck New York-London 1964.

Calvin, Johannes, Opera selecta, hrsg. von *P. Barth* u. *W. Niesel*. 5 Bde., 1926ff. (hier die maßgebliche Ausgabe von Calvins Institutio).

Schwarz, Rudolf (Hrsg.), Johannes Calvins Lebenswerk in seinen Briefen. Eine Auswahl von Briefen in deutscher Übersetzung. 2 Bde., Freiburg i. Br. 1909; Neudruck: 3 Bde., Neukirchen, Kr. Moers 1961 f.

Doumergue, Émil, Jean Calvin. Les hommes et les choses de son temps. 7 Bde., Lausanne 1899–1927 (älteres Hauptwerk).

Lang, August, Johannes Calvin. Ein Lebensbild zu seinem 400. Geburtstag, Leipzig 1909.

Hoffmann, Heinrich, Johann Calvin (= Die Schweiz im deutschen Geistesleben, Bd. 65), Frauenfeld-Leipzig 1929 (kundige, knappe, vorzügliche Einführung).

Imbart de la Tour, Pierre, Les origines de la Réforme. IV: Calvin et l'institution chrétienne, Paris 1935; dt. Ausgabe: Calvin, der Mensch — die Kirche — die Zeit, München 1936.

Niesel, Wilhelm, Die Theologie Calvins, München 1938.

Van Schelven, Aart Arnout, Het calvinisme gedurende zijn bloeitijd in de 16ᵉ en de 17ᵉ eeuw. Zijn uitbreiding en cultur-historische beteekenis. I: Genève, Frankrijk; II: Schottland, Engeland, Noord-Amerika, Amsterdam 1943 bis 1951.

McNeill, John T., The History and Character of Calvinism, New York 1954.

Dankbaar, Willem Frederik, Calvin, sein Weg und sein Werk (Calvijn, zijn weg en werk), aus dem Holländischen übersetzt von *H. Quistorf*, Neukirchen, Kr. Moers 1959.

Strasser, Otto Erich, Art. Calvin in: RGG I (³1957) Sp. 1588–1593. Leben und Schriften (mit weiterführender Literatur).

Weber, Otto, Art. Calvin, Theologie in: RGG I (³1957) Sp. 1593–1599 (mit weiterführender Literatur).
Zeeden, Ernst Walter, Art. Calvin in: LThK II (²1958) Sp. 887–891 (mit weiterführender Literatur).
Ders., Art. Calvinismus, Geschichte in: LThK II (²1958) Sp. 891–895 (mit weiterführender Literatur).
Das 5. Kapitel „Die Staatsgewalt im Dienste der Religion“ beruht auf meiner Abhandlung: *Zeeden, Ernst Walter*, Aufgaben der Staatsgewalt im Dienste der Reformation. Untersuchungen über die Briefe Calvins an Fürsten und Obrigkeiten, in: Saeculum 15 (1964) S. 132–152.

Zum dritten Abschnitt: Ignatius von Loyola und die Gesellschaft Jesu
(6. bis 8. Kapitel)

Monumenta Historica Societatis Jesu (MHSJ) Madrid u. Rom 1894ff., daraus:
Monumenta Ignatiana: Ser. 1: Ignatii de Loyola epistolae et instructiones, 1 (1899) – 12 (1911); Ser. 2: Exercitia spiritualia Sancti Ignatii de Loyola (1919); Ser. 3: Constitutiones et regulae Societatis Jesu 1 (1934) – 4 (1948); Ser. 4: Scripta de Sancto Ignatio de Loyola 1 (1904), 2 (1918) (= MHSJ Bd. 8, S. 63–66, 71, 73, 76).
Ignatius von Loyola, Geistliche Briefe [ausgewählt und übersetzt von *Otto Karrer*], eingeführt von *Hugo Rahner*, Einsiedeln-Zürich-Köln ³1956.
Ignatius von Loyola, Geistliche Übungen, übertragen aus dem spanischen Urtext, Erklärung der zwanzig Anweisungen von Adolf Haas (= Herder-Bücherei Nr. 276), Freiburg i. Br. 1966.
Böhmer, Heinrich, Ignatius von Loyola, neu hrsg. von *Hans Leube*, Leipzig ²1941.
Rahner, Hugo, Ignatius von Loyola und das geschichtliche Werden seiner Frömmigkeit, Graz-Salzburg-Wien ²1949.
Matt, Leonard v. und *Rahner, Hugo*, Ignatius von Loyola, Eine Bildbiographie, Würzburg 1955.
Rahner, Hugo, Ignatius von Loyola als Mensch und Theologe, Freiburg i. Br. 1964.
Maron, G., Art. Loyola in: RGG IV (³1960) Sp. 460–462 (mit Literatur).
Brodrick, James, Die ersten Jesuiten; dt. Übersetzung, Wien, München 1956.
Schmidt, Kurt Dietrich, Art. Jesuiten in: RGG III (³1959) Sp. 612–618 (mit ausführlicher Literatur).
Schneider, Burkhardt, Art. Jesuiten in: LThK V (²1960) Sp. 912–920.
Duhr, Bernhard, Geschichte der Jesuiten in den Ländern deutscher Zunge. 4 Bde., Freiburg i. Br. 1907–1928.
Gerard, John, Meine geheime Mission als Jesuit. Mit einer Einführung von Graham Greene, Luzern 1954.
(Franz Xaver) Die Briefe des Francisco de Xavier 1542–1552, ausgewählt, übertragen und kommentiert von *Elisabeth Gräfin Vitzthum*, München ³1950.
Brodrick, James, Abenteurer Gottes. Leben und Fahrten des hl. Franz Xaver 1506–1552, aus dem Englischen übersetzt von *Oskar Simmel*, Luzern 1954.
Schurhammer, Georg, Franz Xaver — sein Leben und seine Zeit. Bd. I: Europa 1506–1541; Bd. II: Asien 1541–1552, 1. Halbbd., Freiburg i. Br. 1955 u. 1963.
Petrus Canisius, Briefe, ausgewählt und hrsg. von *Burkhardt-Schneider*, Salzburg 1959.
Brodrick, James, Petrus Canisius 1521–1597 (Saint Peter Canisius, 1936), aus dem Englischen übersetzt von *Karl Telch*. 2 Bde., Wien 1950.

Zum vierten Abschnitt: Das Konzil von Trient und das nachtridentinische Papsttum (9. und 10. Kapitel)

siehe oben die allgemeine Literatur zur Kirchen- und Papstgeschichte, ferner:

Jedin, Hubert, Das Konzil von Trient. Ein Überblick über die Erforschung seiner Geschichte, Rom 1948.

Ders., Geschichte des Konzils von Trient, Freiburg i. Br., Bd. I [2]1951, Bd. II 1957.

Ders., Der Abschluß des Trienter Konzils 1562/63. Ein Rückblick nach vier Jahrhunderten Münster 1963.

Ders., Art. Trient in: LThK X ([2]1965) Sp. 341–352 (mit erschöpfender Literatur.

Ders., Kleine Konziliengeschichte. Die zwanzig Ökumenischen Konzilien im Rahmen der Kirchengeschichte (Herder-Bücherei Bd. 51), Freiburg i. Br. 1959, 7., durchges. u. erw. Aufl. 1966 (mit bibliogr. Hinweisen).

Ders., Kirche des Glaubens, Kirche der Geschichte. Ausgewählte Aufsätze und Vorträge. Bd. II Konzil und Kirchenreform, Freiburg i. Br. 1966.

Schmidlin, Josef, Die kirchlichen Zustände in Deutschland vor dem Dreißigjährigen Kriege nach den bischöflichen Diözesanberichten an den Heiligen Stuhl (Erläuterungen und Ergänzungen zu Janssens Geschichte des deutschen Volkes, hrsg. von *Ludwig v. Pastor*, VII), Freiburg i. Br. 1908.

Schreiber, Georg, Tridentinische Reformdekrete in deutschen Bistümern, in: ZRG, KA 38 (1952) S. 395–452.

Zum fünften Abschnitt: Glaubenskämpfe und konfessionelle Bewegungen (11. bis 15. Kapitel)

Außer der allgemeinen Literatur zur europäischen, deutschen und kirchlichen Geschichte (s. o.) zur ersten Information die Artikel Luthertum in: RGG IV ([3]1960) Sp. 530–536 *(Fagerberg)* und in: LThK VI ([2]1961) Sp. 1232–1241 *(Zeeden, Kinder, Brandenburg)* und Anglikanische Kirche in: RGG I ([3]1957) Sp. 376–382 *(Moorman)* und in: LThK I ([2]1957) Sp. 546–554 *(Marot)* jeweils mit ausführlicher Literatur, ferner:

Moorman, John Richard Humpidge, A History of the Church in England, London 1953.

Hughes, Philip, The Reformation in England, Bd. III: „True Religion now Established“, London 1954.

Zum Calvinismus

vgl. die Literatur oben zum zweiten Abschnitt

Zur konfessionellen Bewegung allgemein, zum Problem der Konfessionsbildung und zum staatlichen Kirchenregiment

Zeeden, Ernst Walter, Grundlagen und Wege der Konfessionsbildung in Deutschland im Zeitalter der Glaubenskämpfe, in: Historische Zeitschrift, 185 (1958) S. 249–299 (mit weiterführender Literatur), vollständig umgearbeitet und erweitert in Buchform (ohne Literatur) als

Zeeden, Ernst Walter, Die Entstehung der Konfessionen. Grundlagen und Formen der Konfessionsbildung im Zeitalter der Glaubenskämpfe, München u. Wien 1965.

Eder, Karl, Die Kirche im Zeitalter des konfessionellen Absolutismus (1555 bis 1648), Freiburg i. Br. 1949.
Lortz, Joseph, Die Reformation in Deutschland. Bd. II, Freiburg i. Br. 1940, [5]1965, S. 82–242 (Literatur: S. 318 ff.)
Eder, Karl, Die katholische Erneuerung, in: Historia Mundi, Bd. VII, Bern 1957, S. 114–160.
Ravier, André, Franz von Sales. Biographie. (Deutsche Übertragung von *Hildegard Kremers* u. *Karlhermann Bergner,* mit Geleitwort für die deutsche Ausgabe von *P. Yves Congar*), Heidelberg 1963.
Vinzenz von Paul in seiner Zeit und im Spiegel seiner Briefe, Vorträge und Gespräche, übertragen und eingeleitet von *Hans Kühner* (= Menschen der Kirche in Zeugnis und Urkunde, Bd. X), Einsiedeln - Köln 1951.
Greven, Joseph, Die Kölner Kartause und die Anfänge der katholischen Reform in Deutschland, Münster 1935.
Lipgens, Walter, Kardinal Johannes Gropper (1503–1559) und die Anfänge der katholischen Reform in Deutschland, Münster 1951.
Schreiber, Georg (Hrsg.), Das Weltkonzil von Trient. Bd. II, Freiburg i. Br. 1951.

*

Der *letzte* Abschnitt geht auf eine Schlußbetrachtung zurück, die ich in meinem oben in der Literatur zum fünften Kapitel genannten Aufsatz in: Saeculum 15 (1964) angestellt habe.

*

Vom gleichen Verfasser erschienen

Hardenberg und der Gedanke einer Volksvertretung in Preußen 1807–1812 (Historische Studien 365), Berlin 1940, Neudruck 1966.
Katholische Überlieferungen in den lutherischen Kirchenordnungen des 16. Jahrhunderts (KLK 17), Münster i. W. 1959.
Die Entstehung der Konfessionen. Grundlagen und Formen der Konfessionsbildung im Zeitalter der Glaubenskämpfe, München - Wien 1965.
Deutsche Kultur in der frühen Neuzeit, Frankfurt a. M. 1968.
Die frühe Neuzeit. In: *Etze/Repgen,* Studienbuch Geschichte (1974)

Ergänzende neuere Literatur

Aland, Kurt: Die Reformatoren: Luther, Melanchthon, Zwingli, Calvin. Mit einem Nachwort zur Reformationsgeschichte, Gütersloh 1976.

Asor, Rosa Alberto: La cultura della controriforma. Roma, Bari 1974.

Bauerreis, R.: Kirchengeschichte Bayerns. Bde. 1-7, St. Ottilien 1949-1970, Bd. 6: Das 16. Jhd., Bd. 7: 1600-1803, 1970.

Belvederi, Raffaele: Il Sacro Romano Impero tra riforma e controriforma. Genova 1974.

Bendiscioli, Mario: Dalla riforma alla controriforma. Bologna 1974.

Brandi, Karl: Deutsche Geschichte im Zeitalter der Reformation und Gegenreformation, 4. Aufl. 1969.

Brunner, Otto: Das Konfessionelle Zeitalter 1555-1648, in: Deutsche Geschichte im Überblick. Hg. von *Paul Rassow,* 3. Aufl. Stuttgart 1973.

Christophe, Georges: Histoire de la Réforme protestante et de la Réforme catholique au Duché de Luxembourg jusqu'au milieu du 17. siècle. Luxembourg 1975.

Dickens, Arthur Geoffrey: The Counter Reformation, London 1968.

Doumerque, Emile: Le caractère de Calvin. L'homme. Le système. L'Eglise. L'Etat. Paris 1921. Reprint Genève 1970.

Evennett, Henry Outram: The Spirit of the Counter-Reformation. Ed. with a postscript by John Bossy. Cambridge 1968.

Fischer, W. P.: Frankreich und die Wiedereröffnung des Konzils von Trient 1559-1562, Münster 1973.

Guggenheim, Ann H.: Calvinism and the political elite of sixteenth century Nîmes. Ann Arbor/Mich.: Univ. Microfilms 1969.

Hartung, Fritz: Deutsche Geschichte im Zeitalter der Reformation, Gegenreformation und des Dreißigjährigen Krieges, 3. Aufl. Berlin 1971

Heckel, M.: Staat und Kirche nach den Lehren der evangelischen Juristen Deutschlands in der ersten Hälfte des 17. Jahrhunderts. München 1968.

Heussi, K.: Kompendium der Kirchengeschichte, 13. Aufl. Tübingen 1971

Hübl, Richard: Die Gegenreformation in St. Pölten. St. Pölten 1966

Iserloh, Erwin, Glaszik, Josef, Jedin, Hubert: Reformation, Katholische Reform und Gegenreformation. Freiburg 1967.

Jedin, Hubert: Der Abschluß des Trienter Konzils 1562/63, Münster 1963.

Jobert, Ambroise: De Luther à Mohila. La Pologne dans la crise de la Chrétienté, 1517-1648, Paris 1974.

Kamen, H.: Intoleranz und Toleranz zwischen Reformation und Aufklärung. München 1967.

Kempff, Dion: A bibliography of Calviniana 1959-1974. Leiden 1975.

Köhler, H.-J.: Obrigkeitliche Konfessionsänderung in Kondominaten. Eine Fallstudie über ihre Bedingungen und Methoden am Beispiel der baden-badischen Religionspolitik unter der Regierung Markgraf Wilhelms 1622-1677. Münster 1975.

Koller-Neumann, Irmtraud: Die Gegenreformation in Villach. Villach 1976.

Konrad, Robert: Reformation und Gegenreformation. Eine Zeitenwende? Würzburg 1974.

Krasenbrink, Josef: Die »Congregatio Germanica« und die Katholische Reform in Deutschland nach dem Tridentinum. Münster/Westfalen 1972.

Kreuzer, Liselotte: Die Herrschaft Rothenberg im Widerstreit zwischen Kurbayern und Nürnberg. Die Rekatholisierung von 1661-1700. Nürnberg 1975.
Leube, Hans: Kalvinismus und Luthertum im Zeitalter der Orthodoxie. Leipzig 1928, Neudruck 1966.
Little, David: Religion, order an law. A study in prerevolutionary England. New York 1969.
Lortz, J., und Iserloh, E.: Kleine Reformationsgeschichte, Ursachen, Verlauf, Wirkung. Freiburg, Basel und Wien 1969.
Molitor, Hansgeorg: Kirchliche Reformversuche der Kurfürsten und Erzbischöfe von Trier im Zeitalter der Gegenreformation. Wiesbaden 1967.
Mooney, Canice: The First impact of the Reformation. – The Counter-Reformation. Von *Frederick M. Jones.* Dublin. Melbourne 1967.
Mosse, G.L.: Changes in religious thought, in: New Cambridge modern history, Bd. 4. Cambridge 1970.
Neuenschwander-Schindler, Heidi: Das Gespräch über Calvin. Frankreich 1685-1870. Historiograph. Variationen zu einem interkonfessionellen Thema. Basel, Stuttgart 1975.
Neuser, Wilhelm H. Calvin. Berlin 1971.
Neuser, Wilhelm H. (Hg.): Calvinus theologus. Die Referate des Congrès européen de recherches calviniennes ... vom 16.-19. Sept. 1974 in Amsterdam. Neukirchen 1976.
Press, Volker: Calvinismus und Territorialstaat. Regierung und Zentralbehörden der Kurpfalz 1559-1619. Stuttgart 1970.
Rabe, H.: Der Augsburger Religionsfriede und das Reichskammergericht 1555-1600: in Festgabe für E.W. Zeeden zum 60. Geburtstag. Münster 1976.
Aus Reformation und Gegenreformation. Fs. f. Theobald Freudenberger. Würzburg 1974.
Reformation und Gegenreformation in den Schulbüchern Westeuropas. Braunschweig 1974.
Searle, Graham William: The Counter Reformation. London 1974.
Seidel, K. J.: Frankreich und die deutschen Protestanten. Die Bemühungen um eine religiöse Konkordie und die französische Bündnispolitik in den Jahren 1534/1535. Münster 1970.
Schmidiger, Andreas: Das Entlebuch zur Zeit der Glaubensspaltung und der katholischen Reform. Schüpfheim 1972.
Scholl, Hans: Calvinus catholicus. Die katholische Calvinforschung im 20. Jahrhundert. Mit einem Geleitwort von *Alexandre Ganoczy.* Freiburg 1974.
Schragl, Friedrich: Glaubensspaltung in Niederösterreich. Beiträge zur niederösterreichischen Kirchengeschichte.. Wien 1973.
Staedtke, Joachim: Johannes Calvin. Erkenntnis und Gestaltung. Göttingen 1969.
Steinruck, J.: Johannes Baptist Fickler. Ein Laie im Dienste der Gegenreformation. Münster 1973
Trevor-Roper, H. R.: Religion, Reformation und sozialer Umbruch. Die Krisis des 17. Jahrhunderts. Frankfurt und Berlin 1970.
Vollsedt, Hans: Die Darstellung der Reformation und der Gegenreformation in deutschen Schulgeschichtsbüchern des 19. und 20. Jahrhunderts. Wiesbaden - Dotzheim 1969.
Zeeden, Ernst Walter: Gegenreformation. Hg. von *E.W. Zeeden.* Darmstadt: Wissenschaftliche Buchgesellschaft 1973 (Wege der Forschung 311).
ders.: Das Zeitalter der Glaubenskämpfe (1555-1648), in: *Gebhardt,* Handbuch der deutschen Geschichte, Bd. 2, 9. Aufl. Stuttgart 1970. Separat als dtv. TB,[3] 1978
ders. und Molitor, H. (Hg.): Die Visitation im Dienste der Kirchlichen Reform, 2. Aufl. Münster 1977. *Münch, Paul,* Zucht und Ordnung. Reformierte Koklaveverfassungen im 16. und 17. Jahrhundert. Stuttgart 1978.
Zeeden, Ernst Walter, Hegemonialkriege und Glaubenskämpfe (1556–1648). Propyläengeschichte Europas. Bd. II (1977).

Namen- und Ortsregister

Abessinien 155
Afrika 154
Alba, Herzog von 27 179 259
Alcalá 124
Aldobrandini, Kardinal s. Clemens VIII.
Alexander VI., Papst 142
Allen, William, engl. Kardinal 273
Alsted, Johann Heinrich 236
Altusius, Johann 236
Amerika 154 156 263
Amsdorf, Nikolaus von 94–95
Andreae, Jacob 221
Anhalt, Fürstentum 232 237
Anton von Bourbon, König von Navarra 98 105–106
Antwerpen 258
Aquaviva, Claudius, S. J. 163
Aragón 22
Araoz 127
Armínius Jacob 261–262
Artoís 257
Bamberg 163
Barcelona 124 128
Barzäus, Kaspar 142
Basel 31 37–38 66 72 103 182
Bayern 22 27 145 196 266–267 271 280
Beaton, David, englischer Kardinal 250
Belgien 165 266 270 284
Bellarmin, Robert, S. J. 164
Bentheim-Tecklenburg, Grafschaft 232
Bern 66 103 110–111
Bernhard von Clairvaux 138
Berulle, Pierre de, Kardinal 33 200
Beza, Theodor (Théodore de Bèze) 47 53 67 229
Bíró, Matthias 242
Blandrata, Giorgio 73 240
Bobadilla, Nicolas Alfonso de, S. J. 147
Bodin, Jean 211
Böhmen 22 53 116 220 238 263 266 270 272 275 279–280 284
Bologna 175
Bolsec, Jérome 47
Borgia, Franz von 142 146
Borromeo, Carlo 180 283
Borromeo, Federigo 283
Bothwell, J. H., Earl of 253
Bourges 35 194
Brabant 257
Brandenburg, Kurfürstentum 22 233 266 272
Brandenburg-Preußen 237
Brasilien 154
Braunsberg 163
Bray, Guy de 257
Bremen 236–237
Brenz, Johannes 94–95
Brest 198
Brügge 258
Bullinger, Heinrich 66 72 87 98 230
Burghley, William Cecil, englischer Minister 105–106 254
Burgsteinfurt 236
Burgund 244 268
Buzer, Martin 38 83 232
Calvin, Johannes 15 30–31 33–79 81–117 120 122 129 131–132 136 143 164 184 188 205 207 218 221 228–232 234–235 239–242 246 bis 248 250–254 257–258 260 263 282 288–290
Canisius, Peter, S. J. 164
Cano, Melchior, O. P. 128 171
Canterbury 179
Carafa, Carlo 179
Carafa, Gian Pietro, s. Paul IV.
Cartagena 156
Castellio, Sebastian 72
Cervini, Marcello, s. Marcellus II.
Cervínus, Kardinal 171
Château Cambresís 177
Chemnitz, Martin 221
China 155 158
Christian III., König von Dänemark 81 105
Christoph I., Herzog von Württemberg 225
Claver, Petrus, S. J. 156
Clemens VIII., Papst 189 193 197 bis 199 274
Coburg 18

Coímbra 164
Coligny, Gaspard von 247 265
Columbus, Christoph 17
Condé, Ludwig I. von 98
Contarini, Gasparo, Kardinal 29 178
Coolhaes, C. J., niederländischer Theologe 261
Coornhert, Dirk, Volkertszn. 261
Cranmer, Thomas, Erzbischof von Canterbury 105
Crépy 171
Cromwell, Oliver, Lordprotektor 213 256
Curione, Celio Secundo 72 74
Dänemark 105 220 268
Darnley, Henry 253
Debreczen 243
Deutschland 24–31 33 35 60 89–90 95–96 98–99 163 165 177 188 191 195–196 207 219–220 229–231 235–237 244 248 263 267 269 271 284
Deutsches Reich 28 112
Dillingen 163
Dordrecht 231 235 262
Duisburg 234
Dundee 252
Dürer 178
Echter von Mespelbrunn, Julius, Bischof von Würzburg 283
Eck, Johann 221
Eduard VI., König von England 105–106 110 217–218 250 253
Eichsfeld 269 282
Eidgenossenschaft 112
El Greco 17
Elisabeth I., Königin von England 105–106 177 189 191 217–218 253–255 273–274
Elsaß 53 220 271
Emden 232 260
England 18 22 24 27 31 33 50 53 105 116 165 177 188 191–192 194 203 206 213 215–217 220 230–231 246 249–250 253 255–256 258 262 266 269 271–275
Erasmus von Rotterdam 249 261
Erfurt 269
Erik XIV., König von Schweden 105
Ermland 269
Estland 220
Evora 198
Faber, Peter, S. J. 124 147
Farel, Wilhelm 38 44 94
Ferdinand I., deutscher Kaiser 177 181–183 281
Ferdinand II., deutscher Kaiser 266 bis 267 270
Ferrara 105
Finnland 220 268 277
Flandern 257 259 269 282
Florenz 198
Franken 281
Frankfurt am Main 99
Frankreich 18 22 33 50–51 70 72 74 90 95 99 105 109 116 124 170–171 175–177 181–182 188–189 191–194 198–200 203 207 210 213–214 216 220 229–231 236 238 244 246 249 256 258 263 266–267 269 271 274 283 289
Franz I., König von Frankreich 37 105 107 246
Franz II., König von Frankreich 108 253
Franz Joseph, Kaiser von Österreich-Ungarn 193
Franz von Sales 33 199–200 283
Franz Xaver 124 127 155–156
Freiburg 163 269
Friedrich II., König von Dänemark 105
Friedrich III. (der Fromme), Kurfürst von der Pfalz 96 115 207 235–236
Friedrich V., Kurfürst von der Pfalz 231
Friedrich Heinrich von Oranien, Statthalter der Niederlande 262
Friedrich Wilhelm d. Gr., Kurfürst von Brandenburg 233
Fürstenberg, Grafschaft 268
Galilei, Galileo 17
Galizien 165 238
Geldern 257
Generalstaaten 267
Genf 28 35 37–44 46–47 49–56 60 62 66 69–73 76 80 85 88 103 110–111 116 229–230 234–235 240 244 246 250–251 254 257 263
Gent 258
Gerhard, Johann 222
Gießen 233
Goa 155
Gomarus, Franz 262
Granada 120 164
Graubünden 284
Graz 163 190
Gregor XIII., Papst 162 164–165 188–191 195–196 273–274
Gregor XIV., Papst 197
Gregor XV., Papst 156
Groningen 257
Grotius, Hugo 261–262
Guise, französische Herzogsfamilie 108 192 214 249
Guise, Karl von, Erzbischof von Reims 182
Gustav Adolf, König von Schweden 211 219 237 265–266

Gustav Wasa, König von Schweden 105
Habsburg 171
Hagenau 38
Halberstadt, Bistum 269
Hanau 236
Hanau-Münzenberg, Grafschaft 232
Heidegger, J. H., Theologe 236
Heidelberg 231 235–236
Heinrich II., König von Frankreich 98 177 246
Heinrich III., König von Frankreich 192
Heinrich IV., König von Frankreich, Herzog von Navarra 105 192–194 198 246–247
Heinrich VIII., König von England 103 127 217
Heinrich von Navarra, s. Heinrich IV., König von Frankreich
Hennegau 257
Herborn 236
Hessen 105
Hessen-Darmstadt, Landgrafschaft 233
Hildesheim 269
Hinterindien 155
Hohenzollern, Grafschaft 268
Holland 18 22 31 33 116 165 194 234 258 260 262 266–267 269
Ignatius von Loyola 15 28 104 119–129 131 135 137–138 140 142–146 148–149 151 156 162 165–166 205 229
Imbart de la Tour 47–48 50 53 61
Indien 158
Indonesien 228 263
Ingolstadt 145 148 163
Innozenz IX., Papst 197 286
Innsbruck 163
Irland 33 105 127 188 217 268 271 274
Island 220 268
Italien 28–29 33 50 105 175 200 220 268 282
Jakob, Prinz von Schottland 105
Jakob V., König von Schottland 249
Jakob VI., König von Schottland (Jakob I., König von England) 253 255–256
Japan 155 158
Jerusalem 123
Johann, Graf von Nassau 236
Johann III., König von Portugal 155
Johann III., König von Schweden 275–276
Johanna, Königin von Navarra 105 107 112
Johannes XXIII., Papst 197
Johann Sigismund, Kurfürst von Brandenburg 233
Juan d'Austria, Don 189
Jülich-Kleve-Berg, Herzogtum 270 272 275
Julius, Herzog von Braunschweig-Wolfenbüttel 225
Julius III., Papst 171 175 177–178
Kalmar 276
Kanada 156
Kappel 26
Karl I., König von England 256
Karl V., deutscher Kaiser 30 120 142 171 173 175–178 257
Karl IX., König von Frankreich 247
Karl IX., König von Schweden, Herzog von Södermanland 276
Kärnten, Herzogtum 270
Kastilien 21 121
Kepler, Johannes 17
Kiew 238
Kleve, Herzogtum 233
Knox, John 35 250 252
Köln 190 270
Kolumbien 156
Kongo 155
Königsberg 73
Konstanz 182
Krain, Herzogtum 270
Krakau 73
Kroatien 238
Kurhessen 232
Kurland 220
Kurpfalz 53 90 105 112 220 233 235 237
Kursachsen 237
Laski, Johannes a 239–240
Lasso, Orlando di 17
Lausitzen 269
Laymann, Paul, S. J. 163
Laýnez, Diego, S. J. 127 147 171
Laýnez, Jacob, S. J. 124 162
Leo X., Papst 178
Leo XI., Papst 199
Leo XIII., Papst 156
Lepanto 189
Leyden 260 262
Lílle 257 258
Lippe, Grafschaft 232 235 237
Lismanini, Franz 73 105 240
Lissabon 132 155
Litauen 33 105 165 241–242 271 276 282
Livland 220
Locarno 66
London 254
Lothringen 182 268
Loyola, Bertran von 137
Ludolf von Sachsen 121
Ludwig XIV., König von Frankreich 202 204 247 282
Luigi, Pier 175

Luther, Martin 17 19 25–26 28–31 35–37 40 44–45 48 53–54 71 74 76 81 83–90 92–93 96 100–102 104 106 114–116 120 122 131–132 143 152 173–174 176 188 205 207 220–224 228 232 235 249 282
Luxemburg 192 268
Luzern 190 269
Lyon 72
Madrid 192 199 258
Magdeburg, Erzbistum 269
Mähren 53 206 238 280
Mainz 163
Malakka 155
Mandallaz, François de 76 78
Manresa 122–123 136
Marbach, Johannes 94 98
Marburg 233 249
Marcellus II., Papst 178
Margarete von Parma 259
Marguerita von Valois, Königin von Navarra 105
Maria I. Tudor, Königin von England 177 217 250 252 254
Maria Stuart, Königin von Schottland 105 191 249 252–253 273–274
Mariana, Juan de, S. J. 140 164
Mark, Grafschaft 233
Marnix, Philipp von 260
Marokko 155
Maximilian I., Herzog und Kurfürst von Bayern 233 266
Maximilian II., deutscher Kaiser 105 270
Melanchthon, Philipp 38 44 76 83 85 87 162 232
Mendoza, Diego de 133
Molina, Luis de, S. J. 163 198–199
Molind, Luis de 164
Monte, Giovanni Maria del, s. Julius III.
Monteverdi 17
Moritz, Herzog und Kurfürst von Sachsen 176
Moritz von Oranien, Statthalter der Niederlande 262
Morone, Giovanni, Kardinal 179 183
Murner, Thomas 220
Nantes 198
Nassau, Grafschaft 214 232 235 237
Navarra 33 105 112 121
Neuenburg 103
Nidbruck, Johann Kaspar von 105
Niederlande 25 27 30 33 50 53 188 191 206–207 220 230–231 236 244 246 256–259 266 271
Niederrhein 31 270
Nordamerika 256
Norditalien 127
Norwegen 220 268
Noyon 35
Oberpfalz 220 233 237
Oldenbarneveldt, Johann von 262
Olevianus, Caspar 40–41 235–236
Olivares, Graf, spanischer Botschafter in Rom 192
Orléans 35
Österreich 22 25 27 105 116 170 181–182 188 196 213 220 237–238 243 267 270–271 275 279–280 284
Ostfriesland 30 232 234
Ostindien 127 155
Ostpommern 278
Ostpreußen 25 271 278
Paderborn 163
Palästina 125
Pamplona 121
Paraguay 156
Paris 27 28 35 37 51 124 127–248
Passau 163
Paul III., Papst 29 125 127 170–171 175 177–178
Paul IV., Papst 178–180 218
Paul V., Papst 199 202
Pázmany, Peter, Erzbischof von Gran 279
Perrín, Ami 43
Pezelius, Christoph 236
Pfalz 105 214 240
Pfalz-Neuburg 220
Pfalz-Zweibrücken, Grafschaft 232
Phauser, Hofprediger 105
Philipp II., König von Spanien 177 179 181 191–194 211 214 257–259 266 274
Philipp III., König von Spanien 199
Philipp von Hessen, Landgraf 265
Piacenza 175
Pighius, Albert (Pigge) 84
Piscator, Johannes 236
Pius IV., Papst 179–181 184 187
Pius V., Papst 180 188–191 195 273
Pius X., Papst 197
Poissy 181
Polanco, Juan Alfonso, S. J. 121 141
Pole, Reginald, Kardinal 171 179
Polen 22 53 70 73 79 105 165 188 191 206 214 220 229–231 239–243 263 270–271 275–279 284
Polen-Litauen 198 238
Portugal 105 130 137 139 145 149 155 214 220 268 284
Possevino, Antonio 276
Prag 163 281
Preußen, Provinz 233
Radziwil, Nikolaus (der Rote), von 242
Radziwil, Nikolaus (der Schwarze), F. von 105 239–241

Raffael 178
Ranke, Leopold von 179
Ravensberg, Grafschaft 233
Regensburg 38
Reims 182
Renata von Frankreich, Herzogin von Ferrara 105
Ribadeneira, Pedro de, S. J. 144
Ricci, Matteo, S. J. 158
Richelieu, Kardinal 210 247 266
Richer, Edmond 194
Rodríguez, Simon, S. J. 127 132 155
Rom 25 27 28 48 79 125 127 129 132 164 173 195 199 217 269 276 282
Rußland 165
Sachsen, Kurfürstentum und Herzogtum 90 105 281
Sadoleto, Jacopo, Kardinal 179
Salamanca 124 128 164
Salmerón, Alfonso, S. J. 124 147 171
Salzburg, Fürstbistum 280
Sandomir, Consens von 241
St. Andrews 250
Sarpi, Paolo 195
Saumur 230
Savoyen 124 188 199 244 268
Schaffhausen 66
Schall v. Bell, Adam, S. J. 158
Schlesien 53 220 269 271 282
Schottland 18 30 33 53 76 105 116 165 207 220 231 240 246 248–252 256 269 273
Schweden 18 105 165 188 210 214 220 266 268 273 275–277
Schweiz 25–26 28 33 49 99 165 188 196 207 213 229 242–244 250 258 263 268 270–271 282 284
Sedan 230
Seeland 258 269
Seneca 35
Servet, Michael 44 72
Seymour, Eduard, Herzog von Somerset 56 84 105–106 110 253
Sforza, Bona, Königin von Polen 240
Shakespeare 17
Siebenbürgen 73 159 206 220 230 238
Sigismund II. August, König von Polen 58 63 79 105 110 240 272 275
Sigismund III., König von Polen und Schweden 276–278
Simons, Menno 257
Sixtus V., Papst 188–189 191–193 196–197 274
Skandinavien 24 26–27 29–30 33 35 106
Slowakei 220
Slowenien 220 238
Söderköping 276
Solothurn 269
Soto, Domingo de, O. P. 173
Spanien 31 33 105 120 124 127–128 151 164 170–171 177 179 181–182 188–189 191 193–194 200 203 220 238 258–260 266–269 271 273–274 282
Spee, Friedrich von 161
Spener, Jacob 223
Stalin 198
Stancaro, Francisco 73
Steiermark, Herzogtum 270
Stephan Bathory, Fürst von Siebenbürgen und König von Polen 278
Stockholm 276
Straßburg 35 37–39 53 70–71 83 176 231 244
Suárez, Francisco, S. J. 164
Südafrika 228 263
Süditalien 127
Tanner, Adam, S. J. 163
Tarnow, Johann von, Kastellan von Krakau 59 105
Thailand 155
Thomas von Aquin 163–164 174 198–199
Tillet, Louis du 76
Toledo 179
Tournai 257
Trient (Konzil von Trient) 29 80 82 124 134 147 169–170 173–177 180–181 184–190 195 199 201 203–204 230 264 279 282 284–285
Trier 161 163
Tripolis 155
Trolliet, Jean 49
Tunis 155
Uchanski, Jakob, Bischof von Leslau 63
Ukraine 165 238
Ungarn 22 25 53 116 159 188 191 206 213 220 230–231 238–239 242–243 263 270 272 277–279
Unterpfalz 237
Uppsala 276
Urban VII., Papst 197
Urban VIII., Papst 193
Ursinus, Zacharias 235
Utrecht 257
Valencia, Gregor de, S. J. 163
Valenciennes 257
Venedig 125 195 199 202 203
Vereinigte Staaten 256
Vervins 194
Vinzenz von Paul 33 200
Viret, Peter 38
Voragine, Jacobus de 121
Vorderösterreich 268
Vorstius, Konrad 236

Wallonien 257
Weimar 106
Weißrußland 165
Wesel 99 110 260
Westphal, Joachim 90–95
Whitgift, Erzbischof von Canterbury 254
Wien 147 163
Wilhelm I. von Oranien, Statthalter der Niederlande 210 211 246 259
Wilhelm III. von Oranien, König von England 219
Wittelsbach, Ferdinand von, Bischof von Köln 283
Wittenberg 35 83–84 86–87 122 249
Worms 38
Wtenbogaerdt, Jan 261
Württemberg 98 105 176
Würzburg 163
Ypern 258
Zepper, Wilhelm 236
Zürich 39 66 70–71 87 98 103 230 244 249 [282
Zwingli, Ulrich 26 207 229–231 266